U0915631

皮书系列

皮书系列

广视角·全方位·多品种

皮书系列

皮书系列

皮书系列

皮书系列

皮书系列为"十二五"国家重点图书出版规划项目

皮书系列

皮书系列

皮书系列
皮书系列
皮书系列
皮书系列
权威·前沿·原创
皮书系列
皮书系列
皮书系列
皮书系列
皮书系列

浙江金融业发展报告（2011）

ANNUAL REPORT ON ZHEJIANG FINANCIAL DEVELOPMENT (2011)

主　编／刘仁伍
副主编／韩　沂　吕逸君
吴勉坚　郑南源

社会科学文献出版社
SOCIAL SCIENCES ACADEMIC PRESS (CHINA)

图书在版编目（CIP）数据

浙江金融业发展报告. 2011/刘仁伍主编. —北京：社会科学文献出版社，2012.3
（浙江蓝皮书）
ISBN 978-7-5097-3142-0

Ⅰ.①浙… Ⅱ.①刘… Ⅲ.①地方金融事业-经济发展-研究报告-浙江省-2011 Ⅳ.①F832.755

中国版本图书馆 CIP 数据核字（2012）第 023252 号

浙江蓝皮书
浙江金融业发展报告（2011）

主　　编／刘仁伍
副 主 编／韩　沂　吕逸君　吴勉坚　郑南源

出 版 人／谢寿光
出 版 者／社会科学文献出版社
地　　址／北京市西城区北三环中路甲 29 号院 3 号楼华龙大厦
邮政编码／100029

责任部门／财经与管理图书事业部（010）59367226　　责任编辑／蔡莎莎
电子信箱／caijingbu@ssap.cn　　责任校对／徐兵臣
项目统筹／恽　薇　　责任印制／岳　阳
总 经 销／社会科学文献出版社发行部（010）59367081　59367089
读者服务／读者服务中心（010）59367028

印　　装／北京季蜂印刷有限公司
开　　本／787mm×1092mm　1/16　　印　　张／23.25
版　　次／2012 年 3 月第 1 版　　字　　数／402 千字
印　　次／2012 年 3 月第 1 次印刷
书　　号／ISBN 978-7-5097-3142-0
定　　价／69.00 元

《浙江金融业发展报告》
编委会

主编简介

刘仁伍　男，1955 年生于吉林，经济学博士。现任中国人民银行杭州中心支行行长、国家外汇管理局浙江省分局局长、中国世界经济学会常务理事。主要研究领域为货币政策与宏观金融管理。先后主持了多项中国人民银行重点研究课题，连续5年获中国人民银行重点研究课题一等奖，且在《金融研究》等学术期刊上发表论文数十篇，具有深厚的经济金融理论功底和丰富的实际工作经验。

摘　要

2010年，浙江省深入贯彻落实科学发展观，坚持调结构、促转型、谋发展，抓统筹、惠民生、保稳定，经济回升向好的势头继续巩固，转型升级步伐逐步加快，经济增长内生动力和活力持续增强，民生进一步改善，节能降耗取得成效，"十一五"规划主要任务顺利完成。全省生产总值同比增长11.8%，居民消费价格上涨3.8%。

浙江省金融机构积极贯彻落实适度宽松的货币政策，金融运行总体平稳。货币信贷适度增长，投放结构不断优化；证券业运行平稳，市场交易保持活跃；保费收入增长较快，保障范围不断拓宽；金融市场稳步发展，直接融资比例不断提高。金融生态环境基础建设深入推进，金融支持浙江经济发展的力度进一步增大。2010年，浙江省实现金融增加值2282亿元，占全省GDP和第三产业的比重分别为8.42%和19.43%，比2005年分别提高了3.8个和8个百分点；全省金融机构本外币存贷余额分别位居全国第4位和第2位；省内境内上市公司数量位列全国第2位；保险业实现保费收入位居全国第9位。浙江省金融业的多渠道资金保障作用、多元化产品服务作用和多样化举措引导作用正日益凸显，它已经成为推动浙江经济转型发展的新引擎、新动力。

"十一五"期间，浙江金融业持续、健康、快速发展的成功实践表明：浙江金融业的发展在于能够全面利用国内外两个市场，有效结合政府、民间两种资源，为金融业发展提供要素支撑；在于能够尊重市场规律，坚持不懈地进行市场化改革，发挥市场在资源配置中的基础作用；在于能够坚持服务民营中小型企业，从服务民营中小企业中获得自身发展；在于能够营造良好的金融生态环境，为金融业发展提供有力的外部支撑，从而全面推动浙江金融业的大发展。

2011年是"十二五"规划的开局之年，浙江经济社会发展正处于转型升级的关键时期。虽然面临诸多挑战和不确定性，但发展环境总体向好，浙江经济有望保持平稳增长态势。在稳健的货币政策背景下，全社会融资规模及信贷将保持平稳合理适度增长，对实体经济重点领域和薄弱环节的支持力度将持续加大，融资结构逐步趋于多元化，浙江金融业在支持浙江经济加快发展和经济转型升级方面将发挥更为积极和重要的作用。

Abstract

In 2010, Zhejiang Province further implemented scientific outlook on development and stuck to adjust structure, promote transition, pursue development, emphasize overall plan, benefit livelihood and ensure stability. Economic upturn continued to be consolidated; transition and upgrade pace was quickened gradually; endogenous impetus and vitality of economic growth strengthened continuously; people's livelihood was further improved; energy conservation and consumption reduction made a great achievement; main tasks of "the 11th Five-year Plan" were completed successfully. Gross regional product increased by 11.8% over the year, and consumer price index rose by 3.8%.

Financial institutions in Zhejiang Province actively implemented moderate expansionary monetary policy, leading to stable financial operation on the whole. Monetary loan increased properly and allocation structure was optimized continuously; securities industry operated stably and market transaction remained active; insurance premium revenue increased quickly and insurance coverage was expanded continuously; financial market grew stably and the proportion of direct financing increased continuously. Financial ecological environment infrastructure was further propelled; financial support to Zhejiang economic growth was further enhanced. In 2010, Zhejiang Province realized 228.2 billion Yuan financial added valuc, taking up 8.42% and 19.43% of provincial GDP and the tertiary industry respectively, which increased by 3.8% and 8% respectively compared to 2005. Deposit and loan balance in RMB and foreign currencies of financial institutions in the province were ranked no. 4 and no. 2 respectively in China; the quantity of listed companies in the province and country was ranked no. 2 in China; insurance premium revenue of insurance industry was ranked no. 9 in China. Zhejiang Province finance industry has increasingly displayed the guarantee role of multi-channel capital, service role of diversified products and guidance role of varied measures. It has become a new engine and new impetus for transitional development of Zhejiang economy.

During "the 11th Five-year Plan" period, sustainable, healthy and rapid development of Zhejiang finance industry has proved that its development depends on the following factors: make full use of domestic and overseas market, combine governmental and non-governmental resources effectively and provide factor support for financial development; respect market rules, make unremitting efforts to carry out market-oriented reform and give play to the foundation role of market in resource allocation; stick to serve small and medium-sized private enterprises and pursue its own development when serving small and medium-sized private enterprises; build favorable financial ecological environment, provide a vigorous external support for financial development, and thus fully propel great development of Zhejiang financial industry.

Since the year 2011 is the beginning year of "the 12th Five-year Plan", Zhejiang economic and social development is at a key stage of transition and upgrade. Although there are many challenges and uncertainty upcoming, overall development environment is getting better, Zhejiang economy will hopefully keep a stable growth tendency. Against the background of prudent monetary policy, financing scale and loan of the entire society will grow stably, reasonably and moderately; support to key fields and weak links of real economy will be increased continuously; financing structure will tend to be diversified step by step; Zhejiang finance industry will play a more active and importance role in supporting rapid development, economic transition and upgrade of Zhejiang economy.

序　言

2010年是一个经济格局十分复杂的年份。放眼全球，主权债务危机的阴霾还远未消散，发达经济体消化危机带来的冲击尚需时日，新兴经济体经济复苏势头显现。在全球金融危机的大背景下，区域金融发展的重要性日益凸显，本土金融的生命力正日益萌生。

在中国，浙江是一个最具价值的本土金融发展样本。在这片内陆文化与海洋文化、中原文化与吴越文化、中国传统文化与西方近现代文化相互碰撞和交融的广阔天地里，孕育了源远流长的商业文化传统，推动着浙江从农业社会、乡村社会向工业社会、城镇社会转化，从封闭、半封闭经济向开放型经济转化，从以血缘、地缘、人缘为纽带的民间金融关系向以契约为纽带的现代金融关系转化。纵观我国近代金融发展史，浙江作为钱庄金融的发祥地，在旧中国金融业发展格局中居于重要地位。20世纪90年代，各类金融机构纷至沓来，浙江再次凭借“浙江金融”现象享誉全国。毫不夸张地说，浙江的金融业所具备的基础优势是其他省份无可比拟的。

2010年，浙江省实现金融增加值2282亿元，占全省GDP和第三产业的比重分别为8.42%和19.43%，比2005年分别提高了3.8个和8个百分点；全省金融机构本外币存贷余额分别位居全国第4位和第2位；省内境内上市公司数量位列全国第2位；保险业实现保费收入位居全国第9位。浙江省金融业的多渠道资金保障作用、多元化产品服务作用和多样化举措引导作用正日益凸显，它已经成为推动浙江经济转型发展的新引擎、新动力。

对于走在市场经济前列的浙江省而言，庞大的经济金融总量与发展速度、雄厚的经济基础与增长动力，必然使其成为众多金融机构拓展业务的必争之地，整个区域的市场格局将因更多新生力量的加入而出现新的调整和变动。市场经济的本质是竞争，核心竞争力是竞争的优势之源。竞争战略之父迈克尔·波特说过，战略就是创造一种独特有利的定位，在竞争中做出取舍。在全国其他发达经济省份同时提出打造“金融强省”目标的激烈竞争环境下，浙江金融业必须根据“十二五”经济转型期对金融发展的新要求，把握未来国内外金融业发展态势，在区域竞争中做出差异化的选择，培养出稀缺、不可替代、其他省份难以模仿的核心竞争力，“力求先于其而动，而非在其后应变”。

2011 年是“十二五”规划的开局之年，随着浙江省经济发展进入加速转型期，社会建设进入整体推进期，体制改革进入攻坚突破期，浙江金融业保障经济快速发展、实现自身转型发展的任务十分艰巨，我们必须以加快转变经济发展方式作为主线，以打造“中小企业金融服务中心”和“民间财富管理中心”为核心任务和战略定位，强化中小金融和地方金融特色，着力破解民间资金投资难和中小企业融资难并存的“两难”困境，做大做强金融产业，形成与经济转型相适应的金融结构和金融业态，实现金融业的创新驱动和内生增长。

作为市场化改革的先行省份，详细记载浙江金融业蓬勃发展和曲折前进的历程，跟踪浙江金融业的前进步伐，有利于我们由鉴往而知来、俾继往以开来。这份由中国人民银行杭州中心支行编写的《浙江金融业发展报告》，反映了与浙江金融业发展息息相关的重要事件、基本数据与重大政策变化，既注重了权威性，又兼顾了实用性；既把握了全面性，又把握了应有的深度；既有着学术研究的严谨规范，又有着雅俗共赏的动态和鲜活，对于金融实业界和学术研究界全面了解浙江经济金融业发展有着重要的参考价值。

“雄关漫道真如铁，而今迈步从头越”。我相信，在我国深化金融改革开放和推动金融创新发展的关键时期，浙江的金融实践必将给其他省份的金融业发展带来极有价值的参考。同时，我们也将持之以恒地坚持把这项裨益良多的工作做下去，把《浙江金融业发展报告》打造成一个知名的皮书品牌，进一步丰富内容，挖掘特色，共同见证浙江金融业逐步走向辉煌。

刘仁伍

二〇一一年十月

目 录

𝔹Ⅰ 总报告

𝔹Ⅱ 专题报告

𝔹Ⅲ 分报告

BⅣ　附录

皮书数据库阅读使用指南

CONTENTS

𝔹 I General Report

𝔹 II Special Report

𝔹 III Sub-Report

BⅣ Appendixes

总 报 告

General Report

B.1 浙江省金融业的预测与展望

摘 要：2011 年是“十二五”规划的开局之年，浙江经济社会发展正处于转型升级的关键时期。面对纷繁复杂的国际经济环境，中央政府的宏观经济政策将保持连续性和稳定性，浙江经济运行正在进入平稳增长区间。2011 年，浙江将把加快经济转型升级作为主攻方向，把保持物价平稳运行作为紧迫任务，把维护社会和谐稳定作为重要保障，更加有针对性地解决经济发展中长期积累的结构性、素质性、体制性的矛盾，以此确保全省经济的平稳较快发展。

关键词：总体预测　工作重点　保障措施

一 2011 年浙江金融业发展总体预测

2011 年是“十二五”规划的开局之年，浙江经济社会发展正处于转型升级的关键时期。从国际经济环境看，全球经济复苏力量将逐步增强，但发达经济体的高失业率和新兴市场经济体不断积累的宏观经济风险，将使浙江经济发展面临着较大的外部不确定性。从国内经济发展环境看，中央政府的宏观经济政策将保持连续性和稳定性，使货币供应、信贷规模、财政预算与总体经济景气的正常化相适应，逐步实现国内与国外需求、投资需求与消费需求以及民间投资需求与政府投资需求对中国经济增长的平衡拉动。从省内经济环境看，浙江经济运行正在进入平稳增长区间，支撑经济平稳较快发展的因素有所增加，内生动力和活力在持续增强。

2011 年，浙江将把加快经济转型升级作为主攻方向，把保持物价平稳运行作为紧迫任务，把维护社会和谐稳定作为重要保障，更加有针对性地解决经济发展中长期积累的结构性、素质性、体制性的矛盾，以此确保全省经济的平稳较快发展。从数量指标来看，全省名义 GDP 增长率将达到 10% 左右，总额将接近 30000 亿元，经济发展的质量和效益将得到进一步提高；预计全年物价上涨率将控制在 4% 左右；社会固定资产投资预计将保持合理增长，增速会有所放缓；在全面扩大内需和各种鼓励消费政策的刺激下，社会消费品零售总额将保持稳定较快增长。

从金融业发展情况看，预计 2011 年末，全省金融机构本外币存款余额将达到 64000 亿元，新增约 10000 亿元，增速达 18%；本外币贷款余额 54000 亿元左右，新增约 7000 亿元，增速约为 15%；不良贷款控制在 1.5% 以内；全省新增境内上市公司约 20 家，上市公司数量预计达到 206 家，新增股市筹资金额 450 亿元左右；全省将实现保费收入约 1000 亿元，同比增长 20%，保险深度约 3.4%，保险密度约 1800 元/人。

二　2011 年推动金融业加快发展的工作重点

2011 年，浙江金融业将积极响应省委、省政府的号召，紧紧围绕“金融强省”的战略目标，抓住科学发展的主题和转变经济发展方式的主线，结合浙江中小企业众多、民营经济和外向经济发达的实际，把握全局、发挥优势、突出重点，坚持谋划长远与着眼当前相结合，共同推动浙江省金融业健康平稳发展，重点做好以下工作。

（一）大力推动“中小企业金融服务中心”建设

“十二五”时期，浙江省要抓住发展方式转型、第三产业加速发展、消费结

构加速升级带来的历史机遇，大力推动“金融强省”建设。要突出地方金融特色，进一步提升金融产业在国民经济中的战略地位和现代服务业中的核心地位，充分发挥金融产业在优化资源配置中的先导作用、推动经济发展的支撑作用、连接基础产业和支柱性产业的纽带作用、与其他产业发展的协同作用，将加快金融业发展作为提高资源配置效率、转变经济发展方式的必备手段，实现金融业发展的“质”、“量”齐升。

中国人民银行杭州中心支行将围绕“十二五”期间打造“中小企业金融服务中心”和“民间财富管理中心”的“双中心”任务，积极引导金融机构着力解决民营经济和中小企业的“融资难”和“投资难”问题，为民营企业和中小企业提供创业孵化器、资本经营和投资管理等多层面的金融支持和多样化的金融服务，从而推动整个经济转型发展。要依托“中小企业金融服务中心”，推动六大功能的形成，即中小企业放贷中心功能、中小企业投资功能、中小企业直接融资功能、中小金融总部集聚功能、中小企业金融产品交易定价功能，使浙江成为全国性的“资金洼地”和“资本高地”；要依托“民间财富管理中心”，推动六大功能的形成，即财富管理机构集聚功能、民企总部金融服务功能、创业投资管理中心功能、投资管理中心功能、财富管理服务创新功能、财富管理政策创新功能，从而在中小企业金融支持力度、投融资信息和渠道、中小金融机构覆盖、金融创新和市场化长度等各方面确立全国领先的地位。

（二）保障重点领域和产业的金融支持力度

不断优化金融资源投向结构，加强金融投向与产业政策的协调配合，优化金融资源投向结构，提高资金配置效率，实现金融资源配置与经济转型升级的良性互动。要引导金融机构重点支持大平台、大产业、大项目、大企业建设，支持11大转型升级重点产业、9大战略性新兴产业、42个现代产业集群示范区、146家工业行业龙头骨干企业的发展。要配合海洋经济发展示范区建设和义乌国际贸易综合改革试点工作，整合各类金融资源加大支持力度。

要大力推进海洋金融发展，为海洋综合开发试验区建设、“三位一体”港航物流服务体系建设和现代海洋产业发展构建强有力的金融支撑体系。一是健全沿海地区金融组织体系，积极争取设立海洋发展银行，加快沿海地区银行业金融机构的网点布局，支持金融机构设立支持海洋经济发展的专业部门，鼓励组建从事航运船舶融资业务的融资租赁公司，探索发展各类新型金融服务组织，引入信托、租赁、财务、担保等非银行金融机构和外资金融机构，为浙江海洋经济示范区建设提供多层次的金融服务。二是探索开展海洋经济领域的金融业务创新试点，积极争取在信贷规模、机构设置、审批权限、产品创新等方面的政策倾斜，尝试在梅山保税港区开办离岸金融业务试点。三是大力发展海洋经济领域的多种融资模式，鼓励开展船舶融资、航运融资、物流金融、贸易融资、金融租赁和各类资金结算、外汇业务，积极发展船舶保险、海上货运险、保证保险等保险业务。四是大力拓展海洋经济发展的直接融资渠道，支持涉海企业在境内外资本市场上市融资，支持企业发行企业债、公司债、短期融资券、中期票据、中小企业集合票据等债券产品，引导国内外各类创业投资基金、风险投资基金加大对涉海新兴产业项目的投资力度，争取在浙江设立专门投资于海洋产业的产业投资基金。

要引导金融机构加大贸易融资创新，提升对义乌国际贸易综合改革试点的金融服务水平。一是完善与“市场采购”新型贸易方式相配套的金融监管模式，建议省政府协调海关、工商、税务、外汇局等部门，形成一套完备可行的监管办法，争取解决义乌市场境外个人经营主体资格及海关“市场采购”通关信息上传电子口岸信息平台等关键性问题。二是推进义乌非金融机构业务发展，支持条件成熟的机构申请《支付业务许可证》，促进电子商务加快发展，支持义乌本外币兑换公司扩点经营，增设兑换网点，扩大服务区域。三是在义乌地区积极推进跨境人民币业务，建议省政府协调海关、税务、商务、人民银行向国务院申请在义乌开展个体工商户跨境贸易人民币结算试点，允许更多的市场主体在跨境贸易活动中使用人民币结算。

（三）为民营企业“走出去”提供本土化金融服务

“十二五”时期，面对民营企业在海外投资和生产过程中遇到的资金和风险保障两大“瓶颈”问题，浙江省必须建立起强大和完善的金融支持与服务体系。一是继续加大财政投入，研究设立境外投资合作项目的贷款贴息制度，扩展优惠贷款和贷款贴息的规模和范围，打造良好的融资服务环境和银企对接平台。二是要研究确定浙江省境外投资优势行业目录，梳理省内重点“走出去”企业名单，重点支持资金需求大、交易结构复杂、带动作用大、区域经济互补性强的重点海

外项目，以个案的示范创新，推动“走出去”金融支持体系的全面提升。三是支持地方金融机构在有效控制风险的基础上，灵活运用信贷产品或产品组合满足企业融资需求，推进抵（质）押融资产品创新，提供出口应收账款质押贷款、海外资产抵押贷款、境内投资主体融资担保、境外投资保险等金融产品，通过履约保函、融资保函等对外担保方式为大项目融资提供信用保障。成立面向海外的私募股权投资基金及风险投资基金，支持它们通过境内外参股的方式为企业提供“走出去”资金支持。四是将企业“走出去”与金融机构“走出去”结合起来。鼓励有条件的企业在境外设立区域管理中心，支持“走出去”企业开展跨境资金池业务；积极鼓励和支持有条件的地方性商业银行通过在境外新设网点和开展跨国并购，加强与境外区域性金融平台的合作，为企业提供“本土化”金融服务。五是按照个案研究的原则，允许境外企业使用人民币向境内直接投资；继续深入研究外汇管理体制改革办法，简化购汇和用汇手续，帮助“走出去”企业规避汇率风险；积极争取个人境外直接投资在浙江先行先试，逐步放宽境内企业对其境外子公司直接放款额度限制，稳步推进使用人民币进行境外投资。

三　2011年推动浙江金融业加快发展的政策与保障措施

（一）保持社会融资总量的合理适度增长

2011年是“十二五”开局之年，保持社会融资总量的合理适度增长十分重要。人民银行杭州中心支行将认真贯彻落实稳健的货币政策，引导全省金融系统结合宏观形势变化、实体经济合理的信贷需求等各种因素，根据开局之年的各项经济建设任务，把握好信贷投放的节奏和力度。一是综合运用利率、再贷款、再贴现、差别准备金动态调整等多种政策措施，引导贷款合理适度增长，确保信贷资金更多投向实体经济，促进实体经济协调稳定发展。引导各全国性银行在浙分支机构积极向总行争取资金盘子、授信等支持，加快信贷产品和服务方式创新，满足浙江经济发展和转型升级的合理资金需求。各法人金融机构应结合自身业务发展需要和风险管控能力，保持全年信贷总量的适度增长，增强金融支持经济发展的可持续性。同时，引导全省各金融机构积极发展表外融资渠道，通过信贷资产转让、银行承兑汇票、信托贷款和委托贷款等业务加大对浙江的资金支持力度，稳步扩大全省社会融资总量。二是努力拓展直接融资途径，改善浙江省融资结构。浙江省要抓住金融市场发展的机遇期，充分利用股票、债券等金融市场工具拓展融资渠道，大力扩大直接融资规模，特别是要进一步加大直接债务融资工具对企业融资和地方经济发展的支持力度。建议省政府探索建立财政对企业债务融资的撬动机制，通过设立财政专项基金，对企业发行债券的承销费用、评级费用、担保费用、利息等给予一定程度的补贴，对企业债务融资工具承销积极性高、承销业务量大、承销创新品种取得重大突破的主承销商进行适当奖励，从而降低企业融资成本，扩大直接融资规模。

（二）鼓励金融产品、服务和模式创新

加强对《浙江省金融服务创新指引（试行）》的宣传和效果跟踪，鼓励金融机构通过金融产品、服务和模式创新，通过金融创新促进产业升级、城乡统筹和经济发展转型，进一步增强服务地方经济的能力。一是支持银行业以解决“抵押担保难”为突破口，广泛利用各种担保资源，将机器设备、存货、仓单、合同订单、采砂权、商位使用权、专利使用权、商标专用权、排污权、基于 CDM 项目的 CER 收益权等各类企业资产纳入抵（质）押品范畴，加大对中小企业的信贷投入。鼓励大中型商业银行设立中小企业专营机构，推动中小企业信贷管理制度改革创新，为初创型、成长型中小企业办理各项金融业务提供“绿色通道”。引导金融机构按照“区别对待、有扶有控”的原则，加大对自主创新、节能减排、低碳产业等方面的信贷支持，严格控制高耗能、高耗水、高污染、资源浪费严重项目和产能过剩行业的信贷投入。二是支持保险企业关注贴近浙江特色经济、贴近居民消费偏好的市场需求，研发产品功能结构与社会公众需求相契合的各类服务型险种。积极发展中小企业保险、专业市场保险、集群经济保险和港口保险等特色险种，重点开发信用保险、保证保险、科技保险等新型险种，大力推行理财型家庭财产保险、旅游保险等新型财产保险和人身意外保险，探索建立台风等巨灾风险保障机制。大力发展涉农保险，完善政策性农业保险和农房保险，建立多主体经营的农业保险体系。加强金融同业合作，探索通过金融市场进行保险产品服务创新和分散保险市场风险的新机制。三是探索资本市场的产品创新。鼓励上市公司进行公司债、可转债、分离债等多种方式债券融资，支持符合条件的中小企业发行短期融资券、中期票据和中小企业集合债券，探索中小企业

债券融资新模式。支持浙江中介服务机构做大做强债券承销、信用评级、信用担保等业务。推进债券市场的互联互通、资源统筹和协调发展。鼓励本土证券公司做优资产管理业务，满足投资者多层次、多元化的投资和理财需求；支持证券公司开展直接投资、融资融券等创新业务。

（三）加快推动地方金融业的改革发展

目前，浙江正处于工业化中后期阶段，金融业将步入快速发展时期，传统产业的转型升级、存量资产的整合重组、战略性新兴产业的投融资需求、城乡统筹协调发展和消费模式的转变，都对加快地方金融发展提出了更新更高的要求。为了提升浙江金融业的品牌，丰富“金融强省”的内涵，必须加快推动地方金融改革，实现地方金融业的壮大。在具体实现路径上，重点要做好以下四方面的工作：一是提升浙江金融业“四个品牌”，增强区域金融影响力。探索和实践“专、精、优、活”的发展之路，巩固和提升“浙银”品牌；吸引人才、资本、技术向浙江流动，培育“浙商”系列总部金融机构品牌；以创业板和主板市场为重点，提升“浙江板块”品牌。二是加快改革创新，提升地方金融资源的集聚能力和配置效率。推进省内地方法人商业银行做大做强；鼓励和支持新型农村金融组织加快发展；推动省内非银行业金融机构、各类投资基金快速成长；积极引导、探索组建地方金融控股公司或地方金融集团，发挥综合性金融机构的规模和整合效应。三是大力推进金融业对外开放步伐，促进金融业创新发展。鼓励金融机构引进境外战略投资者、与境外金融机构开展创新业务合作，引进先进管理经验和业务模式，提升发展能力；支持金融机构开展海外投资金融服务，鼓励一批实力较强的金融机构在境外设立分支机构。四是积极支持金融组织、业务和产品创新。鼓励银行、证券、期货、保险业加快转变自身的发展方式，提高自主创新能力，进一步增强服务地方经济能力；鼓励海洋发展银行、科技银行、社区银行、金融仓储公司、消费金融公司、票据公司等新型金融业态的发展，推动消费金融、低碳金融等新型金融服务的发展。

（四）大力推动多层次资本市场发展

在巩固传统信贷融资优势的基础上，大力提高直接融资比重。不断拓展金融市场的广度和深度，完善多功能、多层次的金融市场体系。一是加快推进优质企业上市，积极培育上市后备资源，优先推动高新技术产业、现代装备制造业、现代服务业以及海洋经济领域的民营企业上市融资，支持企业在境内外资本市场多渠道上市。二是鼓励行业龙头骨干企业、优质企业等有条件的企业利用资本市场进行兼并、收购，促进上市公司进行行业整合和产业升级。三是重新整合市场，引导全省各地产权交易机构通过联合、合作、兼并、托管等方式进行整合，逐步形成以省产权交易所为核心，全省各地交易所联动的全省产权交易统一市场。四是在统一市场、全省联网的基础上，继续推进未上市公司股份转让试点工作①，健全交易机制和风险控制手段，同时加快与沪、深证券交易所的业务合作，加快合乎条件股份公司的上市步伐。五是积极融入全国性的场外市场建设，推动符合条件的国家高新区纳入股份代办转让系统试点扩大范围，推动实现高新区内非上市公司股份公开挂牌转让。六是加紧探索债券融资新模式，培育多类型的发债主体，积极支持符合条件的民营企业发行短期融资券、中期票据、中小企业集合票据，鼓励上市公司进行公司债、可转债、分离债等多种方式债券融资，激活浙江省债券市场的活力，持续扩大债券市场融资规模，满足民营企业和中小企业的融资需求。

（五）积极引导民间资本进入金融业

浙江省应当全面贯彻落实国务院“新36条”，研究出台鼓励和引导民间资本投资浙江金融业的办法和措施，从而将民间资本有效地转化为产业资本，彻底解决民间资金投资渠道狭窄和中小企业融资难并存的“两难”困境。一是要在动态、审慎监管的前提下，遵循“公开化、规范化、简便化”的原则，逐步放开民间资本进入金融业的准入限制。二是要鼓励民间资本参与城市商业银行、农村信用合作机构、村镇银行等地方性金融机构的增资扩股，投资兴办小额贷款公司、金融租赁公司、汽车金融公司等非吸收存款类贷款零售商。三是要积极配合地方政府制定出台相应政策扶持细则，增加金融服务领域对民间资本的吸引力，激发民间资本参与金融业的积极性。

在推动民间资本全面进军金融服务领域的过程中，浙江省应当先行先试，加

① 2010年1月浙江正式启动未上市公司股份转让试点，首批2家企业进场挂牌交易。该市场以浙江产权交易所为核心，联合省内具备条件的其他产权交易所或特设机构构建，全省联网运行。

快探索引导民间资本设立民营金融机构。一是明晰民营金融机构的界定，即民营金融机构中民间资本占比应当超过总股本的一半以上，获得金融牌照、从事金融业务、并具有现代公司治理机制。二是明确民营金融机构运营框架。要明晰民营金融机构的经营理念和市场定位，建立多元化的股权结构，在保证民间资本控股的前提下，增强政府支持民营金融机构的积极性，实现民营股和国有股协调搭配。三是明确民营金融机构市场准入。以实现风险覆盖为前提，提高企业经营稳健性为核心，对民营金融机构的资本金要求、股东资格、经营地域、业务领域、关联交易的风险控制和高管人员资质等多个方面做出明确规定。四是对民营金融机构的市场退出必须有相应的制度安排，其中包括民营金融机构市场退出的主持机构、健全的最后贷款人制度、合适的存款保险制度和破产清算制度。退出机制是金融监管体系中的最终屏障，有利于实现民营金融机构整体结构的优化和竞争力的提升。

（六）着力发展各类股权投资基金

要顺应新金融时代的必然趋势，着力发展股权投资基金，将原本通过地下钱庄、合会、企业集资（集股）等方式流动的资金通过股权投资基金进行专业管理运作，使民间资本顺利转化为产业资本。一是各地方政府应通过财政性引导资金的注入，积极建立各种类型的股权投资引导基金。二是广泛吸引国内外资本雄厚的大型投资机构，共同设立风险投资基金、产业投资基金、并购基金，不断壮大股权投资资本。三是遵循“政府引导、民间参与、市场运作”的基本原则，创设一系列支持成长性中小企业、主导性产业、战略性新兴产业的产业投资基金，引导社会资本积极参与浙江经济建设。四是加强对私募股权投资基金的监管。要严格限制私募基金的投资者范围，对他们的年均收入、风险识别能力和风险承受能力、主动规避风险的能力等提出明确的要求；要严格私募基金的信息披露和风险揭示制度，如定期向投资者披露基金组合情况及其资产状况，定期向监管部门备案等，以便投资者与监管部门及时了解其运作情况及风险状况，采取必要的措施以最大限度控制风险。五是要加快完善股权投资基金在资本市场上的退出机制，为民间资本的退出提供顺畅的退出通道。

（七）健全风险为本的金融监管框架

不断完善金融监管体系，提高有效监管能力，切实防范金融风险，推动地方金融业稳步健康发展。一是构建金融宏观审慎管理框架。建立和完善逆风向的宏观动态调控机制，实现总量调节和结构调整的有机结合。探索建立浙江金融业风险监测指标体系，实施金融体系稳健性分析、监测和评估，提高金融监管的针对性和有效性。二是坚持宏观、微观审慎监管并重。加强对金融市场系统性风险的分析和研判，完善系统重要性金融机构的监管制度，使宏观审慎管理和微观审慎监管互为补充。各金融管理部门要及时更新监管理念，改进监管方法和手段，提高监管技术，积极建设审慎监管“工具箱”，在夯实对单个市场、单个行业的监管基础的同时，重点要加强对跨市场、跨行业的系统性风险的监测、分析与管理能力，防范因风险的同质性、关联性、集中性和周期性而导致的系统性危机，实现宏观审慎和微观审慎监管的有机结合。三是坚持业务创新与风险管控并重。在鼓励金融机构加强业务创新的同时，监管部门应不断强化金融创新监管，将场外衍生品和其他未受监管的市场和产品纳入监管范围，适时增强银行表外业务风险监管，充分关注银行与不受监管的金融中介之间的业务往来以及跨行业创新产品的动态监督。四是加强监管合作与协调。建立健全以“一行三局一办”为主体的金融监管协作机制和金融风险处置协调机制，搭建信息共享平台，充分交流监管信息，避免监管缺位和重复监管，完善突发性金融事件应急处置预案，实现协调机制的规范化和常规化。

（八）打造宽松的金融业发展外部环境

打造宽松的金融业发展外部环境，不仅为浙江金融业的健康全面发展提供重要支撑，更重要的是为实现金融与经济的协调互动构建强大的外部保障。一是创新地方金融政策法规环境。以国家金融方针、政策和法律法规为依据，结合浙江实际情况，制定有利于地方金融市场和金融机构发展的相关规划和支持政策，推动地方金融政策的改革创新。积极配合政府向国家争取创新型金融组织、金融市场和金融创新业务的先行先试资格，使浙江的金融改革和创新实践走在全国各省前列。二是推动政府加大对金融业的扶持力度。遵循“政府引导、社会参与、市场运作”的原则，加强政府在信用增级、资金、财税政策等方面的优惠支持力度，发挥地方财政性资金的放大作用和导向作用，强化民间资本的助推功能，加大对地方金融业发展和战略性新兴产业、创业创新活动和金融“支农支小”的支持。对省内新设立或新引进的金融机构总部，在用地用房、办理手续、银证

合作以及信息提供等方面给予必要的支持；建立金融研究及人才培养基地，强化金融人才引进政策，健全金融人才引进、培养和使用机制。三是完善地方信用体系建设。以人民银行征信平台为载体，完善企业和个人信用信息基础数据库建设；组织开展中小企业信用档案和农户信用档案征集，加快农户信用档案电子化建设进程，积极推进中小企业和农村信用体系建设；抓好社会信用信息系统建设，实现相关部门之间的社会信用披露系统互联互通，提高信息开放和共享程度；加快培育合格的社会征信服务机构，扩大借款主体的信用评级范围，规范信用评级制度，并积极推动商业承兑汇票信用评级等试点工作。四是维护良好的金融运行秩序。遵循国际通行的监管规则，逐步强化金融机构的信息披露制度，规范金融市场运行机制；引导金融机构增强自律意识、加强自查自控，夯实稳健经营的基础；依法打击各类金融犯罪活动，依法取缔各类非法金融机构和非法金融活动，加强社会诚信教育，构筑健康、规范、有序的金融发展环境。

专题报告

Special Report

B.2

2010年浙江省经济运行分析

摘　要：2010年是“十一五”规划收官之年，也是“后危机时期”加快推进结构调整和产业转型的关键之年。浙江深入贯彻落实科学发展观，全面实施“八八战略”和“创业富民、创新强省”总战略，扎实推进“全面小康六大行动计划”，坚持调结构促转型谋发展、抓统筹惠民生保稳定，浙江经济继续朝着宏观调控的预期方向发展，整体平稳增长，转型升级步伐有所加快，内生动力和活力持续增强，民生进一步改善，节能降耗取得成效，“十一五”规划主要任务顺利完成。

关键词：投资　消费　外贸

“十一五”时期，浙江生产总值由2005年的13418亿元增加到2010年的27727亿元，年均增长11.8%，其中，2006年和2007年分别比上年增长13.3%和14.7%，增速较快；2008年下半年，受国际金融危机的影响，经济下行趋势明显，全年增速回落至10.1%，2009年一季度更回落至3.4%。面对国际金融危机的严重影响和冲击，浙江省坚决执行中央宏观调控政策，提出了“标本兼治、保稳促调”的经济工作方针，经济增速持续回升，全年生产总值增长8.9%，2010年增长11.8%，达到“十一五”时期平均增速（见图1）。“十一五”期间，浙江省人均生产总值连跨4000美元、6000美元、7000美元台阶，2010年达52059元（7690美元），年均增长10.2%。

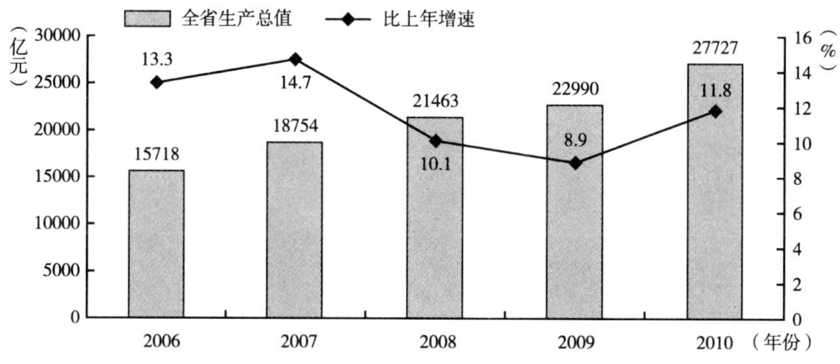

图1 “十一五”时期浙江生产总值及其增长速度

一 经济结构不断优化

“十一五”期间，浙江经济结构不断优化，第二、第三产业协同带动浙江经济发展。2010年，实现第一产业增加值1360.7亿元，第二产业增加值14121.3亿元，第三产业增加值11744.8亿元，分别比上年增长3.2%、12.3%和12.1%。三次产业的比例由2005年的6.7∶53.4∶39.9调整为2010年的5.0∶51.9∶43.1（见图2）。

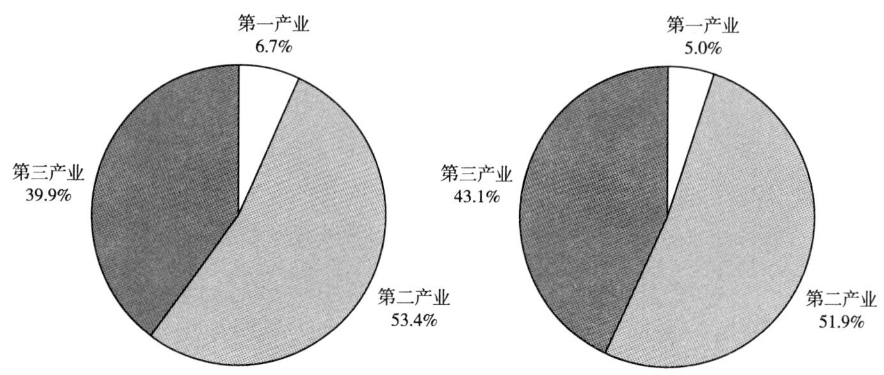

图2 2005年和2010年三次产业结构

（一）农业生产基本稳定

2010 年，全省农林牧渔业实现总产值 2173 亿元，比上年增长 2.9%，“十一五”期间实现了年均 3.1% 的增长速度。其中，农业总产值 1041.4 亿元，比上年增长 0.9%；林业总产值 119.4 亿元，下降 4.9%；牧业总产值 448.6 亿元，增长 3.5%；渔业总产值 522.2 亿元，增长 8.1%；农林牧渔服务业总产值 41.6 亿元，增长 9.0%。

2010 年，农作物播种面积 2484.6 千公顷，比上年减少 0.8%。粮食播种面积为 1275.8 千公顷，减少 1.1%。受春季持续低温阴雨不利气候及种植结构调整影响，粮食总产量 770.7 万吨，比上年下降 2.3%，其中晚稻总产量为 584.71 万吨，下降 2.4%。主要经济作物播种面积保持稳定，其中油料播种面积 208.75 千公顷，比上年下降 0.7%；蔬菜 618.59 千公顷，与上年持平；棉花播种面积 20.8 千公顷，比上年增长 3.5%；春茶、春茧量减价升；药材、花卉苗木面积分别增长 6.3% 和 4.1%。畜牧业生产形势好转，渔业生产增幅明显，全年肉类总产量为 175.13 万吨，比上年增长 2.8%。国内渔业产量 461.4 万吨，增长 7.4%，其中海水捕捞产量 282.1 万吨，增长 5.8%；海水养殖产量 82.6 万吨，增长 8%，淡水产品产量 96.7 万吨，增长 11.8%。远洋渔业产量 21 万吨，增长 31%。现代农业继续发展，全年净增有效灌溉面积 3.5 千公顷，新增旱涝保收面积 3.9 千公顷。农业机械总动力 2428 万千瓦，比上年增长 2.0%。

（二）工业经济稳步回升

“十一五”期间，浙江工业成功应对了国际金融危机的严峻挑战，工业经济稳步回升。2010 年，全省规模以上工业增加值 10397 亿元，比上年增长 16.2%，“十一五”期间年均增长 13.5%。随着工业规模的不断扩大，浙江工业总体实力明显增强。规模以上工业企业不断增加，由 2005 年的 4.0 万家发展到 2010 年的 6.3 万家，在全国 31 个省市中位居首位，占全国规模以上工业企业数的 14%。

重要工业产品产量大幅增长。2010 年末，浙江发电量达到 2496.2 亿千瓦小时，比 2005 年增加 1143.2 亿千瓦小时，增长 84.5%；原油加工量 2365.8 万吨，增加 591.3 万吨，增长 33.3%；生铁 915.6 万吨，增加 695.0 万吨，增长 3.2 倍；粗钢 1228.5 万吨，增加 796.5 万吨，增长 1.8 倍；钢材 2832.6 万吨，增加

2115.6 万吨，增长 3.0 倍；水泥 11275.3 万吨，增加 2445.9 万吨，增长 27.7%；化学纤维 1366.1 万吨，增加 705.8 万吨，增长 1.1 倍；汽车 31.9 万辆，增加 16.9 万辆，增长 1.1 倍。

工业经济效益保持较高水平。“十一五”期间，煤电油运等生产要素的制约和原材料价格的大幅度上涨，导致企业生产经营成本增加，赢利难度增大。在生产、经营成本不断上升的情况下，企业通过改善管理和经营方式，积极推进技术创新，提高劳动生产率，工业经济效益保持在较好的水平。规模以上工业企业实现利润从 2005 年的 1098 亿元增加到 2010 年的 3004 亿元，年均增长 23.2%；全员劳动生产率由 2005 年的 8.4 万元/人提高到 2010 年的 12.9 万元/人，增长 53.6%；万元生产总值能耗 0.72 吨标准煤，比 2005 年下降 20%。2010 年，规模以上工业企业主营业务收入 49251 亿元，比上年增长 29.6%；利润总额 3004 亿元，比上年增长 47.3%。

（三）服务业发展强劲

“十一五”期间，浙江服务业发展势头强劲，总量不断扩大，占生产总值的比重快速上升，重点行业、重点企业加快发展，产业素质不断提高，为宏观经济的稳定发展和产业结构转型升级作出了重要贡献。

发展规模快速扩大。2010 年，服务业增加值突破万亿元大关，达到 11745 亿元，“十一五”时期年均增长 13.3%，高于 GDP 增速 1.5 个百分点。服务业增加值总量仅次于广东、江苏和山东省，位居全国第四。2010 年，人均服务业增加值 22514 元，仅次于北京、上海、天津三个直辖市，列各省区首位。2010 年，批发零售业、金融业、房地产业及交通运输、仓储和邮政业四大支柱行业占服务业增加值比重为 63.2%，比 2005 年提高 4.5 个百分点。

行业结构逐渐优化。“十一五”以来，浙江服务业各大门类的增加值排序变化虽然不大，但比重变化较大，呈现传统服务业比重逐步降低、新兴服务业比重不断提高的良好态势。以金融业为代表的新兴服务业发展迅猛，2005 年金融业增加值占服务业增加值的比重为 12.8%，2010 年上升到 19.5%，提高 6.7 个百分点。传统服务业所占份额有所下降，2010 年批发和零售业增加值占服务业的比重为 21.9%，比 2005 年下降 1.6 个百分点；交通运输、仓储和邮政业比重为 8.9%，比 2005 年下降 0.7 个百分点。

生产性服务业加快发展。“十一五”以来，以金融业、信息传输和计算机服务业、租赁和商务服务业、批发业、科技服务业、交通运输业为内容的生产性服务业保持快速增长态势。2006～2009年，生产性服务业增加值年均增长18.9%，高于同期服务业增速5.3个百分点，占服务业增加值的比重提高3.9个百分点。

特色产业优势明显，港口运输、专业市场、旅游等在全国占有十分重要的地位。继2009年全省港口运输吞吐量首次突破10亿吨大关后，2010年再创新高，达11.2亿吨，其中宁波—舟山港货物吞吐量6.29亿吨。2010年末，共有商品交易市场4146家，比2005年增加138家，其中成交额超10亿元的市场202个，超百亿元的市场22个，分别比2005年增加82个和12个。旅游总收入3313亿元，在全国居江苏、广东之后列第三。

二　投资保持适度增长

“十一五”期间，浙江认真贯彻执行中央宏观调控政策，不断深化建设领域投融资体制改革，全社会固定资产投资保持适度增长，投资结构不断优化，重大项目稳步推进，为经济平稳健康发展奠定了坚实基础。

2010年，全社会固定资产投资12488亿元，比上年增长16.3%，增幅与上年基本持平，扣除价格因素实际增长11.1%。“十一五”期间，全社会固定资产投资累计48567亿元，投资总量比1981～2005年25年间的投资总和还要高出27.1%，年均增长13.3%。

（一）投资结构趋于合理

2006年以来，浙江省第一产业投资增长波动较大，第二产业投资保持了平稳运行速度，服务业投资则相对增长较快，产业投资结构不断优化。

“十一五”期间，限额以上第一产业累计投资208亿元，占限额以上投资的比重由2006年的0.31%上升到2010年的0.52%，年均增长24.5%。由于投资总量小，年度间增幅变动较大。

限额以上第二产业累计投资19774亿元，年均增长10.5%，在限额以上投资中的比重由2006年的46.4%下降到2010年的40.6%。2010年，制造业投资4046亿元，比上年增长10.7%，其中，装备制造业中的金属制品业、电气机械

及器材制造业、通信设备计算机及其他电子设备制造业、仪器仪表及文化办公用机械制造业等分别增长 17.1%、23.6%、21.3% 和 19.7%；传统优势行业通过加大技术改造力度，投资也保持了较快的增长，如纺织业和医药制品业，增幅分别为 16.2% 和 23.6%；而化学原料及化学制品制造业、黑色金属冶炼及压延加工业等国家重点调控的高耗能、高污染行业和产能过剩行业的投资得到有效遏制，分别下降 19.1% 和 19.5%。

"十一五"期间，浙江省委、省政府把发展服务业作为新的经济增长点和结构调整的战略重点，有力地推进了服务业投资的较快增长。限额以上服务业累计投资 24709 亿元，年均增长 15.8%。2010 年，服务业投资占限额以上投资的 58.9%，比 2006 年的 53.3% 有了显著提高。2010 年，限额以上服务业投资 6806 亿元，比上年增长 22.4%，其中，金融业、科学研究技术服务和地质勘察、房地产业投资增幅居前，分别增长 69.2%、35.0% 和 35.8%。

（二）重点建设进展顺利

浙江始终把重点项目建设尤其是基础设施建设作为改善投资环境、推进城市化进程、促进经济发展方式转变的重要举措。2007 年，"五大百亿"工程顺利完成，2008 年省委、省政府积极组织实施"三大千亿"工程建设，衔接"十一五"重大建设项目规划，扎实推进了一批交通、能源、水利等重大基础设施项目的建设进程。"十一五"期间，全省限额以上基础设施项目累计投资 12801 亿元，年均增长 9.3%，其中 2009 年增速达 22.0%。2010 年，基础设施投资 3091 亿元，比上年增长 6.8%。

五年来，浙江还积极启动了一批有利于改善投资结构、促进经济发展方式转变的临港工业、高技术产业和重要装备制造等重大项目建设，如镇海国家石油储备库工程、杭氧集团迁扩建工程、中国石化镇海炼化百万吨乙烯工程、浙江造船有限公司二期工程、洋山深水港集装箱项目等一大批重大项目相继建成投产。重点建设项目的顺利完成，有效地缓解了浙江交通、电力、通信等对社会经济发展的"瓶颈"制约，进一步改善了浙江的投资环境和发展潜力。

从投资结构看，交通运输、仓储和邮电通信业、电力燃气及水的生产和供应业、水利环境和公共设施管理等三个行业成为浙江基础设施投资的重中之重。五年来，在限额以上投资中，交通运输、仓储和邮政业累计投资 4347 亿元，年均增长 10.3%，其中交通运输业累计投资 4032 亿元，年均增长 9.9%，相继建成了甬台温铁路、温福铁路、杭新景高速、龙丽高速、杭州湾跨海大桥、舟山跨海大桥等重大工程，目前全省已形成较为完善的各种运输方式有效衔接的现代综合交通体系。电力燃气及水的生产和供应业五年累计投资 2769 亿元，年均增长 1.4%。水利环境和公共设施管理五年累计投资 4044 亿元，年均增长 14.6%。电信和其他信息传输服务行业、教育设施、卫生设施等行业投资总量不大，但也都保持了一定的增速，五年累计投资分别为 626 亿元、535 亿元和 278 亿元，年均分别增长 9.1%、3.8% 和 18.0%。

（三）民间投资领域拓宽

2006 年以来，浙江省委、省政府积极采取多项政策措施，大力引导支持非国有投资发展，投资领域进一步扩大，非国有投资出现了持续快速发展的良好态势。“十一五”期间，限额以上非国有投资总额 29004 亿元，年均增长 14.5%，增幅高出限额以上投资 1.0 个百分点，所占比重由 2006 年的 63.6% 上升到 2010 年的 65.9%。其中，2010 年非国有投资 7615 亿元，比上年增长 21.6%。随着《国务院关于鼓励支持和引导个体私营等非公有制经济发展的若干意见》等一系列政策措施逐步落实到位，浙江省民营企业投资已基本覆盖了国民经济的各个领域，在制造业和房地产业两大竞争性行业，非国有经济已成为投资的主要力量，在电力、交通运输、电信、教育、文化艺术及广播电影电视业等多个社会发展领域，非国有投资也已进入并逐步拓展，形成多种所有制经济竞相发展局面。《国务院关于鼓励和引导民间投资健康发展的若干意见》于 2010 年 5 月出台，浙江民间资本的投资领域将进一步拓宽。

“十一五”期间，限额以上国有投资 15687 亿元，年均增长 11.7%。其中，2010 年国有及国有控股投资 3949 亿元，比上年增长 8.4%。尽管国有投资增速和规模均明显小于非国有投资，但其在经济发展中的调控作用明显加强。从全省国有投资范围看，主要集中在电力、交通运输、仓储和邮政业、水利环境和公共设施管理业等基础设施领域。这些行业基本都是关乎国计民生的重要行业，对于整个经济社会平稳健康发展具有重要意义。

（四）房地产业发展较快

2006 年以来，浙江房地产业持续迅速发展，成为国民经济中最具影响力的

一个产业。“十一五”期间，全省房地产开发累计投资 10703 亿元，年均增长 15.8%。2010 年，国家采取了限期开发土地、抑制房价过快上涨等严厉政策，浙江房地产出现了投资高速增长而销售负增长现象，全年完成投资 3030 亿元，比上年增长 34.4%，为五年来的最高增速；全省商品房销售面积 4810 万平方米，下降 13.1%，其中住宅销售面积 3833 万平方米，下降 19.5%。

商品房开发结构根据市场需要得到进一步调整，住宅建设规模明显加大，五年累计投资 7518 亿元，占房地产开发投资的 70.2%，年均增长 13.6%，商品房销售面积累计完成 21427 万平方米，年均增长 7.8%，其中住宅销售面积累计达 18038 万平方米，年均增长 6.3%。在加快商品住宅建设的同时，各地经济适用房和普通商品房也大量增加，廉租房制度全面实施，五年共解决了 59.2 万户城市中低收入家庭住房困难问题。2010 年，浙江省城镇人均住房面积扩大到 35.3 平方米。

三　消费市场繁荣发展

“十一五”期间，浙江省委、省政府坚持扩内需、调结构、保民生、促发展，消费市场保持了良好的发展势头，居民消费需求得到了有效增长，消费结构更加合理，消费市场更加成熟。2010 年，全省社会消费品零售总额 10163 亿元，比 2005 年的 4646 亿元增长 118.8%，年均增长 16.9%。消费对全省经济增长的贡献率从 2005 年的 51.1% 上升到 2009 年的 59.9%。

（一）城乡消费协调发展

“十一五”期间，随着浙江省经济的持续良好发展，城乡居民收入状况有了较大的提高。2010 年，浙江省城镇居民人均可支配收入 27359 元，比上年实际增长 7%，与 2005 年相比，年均增长 8.2%，城镇居民恩格尔系数维持在 30% ~ 40% 之间，按照国际通用的恩格尔系数划分标准，已经进入相对富裕阶段。2010 年，浙江省农村居民人均纯收入 11303 元，比上年实际增长 8.6%，与 2005 年相比，年均增长 8.4%。伴随城乡居民收入的同步增长、购买力的提高，新农村建设的不断深入，农村消费网络不断完善，以及家电下乡、汽车及摩托车下乡，小排量汽车购置优惠等惠农政策的实施，浙江省城乡消费市场出现了共同繁荣和协调发展的良好局面。“十一五”期间，浙江省城市和农村的消费品零售总额年均分别增长 17.5% 和 16.1%。

（二）市场规模不断扩大

五年来，商品交易市场加快改造提升，加大创新步伐，总体呈现出大型市场不断增加、市场交易总额不断扩大的良好发展态势，重点市场发展态势强劲，龙头带动作用凸显。一些省重点市场已率先实现了从传统市场向现代化市场的转型，巩固了浙江商品交易市场在全国以及浙江省商贸流通业中的龙头地位，有力地支撑了经济社会的持续快速发展。2010 年末，浙江省有商品交易市场 4146 家，比 2005 年增加 138 家，其中成交额超 10 亿元的市场 202 个，超百亿元的市场 22 个，分别比 2005 年增加 82 个和 12 个。2010 年，全省商品交易市场成交额 12717 亿元，比上年增长 18.4%，比 2005 年增长 77.3%，年均增长 12.1%。2010 年，义乌中国小商品城、浙江绍兴中国轻纺城市场成交额分别达到 456 亿元和 439 亿元，分别比 2005 年增长 57.8% 和 59.1%，年均分别增长 9.6% 和 9.7%。

专栏 1　浙江专业市场指数发展概况

经过多年的发展，浙江已经成为名副其实的“市场大省”，一大批辐射面广、产业带动能力强、在全国乃至全球具有龙头地位的大型市场，已经成为浙江经济的一张张金名片。浙江各类专业市场成交额连续 20 年保持全国第一，随着中国小商品指数、中国轻纺指数、中国塑料指数等一个个指数的诞生，这些专业市场更是全面进入指数时代，在激烈竞争中掌握了话语权。

一　浙江专业市场的基本情况

从 2007 年开始，浙江省专业市场积极创新，大胆实践，大力发展网络销售和网上市场，接轨现代物流，促进了市场整体业态的提升。据统计，2008 年全省登记的网上商品交易市场共十余家，交易额达到 904.9 亿元，规模已相当于全省有形市场年成交额的近 1/10，发展势头迅猛。其中，余姚中国塑料城网上交易市场实现交易额 360 亿元，走出了一条适合我省专业市场转型升级的新路子。2010 年，在外贸形势向好和国内消费强势拉动下，全省各类商品市场呈现供需两旺的喜人景象。

二 浙江专业市场指数发展概况

为巩固各自龙头地位，引导产、供、销行为趋于合理，各专业市场纷纷建立指数，浙江专业市场开始步入指数时代。中国人民银行杭州中心支行调查统计处以浙江省内17个特色市场为基础，着手建立浙江省特色市场监测体系。截至目前，15个市场指数已初步完成，1个市场指数正在编制，1个市场指数尚未启动。根据特色市场指数编制方的不同，可以把17个特色市场指数分成两类。

（一）由人民银行主导的特色市场指数

1. 与政府合作型

（1）柳市·中国电器指数。柳市·中国电器指数采取的是政府搭台、人民银行牵头、银行企业共同参与的模式。中国电器指数的调查样本为电器城外30家大型企业（成交额相当于柳市电器市场成交额的40%以上）和电器城内50家中小型商户。价格监测对象选取8大类55中类220小类。指数基期为2010年7月，基期价格指数为1000。另外，柳市中国电器景气指数还增加了企业生态环境指数、企业转型升级两个分指数。柳市中国电器指数目前已经正式对外发布。

（2）南浔·中国地板指数。南浔中国地板指数采取政府搭台、人民银行牵头、行业协会辅助、地板企业参与的编制模式。南浔地板指数的调查样本为53家企业，样本涵盖了实木地板、复合地板、强化地板3大类11小类共计130条规格品。指数基期为2010年11月，基期价格指数为100。南浔·中国地板指数已于2011年3月份正式对外发布。

2. 与市场直接合作型

（1）永康·中国五金指数。永康·中国五金指数采取人民银行牵头，五金城商会协助的编制模式。永康中国五金指数的调查商户50家，样本涵盖金属材料、防盗门、五金工具、休闲用品、衡器、不锈钢制品、小家电及厨房用具7大类共128小类五金系列产品。指数基期为2010年8月，基期价格指数为100。

（2）中国·嵊州领带指数。嵊州中国领带指数采用人民银行牵头、市场发展总公司协助编制的模式。嵊州中国领带指数的调查商户25家，样本涵盖了真丝领带、涤丝领带、仿真丝领带3大类6小类共计36个样本。指数基期2010年

7月，基期价格指数为100。

（3）浙江·方林汽车指数。方林汽车指数是人民银行牵头、汽车城市场管理部门协助建立。汽车指数选择商户8家，样本涵盖了4大类36款汽车。指数基期2010年11月，基期价格指数为100。

3. 与商业银行合作型

（1）华东·诸暨珍珠指数。华东·诸暨珍珠指数采用人民银行牵头，诸暨农村合作银行、香港达成系统有限公司协助，华东国际珠宝城配合的编制模式。华东·诸暨珍珠指数的调查商户55家，样本涵盖成交量最大的7～12mm圆珠和7～10mm原珠共计10个规格品。指数基期2010年6月，基期价格指数为100。

（2）中国·贺村木业指数。中国·贺村木业指数采取人民银行牵头，江山农村合作银行协助的编制模式。贺村木业指数的调查对象包括3家企业8家商户，样本涵盖原木、板材、建筑模板、木门4大类19小类共计20个规格品。指数基期2010年7月，基期价格指数为100。

4. 基层央行自主采集型

（1）浙南茶叶指数。浙南茶叶指数经当地人民银行与市场相关部门协调后，采取由人民银行自行向商户采集数据的模式。浙南茶叶指数的调查商户为交易额较大的10家，样本选择白茶和香茶两大规格品。指数基期2010年7月，基期价格指数为100。

（2）杭州粮油批发指数。杭州粮油批发指数由人民银行杭州中心采集浙江粮油网上公布的成交价格，按照近五年成交额的占比加权平均计算而得。监测的品种涵盖稻米、面粉、食用油、豆类4大类14小类。指数基期2004年12月，基期价格指数100。

（二）非人民银行主导的特色市场指数

非人民银行主导的特色市场指数有些由商务部牵头，有些由市场主管部门牵头，编制的方法各具特色。

1. 商务部主导型

（1）义乌·中国小商品指数。义乌·中国小商品指数由商务部牵头建立，由价格指数、景气指数和单项监测指标3部分23个分项指数构成。小商品城将所有小商品分为17大类、68个中类、100个小类和1006个细分类，再选取义乌

国际商贸城、篁园市场、宾王市场和针织专业市场 6688 家商户，结合提供的 1006 个商品细类别中的 6145 种代表商品的成交价格，作为价格指数的基础数据；另外 3588 个商户则提供这些代表商品的成交额、物流量、顾客人气、商品毛利率、商品周转次数和资金周转次数等数据，并结合商户对所经营商品的信心打分，汇总形成景气指数。而单项监测指标相关统计数据由人民银行、海关、工商局等部门提供，各个部门数据共享。义乌·中国小商品指数是定基指数，以 2006 年 7 月为基期，价格指数基点为 100、景气指数基点为 1000，指数上下浮动反映市场发展状况。每周二发布上周价格指数，每月 1 日发布上月景气及价格指数。

（2）中国·柯桥纺织指数。中国·柯桥纺织指数由商务部、绍兴县人民政府联合编制，2007 年 10 月 21 日正式对外发布。该指数包括价格指数、景气指数、外贸指数，是综合反映中国轻纺城市场及绍兴轻纺产业发展状况的一个完整的指数体系。轻纺城指数采样范围为柯桥轻纺城 14 个面料批发市场和钱清原料批发市场，以及绍兴县若干纺织品生产企业和外贸企业。纺织品价格指数所包括的商品有原料、坯布、服装面料、家纺面料、服装辅料 5 大类、35 中类、288 小类。中国柯桥纺织指数为定基指数，基期 2007 年 5 月，价格指数的基点为 100，景气指数的基点为 1000。2009 年 7 月在全面普查的基础上对调查样本进行扩容，采集点增加到 1141 个，代表品增加到 1947 种，更为全面地反映市场特点和行情走势。

2. 市场主导型

（1）余姚·中国塑料指数。中国塑料价格指数是中国首个大宗商品价格指数，由浙江塑料城网上交易市场编制，于 2006 年 11 月发布并应用。2007 年 7 月，新华社实时向全球发布。中塑指数作为一个完整的指数体系，由“中国塑料仓单价格指数（中塑仓单指数）”和“中国塑料现货价格指数（中塑现货指数）”组成。样本涵盖了国际、国内 PE（聚乙烯）、PP（聚丙烯）、PVC（聚氯乙烯）、PS（聚丙乙烯）、ABS（丙烯—丁二烯—苯乙烯共聚合物）这五大类通用塑料中的通用品种近 500 只牌号。中塑指数在发现价格和指导价格功能方面发挥了巨大的作用，领跑塑料现货市场行情，成为塑料价格走势的风向标。

（2）中国二手船价格指数。中国二手船价格指数包括二手沿海 5000T 5 年船龄干散货船价格指数、二手沿海 3000T 5 年船龄油船价格指数和二手船综合指数

3 条价格指数。该指数以 2006 年 1 月 1 日为基期，基期指数定为 1000。浙江船舶交易市场每 14 天编制一次指数，并在 14 天后的每周一公开发布。

（3）中国茧丝·嘉兴指数。中国茧丝·嘉兴指数建立于 2010 年 1 月，由中国茧丝绸交易市场编制并实时发布。中国茧丝绸指数由三部分组成：干茧指数、生丝指数和综合指数。干茧指数和生丝指数的编制参照文华财经商品价格指数，是根据每一小节具体交易（成交量、净持有量和各个合约的不同比重）数据编制出的一种随时变动的价格指数，综合指数是干茧指数和生丝指数的合成。干茧指数包括 9 个交易品种，生丝指数包括 18 个交易品种。

（4）新昌·大佛龙井价格指数。新昌·大佛龙井价格指数由中国茶叶流通协会、新昌县政府、人民银行新昌县支行和中国茶市共同编制。该指数的数据来源于大厅实时交易的统计数据和市场样本商户（22 家）定期报送的价格、成交额等指标。2010 年 4 月"大佛龙井价格指数"正式发布，该指数以 2009 年 5 月为基期，价格基点为 100，每月发布一次。中国茶叶流通协会计划陆续建立各类绿茶产品指数，在取得足够的样本后将编制茶叶价格综合指数。2010 年 6 月中国人民银行绍兴市中心支行对中国茶市进行了"中国茶叶价格指数（绿茶）信息采集定点市场"授牌，将中国茶市正式纳入特色市场监测体系。

（5）海宁·中国皮革指数。在人民银行的大力推动下，海宁·中国皮革指数目前仍在编制当中。指标体系已经初步建立，不仅确立了包括现货交易、订单批发交易、外贸交货、网络交易在内的各类价格指数，以及包括交易额、人气等在内的市场景气指数，还在国内首创了时尚活力指数和品牌效益指数。该指数计划采集 500 多个商户的 1800 多个样本数据，确保指数信息的完整性，预计将在 2011 年 9 月皮博会之际正式对外发布。

（三）消费结构不断升级

从零售规模看，2010 年居前五位的汽车、石油及制品、食品饮料烟酒、服装鞋帽针织品、中西药品类零售额分别为 1808 亿元、695 亿元、406 亿元、364 亿元和 348 亿元，合计占限额以上批发零售业零售额的比重为 83.2%，比 2005 年提高 7.2 个百分点，年均增速分别为 39.8%、36.7%、14.6%、22.8% 和 17.0%。汽车零售额五年来均保持第 1 位，汽车零售的快速增长带动了石油及其制品类的高速增

长，其零售额从2005年的第4位上升为第2位。从增长速度看，“十一五”时期增长最快的五大行业分别为汽车、金银珠宝、石油及制品、文化办公用品和日用品类，年均分别增长39.8%、38.4%、36.7%、24.2%、23.5%，均明显高于全省零售额的增长。

汽车消费成为最大的亮点。“十一五”时期，由于社会经济的总体发展，人们生活水平的逐步提高，城乡居民对私家车的需求日渐增加，加上近两年国家为拉动内需促进消费，连续出台了多项刺激汽车消费的政策，如汽车下乡、小排量汽车购置优惠等，汽车销量增长较快。2010年，限上企业汽车零售额1808亿元，比上年增长37.2%，占限额以上企业批发零售业零售额的41.5%，对限额以上企业批发零售业零售额贡献率为49.9%，拉动限额以上批发零售额14.5个百分点，拉动社会消费品零售总额增长5.7个百分点。

四　开放经济实现跨越

受国际金融危机影响，浙江对外贸易在“十一五”期间经历了前所未有的考验，特别是2009年全年进出口总额、出口总额、进口总额出现了全面下降的不利局面。在政府、企业的努力下，在以出口退税、外贸发展基金、出口信保、贸易融资、贸易投资促进和提高贸易便利化水平等为主要内容的外贸促进体系激励下，全省对外贸易快速回升。2010年，全省进出口总额2535亿美元，比上年增长35%。其中，出口1805亿美元，进口730亿美元，分别比上年增长35.7%和33.5%。

（一）外贸结构有所调整

私营企业出口持续领先。“十一五”期间，浙江私营企业出口额年均增长31.8%，比出口总额平均增速高13.2个百分点。五年累计出口达3086亿美元，比“十五”时期增长5倍。2010年，全省私营企业出口926亿美元，居全国第2位，占出口比重首次突破半数，达到51.3%。国有企业五年累计出口898亿美元，比“十五”时期增长36%，年均增长2.3%，占出口总额的比重由2005年的21.2%下降到2010年的10.1%；外商投资企业累计出口2424亿美元，比“十五”时期增长2.2倍，年均增长16.4%，占出口总额的比重由2005年的35.5%下降到2010年的32.2%。外贸队伍不断扩大，2010年底，浙江有外贸经

营权的企业7.2万家，比2005年底多4.7万家。

出口附加值较高的机电产品、高新技术产品等在出口总额中的比重明显提高，高耗能、高污染、资源性产品出口得到有效控制。2010年，全省机电产品出口791.3亿美元，比上年同期增长42.6%，高于同期全省出口增幅6.9个百分点，占全省出口总额的比重上升到43.8%，比2005年提高4.4个百分点；高新技术产品出口147.4亿美元，比上年增长49.2%，占出口额的比重由2005年的7.8%上升到8.2%。服装、纺织品分别出口249亿美元和248.7亿美元，分别比上年增长20.1%和30.8%，出口总量继续保持全国第一。出口名牌战略数量增加，继2008年认定150个“浙江出口名牌”之后，2010年底又认定了100个，累计已拥有300个出口名牌。能源资源类等初级产品进口持续增加。“十一五”期间，浙江累计进口初级产品658亿美元，年均增长26%，比工业制成品进口年均增速高9个百分点，所占比重由2005年的19.7%上升到26.2%。

（二）利用外资结构优化

“十一五”期间，全省累计实际利用外商直接投资502.7亿美元，比“十五”时期增长近一倍。“十一五”期间，国家根据经济发展需要，结合国家产业调整和振兴规划要求，修订了《外商投资产业指导目录》，扩大开放领域，鼓励外资投向高端制造业、高新技术产业、现代服务业、新能源和节能环保产业，严格限制“两高一资”和低水平、过剩产能扩张类项目。2010年共批鼓励类大项目174家，投资总额90.2亿美元，合同外资49.8亿美元，占大项目总数近三成。高技术领域共批项目154家，合同外资21.8亿美元，实际外资9.7亿美元。随着中国在航运、公路运输、旅游、计算机与信息服务、建筑服务、广告、文化、法律等领域的WTO开放承诺的逐步兑现，浙江省服务业引资规模逐步扩大，比重稳步上升。五年间，全省服务业累计实际利用外资155.5亿美元，比“十五”时期多2.9倍，比重由15.8%上升到30.9%。

（三）对外投资快速增长

“十一五”期间，全省累计审批和核准的境外投资项目2377个，中方投资63.6亿美元，中方投资额比“十五”时期增长11倍，年均增长达74%。特别是深受金融危机影响的2009年，浙江对外投资增幅达43.5%，高于当年全国平均

水平 29.3 个百分点。2010 年，浙江省经审批和核准的境外企业和机构共计 630 家，中方投资 33.6 亿美元，同比增长 2.2 倍；实际对外直接投资 26.2 亿美元，继续居全国第一。项目质量不断提高，增资类和研发类项目增多。2010 年全年增资项目共有 79 个，增资额为 3.5 亿美元。境外研发项目共 63 个，中方投资额为 4.1 亿美元，项目个数和投资额均有大幅度增长。

五　财政收支运行稳健

2010 年浙江财政总收入达到 4895 亿元，地方财政收入达到 2608 亿元。“十一五”期间，全省累计财政总收入 18555 亿元，其中地方财政收入 9632 亿元，年均增长分别为 18.3% 和 19.6%。“十一五”期间，浙江省财政收入规模不断扩大，每两年跨上一个新台阶。2007 年财政总收入首次突破 3000 亿元，2009 年突破 4000 亿元大关，地方财政收入突破 2000 亿元。随着财力的增长，政府宏观调控能力明显增强，为支持地方经济建设和推进各项社会事业的发展创造了有利的物质条件。

（一）税收收入增长较快

“十一五”时期，浙江省税收收入保持较快增长，为财政增收奠定了坚实基础。2010 年全年税收收入总量达到 5635 亿元，比上年增长 22.2%，是 2005 年的 2.3 倍，年均增长 17.6%。

分税种看，增值税、营业税、所得税等主要税种的比重大，对税收收入总量的增长影响明显。“十一五”期间，累计国内增值税收入 6849 亿元，年均增长 15%。2010 年国内增值税收入 1670 亿元，占全部税收的比重为 29.6%。“十一五”期间，累计营业税收入 2937 亿元，年均增长 20.3%。2010 年营业税收入 817 亿元，比上年增长 23.1%，占全部税收的比重为 14.5%。在调控政策作用下，房地产税收增幅有所回落，但 1～11 月房地产业营业税仍保持 27.1% 的较快增速，对营业税增长的贡献率为 43.5%，是拉动税收增长的重要力量。“十一五”期间，累计企业所得税、个人所得税收入为 3539 亿元和 1436 亿元，年均增长分别为 16.4% 和 18%。2010 年企业和个人所得税增速分别达到 30.6% 和 21.7%。各地方小税种税收快速增长，2006～2010 年城市维护建设税、房产和城市房地产税、城镇土地使用税、土地增值税和车辆购置税年均分别增长 19.5%、18.7%、58.8%、47.1% 和 26%。

（二）财政支出结构优化

2010 年全省财政支出 3208 亿元，比上年增长 20.9%。各级财政部门按照统筹兼顾、有保有压的原则，精心调度资金，继续优化支出结构，保证了各项改革措施的顺利实施。“十一五”期间，地方财政支出累计 11349 亿元，年均增长 20.4%，为经济建设和和谐社会发展提供了有力支持。

“十一五”期间，用于教育、医疗卫生、社会保障和就业的支出分别为 2275 亿元、745 亿元和 697 亿元，与 2006 年同口径相比（下同），四年年均增长 18.2%、26.3%和 23.7%。为努力实现“学有所教”，2010 年对教育方面的投入为 607 亿元，比上年增长 16.8%，占财政支出的 18.9%，占比最大。为努力实现“病有所医”，2007～2009 年医疗卫生支出年均增长 26.1%，增幅比总财政支出高 4.4 个百分点；2010 年继续保持 26.8% 的较快增速，占财政支出的比重比 2006 年提高 1 个百分点。为努力实现“老有所养”，2010 年全省社会保障和就业支出 206 亿元，比上年增长 34.8%，占财政支出的比重比 2006 年提高 0.4 个百分点，进一步健全了社会保障体系。

财政支撑作用充分发挥，经济结构加快调整。一是大力支持生态经济发展，节能减排投入力度不断加大，“十一五”期间，环保支出年均增长 41.8%，增幅超地方财政支出增幅 20.3 个百分点，其中 2010 年环保支出比上年增长 48.3%，占财政支出的比重比 2006 年提高 1.2 个百分点。二是大力支持企业科技创新，对科技、人才的扶持力度持续增强，2006～2010 年科学技术支出 434 亿元，年均增长 21.9%，其中 2010 年增长 22.3%，均高于同期财政支出平均增幅。三是积极支持农村和农业发展，不断加大对农业基础设施建设、农业产业化、农业生产补贴等各项投入，促进城乡协调发展，2010 年农林水务支出增长 23.2%，占财政支出的比重比 2006 年提高 1.3 个百分点。

六　市场价格波动明显

“十一五”时期，浙江省价格总水平呈现上涨态势，涨幅比“十五”期间有所扩大，五年间价格波动较为明显。

（一）消费价格波动明显

“十一五”时期，浙江居民消费价格总水平呈现大起大落的运行态势，五年间累计上涨13.1%，年均递增2.5%，与“十五”时期1.2%的年均上涨幅度相比，涨幅上升了1.3个百分点，整个时期的价格运行波动明显，涨跌幅度相差6.5个百分点。

2010年，全省居民消费价格总水平呈现逐月走高的运行态势，全年上涨3.8%，其中11月涨幅达5.5%，创2008年8月以来的新高。食品类价格全面上涨，涨势强劲。全省食品类价格上涨7.3%，拉动居民消费价格总水平上涨2.2个百分点。

工业消费品价格涨多跌少。在国际大宗商品价格上涨及国内市场供大于求格局长期存在的双重因素作用下，全省工业消费品价格涨跌并存，全年上涨2.0%。多数工业品价格上涨，其中液化石油气价格上涨30.4%，汽油价格上涨15.0%，柴油价格上涨16.0%，首饰类价格上涨18.8%，中药材及中成药价格上涨17.9%，建材价格上涨5.1%，西药价格上涨3.8%。此外，2010年全省部分工业品价格持续处于下降通道，其中通信工具价格下降12.1%，文娱用耐用消费品价格下降4.9%，耐用消费品价格下降1.2%，交通工具价格下降0.5%。

服务项目价格全面上涨，涨幅逐月扩大。受政策性因素及劳动力成本上涨拉动影响，服务项目价格涨势逐月增强，全年上涨2.9%，所有调查类别项目价格全部上涨。随着首套房贷款利率折扣的缩减，房屋贷款利率自2010年2月起结束了上年价格下降的运行态势，涨幅逐月扩大，全年价格上涨10.0%，拉动自有住房价格上涨6.7%；受商务活动增多拉动航空客流不断攀升影响，飞机票折扣力度明显减小，全省飞机票价格上涨18.1%，由此拉动旅行社收费价格上涨12.5%；近年来随着劳动力成本的不断增加，体现劳动力价值的服务项目价格出现不同程度的上涨，其中注射费价格上涨15.3%，家庭服务价格上涨13.6%，洗车费上涨5.8%，衣着加工服务费上涨3.2%；前期房产市场的升温拉动私房房租价格上涨5.4%。

（二）工业价格有所提升

“十一五”期间，浙江工业企业不断调整产业结构，产品竞争力增强，产品销售状况较好，价格有所提升。除2009年由于世界金融危机影响浙江省工业企业产品出厂价格比上年下降5.1%外，其余年份都在上涨，2006、2007、2008、

2010 年全省工业企业产品出厂价格分别比上年上涨 3.8%、2.4%、4.3% 和 6.2%，工业企业效益得到明显提升。

2010 年浙江工业品出厂价格与上年相比上涨 6.2%，原材料购进价格上涨 12.0%，原材料购进价格涨幅高于工业品出厂价格涨幅 5.8 个百分点。分月来看，1～5 月浙江省工业品出厂价格同比指数处于较高位运行，6～9 月各月同比指数呈逐月回落态势，10～12 月又出现反弹（见图 3）。

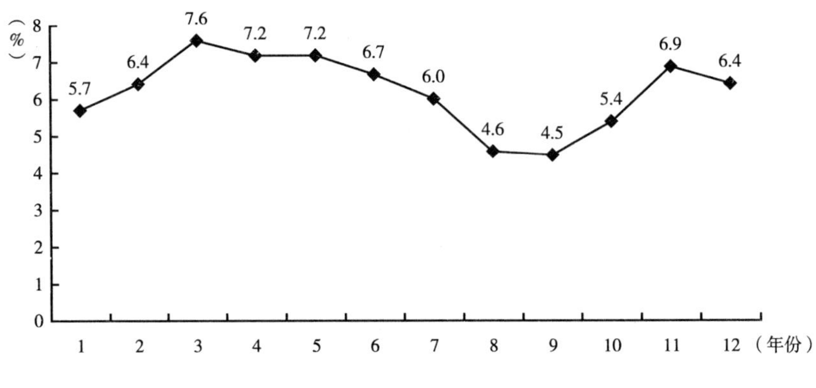

图 3　2010 年工业品出厂价格月度涨幅

重工业产品出厂价格涨幅大于轻工业产品出厂价格涨幅 3.4 个百分点。2010 年，浙江轻工业产品出厂价格与上年相比上涨 4.8%，重工业产品出厂价格上涨 8.2%。重工业产品中采掘业、原料业和加工业产品出厂价格比上年分别上涨 16.5%、10.2% 和 6.9%，上游行业产品价格的上涨逐步传导到下游行业产品的价格。

15 个工业部门产品出厂价格全线上涨。2010 年，15 个工业部门产品出厂价格全线上涨，其中石油工业产品比上年上涨 19.7%，冶金工业产品上涨 15.0%，化学工业产品上涨 10.2%，涨幅居前三位。煤炭及炼焦工业、建筑材料工业、机械工业、食品工业、造纸工业等其他 12 个工业部门工业产品出厂价格涨幅在 0.4%～8.6%。

原材料、燃料、动力购进价格大幅上涨。2010 年，浙江省原材料、燃料、动力购进价格与上年相比上涨 12.0%。九大类中，有色金属材料和电线类、燃料动力类、化工原料类、农副产品类、纺织原料类和其他工业原材料及半成品类等购进价格上涨幅度均在 10% 以上，分别上涨 25.2%、13.9%、13.2%、10.5%、10.5% 和 10.1%，建筑材料及非金属矿类、黑色金属材料类和木材及纸浆类等三大类购进价格涨幅在 3.9%～8.7%。

B.3

2010年浙江省金融运行分析

摘　要： 2010年，浙江金融业认真贯彻落实国家宏观调控政策，业务规模快速扩张，其中银行业存贷款规模持续增长，信贷投向重点突出；证券期货业运行平稳，上市融资和二级市场交易活跃；保险业保费收入稳步增长，保险保障范围不断拓宽；信托租赁业积极进行业务创新，赢利能力显著提升；担保业发展迅速，行业整顿工作稳步推进；其他金融业蓬勃发展，起到了很好的补充作用；金融市场快速发展，直接融资比例大幅提高；金融监管效率不断提高，金融生态环境进一步优化，金融业有力地支持了浙江经济发展。

关键词： 银行　证券　保险　金融市场

一　银行业持续健康发展

2010年，全省银行业金融机构业务规模保持较快增长。截至12月末，资产总额达到64745.41亿元，比年初增加10587.27亿元，同比增长19.55%；负债总额达到62463.53亿元，比年初增加10020.48亿元，同比增长19.11%；全年累计实现税后利润1053.62亿元，比2009年增加296.63亿元。全年存款总量持续增长，活期化趋势进一步明显；贷款增速有所趋缓，信贷结构进一步优化；银行业试点改革纵深推进。

（一）存款总量持续增长

2010年末，全省银行业金融机构本外币各项存款余额54478.09亿元，比年初增加9369.62亿元，同比少增322.76亿元；同比增长20.76%，增速比2009年同期下降6.64个百分点。在总量持续增长的同时，存款变动呈现以下几个特征。

一是存款月度波动较大，季末冲高现象较为明显。从月度变化情况看，存款增幅最大的1月新增存款1529.59亿元，而7月和10月却分别负增长37.91亿元和350.08亿元。季末各月的存款增量均高于全年平均水平，存款“冲时点”现象仍较为明显（见图1）。

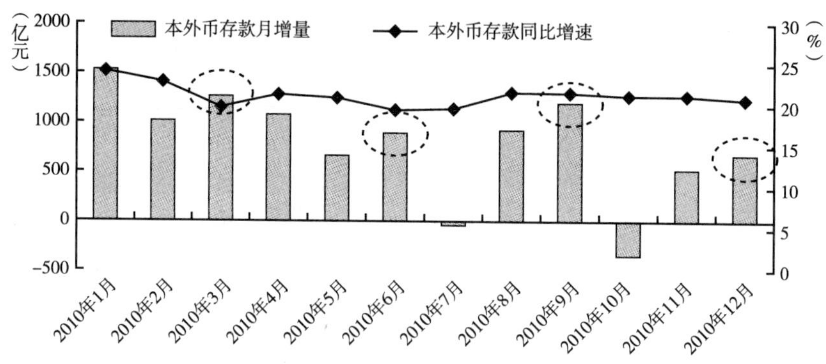

图1　全省银行业金融机构存款月度变化

二是企业存款增速大幅下降，储蓄存款增长平稳。2010年，受2009年高基数影响，企业存款增速大幅回落（见图2）。12月末，本外币企业存款余额同比增长19.38%，增速较去年同期大幅下降27.43个百分点。目前，企业存款增速仍保持相对较高水平，企业支付能力依然较强。2010年以来，储蓄存款增长总体平稳，但全年增速低于2009年水平。年末，本外币储蓄存款余额21093.62亿元，同比增长16.09%，低于各项存款平均增速4.67个百分点，其中3、4、7、10月四个月度出现负增长。储蓄存款变动与通胀率水平、资本市场和房地产市场走势关系密切，在国内股票市场大幅上涨的10月，我省金融机构本外币储蓄存款大幅减少846.06亿元，股市对储蓄的分流现象较为明显。

三是存款活期化趋势不断增强。2010年末，活期储蓄存款同比增长21.20%，高出全部储蓄存款增速5.11个百分点，活期储蓄占比由年初的38.78%上升到40.48%，存款的活期化趋势明显（见图3）。其主要原因是：一方面，随着国内CPI的不断上升，人们对未来通货膨胀预期加大，加上长期低名义利率使得实际利率为负，导致居民储蓄意愿降低；另一方面，随着国内外经济的逐步复苏，企业和居民投资热情上升，对存款资产的流动性偏好增强，在存款时基于机会成本因素更多地选择活期存款。

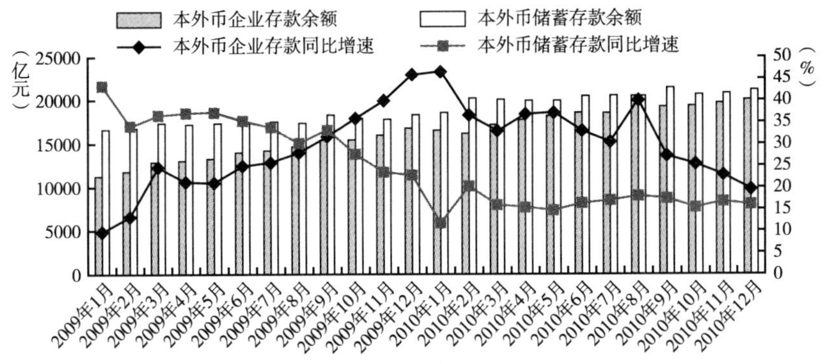

图 2　全省本外币企业存款与储蓄存款增速

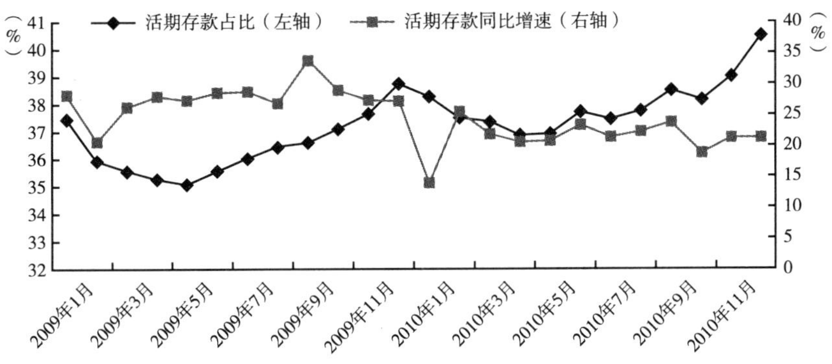

图 3　全省本外币活期存款占比及同比增速

（二）信贷投放结构优化

2010 年，全省银行业按照国家宏观调控要求，科学把握贷款投放的节奏和力度，贷款增势渐趋理性，信贷投放结构进一步优化。

一是贷款增势理性减缓，投放节奏把握较好。截至 2010 年末，全省银行业金融机构本外币各项贷款余额 46938.54 亿元，比年初增加 7714.13 亿元，同比少增 1882.89 亿元；同比增长 19.67%，增速比 2009 年同期下降 12.76 个百分点。从季度投放情况看，贷款增长总体呈减缓趋势，但投放节奏把控较好。除一季度增长较快外，各季贷款增量较为平稳，一、二、三、四季度分别投放 2910.5 亿元、1911.7 亿元、1578.5 亿元、1313.48 亿元（见图 4）。

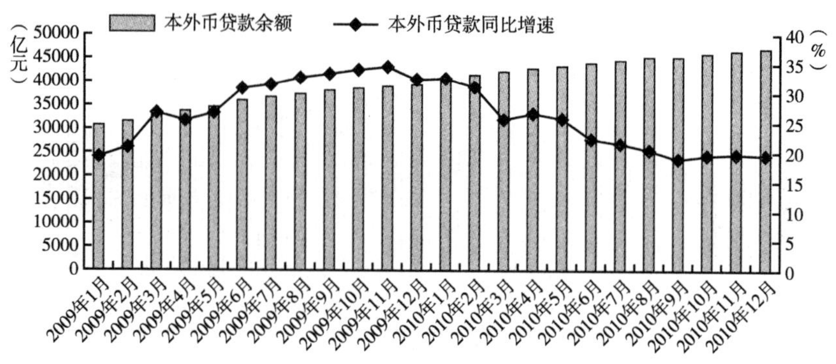

图4　全省本外币贷款余额及同比增速

二是中长期贷款处历史高位，重点领域保障有力。截至2010年底，全省金融机构本外币中长期贷款余额达18800.18亿元，占比为40.05%，较上年提高0.98个百分点，处于历史高位。但从分季度的情况来看，本外币中长期贷款占比呈缓慢下降的趋势，四季度末余额占比较三季度末略有下降（见图5）。从贷款投向来看，2010全年新增贷款投向前五大行业，分别为制造业、批发和零售业；个人贷款，租赁和商务服务业，交通运输、仓储和邮政业，占全部新增贷款的比重分别为39.46%、19.88%、19.82%、5.53%和5.18%，合计占比89.87%。其中，投向制造业、批发和零售业的新增贷款合计4552.33亿元，占各项贷款增量的59.34%，比2009年高出28.66个百分点，金融机构对实体经济的信贷支持力度进一步加大。

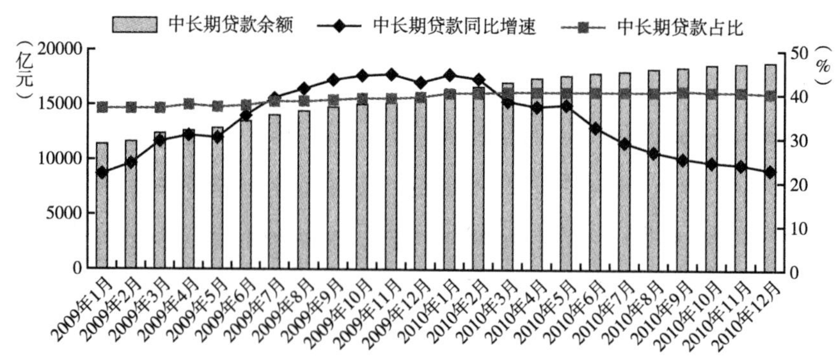

图5　全省本外币中长期贷款余额、占比及同比增速

三是房地产贷款持续回落，宏观调控成效初显。随着中央抑制房价过快上涨的各项住房调控政策的落实，全省房地产各项贷款增速自 5 月以来明显回落（见图 6）。2010 年全年，金融机构房地产人民币贷款新增 1353. 78 亿元，年末余额同比增长 20. 47%，增速比上年末降低 19. 97 个百分点。其中地产开发贷款减少 88. 02 亿元，年末余额同比减少 26. 16%；房产开发贷款新增 299. 23 亿元，年末余额同比增长 20. 47%，增速比上年末降低 0. 76 个百分点；个人购房贷款新增 1144. 45 亿元，年末余额同比增长 23. 83%，增速比上年末降低 23. 7 个百分点。

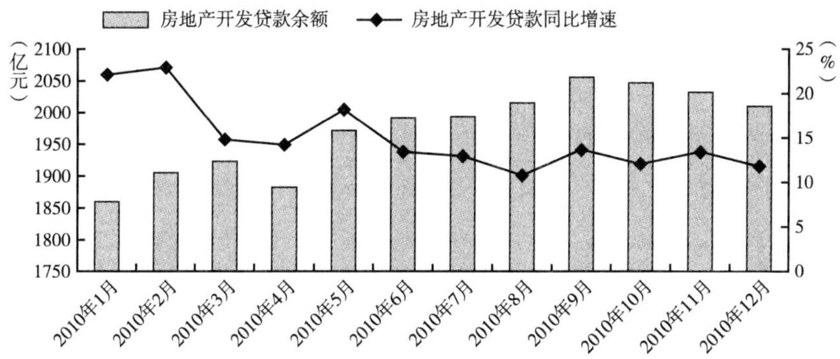

图 6　全省房地产开发贷款余额及同比增速

（三）抗风险能力不断加强

截至 2010 年末，浙江省银行业金融机构按贷款五级分类的不良贷款余额为 445. 86 亿元，比年初减少 58. 78 亿元，不良贷款率为 0. 95%，比年初下降 0. 34 个百分点，不良贷款余额和比例实现“双降”。全省金融机构贷款损失准备金余额 823. 86 亿元，比年初增加 126. 33 亿元；整体拨备覆盖率达到 184. 78%，比年初提高 46. 56 个百分点。分机构看，国有商业银行、股份制商业银行和农村合作金融机构资产质量改善明显，邮储银行和部分外资银行的不良贷款余额出现反弹。

中小法人机构的风险抵御能力进一步增强。截至 2010 年末，全省中小法人机构各项资产减值准备金余额 306. 66 亿元，比年初增加 54. 55 亿元，同比增长 21. 64%。其中，各项贷款损失准备 297. 14 亿元，比年初增加 53. 44 亿元，同比增长 21. 93%；贷款损失专项准备金充足率 272. 26%，比年初提高 72. 43 个百分点。中小法人机构拨备覆盖率260.51%，比年初提高83.21个百分点，远远超过150%的监管要求。

（四）赢利水平稳步提高

2010年，浙江省银行业金融机构实现税后利润1053.62亿元，同比增加296.63亿元；资产利润率1.79%，比年初提高0.22个百分点。其中，中小法人机构累计实现利润252.78亿元，同比增加86.53亿元；资本利润率18.77%，比年初提高1.39个百分点；资产利润率1.44%，比年初提高0.19个百分点。赢利能力保持较快增长的同时，收入结构进一步优化。截至2010年末，浙江银行业金融机构利息收入率85.91%，比年初下降0.73个百分点，净利息收入比例133.64%，比年初下降5.83个百分点。而中间业务收入率达到14.38%，比年初上升1.69个百分点，其中一个主要因素是，贸易项下的跟单信用证业务快速增长，期末余额达1857.78亿元，比年初增加786.87亿元。

（五）试点改革纵深推进

浙江银行业以完善机构布局和强化机构功能为重点，积极有序地推进银行业试点改革。“十一五”期内，全省两级法人农信联社深化改革工作全面完成，在全国率先完成央行专项票据兑付，率先全面实现农村合作金融机构主要监管指标达标。农村合作金融机构股份制改革积极推进（详见专栏1），浙江启动4家农村商业银行组建，2010年底全省第一家农村商业银行——南浔农村商业银行顺利开业。新型农村金融机构从无到有，试点逐步扩大，到2010年末已组建村镇银行25家（开业18家）、农村资金互助社7家（开业5家）、贷款公司1家（已开业）、小额贷款公司134家。城市商业银行完成阶段性增资扩股，资本充足率明显提高。股份制商业银行以授信审批、内部稽核为重点的业务扁平化、管理垂直化改革步伐加快，以经济资本管理为核心的激励约束机制逐步形成。浙商银行主要监管指标保持领先，小企业金融服务成效明显，进一步加快拓展国内市场的步伐。邮储银行分支机构组建全面完成，代理网点换证工作基本完成，小额贷款试点稳步深化。金信信托重整复牌筹建基本完成。华融金融租赁公司顺利增资扩股并成功发行10亿元金融债，成为全国首家发债的金融租赁公司。在浙江银行业改革过程中，监管部门积极鼓励和支持民间资本有序进入（详见专栏2），

以市场准入为抓手，从源头上加以引导，发挥民间资本在深化金融改革中的积极作用。

专栏1　浙江农村合作金融机构改革发展概况

2003年以来，浙江作为全国深化农村合作金融机构改革八个试点省之一，按照国务院提出的“明晰产权关系、强化约束机制、增强服务功能、国家适当扶持、地方政府负责”的总体要求，在省委、省政府的正确领导及人民银行杭州中心支行、省财政厅等各方的大力支持下，积极贯彻落实相关政策和措施，探索适合浙江特色的改革模式，确定了农村合作金融机构实行省、县“两层管理”架构和“统分结合、两级法人”体系，并在农村合作金融机构的产权制度、行业管理等方面实施了全面改革，取得了显著成效。

一　产权制度改革不断推进

2003年以来，浙江结合本地农村经济市场化程度高、对金融服务需求差异性大的实际情况，积极创新产权制度改革模式，实行了统一的股份合作制产权制度，并通过清产核资、清退规范、转增股本、增资扩股等一系列方式，逐步理顺了产权关系。在股本结构上，全省农村合作金融机构通过吸收个体工商户、城镇居民、私营企业等非农股份，实现了股本金来源的多元化。截至2010年末，全省81个县（市、区）的农村合作金融机构总股本为187.26亿元，比2002年末增加128.04亿元，年均增长15.48%，其中非职工自然人股金占比41.68%，职工股金占比19.53%，法人股金占比38.79%（见图7）。

在组织形式上，省政府明确全省农村合作金融机构在县级法人体制下采取农村合作银行与县（市）统一法人联社两种组织形式。截至2010年末，全省81个县（市、区）的农村合作金融机构已全部改革成为县级统一法人机构，其中农村合作银行43家，信用联社38家。2011年以来，股份制产权制度改革工作开始提速，目前已有3家改制成为农村商业银行，分别为湖州的南浔农村商业银行股份有限公司，绍兴瑞丰农村商业银行和杭州联合农村商业银行。另外，义乌、镇海等多家行社正在积极推进股份制改革试点相关工作。

二　法人治理结构逐步完善

2003年改革以来，浙江省农村合作金融机构法人治理结构不断完善，在一定程度上强化了决策和约束机制，增强了决策系统、执行系统和监督系统之间的

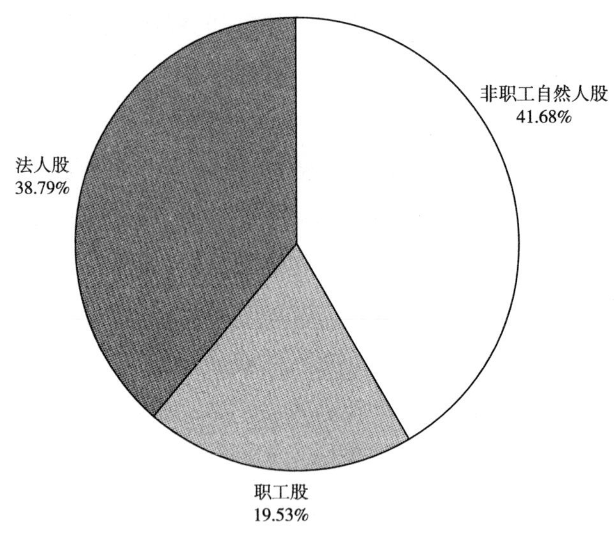

图7　2010年末浙江省农村合作金融机构股本结构

信息沟通和反馈，提高了农村合作金融机构的治理效率。一是建立“三会一层”的法人治理架构。目前，全省81家农村合作金融机构都建立了股东（社员）代表大会、董（理）事会、监事会和经营管理层的“三会一层”组织架构。二是制定法人治理运行规则和制度。按现代企业制度要求，我省农村合作金融机构基本上都制定了章程、“三会一层”办事议事规则、《董（理）事、监事、高级管理层绩效评价考核办法》、《董（理）事会、监事会和高级管理层成员专项审计和离任审计制度》等一系列规章制度，进一步完善了信息披露机制、人事管理体制、信贷财会管理流程，健全了监督体系，提高了风险控制水平。

三　行业管理架构基本形成

2004年4月，浙江省在原省、市信合协会的基础上，以各县（市、区）农村合作银行、联社入股的方式，成立了浙江省农村合作金融机构联合社（以下简称省联社），并在全省11个地市设立了省联社办事处，发挥联络和信息沟通作用。省联社作为省人民政府履行行业管理职能的机构，对全省农村合作金融机构实现统一管理，对提升农村合作金融机构管理水平、搭建服务平台、防范金融风险发挥了重要的作用。特别是最近几年，省联社通过充实管理队伍、制定行业制度、开发业务产品、改善服务手段、协调各方关系、落实扶持政策、引导支农投向、防范信贷风险等方法，促进了农村合作金融机构经营管理活动的标准化、程序化和规范化。

四 支农服务创新步伐加快

近年来，我省农村合作金融机构积极增加支农信贷投入，切实保证了新农村建设的资金供应。调查数据显示，2007～2010年，全省农村合作金融机构涉农贷款余额稳步增长，从2007年的2517.07亿元增加到了2010年的3714.93亿元，年均增长13.96%；涉农贷款余额占各项贷款余额比重虽有所回落，但总体占比较高，截至2010年末，该比例为68.24%（见图8）。

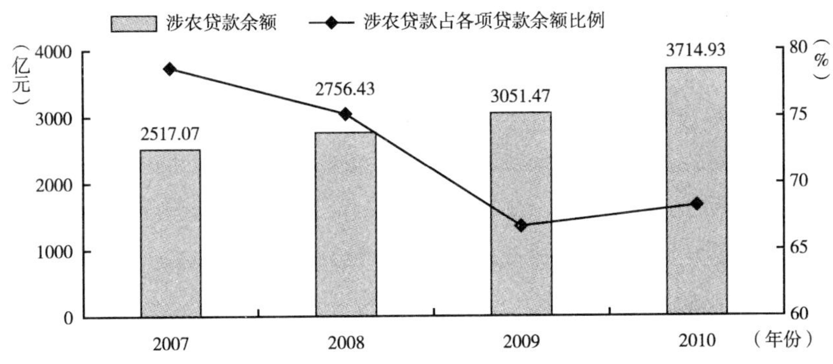

图8 2007～2010年浙江省农村合作金融机构涉农贷款余额及占比

在支农信贷投入不断加大的同时，我省农村合作金融机构支农服务创新能力不断增强，突出表现在以下几点。一是积极创新业务。围绕便利农村居民和农村中小企业享受现代金融服务，大力推广传统与现代科技相结合的创新，如丰收小额贷款卡、丰收贷记卡、丰收支付宝卡通、丰收电话宝、丰收e网等业务。二是加快信贷模式创新。推出联保贷款、与担保公司的融资合作、与农村专业合作社的授信合作等信贷服务新模式。三是创新服务手段。加快网点战略规划和布局，对暂不具备设网点条件的乡镇，通过设立流动金融服务站（流动银行）、支农联络员和布放机具等方式延伸服务网络，完善农村金融基础设施建设。同时，通过信用农户、信用村镇建设，对信用村、信用户实行授信和简化贷款手续，扩大农户贷款绿色通道。

五 业务规模迅速扩大

随着各项改革扶持政策逐步落实到位，我省农村合作金融机构的历史包袱逐步减轻，业务规模不断扩大，已成为我省网点最多、服务面最广、支农力度最大的金融系统。截至2010年末，全省农村合作金融机构共有约4万从业人员，3993家营业网点，遍布省内各县（市、区）、乡镇和较大的村；各项存款余额

7607.3 亿元，是 2002 年末的 4.08 倍，年均增长 19.22%；各项贷款余额 5443.67 亿元，是2002 年末的4.03 倍，年均增长19.03%，各项存款和贷款余额分别位居全省银行业第一位和第二位（见图9）。

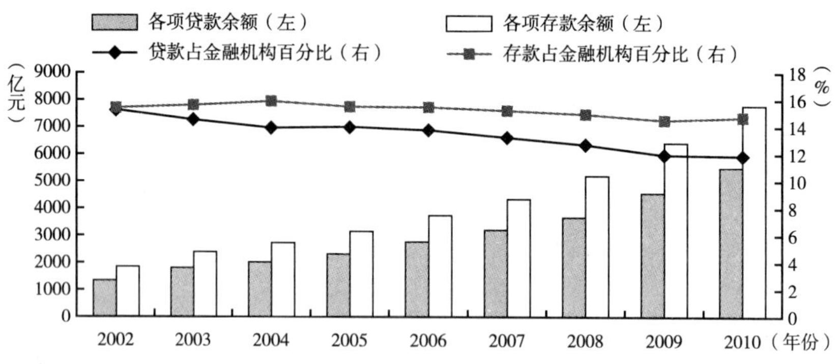

图 9　2002～2010 年浙江省农村合作金融机构资产规模变化

同时，我省农村合作金融机构积极探索对外发展模式，如跨省设立异地分支机构、入股村镇银行等。调查显示，截至 2010 年末，全省已有 2 家农村合作金融机构设立 3 家异地分支机构。此外，81 家农村合作金融机构中有 14 家农村合作金融机构发起或入股 18 家村镇银行，其中 12 家作为发起人，2 家绝对控股，2 家作为普通股东。随着农村合作金融机构“走出去”步伐的加快，异地分支机构的设立与入股村镇银行的数量在未来一段时间预计会有较快增长。

六　赢利能力日益增强

改革以来，全省农村合作金融机构的财务效益明显提高，2010 年营业收入达 447.55 亿元，同比增加 81.73 亿元，增幅 22.34%；利润总额由改革前 2002 年的 5.95 亿元增加到 2010 年的 167.59 亿元，年均增长 51.78%，且 2010 年全部赢利，共实现净利润 128.88 亿元，资产利润率和资本利润率分别达到 1.57% 和 20.33%（见图 10）。

七　风险控制水平稳步提高

从改革的情况看，我省农村合作金融机构的风险控制水平得到了明显提升，主要体现在以下三个方面：一是不良贷款连续实现“双降”。2010 年末，全系统五级不良贷款余额 81.07 亿元，比年初下降 22.21 亿元，比 2006 年末下降 71.82 亿元；五级不良贷款率 1.49%，比年初下降 0.77 个百分点，比 2006 年末下降

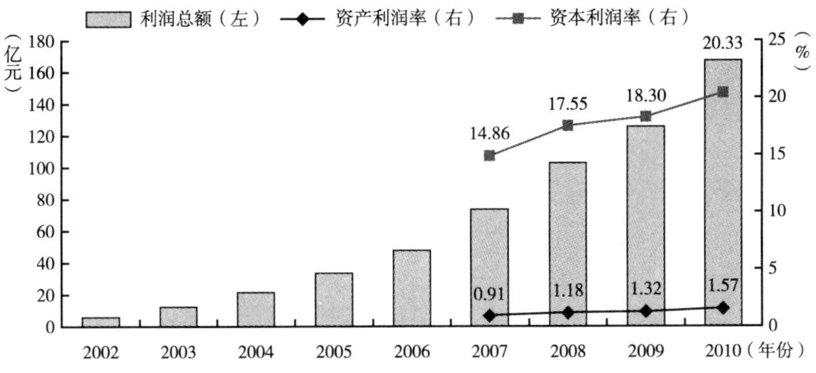

图 10　2002～2010 年浙江省农村合作金融机构赢利情况

4.04 个百分点。二是资本充足率显著提高。改革以来，我省各农村合作金融机构结合国家和各级地方政府的改革扶持政策，通过增强赢利能力、增加资本积累、增资扩股等方式不断提高资本实力。截至 2010 年末，全省农村合作金融机构股本总金额 185.83 亿元，是 2002 年末的 11.9 倍。资本充足率 12.19%，比 2006 年末提高 2.32 个百分点，大大超过监管标准。三是各项应提准备充足。2010 年末，全省农村合作金融机构专项准备、特种准备和一般准备金总计 209.23 亿元，比 2007 年末增加 116.41 亿元；拨备覆盖率达到 258.52%，比上年提高 87.11 个百分点；贷款损失准备充足率 397.55%，比 2007 年末提高 270.8 个百分点，承担消化损失的能力大幅提升。

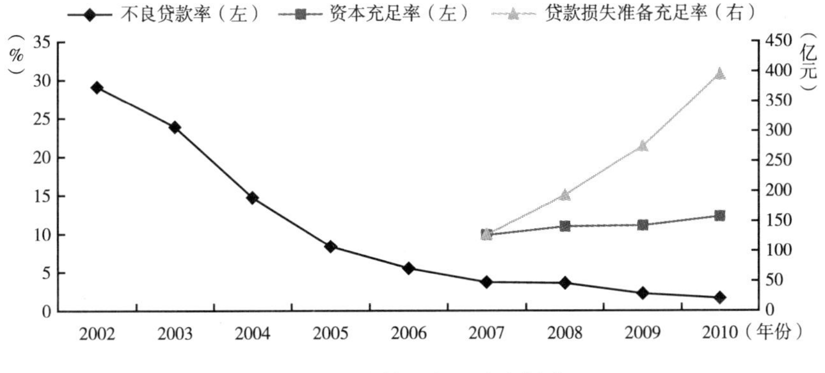

图 11　风险控制水平稳步提高

注：不良贷款率 2006 年之前为四级分类口径，2006 年开始为五级口径。资本充足率为现行的监管统计标准。

八　多项改革扶持政策落实到位

在这一轮的农村合作金融机构改革中，制定、出台和落实政府政策是推动改革的一项重要工作。从中央层面来看，主要是发行央行专项票据，但票据兑付必须与农村合作金融机构改革绩效挂钩。对照专项央行票据的兑付标准，经过全省农村合作金融机构的艰苦努力，全省81家县（市、区）农村信用联社，在2008年6月末之前已经将37.64亿元央行专项票据全部兑付完毕，成为全国首个实现央行专项票据全部兑付的省份。从地方层面来看，各级政府积极制定专项资金扶持政策，安排专项资金或土地等资产，置换其不良资产，特别对农村合作金融机构自身达不到发行和兑付票据条件的困难地区给予了大量支持。据统计，全省累计减免国家营业税、减免所得税、返还储蓄保值贴补利息共计41.49亿元；地方政府承诺的扶持政策实际到位折合资金共24.01亿元，到位率达112.62%。

专栏2　浙江省民间资本进入金融领域发展情况

2010年5月，国务院发布了《关于鼓励和引导民间投资健康发展的若干意见》（简称“新36条”），这是国家启动民间投资进行战略调整的重要风向标，为民营经济大省的浙江突破市场空间约束、扩大民间投资领域、推动经济转型升级带来了历史性机遇。

一　“新36条”关于民间资本进入金融业的政策突破

“新36条”，是继2005年国务院《关于鼓励支持和引导个体私营等非公有制经济发展的若干意见》（以下简称“非公36条”）后的又一次就推动民间投资及非公有制经济发展所作出的指导性文件。与“非公36条”相比，“新36条”细化了民间资本进入金融服务领域的各项政策，增强了针对性、执行性和可操作性。

（一）投资领域更宽泛

“新36条”放宽了民间资本进入金融服务领域的范围，由“资本准入”向“机构准入”深化，并定位于中小型金融机构，与大型金融机构展开错位竞争，弥补现有金融供给的不足。“非公36条”允许非公有资本进入区域性股份制银行和合作性金融机构。而“新36条”除了支持民间资本以入股方式参与商业银行的增资扩股，参与农村信用社、城市信用社等合作性金融机构的改制工作以外，还进一步允许民间资本兴办金融机构，鼓励民间资本发起或参与设立小额贷款公司、村镇银行、贷款公司、农村资金互助社等新型农村金融机构或组织，拓

宽了民间资本的投资渠道和市场空间。

（二）投资方式更多样

"新36条"增加了民间资本进入金融服务领域的方式，由"参股"到"独资"、"控股"、"参股"等多种方式并重。"非公36条"除了允许非公有制企业发起设立金融中介服务机构、信用担保机构以外，其余的银行、证券、保险等金融机构多为参股方式介入。而"新36条"则进一步允许发起或参与设立村镇银行、贷款公司、农村资金互助社等中小型金融机构，同时放宽村镇银行或社区银行中法人银行最低出资比例的限制，放宽小额贷款公司单一投资的比例限制，增强了民间投资的灵活性。

（三）扶持政策更细化

"新36条"细化了民间资本进入金融服务领域的各项扶持政策，优化了民间投资的环境。"非公36条"仅仅是框架性地提出了加大对非公有制经济的财税金融支持，而"新36条"则进一步明确各项规定，如提出落实中小企业贷款税前全额拨备损失准备金政策，简化中小金融机构呆账核销审核程序；明确各项政府性资金，如创业投资引导资金、专项建设资金、财政预算内投资等的规则，统一标准，对包括民间投资在内的各类投资主体同等对待，等等，有利于切实推进民间投资持续健康发展。

二　浙江民营企业进入金融领域的特点

民营企业进入金融服务领域主要有发起设立和参股两种形式，从目前全国各地的情况看，发起设立主要集中在非存款类金融机构方面，如小额贷款公司、信用担保公司、典当公司等。而民营企业进入存款类金融机构则基本局限于参股的形式。浙江民营企业参股金融主要有两大特点。

（一）参股规模持续扩大

近年来，随着金融业自身的快速发展，民营企业参股金融不仅在规模上持续扩大，参与的程度也在加深。据初步调查，截至2009年末，省内203家地方法人金融机构（含小额贷款公司）中，浙江民营企业参股金额达到282.3亿元，占法人金融机构总股本的51.6%；参股金融的民营企业共计9084家，比上年末增加587家。

（二）参股对象以省内地方法人金融机构为主

从参股地方法人金融机构分布（按参股规模）情况看，2009年末，浙江民营企业已参股商业银行12家，参股企业502家，参股总额108.7亿元，占38%；参股农村合作金融机构81家，参股企业7655家，参股总额143.3亿元，占19%。小额贷款公司成为民营企业参股金融的新增长点，目前全省139家小额贷款公司主要是由民营企业发起设立的，参股方也是民营企业和自然人。

三 民间资本进入金融领域的主要问题

虽然浙江省已有不少民间资本进入金融领域，但是民间资本在进入金融领域的过程中仍然面临着一些问题。

（一）民间资本进入金融领域存在较大的供需矛盾

人民银行杭州中心支行300家民营企业问卷调查显示：有51.2%的企业明确表示“未来两年内，有扩大金融股权投资的打算”；对于国务院“新36条”放开的各类民间投资领域，有48.3%的企业将金融业列为首选。由此可见，当前浙江民营企业参股金融的需求十分强烈。但是，相对于庞大的浙江民间资本而言，金融领域向民间资本的开放度却明显不足，供需矛盾十分突出。事实上，我国并没有明确的法律法规禁止民营资本进入金融领域，然而新设金融机构或从事金融业务的企业面临较多的障碍，这些障碍既来自政府部门的隐形壁垒，也来自于对民间资本较高的资本准入要求。

（二）“软门槛”造成民间资本进入金融领域机会不平等

相对于法律政策方面的“硬约束”而言，操作层面的“软门槛”更是导致民间资本难以进入金融领域的重要原因。面对进入金融领域的有限机会，国有企业与民营企业的竞争显得较为激烈。实践中，在获准增资入股的企业中，通常以国有大中型企业居多，民营和个体经济体较少。其原因一方面在于国有企业资金实力较强，单个企业出资额高，因此增资过程的成本低、速度快，而中小民营企业手中闲置资金不多，筹资过程较长，导致增资速度较慢；另一方面，国有股东可代表政府部门的意志投票，而民营企业独立性较强。因此，操作层面的各种隐性壁垒正束缚着民间资本的发展空间。

（三）控股和发起设立民营金融机构仍有局限

目前民间资本进入金融领域的参与方式较为单一，主要为参股现有金融机构，发起设立或控股金融机构受到多方面制约。发起和设立主要局限于小额贷款公司、担保公司、典当行等非存款类金融机构。而对于存款类金融机构，如城市商业银行、村镇银行等，由于涉及吸收公众存款的问题，风险影响面较广，监管

层仍有所顾虑，相对于参股形式的资本准入而言，新设机构的准入仍然受到限制，导致民间资本更多的只能通过参与增资扩股的形式进入。而通过增资扩股的方式，并没有任何一家民营企业能对存款类金融机构实现绝对控股，民营资本很难获批在金融机构中获得控股地位。

四　相关政策建议

浙江金融业应率先突破，勇于打破“玻璃门”、“弹簧门”，明确规划民间资本进入金融业的实施细则和操作办法，全面拓展民间资本的发展空间。

（一）存量改革与增量改革相结合，拓展民间资本进入金融领域的空间

存量层面，应当继续鼓励民间资本参与农村合作机构的股份制改革，鼓励民间资本参与城市商业银行、农村合作机构、村镇银行等地方法人金融机构的增资扩股。增量层面，建议向国家层面积极争取社区银行、民营银行、信托公司、金融租赁公司、财务公司等小型金融机构和非存款类金融机构的试点名额，为民间资本向金融资本的转化提供更为广阔的空间。

（二）出台清晰的政策框架和操作细则，公平引入民间资本

首先，要扫清现有法律政策上的障碍。应给予民间资本和国有资本、境外资本同等的地位，逐步降低政府背景股东的持股比例，放宽民间资本在收购、兼并、增资扩股中的持股上限，如放宽村镇银行最大股东是银行业金融机构的规定，从而允许符合条件的民间资本成为控股股东。其次，在操作层面上，地方政府与监管部门应根据各地实际情况，按照“公开化、规范化、简便化”原则，开辟民间资本参股与设立金融机构的审查审批“绿色通道”，简化流程，降低费用，为民间资本与各种金融组织的融合提供便利，从而更好地服务地方经济。

（三）鼓励和支持民间资本以发起设立方式进入金融领域

相比较参股而言，允许由民间资本发起设立金融机构，对民间资本的信号导向性更强，更具有重要意义。一方面，应继续鼓励民间资本发起设立小额贷款公司、担保公司、典当行等；另一方面，应积极在存款类金融机构和信托公司、金融租赁公司、财务公司、保险公司等非银行业金融机构的发起设立方面有所突破。现阶段，可以先从村镇银行开始，由民间资本发起设立，同时积极向国家层面争取区域性的民营金融机构试点，由民间资本直接发起设立区域性民营银行、民营信托公司、民营保险公司等。浙江省海洋经济发展示范区建设中，可率先向国家争取由民间资本发起设立的海洋银行等专业性银行的试点，为地方经济发展服务。

（六）组织机构不断健全

随着产业地位的不断提升，浙江银行业的组织体系也日趋完善，浙江已经发展成为国内银行业金融机构最完整的省份之一。目前政策性银行、国有大型银行、全国性股份制商业银行均已在浙江设立了分支机构，外资银行从无到有并粗具规模，邮政储蓄银行正式挂牌，村镇银行、农村资金互助社、贷款公司等新型农村金融机构试点逐步推开。截至2010年末，浙江共有政策性银行3家、国有商业银行5家、股份制商业银行12家、城市商业银行及城市信用社12家、农村合作金融机构91家（其中农村合作银行42家、农村信用联社39家）、农村商业银行1家、村镇银行18家、农村资金互助社5家、外资银行10家，信托、金融租赁等非银行金融机构8家，以及1家邮政储蓄银行，机构网点总数达到10534个，此外还有4家资产管理公司。

专栏3　浙江省村镇银行发展概况

2006年末，银监会大胆创新农村金融监管制度，调整放宽了农村金融市场的准入政策，开始在四川等地开展村镇银行等新型农村金融机构试点。2008年5月，浙江省第一家村镇银行——长兴联合村镇银行成立，截至2010年末，全省已成立了18家村镇银行，贷款余额达119.56亿元。浙江省村镇银行的成立和发展，激发了农村金融市场的活力，提升了农村金融服务水平，对支持农民生产、生活，缓解农民贷款难问题发挥了积极的作用。

一　浙江省村镇银行的发展现状

截至2010年末，全省18家村镇银行注册资本合计26.74亿元，存款余额110.98亿元，贷款余额119.56亿元，分别比2009年末增加69.71亿元和81.14亿元，增幅为168.91%和211.19%；不良贷款余额500万元，不良贷款率为0.05%，远低于同期浙江省银行业金融机构0.95%的不良贷款率。

浙江省从2008年成立第一家村镇银行至今，各家村镇银行运行情况良好，存贷规模持续扩大、组织管理水平不断提高、内控机制逐步完善、风险控制能力有所增强。与小额贷款公司、资金互助社等新型农村金融机构和组织相比，村镇银行在机构性质、资本金规模、股权结构、负债来源、业务范围、机构选址等方面呈现如下特点。

一是从机构性质看，属于银行类金融机构。按照《村镇银行管理暂行规定》（以下称《暂行规定》），村镇银行是指经中国银行业监督管理委员会依据有关法律、法规批准，由境内外金融机构、境内非金融机构企业法人、境内自然人出资，在农村地区设立的主要为当地农民、农业和农村经济发展提供金融服务的银行业金融机构。同时，它可在县、乡两级设立，在县（市）级以下开展存款、贷款等银行业务。与其他三类新型农村金融组织①相比，村镇银行是唯一具有股份制性质的银行类金融机构，它的资金来源和业务范围均与商业银行相同。这就使得村镇银行的金融服务功能更全面、风险控制能力更强、信贷支持力度更大，商业性特征也较明显。

二是从资本金规模看，绝对数额较大。考虑到农村地区受收入水平及企业规模的限制，存贷款需求以及金融服务要求相较于城市地区都要低，因此专门为农村地区服务的金融机构业务规模会相对小一些。根据《暂行规定》，在县（市）设立的村镇银行，其注册资本不得低于300万元人民币，在乡（镇）设立的村镇银行，其注册资本不得低于100万元人民币。尽管设立村镇银行的最低注册资本要求较低，但其实际注册资本却比较高。从浙江省情况看，绝大多数村镇银行的注册资本集中分布在1亿元到2亿元之间。全省村镇银行资本金绝对数额远远大于法定最低注册资本金额，其注册资本的均值接近1.5亿元人民币，大大高于全国平均水平。② 从其他省份看③，辽宁相对较高，平均注册资本在8000万到1亿元之间，安徽、山东接近7000万元，重庆市3000万元，湖北和黑龙江在1700万元左右，均低于浙江平均注册资本水平。

三是从股权结构看，主要由农村合作银行发起设立。银监会《关于调整放宽农村地区银行业金融机构准入政策，更好支持社会主义新农村建设的若干意见》和《暂行办法》中规定，村镇银行应采取发起方式设立，应有1家（含1家）境内银行业金融机构作为主发起人，村镇银行最大股东或唯一股东必须是银行业金融机构，最大银行业金融机构股东持股比例不得低于村镇银行股本总额

① 本文中三类新型农村金融机构是指：农村资金互助社、贷款公司和小额贷款公司，以下同。

② 全国平均水平在3000万元左右。

③ 参考《村镇银行的设立对安徽省新农村建设的影响》、《山东村镇银行的SWOT分析》、《湖北村镇银行运行成效与政策建议》、《黑龙江省村镇银行经营情况》、《辽宁省村镇银行发展的市场环境分析》以及相关网站公布的数据。

的20%。目前，浙江省已成立的村镇银行中，国有商业银行、股份制商业银行、城市商业银行和农村合作银行均有发起设立，政策性银行和外资银行暂时没有发起设立。同时，农村合作银行是发起设立村镇银行的主力军，全省有超过半数的村镇银行都是由它们作为主发起人设立的。

四是从资金来源看，可吸收公众存款。按照《暂行办法》规定，村镇银行不仅可以吸收公众存款，还可从事同业拆借业务，而中国人民银行也于2009年将支农再贷款对象由农村信用社扩大到农村合作银行、农村商业银行和村镇银行，一定程度上扩大了村镇银行的负债来源。相比较村镇银行，小额贷款公司不能吸收公众存款，农村资金互助社和贷款公司只限于吸收社员存款，资金来源均比村镇银行限制大。

五是从业务范围看，与商业银行基本趋同。根据《暂行办法》，村镇银行可经营存款、贷款、结算、承兑贴现、同业拆借、银行卡业务，可代理发行、兑付、承销政府债券，可代理收付款项及保险业务，并可经营经银行业监督管理机构批准的其他业务，业务范围与商业银行基本趋同。而其他三类新型农村金融机构经营范围限制较大，如贷款公司和农村资金互助社可以办理贷款、结算等业务，但后者的服务对象仅限于社员，而小额贷款公司业务范围仅限于发放贷款。

六是从机构布局看，主要分布在经济发达县区。村镇银行作为一种新型农村金融机构，追求利润最大化也成为经营目标之一。因此，村镇银行在选址时，当地的经济金融发展水平、银行分支机构网点数量、人均贷款额等都是重要的考虑因素。浙江省18家村镇银行主要集中在经济综合水平比较高的县镇：根据2010年浙江省各县区市GDP排名结果，18家村镇银行中有13家所处的县区在GDP排名中都比较靠前，且第一产业相对较发达。

二　完善监管、加强扶持，助推浙江村镇银行健康发展

自省内第一家村镇银行开业以来，历经两年多的探索实践，在解决全省现有农村地区银行业金融机构覆盖率低、金融供给不足、金融服务缺位等方面起到了积极的作用，但仍然存在着不少的问题。归纳起来，主要体现在四个层面上。一是在思想认识层面，村镇银行在发展策略上高度依赖于主发起行，自身经营主动性不足；市场定位上未能与其他股份制银行展开错位经营，容易偏离服务“三农”目标。二是在政策扶持层面，作为与农信社同为服务“三农”的地方性金融机构，村镇银行并没有享受到与农信社同等的政策待遇，市场发展环境不够宽

松。三是在村镇银行自身层面，村镇银行尚属新生事物，社会信誉度不高，业务开展步履艰难；资金来源明显不足，后续发展动力较弱；风险控制能力较弱，潜藏信贷风险隐患。四是在金融监管层面，村镇银行大多设在农村地区，监管半径扩大，增加了日常监管和现场检查的难度。

面对浙江村镇银行目前面临的困难，需要多方的共同支持与协同合作。一是统一思想意识，坚持支农支小服务宗旨。村镇银行应坚持服务“三农”方向不动摇，立足县域、深耕市场、加快创新，坚持特色经营、做小做散，积极设计贴合农村实际的产品，探索建立灵活便利的信贷模式。二是加大政策扶持力度，营造良好发展环境。加强财政支持力度，延长村镇银行享受贷款补贴的时效，将税收优惠政策落实到位，建议设立专项“风险补偿基金”，发挥财政资金扶持效应；建议地方政府研究制定省内统一的村镇银行支农考核办法，加大对村镇银行支农力度的奖励，充分发挥地方政府的助推作用。三是加强村镇银行自身建设，提高风险管理能力。村镇银行应认真做好宣传工作，打造特色经营优势，创造品牌效应，努力提高社会认知度；细分市场、准确定位，加大金融服务模式创新，提升服务“三农”的能力和水平；加强内控制度和机制建设，增强风险管控能力。四是完善监测监管机制，构建多层次监管体系。建立全省统一、高效的数据采集和报送渠道，强化业务指导与政策宣传，形成监管合力；持续做好现场检查，提高非现场监管水平，及时发现风险隐患；明确对村镇银行进行日常监管的县级主管部门，同时强化社会监督，建立以村镇银行内部控制体系为基础，相关监管部门的专职监管为核心，公众社会监督为补充的监管体系。

二　证券期货业快速发展

2010 年，虽然资本市场整体表现不佳，但浙江证券业仍保持了平稳发展。证券经营机构各项业务保持稳定增长，期货经营机构赢利水平继续大幅提高，上市公司经营状况恢复到国际金融危机之前水平。全年上市公司数量不断增加，筹资总额大幅增长；交易金额稳步增长，投资者结构进一步优化；组织体系不断完善，券商实力有所提升。

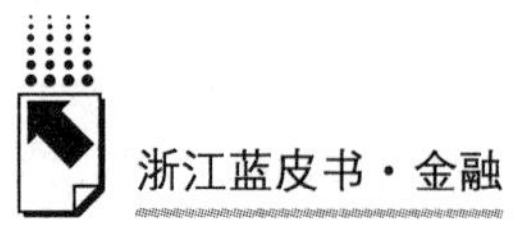

（一）筹资总额大幅增长

2010年，浙江企业利用国内资本市场进行融资非常活跃，全年新增境内上市公司45家，比上年多增35家（见表1）。2010年全年境内上市公司累计融资718.6亿元，同比增长135.82%，其中首发融资572.2亿元，增发融资140.41亿元，公司债融资6亿元。截至2010年底，全省共有境内上市公司186家，位居全国第二；其中中小板上市公司91家，位居全国第二，占全国中小板上市公司总数的17.14%；创业板上市公司16家，位居全国第三，占全国创业板上市公司总数的10.46%。另外，还有进入辅导期企业102家，已报会待审批企业30家，已过会待发行企业9家，上市后备资源充足。

表1　2005～2010年全省证券融资情况

项　目	2005年	2006年	2007年	2008年	2009年	2010年
境内上市公司数(家)	88	97	120	131	141	186
其中:深圳中小板上市公司数(家)	15	24	43	54	60	91
境内上市公司累计募集资金总额(亿元)	373.6	455.15	636.08	796.92	1101.64	1820.24
其中:首次发行累计筹资额(亿元)	238.82	270.25	369.42	420.7	490.24	1062.44
配股累计筹资额(亿元)	105.16	105.16	105.16	105.72	105.72	105.72
增发累计筹资额(亿元)	24.06	70.98	152.74	241.4	459.08	599.49
可转债累计筹资额(亿元)	11.64	14.84	14.84	15.1	27.6	27.6
公司债(亿元)	—	—	—	14	19	25

注：表中累计筹资额均为2005年以来的筹资额。

（二）交易金额稳步增长

2010年，浙江省证券市场与期货市场交易规模实现稳定增长。证券市场方面，2010年全省证券经营机构代理交易额12.38万亿元，同比增长1.89%，全年共实现手续费收入103.65亿元，利润55.15亿元，同比分别减少23.76%和38%。截至2010年底，全省证券经营机构托管市值7787.68亿元，同比增长33.7%，客户结算资金余额951.84亿元，同比减少6.38%。3家法人证券公司代理交易额4.92万亿元，利润总额22.38亿元。期货市场方面，2010年全省期货经营机构代理交易额43.54万亿元，实现手续费收入20.55亿元，利润6.52亿元，同比分别增长97.91%、28.44%和17.27%。13家期货公司代理交易额

50.35万亿元，实现手续费收入20.53亿元，利润6.8亿元。在交易金额稳步增长的同时，投资者队伍不断壮大。截至2010年底，全省证券投资者开户数达583.39万户，同比增长12.34%；期货投资者开户数达17.54万户，同比增长37.03%。

（三）组织体系不断完善

2010年，浙江省证券业组织体系实现新的突破。浙商基金管理公司正式开业运行，财通基金管理公司也顺利筹建。两家基金管理公司的开业和筹建，填补了浙江本土基金管理公司的空白，对健全浙江省的地方金融组织体系，促进地方经济发展具有重大的意义。截至2010年底，全省共有证券公司3家，证券营业部358家（全年新增72家），证券投资咨询机构4家，1家基金公司正式开业，1家处于筹备过程中。证券经营机构数仅次于广东和上海，位居全国第三。

2010年，浙江3家法人证券公司通过综合治理和增资扩股，在资产状况、内部控制和风险管理等方面都取得了重大进步，但由于管理体制、人才尤其是高端人才不足等原因，在经营理念、专业能力、服务质量等方面，不仅与中信证券、银河证券等国内一流券商相距甚远，与东海证券、国海证券等地方性券商也存在一定差距，综合实力仍处于全国中下游水平，多项业务指标相对落后，高度依赖经纪业务的发展格局没有根本改变。“十二五”期间，浙江省本土证券公司应立足浙江本土经济，根据自身实际经营情况和市场发展，确定市场定位和发展战略，走专业化、特色化的发展道路，做精做细经纪业务、保荐承销、财务顾问业务，做优做强资产管理业务，争取资产证券化、直接投资、融资融券等创新业务试点资格，不断提高服务水平，在市场上逐步形成核心竞争力。

三　保险业整体较快增长

2010年，全省保险业整体保持较快增长。截至2010年底，全省保险公司资产总额达到1450.7亿元，比年初增长260.7亿元。其中，财产险公司资产总额150.7亿元，人身险公司资产总额1300亿元。全年财产险保费收入保持较高增速，人身险保费收入实现快速增长；赔付支出小幅下降；保险产品创新频出，保障范围不断扩大。

（一）保险收入增长较快

2010年，全省保险业共实现总保险保费收入834.4亿元，排名全国第6位，和上年持平；同比增长29.3%，增速比上年提高17.3个百分点，高于“十一五”期间的平均水平（见图12）。保险深度3.1%，同比提高0.3个百分点，保险密度1612.3元/人，同比增加358.8元/人，保险业对国民经济的渗透率和融合度不断提高。

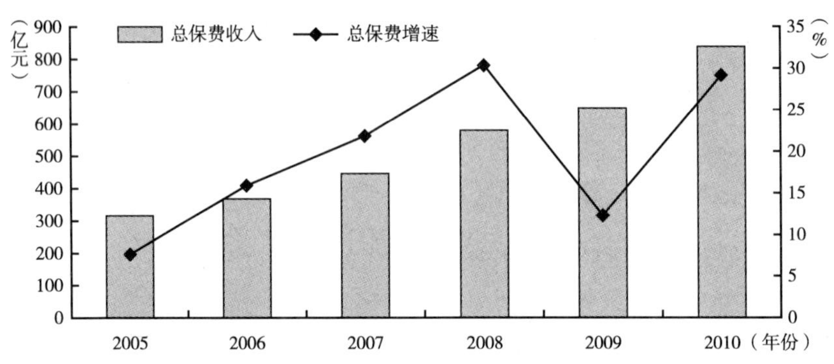

图12　2005～2010年全省保费收入增长情况

产险保持较高增速。全年财产险保费收入334.5亿元，占总保费的40.1%，同比增长30.9%，增速比上年提高9.2个百分点，达到“十一五”期间的最快增速。其中，机动车辆险保费收入213.4亿元，同比增长34.2%，占财产险公司业务的比重为80.2%，对财产险公司增长的贡献度为85.6%。受小排量汽车购置优惠等政策刺激，汽车销量火爆，带动车险销售增加成为财产险公司保费增长的主要原因。

人身险实现快速增长。全年人身险保险保费收入499.9亿元，占总保费收入的59.9%；保费收入同比增长25.6%，增速比上年提高18.8个百分点，高于“十一五”期间的平均水平。

（二）赔付支出有所下降

截至2010年底，浙江省保险业赔付支出216.1亿元，同比下降1.8%，“十一五”期间首次出现同比下降（见图13），主要是由人身险的赔付支出大幅度下

降造成的。财产险赔付支出 147.5 亿元，同比增长 11.2%，占总赔付的 68.3%；其中机动车辆保险赔付支出 120.6 亿元，同比增长 15%，占财产险公司赔付的 81.7%。人身险赔付支出 68.6 亿元，同比下降 21.6%，占总赔付的 31.7%；其中寿险 55.2 亿元，同比下降 26.8%，占人身险公司赔付的 80.5%。

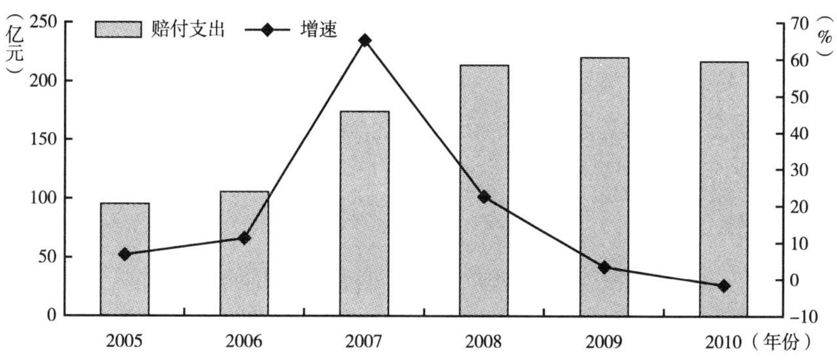

图 13　2005～2010 年全省保费赔付支出增长情况

（三）保障范围不断拓宽

一是政策性农业保险继续推进。完善政策性农业保险保费的财政补贴方式，研究增加地方特色性农业保险险种，2010 年共为 13.1 万户农户提供了 189.8 亿元的风险保障。全省农房参保率达到 98.5% 以上，其中宁波的参保率将近 100%，实现了政策性农村住房保险在全省的基本全覆盖。同时，积极推动创业创新保险，全省已开展 13 个省级、15 个市级和 40 余个县级政保合作项目，全年共有 11 家保险机构申报了 21 项创新试点项目。

二是补充养老保险稳步发展。大力发展适合浙江居民需要的长期养老保险产品，通过代办或补充等多种方式，构建多层次社会保障体系，截至 2010 年末，共为 60 多万人提供了商业养老风险保障。

三是健康保险服务范围不断扩大。与医疗机构联合开发多种形式的健康保险产品，截至 2010 年末，共为 948.21 万人次提供 10663.67 亿元健康风险保障，支付补偿金额 8.88 亿元。建立覆盖全省的医疗责任保险制度，截至目前，参与医疗机构 2672 家，受理各类医疗纠纷 1000 余起，赔付 3104 万元。在温州、台州地区及杭州部分地区开展城镇职工重大疾病补充医疗保险，覆盖人群超过 100

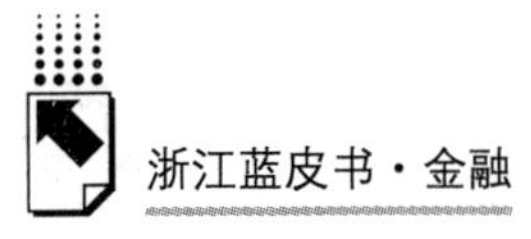

万人次。

四是出口信用保险保障作用显著。2010年中国出口信用保险公司浙江分公司受理我省375家出口企业的报损案件共计788宗，合计金额1.76亿美元，比上年增长5600万美元，增长46.9%。

四　信托租赁业发展势头良好

2010年，全省信托公司不断加强公司治理和内部控制，积极进行业务创新，信托资产稳步增长，赢利能力显著提升。金融租赁业积极应对形势变化，呈现良好的发展态势。财务公司稳健经营，经营效益良好。

（一）信托业较快发展

截至2010年末，浙江共有4家信托公司，分别是杭州工商信托投资股份有限公司（以下简称杭州工商信托）、中投信托投资有限公司（以下简称中投信托）、昆仑信托有限责任公司和浙江工商信托投资有限公司，另有金信信托投资有限公司正在重组中。2010年，《信托公司净资本管理办法》等一系列监管制度颁布实施后，信托业的制度环境得到明显改善，尤其是通道类银信合作理财业务、政信合作融资平台业务、融资类房地产信托业务等相继得到规范，促使信托公司更加注重主动管理能力，优化业务结构，加速实施向资产管理机构的转型。

1. 信托资产稳步增长

2010年，全省信托公司克服经济形势极为复杂带来的各种困难，信托资产规模稳步增长，竞争实力进一步增强。截至2010年末，杭州工商信托管理的信托资产规模为92.53亿元，创历史新高，同比增幅77.95%，其中集合信托规模76.03亿元，同比增幅119.5%，单一信托规模16.5亿元。中投信托管理的信托资产规模为198.5亿元，比年初增长58.4亿元，增幅达42%。

2. 创新业务不断推出

2010年，全省信托公司逐步构建起多层次业务架构体系，核心业务模式探索取得进展，创新业务不断推出。杭州工商信托在信托业务和PE基金管理业务方面取得新的突破。公司继续实施以分散投资为核心的基金化策略拓展信托业务，在信托产品营销过程中尝试与信托同行合作，首次在信托行业中运用TOT

模式；此外，公司申请设立资产管理公司、拓展PE基金管理的创新业务资格获得银监会的批复，成为获批该类业务资格的第二家信托公司。中投信托持续推进主动管理型信托业务。股权投资类信托业务取得突破性成果；“投融资结合”业务模式继续推广实践，在健康医疗、清洁能源等领域，“股债结合”形式的产品成功发行。

3. 赢利能力显著提升

2010年，国内经济运行态势总体良好，为信托业的发展奠定了基础，全省信托公司资产结构进一步优化，信托业务收入大幅增加，赢利能力显著提升。杭州工商信托实现总业务收入3.26亿元，其中信托业务收入2.55亿元，同比增长51%；信托业务收入占总业务收入比重达78%；实现利润总额2.14亿元，同比增长56%；实现净利润1.61亿元，较2009年同比增长57%；2010年公司的加权平均净资产收益率约24.52%，股本回报率约32.21%。中投信托实现收入3.9亿元，同比增长71.8%，其中固有业务收入2.5亿元，信托业务收入1.4亿元；实现利润2.68亿元，同比增长62.42%。

（二）金融租赁业发展态势良好

2010年，华融金融租赁公司积极应对形势变化，坚持审慎的市场定位，增强持续发展能力，综合经营管理能力继续保持行业领先，呈现良好的发展态势。

一是主要经营指标创历史最高水平。全年投放租赁合同402个，投放金额207.99亿元、增长42.41%；实现营业收入9.95亿元、增长29.15%；实现利润总额5.86亿元、增长38.14%；实现净利润4.46亿元、增长44.44%。年末资产总额302.08亿元，比上年增加86.01亿元；所有者权益41.23亿元，比上年增加20.86亿元。不良资产率为0.91%，比上年下降0.11个百分点；期末拨备覆盖率200.54%，比上年上升41.78个百分点。

二是继续以中小企业为重点，服务浙江经济发展。2010年签订浙江省内租赁业务合同130个，金额54.8亿元，比上年增长81.46%；投放租赁合同128个，投放金额50.49亿元，比上年增长28.97%。2010年，华融金融租赁投放3000万元以下项目188个，占全部投放项目的46.77%，年末存量资产中3000万元以下项目占公司全部存量项目的61.22%。

（三）财务公司经营稳健

2010年，万向财务公司围绕“筹融资为核心”的经营方针，在控制资金成本与风险的前提下，重点利用网银系统归集成员单位资金，整合内部资源，公司经营管理保持稳健的发展态势。至2010年末，公司贷款余额为43.33亿元，公司正常类贷款占比100%，信贷资产业务运营稳健。利润总额和净利润两项指标，分别比2009年同期增长32.74%和31.18%，创造了良好的经营效益。2010年，公司网银业务共完成结算量56572笔，结算金额2094.67亿元，分别同比增长13.68%和22.34%，较好满足了客户企业不断增长的业务需求。

2010年，浙能财务公司以“提高资金使用效率，调整信贷资产结构，深化金融服务手段”为指导方针，依照“相互协调，合理配置”的原则，不断优化信贷结构。截至2010年末，归集资金达到99.63亿元，综合归集度为89.13%；授信总额114亿元，比上年同期略有上升，授信覆盖率为80%，仍保持较高水平，自营贷款余额54.67亿元；完成利润总额24305万元，净利润18170万元，从信贷资产质量来看，按五级分类口径统计，不良贷款余额为0，信贷风险管理水平和贷后管理的力度效果显现。

五　其他金融业蓬勃发展

传统金融机构一直是金融市场上提供金融服务的主体，但是由于传统金融机构受到自身规模和市场定位的局限，并不能完全覆盖所有金融服务的需求主体，很多中小企业和“三农”融资需求无法完全得到满足。近年来，在国家政策的引导下，充沛的民间资本加快了进入金融业的步伐。担保公司发展快速，逐步形成了政策型、商业型和互助型担保机构齐头并进的局面。小额贷款公司、农村资金互助社等新型农村金融组织和机构较快发展。截至2010年，全省共有134家小额贷款公司、5家农村资金互助社。它们的存在很好地弥补了大型金融机构的不足，有效地满足了个体工商户、农户和微型企业等弱势群体的融资需求，起到了拾遗补缺的积极作用。金融仓储，作为物流金融的一种创新模式，开辟了中小企业融资的新渠道。私募股权基金蓬勃发展，很好地支持了浙江中小企业的转型升级。

（一）担保业发展更加规范

我省担保行业起步较早，发展较快。近年来，在政府引导和市场推动下，我省担保行业发展迅猛，浙江民间资本纷纷涌入融资性担保行业。2010 年，《融资性担保公司管理暂行办法》的颁布以及全省范围内担保行业整顿工作的开展，进一步净化了全省担保行业的发展环境。

1. 行业发展较为迅速

截至 2010 年 12 月底，全省经工商部门审批注册的各类担保机构达 1400 多家。在省中小企业局备案登记的 402 家，注册资本金共计 200 多亿元，为全省中小企业累计担保贷款总额 2000 多亿元，担保贷款责任余额 500 多亿元，有力地缓解了全省中小企业的融资担保难题。其中，全省规模最大的中外合资担保机构中新力合有限公司，其小企业担保贷款责任余额达 20 多亿元，担保客户群体中 80% 以上的小企业没有抵押物。然而，在担保行业迅速发展的同时，也存在一些亟须解决的行业发展问题。由于融资性担保机构准入长久以来无前置性审批，只要符合《公司法》就可以到当地工商部门注册登记设立担保机构，这在一定程度上造成全省融资性担保机构数量多、规模小、经营种类杂，甚至违规经营等不良现象，影响了行业正常秩序。

2. 行业整顿积极开展

2010 年 3 月 8 日，国务院批准了中国银监会等 7 部委联合发布的《融资性担保公司管理暂行办法》。2011 年 1 月 18 日，省政府办公厅批转了省中小企业局等 8 个部门制定的《浙江省融资性担保公司管理试行办法》（简称《办法》），标志着融资性担保行业的监管工作正式启动。《办法》规定成立融资性担保公司，注册资本不得低于 2000 万元，必须通过审批后才能办理工商登记，自 2011 年 3 月 31 日起，我省只有取得经营许可证的担保公司，才能与银行合作开展融资性担保业务。作为一项前置许可，融资性担保机构经营许可证是担保机构工商登记的前置条件，也是担保机构与银行合作的前提条件。此次许可证制度的施行，对融资性担保机构在注册资金、公司业绩及从业人员资历等方面都提出了明确要求。对明显不符合规定要求的担保机构将不予颁发经营许可证。同时，对部分有经营业绩但尚不完全达标的担保机构限期一年整改。

自 2010 年 3 月开始，全省融资性担保机构规范整顿经过认真开展调查摸底，制定方案，规范整顿等各个环节的工作，历时近 1 年时间，至 2011 年 3 月 31 日，首批 344 家单位获得融资性担保机构经营许可证这一“牌照”。同时，那些担保实力差，或是从事民间拆借、吸储等违规行为的担保公司，成为此次“洗牌”对象，最终只能转行或被剔除融资担保业务。

（二）小额贷款公司发展迅速

浙江省于 2008 年 7 月全面开展小额贷款公司试点工作。截至 2010 年末，全省各地市均已有小额贷款公司注册开业，共计 134 家，注册资本金合计 225.83 亿元。从试点情况来看，整体经营情况良好，支农支小效果明显，获得了较好的经济效益和社会效益。

一是贷款对象注重支农支小。全省各家小额贷款公司坚持“小机构、小贷款、小客户”的市场定位，因地制宜为当地“三农”和小企业提供更贴近的服务，起到了为农村金融市场拾遗补缺的作用。截至 2010 年末，134 家小额贷款公司农户贷款余额为 110.05 亿元，占 32.67%；个体工商户、城镇居民贷款余额为 130.91 亿元，占 38.87%；企业贷款余额为 95.86 亿元，占 28.46%。

二是贷款用途注重服务经营。小额贷款公司的贷款主要用于解决中小企业短期流动资金不足问题，满足农户、个体工商户、农业企业生产和扩大再生产经营活动的资金需要。截至 2010 年末，全省小额贷款公司经营性贷款余额 257.49 亿元，占 76.45%；其中工业企业贷款余额 129.24 亿元，占 38.37%；其次是农林牧渔业贷款，贷款余额为 74.95 亿元，占 22.25%；服务业贷款余额为 53.30 亿元，占 15.83%。

三是贷款方式注重保证担保。小额贷款公司更多采用的是银行慎用的保证和质押等更为灵活的方式，如公务员保证贷款、农户联保贷款、百强企业保证等多个贷款品种，对资金需求主体来说更简单方便。截至 2010 年末，全省抵押、质押和保证贷款余额 332.97 亿元，占 98.86%；信用贷款余额 3.85 亿元，占 1.14%。

四是贷款流程注重灵活简便。小额贷款公司以灵活简便的贷款方式，有效满足客户的融资需求。平均贷款审批在 1 至 2 天内完成。同时，为了更好体现小额贷款公司服务“三农”和小企业的宗旨，很多小额贷款公司开通了 24 小时咨询电话、双休日放款绿色通道等，为客户提供快捷简便的服务。

五是风险控制总体有效。截至2010年末，全省134家小额贷款公司不良贷款余额6339.50万元，较年初增加2803.5万元，较2009年同期增加4467.15万元，同比增长238.6%；年末全省不良贷款率为0.19%。

专栏4 浙江省小额贷款公司试点情况

浙江省于2008年7月全面开展小额贷款公司试点工作。截至2010年末，全省共有134家小额贷款公司注册开业。从全省小额贷款公司试点运行情况看，整体经营情况良好，支农支小效果明显，获得了较好的经济效益和社会效益。随着试点工作的不断推进，小额贷款公司在业务开展过程中面临的各种困难陆续凸显，如何促进全省小额贷款公司健康可持续发展，需要各方的共同努力。

一 浙江省小额贷款公司的试点现状及特点

截至2010年末，全省正式注册134家小额贷款公司，注册资本金合计225.82亿元，资本净额251.35亿元，从银行业金融机构融入资金88.92亿元；2010年全年累计发放贷款91437户、1113.20亿元，户均贷款121.75万元；年末贷款39981户、余额336.82亿元，户均贷款91.75万元，其中贷款余额100万元以下有37154户、总计余额233.66亿元，分别占92.93%和69.37%；资金总体利用率①为98.98%；不良贷款余额为6339.50万元，不良贷款率为0.19%，各地区情况见表2。

表2 浙江省各地区小额贷款公司基本情况表

地区	注册公司数（家）	贷款户数（户）	融资金额（万元）	贷款余额（万元）	其中：贷款余额100万元以下				不良贷款率（%）
					户数（户）	占比（%）	金额（万元）	占比（%）	
杭州	22	10129	158100	644361	9762	96.38	477348	74.08	0.05
宁波	18	3866	130400	495140	3141	81.25	230535	46.56	0.23
温州	20	7490	172665	661415	6999	93.44	495062	74.85	0.10
嘉兴	12	2337	57625	209224	2162	92.51	155983	74.55	0.25
湖州	10	2946	75300	252230	2771	94.06	183351	72.69	0.21
绍兴	9	3323	107340	381540	3062	92.15	256587	67.25	0.00

① 资金利用率=贷款余额/可贷资金，其中可贷资金包括资本净额、捐赠资金与从银行业金融机构融入资金。

续表

地区	注册公司数（家）	贷款户数（户）	融资金额（万元）	贷款余额（万元）	其中：贷款余额100万元以下				不良贷款率（%）
					户数（户）	占比（%）	金额（万元）	占比（%）	
金华	12	2723	70600	257353	2494	91.59	184933	71.86	0.14
衢州	2	252	5400	23547	228	90.48	18187	77.24	0.08
台州	17	4846	86100	326127	4572	94.34	244141	74.86	0.55
丽水	8	1506	18700	84659	1418	94.16	63060	74.49	0.54
舟山	4	563	7000	32621	545	96.80	27391	83.97	0.14
合计	134	39981	889230	3368220	37154	92.93	2336581	69.37	0.19

从监测情况来看，全省小额贷款公司运行情况良好，业务经营合法合规、管理水平不断完善、风险防范责任落实到位，总体发展主要呈现以下特点。

（一）贷款业务：呈现快速发展

截至2010年末，全省134家小额贷款公司贷款发放余额336.82亿元，贷款户数39981户，户均贷款91.75万元。其中贷款余额100万元（含）以下的户数37154户、金额233.66亿元，贷款户数和金额占比分别为92.93%和69.37%；分地区看，温州、杭州、绍兴100万元以下贷款余额位居全省前三位，分别为49.51亿元、47.73亿元和25.66亿元（见图14）。目前，全省小额贷款公司注册资本金合计225.82亿元，贷款余额已占注册资本的103.47%，大多数小额贷款公司资本金在开业后短期内就基本用完，小额贷款公司发展的市场空间极其广阔。

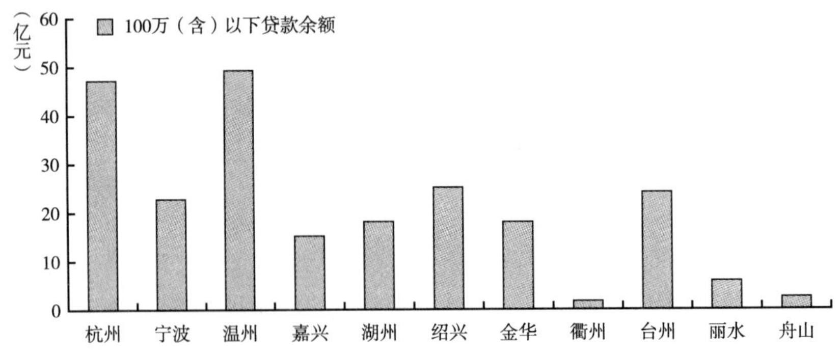

图14　各地区小额贷款公司100万以下贷款余额

（二）贷款对象：注重支农支小

全省各家小额贷款公司立足于服务当地小企业、农业企业和个体工商户，坚

持“小机构、小贷款、小客户”的市场定位，因地制宜地为当地“三农”和小企业提供更贴近的服务，起到了农村金融市场拾遗补缺的作用。截至 2010 年末，134 家小额贷款公司累计发放农户贷款 304.66 亿元，占 27.37%，贷款余额为 110.05 亿元，占 32.67%；累计发放个体工商户、城镇居民贷款 370.52 亿元，占 33.28%，贷款余额为 130.91 亿元，占 38.87%；累计发放企业贷款 438.02 亿元，占 39.35%，贷款余额为 95.86 亿元，占 28.46%（见图 15 和图 16）

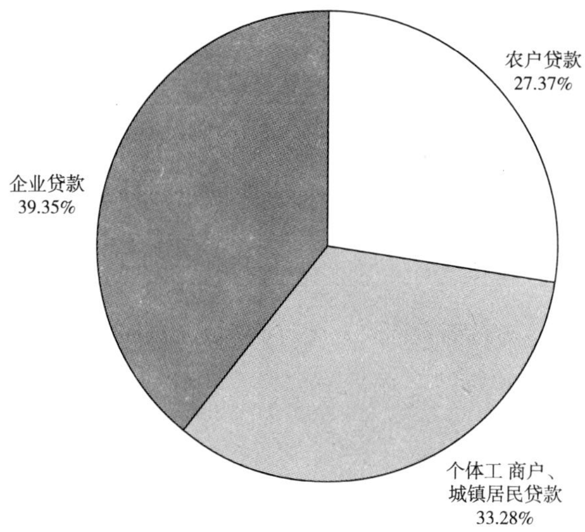

图 15　贷款对象分布（累计发放额）

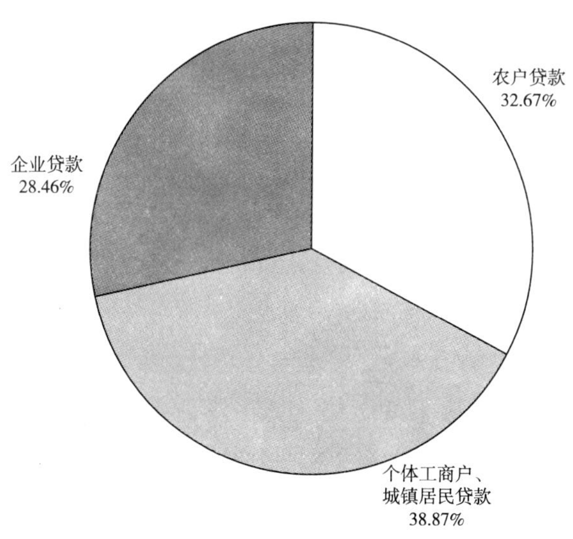

图 16　贷款对象分布（贷款余额）

（三）贷款用途：注重服务经营

小额贷款公司的贷款主要用于解决中小企业短期流动资金不足问题，满足农户、个体工商户、农业企业生产和扩大再生产经营活动的资金需要。截至2010年末，全省小额贷款公司累计发放经营性贷款857.12亿元，占76.99%，贷款余额257.49亿元，占76.45%；其中工业企业累计发放贷款499.98亿元，占44.91%，贷款余额129.24亿元，占38.37%；其次是农林牧渔业贷款，累计发放额为220.84亿元，占19.84%，贷款余额为74.95亿元，占22.25%；服务业累计发放贷款136.30亿元，占12.24%，贷款余额为53.30亿元，占15.83%（见图17和图18）。

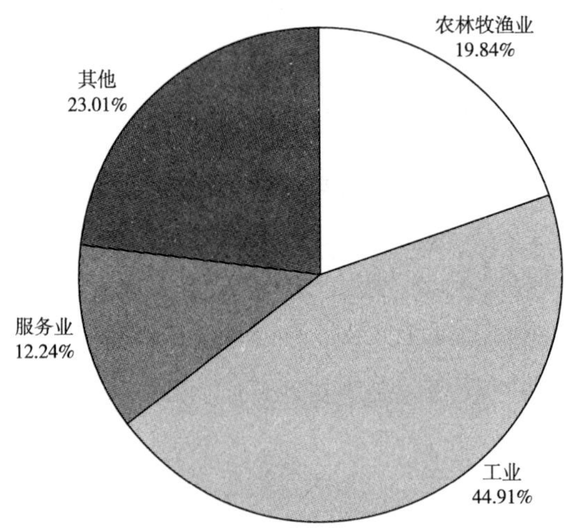

图17　贷款用途分布（累计发放额）

（四）贷款方式：注重保证担保

小额贷款公司更多采用的是银行慎用的保证和质押等更为灵活的方式，如公务员保证贷款、农户联保贷款、百强企业保证等多个贷款品种，对资金需求主体来说更简单方便。截至2010年末，全省累计发放抵押、质押和保证贷款1091.26亿元，占98.03%，贷款余额332.97亿元，占98.86%；累计发放信用贷款21.94亿元，占1.97%，贷款余额3.85亿元，占1.14%。分地区来看，杭州、温州、宁波信用贷款余额位居全省前三位，分别为20555.40万元、5055.5万元、5021万元（见图19）。

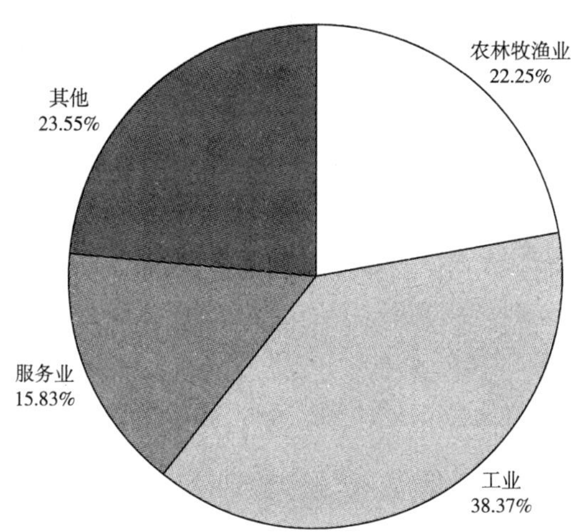

图 18　贷款用途分布（贷款余额）

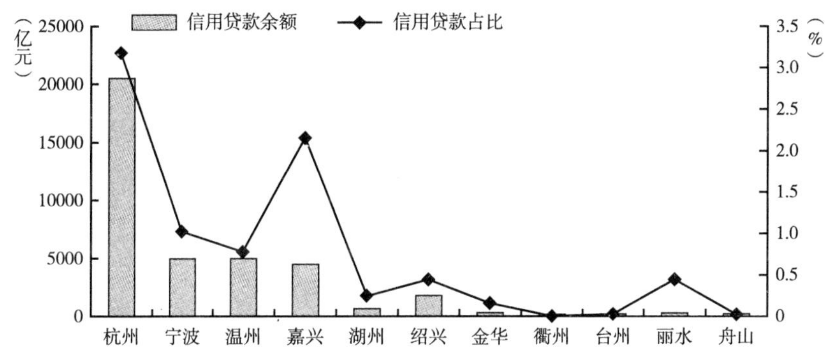

图 19　各地区信用贷款余额占比

（五）贷款质量：风险控制总体有效

截至 2010 年末，全省 134 家小额贷款公司不良贷款余额 6339.50 万元，较年初增加 2803.5 万元，较 2009 年同期增加 4467.15 万元，同比增长 238.6%；年末全省不良贷款率为 0.19%。分地区来看，台州地区不良贷款余额和不良贷款率分别为 1781.9 万元和 0.55%，居全省首位，不良贷款余额占全省的 28.11%（见图 20）。

（六）贷款流程：注重灵活简便

小额贷款公司以灵活简便的贷款方式，有效满足了客户的融资需求。大多

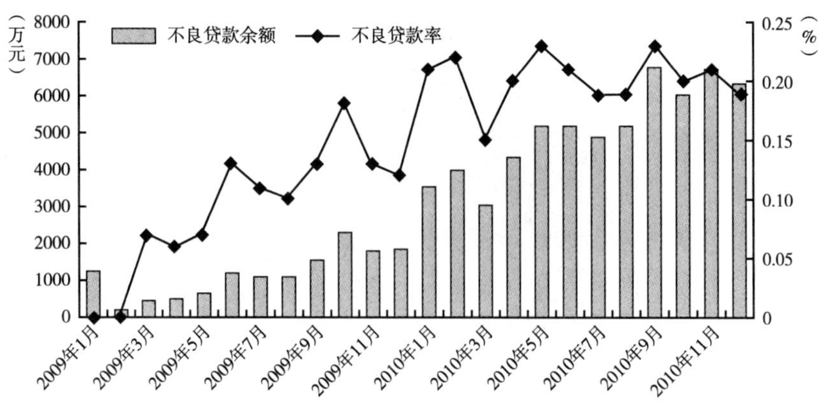

图20 不良贷款变化趋势

数小额贷款公司采用双人负责制，调查和审查同步进行。在贷款流程方面，不同于银行业金融机构的层层审批环节，小额贷款公司根据贷款金额的大小设置审批权限，一般数额小的贷款直接由客户经理和一名有权限审批人签字即可发放，对于数额较大的贷款则需提交贷审会审议，平均贷款审批周期为1~2天。同时，为了更好体现小额贷款公司服务“三农”和小企业的宗旨，很多小额贷款公司开通了24小时咨询电话、双休日放款绿色通道等，为客户提供快捷简便的服务。

（七）利率水平：全年走势基本平稳

根据《指导意见》的规定，小额贷款公司的利率水平要掌握在基准利率的4倍以内。从目前看全省小额贷款公司较好地遵守了此项规定，有效引导了民间融资行为。截至2010年末，全省134家小额贷款公司加权平均利率为17.42%，较年初提高0.55个百分点；单笔最高利率为23.24%，最低利率为4.37%①。总体来看，加权利率、最高利率与最低利率走势较为平稳（见图21）。分地区来看，金华地区的加权平均利率最高，为19.39%，丽水地区最低，为15.50%。

（八）资金来源：融入资金比重上升

截至2010年末，134家小额贷款公司从银行业金融机构融资的资金余额为88.92亿元，占注册资本比例为39.37%，从2009年初至今，融资总额和融资比

① 部分小额贷款公司提供免息助学贷款，比较最低利率暂不算在内。

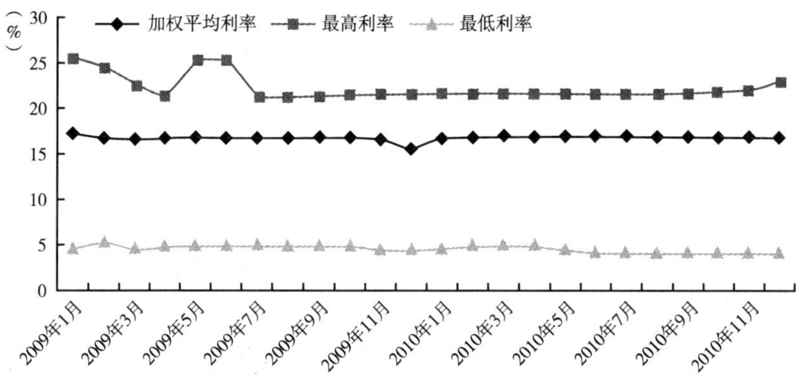

图21　利率变化趋势

例呈现不断上升的趋势（见图22），一定程度上缓解了小额贷款公司资本金不足的局面。分地区来看，全省各地区的小额贷款公司均存在向银行融资的情况，其中温州地区和杭州地区从银行业融入资金数量最多，分别为17.27亿元和15.81亿元，分别占其注册资本的39.88%和34.15%。

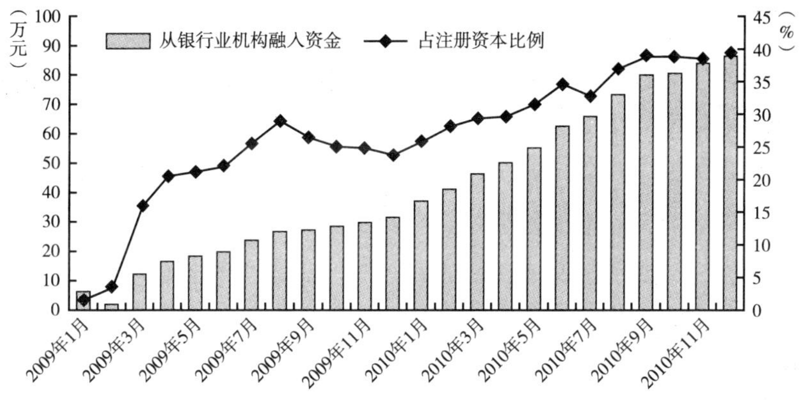

图22　融资金额及融资比例变化趋势

二　小额贷款公司试点进程中面临的困难及存在的问题

浙江省小额贷款公司试点工作整体情况良好，初步展现了商业化小额信贷运作的灵活性和适应性。但是小额贷款公司作为新生事物，其发展和完善都需要一个过程，在发展中也遭遇了一系列问题，归纳起来，主要体现三个方面。

（1）机构性质定位不明，相关扶持政策不足。小额贷款公司定位为企业法人，而非金融机构，导致它无法获得和村镇银行等新型农村金融机构同样的政策补贴。国家层面至今尚未出台明确的小额贷款公司的扶持政策，浙江省内也未落实相关风险补偿政策。

（2）监管框架有待完善，自身经营亟须规范。在实际监管中，浙江省建立了多部门参与的监管架构，由工商部门承担小额贷款公司的日常监管职责。但小额贷款公司刚刚起步，尚未形成规范有效的风险管理机制，自律性较弱，而工商部门缺乏金融业务的管理经验，日常监管专业性略显不足。

（3）融资渠道拓展受限，发展道路尚不明朗。小额贷款公司不能吸收存款，受融资比例限制，资产规模难以大规模扩张。由于转制村镇银行需要出让控股权或全部股权，导致其转制动力不足。从未来发展上看，小额贷款公司未来是转制村镇银行还是走“专业贷款零售商”道路仍不明朗。

三　相关政策建议

为促进全省小额贷款公司实现健康稳定持续发展，需要政府、相关监管部门、银行业金融机构等的密切配合，同时也取决于小额贷款公司自身的规范稳健运行。

一是明确法律地位，加大扶持力度。建议国家相关部门尽快明确小额贷款公司的性质与法律地位，浙江省政府可以率先尝试制定相关地方性法规，为其可持续发展提供法律保障。为推动小额贷款公司可持续发展，应当设立小额贷款风险担保基金，制定一系列财税优惠政策，增强小额贷款公司的抗风险能力。

二是科学有效监管，规范经营管理。要完善以公司内部控制为基础、监管部门专职监管为核心、公众社会监督为补充的监管体系。建立科学有效的监管框架，增强监管的专业性，督促小额贷款公司合法合规经营。小额贷款公司要继续完善公司治理，坚持支农支小方向，加大业务创新力度，提高可持续赢利能力。

三是拓宽融资渠道，明确发展出路。要通过多种渠道拓宽小额贷款公司的资金来源，如撬动政府资金、政策性银行批发贷款设立小额信贷资金，对依法经营良好的小额贷款公司提高融资比例，允许优秀小额贷款公司进行债券融资等。要加大政策上的突破创新，允许小额贷款公司在保留稳定持股比例的条件下转制为村镇银行，或发展成为专业的贷款零售商，给予小额贷款公司更多的未来发展空间。

（三）典当行业全面回暖

截至2010年末，浙江省共有324家典当企业，比2009年增加58家。2010年，典当企业业务稳步增长，单笔业务量增大，资金周转明显加快，业务收入有所增加，呈现以下运行特点。

一是典当市场全面回暖，业务额平稳增长。全省典当市场从2009年第四季度开始回暖，2010年典当业务平稳增长，创历史最高水平。全年累计发放典当贷款305.5亿元，比2009年增长47.12%。三大典当主营业务均有较大幅度增长，其中动产质押典当贷款额61.27亿元，比上年增长23.34%；房地产抵押典当贷款额166.91亿元，比上年增长17.95%；财产权利质押典当贷款额76.87亿元，比上年增长39.95%。从全年来看，上半年业务较为平稳，下半年业务快速增长，典当贷款业务量占全年的62.71%。典当业务结构变化不大，属于大宗业务的房地产抵押典当仍然占全部典当贷款总额的一半以上份额，达54.72%，比上年提高了5.17个百分点；动产质押业务占比20.08%，比上年下降了3.88个百分点；财产权利质押业务占比25.20%，比上年下降了1.29个百分点。

二是单笔业务量增大，业务笔数略有减少。2010年，全省共发生典当业务250420笔，比2009年减少7634笔；平均每笔典当金额12.18万元，比上年增加3.15万元。在业务总量增长47.12%的情况下，典当总笔数不升反降，说明大额典当业务明显增加。在所有典当业务中，自然人典当242876笔，比2009年下降2.5个百分点，占典当业务笔数的96.99%。法人客户仅7558笔，比2009年减少15.52%。从三大业务来看，动产质押笔数最多，但每笔典当金额最小；财产权利质押则与之相反。各个业务平均单笔业务金额均比2009年增加（见表3）。

表3　三大业务笔数及平均单笔金额情况

业务类型	笔数(笔)	占比(%)	平均单笔典当金额(万元)	比上年增减(万元)
房地产抵押	28827	11.51	57.9	13.6
动产质押	217108	86.70	2.82	0.66
财产权利质押	4499	1.80	170.87	60.79

三是企业资金实力增强，资金周转明显加快。2010 年全省典当企业数比 2009 年净增 58 家，资金实力有所增加，全省 324 家典当企业的实收资本 52.42 亿元，比 2009 年增加 9.15 亿元；净资产 58.66 亿元，比 2009 年同期增加 10.84 亿元，平均单家典当企业实收资本和净资产基本与 2009 年持平。资产总额 67.35 亿元，负债总额 10.31 亿元，全行业资产负债率为 15.31%。从业人员 3528 人，比上年增加 1199 人。截至 2010 年末，全省典当企业典当贷款余额 52.37 亿元，占全部流动资产的 82.20%，说明典当企业的资金利用率比较高。全年流动资金周转 4.8 次，比上年的 4.16 次有所加快；周转 76.04 天，比上年的 87.74 天减少了 11.7 天。

四是业务收入稳步增长，税后利润明显增加。2010 年，典当企业实现利息和综合服务费收入 6.30 亿元，比上年增长 32.80%。其中，动产典当业务收入 1.36 亿元，比上年增长 11.39%；房地产典当业务收入 3.58 亿元，比上年增长 43.19%；财产权利典当业务 1.36 亿元，比上年增长 33%。在业务量和业务收入大幅增长的背景下，全省典当企业较好地控制了支出，全年营业支出 3.92 亿元，仅比上年增长 4.78%。因此，典当企业全年实现税后利润 1.60 亿元，比上年增长 47.15%，平均单家税后利润提高约 20%。全年上缴税金 8939 万元，比上年增长 47.39%。2010 年，全省亏损典当企业 44 家，比上年增加 1 家；亏损面为 13.58%，比上年下降了 2.59 个百分点；亏损企业亏损额 1371 亿元，比上年下降 37.85%，亏损企业主要集中在杭州和宁波地区。

（四）金融仓储发展快速

金融仓储，作为物流金融的一种创新模式，主要是指融资企业以存货（原材料、半成品、产品）或由仓储公司出具的仓单为质押标的，从金融机构取得融资的活动，仓储公司在质押期间对质押物进行监管。金融仓储对开辟中小企业融资新渠道、拓展金融机构发展新空间、改变传统仓储公司经营模式，提供了一个新的契机，具有显著的经济效益和良好的社会效益。

1. 金融仓储成为中小企业融资新途径

2008 年，浙江涌金仓储股份有限公司作为全国首家金融仓储公司在杭州正式成立。2009 年，浙江和金仓储股份有限公司、淳安千岛湖新城仓储有限公司相继成立。截至 2009 年底，涌金仓储已与恒丰银行杭州分行、杭州银行、杭州联合银行等 11 家银行开展合作，累计帮助 74 户企业获银行授信额度共 16 亿元，

已实施监管企业 61 家，授信额度共 10 亿元，其中授信 500 万额度以下企业约占 40%；监管产品种类达 20 余个，主要包括钢材、有色金属、石材、汽车、酒品、布匹等；监管仓库的地域已涉及浙江省、上海市、天津市和江苏省等。2009 年，浙江和金仓储股份有限公司帮助杭州市萧山区 8 家企业获得 2.5 亿元的授信。

2. 金融仓储已形成较规范的运作模式

随着现代物流与金融的发展，金融仓储业务呈现多元化、规范化发展的趋势。实践中，金融仓储业务的运作模式主要有两种：一种是第三方动产质押监管模式，另一种是标准仓单模式。第三方动产质押监管是指在动产质押业务中，仓储公司作为独立的第三方，接受借款人或金融机构委托，负责对质押物进行监督、控制、管理，其权利义务由监管协议约定。标准仓单，是指融资企业将其拥有完全所有权的动产货物存放在仓储公司，并以仓储公司出具的标准仓单在金融机构进行质押，金融机构依据质押仓单向融资企业提供贷款，同时由仓储公司代理监管动产货物。标准仓单一般由仓储公司自行设计，集货物存储、仓单交易、仓单抵质押功能于一身，可以背书转让。仓储公司对仓单的合法持有人见单付货，并免费向仓单持有人提供仓单咨询、仓单转让、抵（质）押备案服务。

（五）股权投资基金蓬勃发展

目前浙江股权投资发展已粗具规模。据不完全统计，全省共有股权管理公司 507 家，管理资金规模超过 630 亿元，备案创业投资和股权投资机构数量、管理资本量和投资项目数均居全国各省前列，已经成为全国私募股权投资基金第四大集聚地。据清科研究中心统计，2010 年中国本土创业投资机构前 20 强中，有 3 家是浙江的，前 50 强中，浙江占据 6 个席位。

浙江的经济金融特点为股权基金的发展提供了良好的外部环境。浙江民间资本雄厚，中小企业众多，民资存量上万亿元，中小企业总数达到 950 万家，工业总产值就业贡献率分别占全省的 80% 和 90%。“十二五”时期浙江将推动一系列战略，提出了打造“两个中心”的总体目标，即着力打造全国领先、特色鲜明、具有较大影响力的“中小企业金融服务中心”和“民间财富管理中心”，这将为股权基金的发展提供难得的机遇。此外，海洋经济发展示范区近期已上升为国家战略，特别是国务院近日批准设立的舟山群岛新区，将为股权基金投资提供巨大的发展空间。

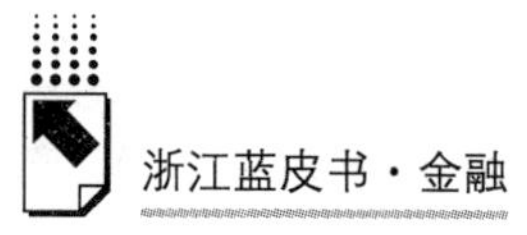

六 金融市场稳步发展

2010 年，浙江省金融市场继续保持健康平稳的发展态势，金融市场融资规模持续增加，直接融资比例大幅提高，货币与债券市场交易活跃，票据市场余额有所回落，外汇与黄金业务快速发展，产权交易市场纵深发展。截至 2010 年末，浙江共有全国银行间债券市场成员（金融机构类）97 家，银行间同业拆借市场成员 51 家，银行间外汇市场成员 39 家，上海黄金交易所综合类会员 3 家，有 11 家商业银行开办了各类黄金交易业务。

（一）直接融资比例大幅提高

扩大直接融资规模，强化市场配置资源功能，是我国金融改革一贯坚持的方向。“十一五”期间，浙江充分利用市场工具拓展融资渠道，金融市场在助推企业融资和改善资源配置方面的作用日益增强。2010 年，全省非金融部门融资力度稳步增加，融资量为 8801.5 亿元。从融资结构看，企业以贷款、债券、股票三种方式融入资金总额的占比分别为 87.6∶4.3∶8.1，直接融资比例较上年增加 5 个百分点，较 2005 年增加 9.2 个百分点。一方面，资本市场作为浙江企业融资的重要渠道，作用显著。随着“十一五”期间中国股票市场股权分置改革的完成，以及新股发行制度的逐步完善，中小板和创业板的成功上市，浙江企业利用股票市场融资获得快速发展，股票融资占比明显上升，带动直接融资比例大幅提高。另一方面，企业债务融资工具实现跨越式发展。浙江企业的直接债务融资工具从原有的企业债“一统天下”发展到公司债券、短期融资券、超短期融资券、中期票据和集合票据等多个品种，发债规模实现快速扩容。“十一五”期间浙江企业累计发行 1346 亿元债券，债券融资在全部融资中的比例从 2005 年前的不足 1% 提高到 2010 年的 4.3%，债券融资与股票融资结构趋于均衡。

（二）货币和债券市场交易活跃

2010 年，浙江省同业拆借交易依然保持快速增长势头，全年累计同业拆借交易量 10415.1 亿元，同比增长 19.2%。从同业拆借业务资金流向看，浙江省市场成员在拆借市场上以融入资金为主，继续呈资金“洼地效应”。全年累计拆入

资金 8591.5 亿元，拆出资金 1823.6 亿元，净拆入资金 6767.9 亿元，同比增长 14.5%。

2010 年，浙江省共有 34 家企业共计发行债务融资工具 267.25 亿元，同比增加 112.25 亿元，是 2009 年全年发行量的 1.7 倍。其中 4 家企业合计发行中期票据 48 亿元，23 家企业合计发行短期融资券 211.2 亿元，11 家企业集合发行 2 只中小企业集合票据 8.05 亿元，债务融资工具发行企业家数、发行金额均创下 2005 年以来新高。2010 年，市场成员累计现券交易金额 68580.8 亿元，同比增幅 87.3%，其中买入债券 34513.9 亿元，卖出债券 34066.9 亿元。

（三）票据市场余额持续回落

2010 年末，浙江省银行承兑汇票余额 9743.12 亿元，增幅 25.5%，比上年提高 17.4 个百分点。全年累计签发承兑汇票 20356.24 亿元，同比增加 2033.37 亿元，其中累计签发银行承兑汇票 20242.54 亿元，同比增加 2022.72 亿元。票据贴现余额呈逐月回落态势，12 月末，全省金融机构银行承兑汇票贴现余额 494.64 亿元，商业承兑汇票贴现余额 128.30 亿元，分别较年初下降 534.37 亿元和 11.45 亿元。与此同时，贴现规模持续缩减，全年全省银行承兑汇票累计贴现 9147.66 亿元，同比减少 1802.86 亿元。受到货币市场利率上行及金融机构信贷资产结构调整影响，票据市场利率持续上升。全年银票直贴利率和买断式转贴现利率分别为 4.02% 和 3.10%，同比分别上升 187 个基点和 117 个基点。

（四）外汇与黄金业务快速增长

2010 年全省银行间外汇交易保持增长，全省市场成员在银行间即期外汇市场完成交易金额 2751.2 亿美元，同比增长 9.3%。从交易方向看，浙江省市场成员在银行间即期外汇市场累计买入外汇 1173 亿美元，累计卖出外汇 1578.2 亿美元，即期市场外汇净卖出金额 405.2 亿美元，同比增长 1.7%。全年外汇衍生产品累计交易额 460.1 亿美元，同比增长 10.7%，其中外汇掉期交易 420.5 亿美元，外汇对交易 39.6 亿美元。从交易方式看，询价制仍为主要交易方式，占 99% 以上。

2010 年黄金业务快速增长。全省商业银行黄金业务交易量达 22.2 万公斤，其中个人账户金占全部交易量的 63%。全省 3 家上海黄金交易所的成员单位——浙江日月星、遂昌金矿和杭州航民百泰，在市场上的黄金交易以满足生产用途为主，并开展面向机构客户的代理交易，全年累计交易黄金 8 万多公斤，保持快速增长态势。

（五）产权交易市场纵深发展

产权交易市场具有信息积聚、价格发掘、制度规范和中介服务等功能。浙江产权交易市场发展较早，目前全省有 30 多家产权交易所。经过改制后的浙江产权交易所于 2004 年正式挂牌。2004～2009 年，浙交所 5 年累计完成省属国资交易 172 宗，评估总价 38.65 亿元，单向成交金额 52.05 亿元。2009 年 1 月，浙交所启动了未上市公司股权转让业务，目前国内仅有两家交易所按照产权交易方式开展未上市公司股份转让。统计显示，自 2009 年 10 月 28 日试运行至 2010 年 6 月 30 日，浙江省未上市公司股份转让中心总成交 547.83 万股，总成交额达 4023 万元；进场投资者达 2964 户，其中法人投资者 5 户，个人投资者 2959 户。与此同时，成立于 2009 年的杭州产权交易所，不断开拓交易新品种，积极拓展交易市场，继 2009 年开发了排污权交易和黄金交易外，2010 年又进军农村产权交易市场，至今已成为集股权、实物资产、租赁权、排污权、经营权、黄金产品、建筑工程招投标、非上市股份有限公司股权托管以及各类农村产权等产品于一身的综合性产权交易大平台。2010 年，杭州产权交易所实现了交易规模的大跨越，全年完成各类产权交易项目 399 宗，交易总额达 100 亿元，比上年增长 64.78%，交易规模在全省产权交易机构中名列第一，在全国的同类产权交易所中名列前茅。

七　金融监管体系不断完善

“十一五”期间，浙江金融管理部门秉持科学的监管理念，妥善处理加强金融监管与推进改革创新的关系，提高金融业经营效益与强化社会责任的关系，加强风险监管与内控建设的关系，金融业自身发展与服务地方经济的关系，有效地保障了浙江金融业的持续健康发展。2010 年，面对复杂的外部环境，防通胀、扩内需、调结构成为国家宏观调控的主要任务。全省金融管理部门按照党中央、国务院的统一部署，不断加强金融监管体制建设，积极指导金融业落实国家宏观调控政策，督促金融机构切实防范风险，提高金融对实体经济的有效支持。

（一）银行业监管效率不断提高

一是积极推动信贷结构优化。“十一五”期间，浙江人民银行系统和银监部门认真贯彻国家调控政策，加强对银行业金融机构的“窗口”指导，积极引导银行业金融机构优化信贷结构。结合浙江经济发展实际，大力推广银团贷款、兼并重组贷款、供应链贷款等模式，着力加大对全省支柱行业、战略性新兴产业发展和传统产业改造升级的信贷支持。积极满足国家和全省重点项目的融资需求，科学把握贷款投放的节奏和力度，在做好大型企业金融服务和信贷集中度控制的同时，加大对重点领域和经济薄弱环节的信贷支持，从严控制“两高一剩”和落后产能行业信贷投放，创新出台《浙江省排污权抵押贷款暂行规定》、《关于浙江省金融支持科技发展的指导意见》，积极支持企业自主创新和节能减排，促进浙江经济转型升级。

二是不断提高监管有效性。“十一五”期间，人民银行杭州中心支行积极关注系统性金融风险，积极做好银行业、证券业、保险业、金融控股公司和交叉性金融工具等领域金融风险的监测和评估，逐步建立大金融监测框架。尝试开展对与金融体系联系密切的担保、典当和小额贷款公司等行业的风险监测与评估。警觉当前社会上出现的现代支付组织、变相期货、地下炒金、非法集资等现象，加强对可能影响金融稳定的各种苗头性和趋势性问题的监测分析。浙江银监局坚持审慎监管、分类监管原则，完善全面风险监管体系，有力地促进了我省经济金融良性互动发展。重视加强监管联动，实行市场准入、现场检查和非现场监管的适度分离和功能互补。按季通报风险监管情况，建立重点行业信贷监测制度。大力推进非现场信息系统建设，强化非现场监管的风险监测和风险预警功能，逐步建立和完善大额贷款、贷款质量迁徙等监测分析制度，及时发现风险点和异常变化。充分发挥市场准入的激励约束作用。积极配合地方政府妥善处置突发性风险，健全应急管理机制，有效防控区域性金融风险。

三是注重服务与管理并重。2006 年以来，人民银行杭州中心支行以制度创新为突破口，积极探索金融管理与服务的有效方式，先后出台并组织实施了《浙江省金融机构金融管理与服务指引（试行）》、《杭州中心支行关于金融机构金融管理与服务的操作规程（试行）》、《浙江省金融业重大事项及重要信息报告制度（暂行）》、《浙江省金融服务创新指引（试行）》、《在杭银行业金融机构综合评价办法（试行）》等一系列规章制度，对银、证、保金融机构的开业、营业、创新、评价等方面进行了全面管理，基本实现了人民银行对全省银、证、保各级营业和新设机构管理与服务的“全覆盖”。

专栏5　加大金融支持力度　推动物联网产业加速发展

一　浙江发展物联网产业的重要意义

物联网是指通过信息传感设备，按照约定的协议，把特定物体与网络及存储集控系统连接起来，进行信息交换与自动控制，以实现对特定物体进行智能化识别、定位、跟踪、监控和管理的一种网络，被誉为继计算机和互联网之后的“第三次信息化浪潮”。物联网产业是电子信息领域中的先导性、战略性产业，具有市场前景广、综合效益好、产业带动性强、战略地位突出等特点。

面对“后危机时代”纷繁复杂的国内外经济局势、激烈的区域竞争态势、日益趋紧的资源要素制约，浙江工业经济发展中存在的结构性、素质性矛盾不断暴露、激化，迫切需要转型升级。大力发展物联网产业有利于提升产业层次、推动传统产业转型升级、高起点建设现代产业体系，加快我省经济发展方式转变。我省要在未来竞争中占据有利地位，必须加快培育和发展物联网等新兴产业，掌握关键核心技术和相关知识产权，增强自主发展能力。

二　浙江物联网产业发展的现状与特点

浙江省是国内物联网产业起步较早、技术研究实力较强的省份之一，基本形成了从关键控制芯片设计、研发，到传感器和终端设备制造，再到物联网系统集成以及相关运营服务的产业链体系，处于国内物联网产业发展的“第一方阵”，具有明显的产业发展基础优势和提升潜力。目前，以杭州为核心，嘉兴、温州为两翼的产业集聚区已初步形成。其中，杭州市作为全省物联网产业发展最为强劲的城市，已集聚物联网及相关企业近80家（上市企业超过5家）。2009年全国物联网产业规模约为1800亿元①，而杭州市2009年物联网产业产值超210亿元，占到全国的11.67%，远高于全国平均水平。2010年杭州市物联网产业产值将突破300亿元，全省预计到2015年实现物联网产业产值2000亿元，发展空间巨大。

① 数据来源于赛迪咨询的研究数据。

当前浙江省物联网产业发展主要呈现以下几大特点。一是技术领域优势突出。强大的技术支撑是引领浙江省物联网产业发展的重要基础。全省集聚了一批在物联网技术研发领域具有一定优势的研究机构和骨干企业，主持和参与多项国际、国家和行业标准的制定。截至 2009 年底，杭州市物联网企业已拥有相关专利及软件著作权 160 余项，其中发明专利 56 项。嘉兴市作为全国物联网的发源地之一，2009 年物联网专利数占到全国的 30%，位列全国第一。二是产业配套基础扎实。物联网产业发展的基础是 IT 产业，其成长在于信息化程度的不断提高。浙江省电子信息产业规模位居全国前列，产业体系完备，已创建 12 个国家级信息产业特色园区（基地）和一批省级信息产业特色园区（基地），还拥有一大批国家软件产业基地、国家集成电路设计产业化基地，具备对物联网产业发展形成专业化、规模化的配套支撑能力。三是网络运营服务齐全。浙江省具有优质的基础网络资源，是全国率先开展三网融合综合业务探索的省份。阿里巴巴集团 2009 年成立了“阿里云公司”，开始涉足云计算领域的研究和开发，进一步增强了浙江省在电子商务及云计算运营方面的优势。四是商业运用初见成效。浙江省物联网企业和研究机构已在智能电网、安防监控、智能交通、节能减排、环境监测等领域成功实施了一批物联网技术应用项目，积累了一定的技术应用和服务经验，多项产品具有较高知名度和较强市场竞争力。五是政府扶持保障有力。浙江省高度重视物联网产业发展，把握国家培育战略性新兴产业的有利时机，在省级层面出台了《浙江省物联网产业发展规划（2010 ~ 2015 年）》，以指导和促进物联网产业的快速发展。杭州、嘉兴、温州等省内各地也先后出台了相关的扶持政策。

三　当前金融支持浙江物联网产业发展的主要措施

物联网是未来信息网络产业的战略核心，它的发展契合浙江经济转型升级的背景，应当成为金融支持的重点。浙江省各金融机构突出信贷投放重点，切实保障物联网重点领域的资金供应，有效支持了科技成果转化和产业化。一是明确支持重点，创新金融产品。在研究物联网产业内部企业融资需求特点的基础上，金融机构综合运用各类金融工具和产品，创新信贷融资模式，加快开发面向不同企业的多元化、多层次的科技金融产品，推动物联网创新链上下游的对接和整合。二是发挥直接融资作用，推动企业上市融资。目前全省已有多家上市企业涉足物联网产业，仅杭州高新区就有 5 家物联网企业通过 A 股上市融资。未来仍有很多极具发展潜力的物联网企业，下一步将切实推动有条件的企业通过境内外上市或股权交易融资。三是引导社会资本参与，完善风险分担机制。进一步开放准入门槛，组织创业投资引导基金投资物联网产业，充分发挥其对社会风险投资资本的引导、示范作用；同时，不断完善风险投资退出机制，提高风险投资效率，切实保护好风险投资的积极性。

四 政策建议

随着未来物联网产业的加速发展，金融业在支持全省物联网产业发展的积极作用需要得到进一步巩固和提升。下一步，要在原有基础上不断加强物联网产业发展的金融要素支撑，推动物联网产业的可持续发展。一是要鼓励金融机构加大信贷支持。引导金融机构建立适应物联网产业发展特点的信贷管理和贷款评审制度，提高各金融机构每年新增贷款中投向物联网产业的比例。积极推进知识产权质押融资、产业链融资等金融产品创新。加快建立包括财政出资和社会资金投入在内的多层次担保体系。积极发展中小金融机构和新型金融产品和服务。综合运用风险补偿等财政优惠政策，提高金融机构加大支持物联网产业发展力度的主动性。二是要积极拓宽直接融资渠道。优先考虑推荐物联网等战略新兴产业领域符合条件的中小企业在中小板和创业板上市。支持符合条件的企业到境外上市。优先推荐物联网等战略性新兴产业领域符合条件的企业发行企业债券、公司债券、短期融资券和中期票据等。拓宽企业债务融资渠道。三是要大力发展创业投资和股权投资基金。建立和完善促进创业投资和股权投资行业健康发展的配套政策体系和监管体系。在风险可控的范围内为保险公司、社保基金、企业年金管理机构和其他机构投资者参与物联网产业创业投资和股权投资基金创造条件。发挥政府物联网产业创业投资资金的引导作用，扩大政府物联网产业创业投资规模，充分运用市场机制，带动社会资金投向物联网产业中处于创业早中期阶段的创新型企业。加强与境内外创业投资和股权投资基金的合作，吸引风险资本投入我省物联网产业发展。

专栏6 浙江省的非法集资情况

一 民间集资的概念界定

民间集资是个人或企业为了解决投资项目或生产资金不足，以还本付息或者支付股息、红利等形式向资金富余的市场主体进行的有偿募资行为，通常具有资

金总额大、利率水平高、期限相对较长的特点。民间集资是典型的“一对多”的民间金融形式，涉及当事人多、资金总量大、交易关系复杂。

目前法律法规中并没有关于集资行为的严格定义，一些政策文件中对集资相关概念的表述多数是采用性质描述与列举表现形式相结合的方式来认定集资行为。1999年中国人民银行发布的《关于取缔非法金融机构和非法金融业务活动中有关问题的通知》对非法集资给出了概念，非法集资是指“单位或个人未依照法定程序经有关部门批准，以发行股票、债券、彩票、投资基金证券或其他债权凭证的方式向社会公众筹集资金，并承诺在一定期限内还本付息或给予回报的行为”。2007年7月，全国人大常委会法工委、国务院法制办负责人就防范和打击非法集资、非法从事金融业务活动、传销活动等问题回答了新华社记者提问，比较全面地总结了近几年经济社会中出现的12种形式非法的集资现象①。

二　浙江省的非法集资案件

在民营经济、个私经济十分发达的浙江省内，民间集资长期以来作为一种重要的融资渠道而广泛存在。尤其是中小企业的外部发展环境一直遭遇着边缘化困境，融资难问题始终没有得到根本解决，因此大量的民营中小企业不得不向民间金融市场寻求资金支持。浙江省的民间集资总体规模与国家宏观调控紧密相关，集资的投向则有明显的行业优势和区域特征。

然而，由于资金运作规范化程度低、风险控制手段薄弱、活动隐蔽性强，民间集资为不法分子诈骗敛财提供了可乘之机。最近几年，冠以各种投资名目、形式多样的民间集资活动不断出现，民营、中小企业深度参与带来的金融风险逐步暴露，引发了大量法律纠纷。2010年，浙江省共立案侦办非法集资类案件217起，涉案金额76.8亿元。其中，非法吸收公众存款案174起，涉案金额62.4亿

---

① （1）借种植、养殖、项目开发、庄园开发、生态环保投资等名义非法集资；（2）以发行或变相发行股票、债券、彩票、投资基金等权利凭证或者以期货交易、典当为名进行非法集资；（3）通过认领股份、入股分红进行非法集资；（4）通过会员卡、会员证、席位证、优惠卡、消费卡等方式进行非法集资；（5）以商品销售与返租、回购与转让、发展会员、商家加盟与“快速积分法”等方式进行非法集资；（6）利用民间“会”、“社”等组织或者地下钱庄进行非法集资；（7）利用现代电子网络技术构造的“虚拟”产品，如“电子商铺”、“电子百货”投资委托经营、到期回购等方式进行非法集资；（8）对物业、地产等资产进行等份分割，通过出售其份额的处置权进行非法集资；（9）以签订商品经销合同等形式进行非法集资；（10）利用传销或秘密串联的形式非法集资；（11）利用互联网设立投资基金的形式进行非法集资；（12）利用“电子黄金投资”形式进行非法集资。

元；集资诈骗案43起，涉案金额14.4亿元。整体而言，浙江省的非法集资案件主要呈现以下几个特点：（1）集资诈骗行为隐藏于非法集资行为中，加大了识别难度。集资诈骗案件多以高科技、新兴产业投资项目作为幌子，以高额收益诱骗他人投资，一旦集资成功即卷款逃逸，追赃难度较大。2010年全省立案43起集资诈骗案，占非法集资类案件的20%。（2）以民间互助会形式存在的非法集资案件增多，这些互助会逐渐演变成为资金逐利的“吸钱机器”，倒会风险日益集聚，严重影响了社会稳定，这种形式在宁波、台州和温州较为多发。（3）银行从业人员涉案现象增多，部分银行从业人员利用银行信用和自身信息优势变身资金掮客，直接或间接参与非法集资，吸引风险意识缺乏的群众参与其中，受骗人员涵盖下岗职工、退休人员以及有一定经济基础的企业主等社会各个层面。（4）披着担保公司、投资公司、寄售行等合法外衣的融资中介成为集资类案件新的风险爆发点，该类型的非法集资在发案数量和规模上有较大幅度增长，它们向公众承诺较高利率吸收资金承办高利转贷，往往采取暴力催债方式，与涉黑性质的组织和人员多有牵连。

三　集资类犯罪相关罪名的辨析

非法集资并不是一个严格的刑法上的概念，而是一个范围相对广泛，内涵相对综合的概念，包括了集资诈骗在内的许多种行为，如（1）非法吸收公众存款或者变相吸收公众存款；（2）是未经依法批准，以任何名义向社会不特定对象进行的非法集资；（3）非法发放贷款、办理结算、票据贴现、资金拆借、信托投资、金融租赁、融资担保、外汇买卖等。具体到刑法定罪上，主要涉及两个罪名，非法（或变相）吸收公众存款罪和集资诈骗罪。

集资诈骗罪和非法（或变相）吸收公众存款罪都以非法集资为外在表现形式，但在犯罪目的上，集资诈骗罪的成立以当事人具有非法占有的目的为前提；而在非法吸收公众存款罪中，只要在吸收存款行为时没有非法占有该存款的直接故意，即便最终由于当事人经营不当、损失惨重而无法归还所有出资人的本金，也不能视为集资诈骗罪。在实施的方式上，集资诈骗罪行为人必须使用诈骗的方法，而非法吸收公众存款罪的构成并不以欺骗方法为必要构成要件。在侵犯的客体上，集资诈骗罪侵犯的是复杂客体，包括公财产利益和国家金融管理秩序，而非法吸收公众存款侵害的只是国家金融信贷管理秩序这一简单客体。尽管集资诈骗罪和非法吸收公众存款罪存在以上三个差别，但在司法实践中，从实施方式和

侵犯的客体上有时并不能够清晰罪与非罪的边界，这种情况在一些非典型案件中表现得尤为明显。

我们认为，应当以下述6个限定作为划分合法集资与非法集资的界限：第一，限定以企业的名义发起民间集资，不得以个人名义发起民间集资；第二，限定集资款的用途必须为本企业发展生产和扩大经营活动的短期流动资金或项目资金，不能用于诸如向其他企业或个人转贷；第三，限定还款期限，不能设置存取自由条款，避免与非法（或变相）吸收公众存款混同；第四，限定发起集资活动的企业资格，企业进行集资后其待偿还债务余额不得超过企业净资产的40%；第五，限定发起民间集资活动的方式，不得以发布广告或变相发布广告以及公开劝诱的方式吸引社会不特定对象前来参与，即避免集资活动的广泛和公开性；第六，限定民间集资活动的债权性质，禁止股权性质的集资，企业在成立时或成立之后以增资扩股名义向特定对象发起的募资行为，应及时向工商管理部门出具有效验资证明，办理注册资本登记或变更手续。对于没有同时满足以上六个条件的企业集资活动，尤其是以其他投资、经营活动的名义（如全国人大法工委列举的除第六条以外的非法集资活动）从事的、以“一对多”为主要特征的企业集资活动，有关管理和司法部门一经发现必须予以及时制止和取缔，及时清退集资款项；涉及诈骗的，依据《中华人民共和国刑法》追究相关法律责任。

四　规范引导民间集资行为的政策建议

民间集资是经济社会发展过程中，市场主体自发进行的一种融资创新，监管者要注意辨析不同形式集资活动的特点，剖析其风险性质，采取区别对待、分类指导的方式实现对民间集资活动的引导和规范，从而维护金融稳定和社会稳定。

（一）健全民间金融法律框架，推动民间金融阳光化发展

一方面要结合我国民间金融的发展现状和未来发展趋势，以清晰明确的法律界定给予民间金融活动合理的生存发展空间，明确参与民间金融活动相关当事人的权利、义务和责任，为保护符合经济发展正当需求的民间金融活动、打击假借民间金融活动之名行诈骗敛财之实的违法犯罪活动提供充足的法律依据；另一方面，要针对民间金融的活跃发展态势，以健全多层次信贷市场为目标，借鉴美国、南非、中国香港地区的发展经验，鼓励活跃在民间金融市场上从事放贷业务的个人或机构从“地下”走到“地上”，鼓励组织形式的多样化发展，引导民间金融“阳光化”发展。

（二）正确认定集资行为性质，分类处理各类集资纠纷案件

建议赋予地方金融办对民间集资活动的主管职责，全面负责企业集资行为的备案登记和日常管理工作，牵头处理民间集资活动引发的纠纷和风险。地方金融办可以借鉴应收账款登记系统的理念，采取形式审核的模式对企业集资进行备案登记，并不定期核查有关情况。司法部门在处理集资案件时应区别对待。对于未经社会公开宣传，在单位职工或者亲友内部针对特定对象筹集资金的，一般不作为非法集资；资金主要用于生产经营及相关活动，行为人有还款意愿，能够及时清退集资款项，情节轻微，社会危害不大的，可以免予刑事处罚或者不作犯罪处理。

（三）积极贯彻国务院新36条，引导民间资本兴办金融机构

以贯彻民间投资新36条为契机，确立民间投资在全社会投资中的主体地位。要坚持非禁即入、一视同仁和主动调整三项原则。各有关部门应抓紧制定配套措施或修改已有限制性政策规定，逐步放宽金融领域市场准入标准，拓展民间投资发展空间。要在加强有效监管、促进规范经营、防范金融风险的前提下，放宽对金融机构的股比限制，鼓励民间资本参股金融机构，鼓励民营资本自愿联合成立多种所有制的民营金融组织。

（四）改善中小企业融资环境，鼓励中小企业融资创新

各级政府应利用基金、贴息、担保等方式，以税收减免、保费补贴等多种途径，支持金融机构在个人创业和企业创新活动中发挥积极作用，优化中小企业融资环境。鼓励金融机构以市场为导向进行金融创新，创新贷款担保方式，扩大有效担保品范围，拓展中小企业的融资渠道。各级司法部门应当坚持“为大局服务、为人民司法”的指导思想，依法维护中小企业融资创新中的合法权益，对涉案金融创新行为，可以在法律框架内，征询政府主管部门和金融监管部门意见后，通过司法裁判依法确认其法律效力；对中小企业金融纠纷案件，可通过调解、和解等方式，争取银行合理回应涉案中小企业延期还贷的要求，依法保障金融债权和中小企业的平稳发展。

（二）证券业监管能力稳步提升

一是加强基础建设，夯实市场健康发展基础。“十一五”期间，浙江证监局

不断加强上市公司日常监管和证券公司综合治理力度。一方面，规范上市公司运作，着力提高上市公司质量。2007 年起，浙江证监局集中开展了为期三年的公司治理专项活动，进一步夯实我省上市公司规范运作基础。对上市公司实施分类监管，防范上市公司风险。开展信息披露专项整治活动。建立清欠长效机制，严防大股东违规占用资金。另一方面，巩固综合治理成效，推动证券公司规范发展。加快辖区证券公司重组和整改工作，金信证券、天和证券重组工作取得圆满成功。强化对证券公司的日常监管，防范风险，“十一五”期间，对证券机构开展各类现场检查468 家次，其中全面检查325 家次，下发了行政监管措施决定46份。及时防范和化解证券公司风险，采取相关措施，禁止证券经营机构利用不正常竞争手段开展营销活动，限制恶性的佣金价格战等，确保证券市场竞争有序。

二是围绕发展大局，推动资本市场为经济服务。一方面，大力推动企业上市，培育行业龙头，带动区域经济发展。实施《首次公开发行股票辅导工作监管业务规程》等制度，规范企业上市辅导业务规程，推动优质企业上市。“十一五”期间，浙江企业 IPO 家数一直占全国的 13% 左右。上市公司的辐射功能，带动了浙江区域经济快速发展，形成了“上市公司—地区经济”的良性互动循环。另一方面，大力推动企业并购重组，促进经济转型升级。“十一五”期间，辖区市场进行并购重组近 30 家次，其中新湖中宝完成换股吸收合并新湖创业，开启我国民营控股上市公司采用“自废壳资源整合”，实现上市公司做优做强之先河；众合机电（原浙江海纳）完成了资产重组和股改，成为全国首家成功实施破产重整的上市公司。

三是维护资本市场稳定运行，切实保护投资者利益。建立健全维稳的综合工作机制，制定了《浙江资本市场维稳工作方案》，妥善处置应急突发事件，落实《证券、期货市场突发事件应急预案》、《上市公司监管快速反应工作规程》等制度，及时发现和快速处置资本市场风险。建立打击证券违法违规联席会议制度和联合执法机制，推动浙江省政府出台《关于严厉打击非法发行股票和非法经营证券业务有关问题的实施意见》，“十一五”期间，共开展立案调查案件 10 件，非正式调查 31 件，协查任务 168 件，在严惩资本市场违法违规行为的同时，提高了自身的快速反应和案件查办能力。

（三）保险业监管方式不断突破

“十一五”期间，浙江保险业初步建立了政府监管、企业内控、行业自律和社会监督“四位一体”的监管体系，逐步确立了“机构、高管、行为”三管齐下的监管模式，“小机构、大监管”的工作目标初见成效。

一是创新监管方式。实施保险公司分支机构市场准入规划管理，提升行业内在素质和竞争实力；推进从重、从严的红线监管，明确行业的高压线；建立浙江保险业科学发展综合考评制度，实施分类监管；试点设立温州监管分局，切实提升基层保险监管力度。

二是创新监管方法。积极探索效益监管，遏制财产险的非理性竞争等问题；深入推行银保自律，加快人身险结构调整步伐；实施“见费出单”、“零现金”等内控监管制度，加强公司管理和内控风险防范。

三是创新监管技术。建成并启用在线监管系统，提高识别、预警和处置风险的效率和能力；建成全国首个商业车险信息平台，为车险良性发展提供了决策依据；自主开发意外险单证监管系统，从源头解决意外险撕单埋单问题。

四是创新监管服务。从社会反映较为集中的销售误导、理赔难等问题入手，加快实施车险理赔服务九大实事工程，深入推进人身险三项行业标准和九项服务承诺，建立健全信访投诉纠纷处理机制，开展“五个一”消费者教育活动，切实保护保险消费者利益。

八　金融生态环境建设稳步推进

2010 年，在各级政府及有关部门大力支持和配合下，浙江省金融生态环境进一步改善。支付体系建设深入推进，社会信用体系不断改善，反洗钱工作成效显著，跨境人民币结算试点顺利推进，有效促进了浙江经济金融的健康发展。

（一）支付体系建设深入推进

一是“便农支付工程”进一步推进。2010 年是浙江省“便农支付工程”实施的关键之年。人民银行杭州中心支行以“巩固县城，突破中心镇，拓展乡村”为总体方向，通过下发深化实施工程指导意见、召开工作推进会、开展实地督导等系列措施，深入推进实施浙江省“便农支付工程”。目前，“便农支付工程”已取得显著成效：支付系统已覆盖除邮储银行对私网点外所有的银行网点；三省一市银行汇票和银行本票已推广到乡镇；银行卡受理环境进一步改善，全省农村

居民人均持卡量达到1.8张，ATM机已布放到80%的乡镇。截至2010年底，农村地区持卡消费7971.95亿元，同比增长48.5%。

二是支付结算服务水平进一步提高。2010年人民银行杭州中心支行大力推广电子商业汇票业务，鼓励并引导辖内银行机构、商户签发、使用电子商业汇票，更好地发挥电子商业汇票安全、便捷的优势。截至2010年底，全省共办理电子商业汇票承兑业务2585笔，金额127.85亿元，贴现业务1606笔，金额75.4亿元。积极推动网上支付跨行清算系统业务应用，组织省内法人银行机构做好接口开发、联调测试、试运行、业务培训等前期准备工作，确保省内8家法人金融机构如期顺利上线运行。大力推动公务卡的应用，会同省财政厅下发了《关于深化省级预算单位公务卡改革有关事项的通知》，创新推出单位公务卡，解决公务卡推广过程中预算单位公用事业费的托收问题，为全省全面推广公务卡扫清障碍。

（二）社会信用体系不断完善

2010年，在全省各级政府及有关部门的大力支持下，人民银行杭州中心支行切实履行“管理征信业，推动建立社会信用体系”的职责，依托全国统一的企业和个人征信系统，积极参与全国征信立法，加快推进浙江征信体系建设步伐，各项工作取得了新成绩，为“信用浙江”建设稳步迈入“十二五”奠定了良好基础。

一是征信系统建设取得新成效。2010年，人民银行杭州中心支行继续强化征信系统建设，拓宽征信信息采集覆盖领域，扩大征信系统服务范围，加强对征信业务的监督管理，切实维护信息主体合法权益，维护征信系统平稳、高效运行。截至2010年底，企业征信系统已收录我省企业48.7万户，月均查询100万次；个人征信系统收录我省自然人3310万人，月均查询110万次。两大系统已成为商业银行贷前审查的必经环节，在商业银行贷后管理中也发挥着重要作用。据对25家信贷网点问卷调查显示，2010年通过查询企业和个人征信系统共拒绝贷款153.3亿元和7.4亿元，约占申请贷款金额的3.6%和1.3%。同时，随着企业环境违法、欠薪、社保、法院等非银行信息的大量入库，征信系统在有效解决法院“执行难”、高效推进“绿色信贷政策”、协助开展诚信企业评定等方面逐步发挥出重要作用。

二是中小企业和农村信用体系建设上新台阶。2010 年，人民银行杭州中心支行进一步深化“中小企业千家成长万家培育”工程建设，积极开展中小企业金融产品和服务创新，如小企业专项信用贷款等，改善了中小企业融资环境，提高了中小企业的信用意识，取得了良好的成效。截至 2010 年底，我省中小企业信用体系建设已累计为 16.2 万户未贷款的中小企业建立了信用档案，获得银行授信意向 2.8 万户，累计贷款 4200 亿元。农村信用体系建设成为社会主义新农村建设的重要内容之一。2010 年，人民银行杭州中心支行以“丽水模式”为突破口，全面深化全省农村信用体系建设。至今，全省累计为 531 万农户建立信用档案，占全部农户数的 49.5%，已评定信用农户 422 万户，占已建档农户数的 79.5%，已对 211 万信用户累计发放贷款 5390 亿元，使当地农民真正得到了实惠。

三是征信市场发展实现新突破。2010 年，在继续巩固借款企业信用评级市场规模的基础上，人民银行杭州中心支行在全国率先开展了商业承兑汇票信用评级，出台《浙江省商业承兑汇票信用评级工作方案》，建立“五统一”管理制度，如期完成全省 120 多家商业承兑汇票信用评级。同时，积极参与《浙江省融资性担保公司管理实施办法》的制定工作，扩大担保机构评级的覆盖面，定期公布信用等级较高的担保机构名单，有效推动了担保机构和金融机构的业务合作，得到了一致好评。目前，浙江征信市场在规范中快速发展，评级品种日益丰富，评级产品质量逐步提高，走在了全国前列。

（三）金融业反洗钱工作取得明显成效

2010 年，全省人民银行系统切实加强反洗钱监督检查，认真开展可疑交易分析调查，全省罚款 743.5 万元，发现、移送线索立案 18 起，破获 16 起，全省反洗钱工作各方面都取得了新的进步。

一是提升反洗钱监管效果。2010 年人民银行杭州中心支行有重点地开展现场检查，行政处罚力度空前加大。首次启动对外资银行在杭机构的检查项目，完成了对花旗银行杭州分行的反洗钱现场检查工作。同时，有选择地对证券保险机构开展了现场检查。全年全省（不含宁波）共现场检查 61 家金融机构，其中银行机构 44 家，证券机构 6 家，保险机构 11 家；现场检查共投入工作量 2474 工时，检查银行账户 139612 户、证券账户 25925 户，检查保单 25747 单。完成对

其中 26 家机构的处罚，罚款金额共计人民币 393.5 万元。

二是推动反洗钱相关部门交流合作。2010 年人民银行杭州中心支行通过座谈会、走访、案件会商等形式，多渠道、经常化地加强与公安、海关、检察等执法部门的联系和沟通，不断密切工作关系，提高了合作机制的有效性。同时，积极配合执法部门查办案件，全年累计协查各类案件 18 起 22 批次，涉案金额 107.6 亿元，极大地提高了公安机关案件查处效率。特别是在 2010 年公安部、人民银行等 8 部门联合开展的集中整治网络赌博违法犯罪活动专项行动中，人民银行杭州中心支行及时动员和部署辖内分支行及金融机构，发挥反洗钱职能优势，加强涉嫌网络赌博资金监测、线索移送和配合调查工作，在公安机关破获“丽水鲍某团伙特大网络赌博案”和“温州 10·20 特大网络赌博案”过程中发挥了重要作用。

三是全面推进反恐融资工作。浙江省是上海毗邻省份，又是我国反恐重点地区，“世博安保”任务十分繁重。人民银行杭州中心支行对照《中国人民银行办公厅关于切实做好上海世博会期间人民银行有关工作的通知》的工作要求，进一步完善与反恐部门的合作机制，加强对金融机构重点可疑交易报告工作的检查指导和培训，要求辖内金融机构提高工作敏感性，提升对涉恐资金交易的分析水平和识别能力，及时发现和报告涉恐交易线索，有效地履行反洗钱和反恐融资义务，确保“世博会”期间安全。

（四）跨境贸易人民币结算试点顺利推进

自 2010 年 7 月浙江省正式开展跨境贸易人民币结算试点业务以来，在省政府的正确领导和相关部门的合力推动下，全省的跨境贸易人民币结算试点工作进展顺利，势头良好，成效明显，主要表现在三个方面。

一是业务量呈现不断加速发展态势。截至 2010 年 12 月 31 日，全省累计发生跨境贸易人民币结算业务 1312 笔，金额达 123.28 亿元，业务笔数位居第二批试点地区前列。尤其是 2010 年四季度以来，全省跨境贸易人民币结算业务呈现出快速增长态势，10 月、11 月和 12 月业务结算量分别达到了 18.96 亿元、28.60 亿元和 48.61 亿元。从业务类型看，仍然以货物贸易进口付款为主。截至 12 月末，全省跨境货物贸易进口业务 817 笔，金额为 103.03 亿元，货物贸易进口业务的笔数和金额占比分别达 62% 和 84%。

二是参与面呈现不断扩大趋势。企业方面，试点以来，实际办理进口贸易人民币结算的企业也从7月的90余家企业扩展到现在的250多家企业。金融机构方面，全省已开展跨境贸易人民币结算业务的银行有24家，参与面呈现不断扩大趋势。从银行种类看，业务已遍布政策性银行、国有商业银行、股份制银行、地方商业银行、外资银行，但业务量仍主要集中于国有大型银行。中行、工行、建行、农行浙江省分行分列结算量的前四位，累计结算量都超过10亿元，四行合计办理跨境贸易人民币业务累计达1045笔，金额95.17亿元，占比分别为全省笔数的80%、金额的77%。

三是试点面呈现全省各地全面铺开势头。尽管全省各地的对外依存度不同，业务量也相差很大，但试点工作已经呈现全省各地全面开花之势。目前全省11个地市全部开展了跨境贸易人民币结算业务，结算量超过10亿元的地区分别为宁波、杭州、绍兴、嘉兴，累计发生笔数分别为315笔、325笔、193笔和92笔，金额分别为39.84亿元、31.45亿元、15.74亿元和13.62亿元，4个地区合计占总笔数和总金额比重达70%和82%。其中，宁波具有港口和外向企业众多的优势，业务量发展一直居全省首位，绍兴在化纤行业跨境贸易人民币结算方面独占鳌头。

九 金融业有力支持了经济建设

2010年是浙江经济“最为复杂的一年”。这一年，浙江面对的是全球经济发展模式调整变化、外部各环境更趋复杂的世界经济格局。在省政府和金融管理部门的推动下，金融市场主体认真贯彻国家宏观调控政策，共克时艰，有力地支持了浙江经济的持续复苏。

（一）信贷结构优化促进经济转型升级

2010年，浙江人民银行系统加强货币政策解释宣传，合理引导社会公众预期，灵活运用支农再贷款、再贴现和存款准备金率等货币政策工具，切实加强信贷政策效果评估，不断强化政策激励引导效果。

一是信贷投放保障重点领域。推动银团贷款、联合贷款、同业合作等模式，突出加大对战略性新兴产业的金融支持，支持大平台大产业大项目大企业建设，

支持传统产业自主创新、技术改造、兼并重组和“走出去”。2010年，“十一大”产业新增贷款2232亿元，占全省新增贷款29%，同比提高1.6个百分点。大力推进科技金融、排污权抵押贷款、绿色信贷和低碳金融发展，积极支持企业自主创新和节能减排，截至2010年末，全省知识产权质押贷款余额达10亿元，排污权抵押贷款余额达2.9亿元。

专栏7 浙江省的绿色金融发展

大量碳能源消耗引发了温室效应和环境恶化，全球生态的可持续发展已经成为国际社会深刻关注的问题。哥本哈根会议后，在低碳经济和节能环保产业大发展的背景下，特别是在环境保护手段向市场化转型的趋势下，绿色金融在低碳经济中的支撑和服务作用越来越重要。

一 绿色金融的概念

绿色金融（Green Finance）研究的是金融与环境保护的关系即金融与自然可持续发展的关系，也称为可持续金融（Sustainable Finance）、环境金融（Environmental Finance），指的是在金融机构投融资行为中注重对生态环境的保护及对环境污染的治理，通过投融资行为对社会资源加以引导，促进经济的可持续发展。绿色金融注重的是金融活动的发展与环境保护、生态平衡相协调，最终实现经济与人类社会持续发展，它是对传统金融的延伸和扩展，是现代金融发展的必然趋势。

二 国内的绿色金融发展

2007年以来，中国人民银行、银监会、证监会、保监会等多个部委联合国家环保部，围绕绿色信贷、绿色证券和绿色保险领域分别出台了多项政策文件，从而为国内绿色金融的发展指明了方向。2007年7月，国家环保总局联合中国人民银行、银监会发布了《关于落实环保政策法规、防范信贷风险的意见》（环发〔2007〕）（以下简称《意见》），标志着中国的绿色金融政策在国家层面正式启动。目前，在我国开展的绿色金融业务的以银行类金融机构为主，品种多样（参见表4部分金融机构绿色金融业务实践），主要有以下三种类型。

1. 基于节能减排的绿色信贷业务

绿色信贷业务是国内金融机构对低碳项目的融资支持，主要包括两个方面的内容：一是明确授信项目的环保准入条件，在信贷审批环节中实施环保政策“一票否决制”；二是银行直接与客户建立融资合作关系，为企业发起实施的节能减排技改项目设计融资方案。

2. 基于CDM项目的融资及服务

这类金融产品主要包括向CDM项目开发企业提供直接贷款或融资租赁、以CDM项目的CER收益权作为还款来源开展权利质押贷款、为产生原始碳排放权的项目开发企业提供担保、远期外汇套期保值、国际买家预付款账户监管等服务。CDM项目是我国未来几年内在碳金融领域的重要着力点。

3. 银行碳金融理财产品

基于低碳理念的金融理财产品是以绿色、低碳理念为卖点推出的理财产品，如与证券交易所上市的环保概念股票、气候交易所的二氧化碳排放权期货合约、世界级权威机构的水资源和可再生能源指数以及气候变化环保指数等挂钩的金融理财产品。

表4　部分金融机构绿色金融业务实践

时间	市场主体	创新业务
2006	浦发银行	率先在国内银行业发布《企业社会责任报告》
2006/5/17	兴业银行	与国际金融公司签署《能源效率融资项目合作协议》，成为国际金融公司开展中国能效融资项目合作的首家中资银行，随后在境内首创退出节能减排项目贷款绿色信贷品种
2007/8	中国银行	中行上海分行推出美元1年期“挂钩二氧化碳排放额度期货价格”产品，获得5%的到期收益率
2007/8	深发展	推出两期挂钩“欧盟第二承诺期的二氧化碳排放权期货合约”产品，分别获得7.345%和14.125%的到期收益率
2008/1	兴业银行	国内首创以CER收入作为还款来源的碳金融模式，为湘控科技项目提供三年期750万元项目贷款
2008/10/31	兴业银行	成为国内首家、全球第63家承诺采纳“赤道原则”的银行业金融机构
2009/7/3	浦发银行	国内银行业中率先以对价财务顾问的方式，为陕西两个水电项目成功引进CDM开发和交易专业机构
2009/10/25	浦发银行	作为金融业代表发起设立国内第一个自愿减排联合组织平台——生态城绿色产业协会
2009/11/27	中国银行	中行浙江省分行温岭支行成功开立全国首笔EPA(美国环保总署)排放保证金包含的反担保保函
2010/1	兴业银行	宣布首笔适用于赤道原则项目——福建华电永安发电有限公司2×300MW扩建项目在永安实施
2010/1/9	浦发银行	发布《浦发银行建设低碳银行倡议书》

续表

时间	市场主体	创新业务
2010/1/28	兴业银行	与北京环境交易所联合推出低碳主体认同卡,标志节能减排进入个人消费领域
2010/3/2	光大银行	与北京环境交易所推出“绿色零碳信用卡”
2010/3	中国银行	中行浙江省分行为鹰鹏化工有限公司办理国内首笔CDM项目碳交易融资及配套掉期业务
2010/4/8	光大银行	主动实施低碳战略,向北京环境交易所购买碳额度,用以投入符合规定的节能减排项目
2010/4/22	光大银行	柜橱“低碳公益产品”1年期信托理财产品,产品收益的一部分捐赠给北京环境交易所并投入低碳治理
2010/4/26	招商银行	推出低碳销售方式理财产品“绿色金融理财计划”,产品在发售前通过短信、电子屏等方式通知投资者通过网银或电话购买

注：根据有关资料搜集整理。

三 浙江省的绿色金融实践

经过近几年的实践和创新，浙江省内涌现出了一些颇具特色的绿色金融产品，其中比较典型的是排污权抵押贷款和能效贷款。

（一）排污权抵押贷款

2007年11月，嘉兴市在全国率先成立排污权储备交易中心，开了浙江省排污权制度化、规模化交易的先河。此后，杭州、绍兴等地市均不同程度地开展了排污权有偿使用和交易试点。2009年，浙江省被财政部和环境保护部列为排污权有偿使用和交易试点省份；2009年7月，浙江省政府出台了《关于开展排污权有偿使用和交易试点工作的指导意见》，在全省范围内推动排污权交易市场规范有序发展；2010年10月，浙江省政府办公厅又出台《关于印发浙江省排污权有偿使用和交易试点工作暂行办法的通知》，标志着排污权交易试点已经在浙江省范围内全面启动。截至目前，浙江省已有10个市的25个县（市、区）正式开展了排污权交易试点，占到浙江省全部县（市、区）的28%，已累计开展排污权交易882笔，交易金额2.9亿元。

（二）能效贷款

“能效贷款”指对合格借款人发放的涉及能源设备并旨在改善建筑、工业流程和其他能源最终应用方面的能源效率的项目贷款，其支持的项目包括以更新设备、优化设计、能源回收利用等方式为手段，以节省煤、石油、天然气等一次性能源和电力、蒸汽等二次能源为目的的能源节约项目。2006 年 5 月国际金融公司（简称 IFC）与兴业银行签署合作协议，推出了中国银行业目前唯一的绿色信贷产品能源效率项目贷款。根据协议，国际金融公司向兴业银行提供 2 亿元人民币的本金损失分担，以支持最高可达 4.6 亿元人民币的贷款组合，兴业银行以国际金融公司认定的节能、环保型企业和项目为基础，向符合条件的节能、环保型企业和项目发放贷款。能效贷款突破了一般企业贷款注重担保条件、期限较短等固有模式，侧重于制定与借款企业节能项目现金流匹配的资金安排方式，对企业的可持续发展提供新型金融服务支持。

总体看，目前浙江省绿色金融的发展创新仍处于起步阶段，不仅缺乏成熟的、具备相当流动性和制度保障的基础标的资产，而且也未形成成熟的交易制度、定价机制、交易场所和交易平台，企业对环境保护的认识程度仍不高，绿色金融业务中信息不对称问题仍然突出，相关的配套激励政策也亟待加强。

二是支农支小力度不断加大。2010 年，全省中小企业贷款和涉农贷款增速分别比全部贷款增速高 2.7 个和 6.7 个百分点，年末余额均居全国第一。支持浙商银行为 8 家中小企业承销发行 6.6 亿元的“诸暨市 2010 年度中小企业集合票据”，支持恒丰银行为义乌市 3 家中小企业承销发行 1.45 亿元的中小企业集合票据，进一步扩大中小企业融资渠道。积极利用再贴现政策工具促进中小企业融资，全年累计办理再贴现 1978 笔、金额 16.5 亿元。

（二）资本市场壮大鼓励企业做大做强

浙江企业积极借助资本市场拓宽融资渠道，实现了跨越式发展。卧龙电气、天马股份等一大批企业，利用从资本市场募集到的资本金，实施横向、纵向并购，延伸产业链，有效地提升了企业竞争实力，成为电子、纺织服装、建筑、医药生物制品等行业中的龙头企业。此外，资本市场作为我省落实创新型省份战略的重要平台，在引导各类要素和资源向高新技术领域和应用技术领域流入方面发挥了积极作用，有效地促进了全省科技创新活动的深入开展。创业板推出以来，浙江企业表现突出，16 家创业板上市公司中，高新技术企业占 90% 以上。众多浙江企业按照“先规范后上市”的原则，规范内部

运作，改善公司治理，完善内控机制，通过改制上市，逐步走上了现代公司治理的道路。

（三）创新保险服务助推经济平稳发展

“十一五”期间，浙江保险业突出社会责任，推进行业和谐发展，社会效益明显提高，社会影响力日益扩大。截至2010年底，浙江保险业为经济社会提供了超过18.9万亿元的风险保障，其中提供财产保障12.7万亿元，平均每6个企业拥有1张企财险保单，为近1亿人次提供人身险保障共计7万亿元，平均每个家庭拥有1.2张人身险保单；累计支付各类赔款和给付约760亿元，对保障正常的生产、生活秩序发挥了重要作用；缴纳各项税金近54亿元，提供就业岗位5万余个，成为增加财政收入和人员就业的重要行业。为了应对国际金融危机，保险业开展了“面对金融危机、保险伴你同行”主题活动，认真落实中央扩内需等调控政策，为杭州地铁、舟山大陆连岛、杭州湾跨海大桥、“秦山核电二期”等重点项目提供风险保障和管理，积极服务全省“保稳促调”，主动融入地方经济社会建设，保险的经济助推器和社会稳定器作用得到了充分发挥。

B.4
“十一五”期间浙江省金融业发展的成功经验

摘　要：“十一五”是浙江金融业成长的重要里程碑。“十一五”期间浙江金融业取得的辉煌成就为今后的发展奠定了坚实的基础。当前和今后一个时期，浙江正处于发展方式加速转型、第三产业加速发展、消费结构加速升级的重要阶段，要在新的历史起点上应对前所未有的挑战，必须巩固和发展在应对国际金融危机冲击中取得的宝贵成果，系统总结“十一五”期间金融业发展的成功经验，并将其与浙江新阶段的发展实践紧密结合起来，把深入实施“创业富民、创新强省”的总战略与破解当前经济金融发展的难题紧密结合起来，努力将金融业培养成为浙江省的战略产业和支柱产业，为全面建成惠及全省人民的小康社会再立新功。

关键词：十一五　金融发展　成功经验

“十一五”期间是浙江金融业快速、高效、健康发展的重要时期。回顾浙江金融业“十一五”走过的历程，在省委、省政府的正确领导、金融管理部门和金融机构的共同努力下，浙江金融业围绕“保增长、抓转型、重民生、促稳定”的工作主线，深入贯彻落实科学发展观，有力地支持了全省经济的健康平稳发展。

浙江金融业在为全省经济发展作出重要贡献的同时，其自身也获得了发展壮大：业务规模快速扩张，行业运行稳定有序，产品服务保障有力，金融业为推进浙江省经济转型升级、中小企业成长发展、民营经济实施“走出去”战略和全面改善民生起到了积极作用，打造了浙江银行业的“浙银品牌”、证券业的“浙江板块”、保险业的“浙江亮点”、地方金融的“浙商系列”，形成了各类金融机构齐头并进、协同发展的金融组织体系，基本上奠定了浙江“金融强省”地位，

各项发展指标名列前茅。

2010年全省金融业增加值2282亿元，占全省生产总值及第三产业比重分别达8.42%和19.43%，比2005年分别提高了3.8个和8个百分点，“十一五”期间年均增长32%。2010年末，全省金融机构的本外币存款余额达54478亿元，本外币贷款余额46939亿元，分别位居全国第4位和第2位，是2005年末的2.74倍，存贷款总量已于2009年末提前实现翻一番的目标，“十一五”期间全省存、贷款年均增长20%和23%；省内境内上市公司达到186家，居全国第2位，“十一五”期间共计新增79家，年均新增境内上市公司家数占当前全国新增的13%左右，累计融资额1820.24亿元，比2005年底增长近5倍；2010年全年实现保费收入690.3亿元，排名全国第9位，“十一五”期间年均增长21.4%，保险深度和密度分别达到3.1%和1540元。

一　大力发扬“浙江精神”是浙江金融业发展的内在动力

任何经济体的快速发展，都离不开“人”这个核心因素。“十一五”期间，浙江金融业能够实现快速发展的一个重要优势，就在于浙江金融各界人士能够秉承勤奋务实、勇于开拓的敬业精神和紧跟市场、善于包容的开放精神，不断突破资源、机制和体制约束，有力地推动了浙江金融业的巨大飞跃。

（一）大力弘扬勤奋务实、勇于开拓的敬业精神

浙江金融业的崛起，最根本、最重要的原因在于浙江金融人具有勤奋务实、勇于开拓的敬业精神。正是凭借着这种敬业精神，使资本、技术等其他生产要素的效能得到了极大的释放，这是任何一种有形的资源所无法比拟的。浙江省各金融机构尽管在市场份额、资产规模等方面存在量的差异，但在发展机制、经营理念等方面却有着惊人的相似，他们懂得脚踏实地、诚信经营、严控风险、共谋发展，在为民营企业、中小企业提供多样化、全方位服务的同时，也为自己探索出了一条全新的发展道路。五年中，浙江金融业积极推进金融改革先行区、金融发展繁荣区、金融生态优质区和金融运行安全区的建设，以优异的经营业绩吸引了全国各地资金纷至沓来，各大金融机构纷纷把浙江作为政策倾斜的重要示范区，

从而成就了“资金洼地”的独特地位；同时，“资金洼地”汇集的庞大资金通过各类金融市场经营主体成为省内外企业发展的重要资金来源，从而促成了“资金高地”的形成。经过几年的努力，浙江省已经初步打造出银行业的“浙银品牌”、证券业的“浙江板块”、保险业的“浙江亮点”、地方金融的“浙商系列”，成为全国业务增长最快、金融机构类别最全、金融运行质量和效益最好、金融生态环境最佳的省份之一，实现了经济与金融的互动共赢发展。

（二）注重培育紧跟市场、善于包容的开放精神

浙江金融各界在实践中敏锐意识到区域内金融资源的局限，只有“跳出浙江、发展浙江”，有效整合不同领域的各种资源，才能在全球化进程中把握先机，才能推动浙江金融业的持续发展。为了不断拓展市场、扩大客户基础，浙江金融业不仅服务于本土浙江人，而且服务于来浙江创业发展的“新浙江人”；不仅服务于浙江企业的省内发展，而且服务于浙江企业的跨省发展，同时积极采取跟随战略服务于浙江企业走出国门，走上国际舞台。据全国29个省级浙江商会（除西藏外）的不完全统计，目前浙江在全国各地经商办企业的人员约为600万，创办各类企业26万多家、各类专业市场2000多个。截至2009年底，省外浙商在外投资亿元以上的企业项目达2560多个，其中投资10亿元以上的达454个。“十一五”期间，浙江省对外直接投资额近63亿美元，项目总数2300多个，单个项目平均中方投资额为243万美元，境外投资规模、项目数量均居全国第一。为了给“走出去”的企业提供本土化服务，浙江金融业省外、境外分支机构的增长一直保持着与企业对外投资步伐的一致性，他们通过提供融资性对外担保、股权融资、出口应收账款质押贷款、境外资产抵押贷款等形式多样的业务品种，帮助本土企业更好地获取信用支持，既支持了企业的发展壮大，同时也增强了自身的综合竞争力和社会影响力。

二　注重坚持市场导向是浙江金融业发展的特色路径

在市场化进程中逐渐成长起来的浙江金融业深切认识到，市场机制在企业经营发展中的重要地位，它们立足浙江实际，尊重市场规律，在细分市场的基础上找准市场定位和经营策略，探索个性化产品，实施差别化定价，提供全面周到的服务，使金融改革创新的亮点、特色和优势不断得到巩固和提升。

（一）明确市场定位做精做细，推动银企合作共赢

浙江金融各界具有与时俱进的优秀品质，能紧跟客观环境和市场条件的变化而进行及时调整，围绕“做精做细、做专做优”的原则，结合自身竞争优势，不断捕捉市场先机，开发出契合市场需求的特色金融产品。浙江是全国民营经济最活跃的省份，民营经济和“块状经济”是浙江经济最具活力的基石。浙江金融界以民营企业、县域经济发展的金融需求为出发点，探索差异化产品和服务，在满足市场需求、做大市场蛋糕的同时，有效地提升了金融机构的综合实力。大中型银行坚持“大小并举、限优扶劣”的信贷导向，着力增强对大企业和重点项目的资金保障能力，扶持行业内龙头企业的转型升级，支持支柱产业、战略性新兴产业的发展；中小银行树立与中小企业共患难、同成长的经营策略，它们突破思想束缚和技术限制，不断推出“抱团增信”、“网络联保”、“小本贷款”、“信贷工厂”等一系列适合中小企业融资需求的金融服务产品，从而在全国范围内打响了台州市商业银行、浙江泰隆银行等一大批专做中小企业金融的服务品牌；刚刚起步的村镇银行、小额贷款公司等新型农村金融机构和组织以小型和微型企业、农户和个体工商户的创业发展需求为定位，极大地缓解了金融服务薄弱环节的资金需求。

（二）尊重市场规律差别定价，实现风险与效益统一

“十一五”期间，我国货币政策取向由稳健转为适度宽松，利率政策作为重要的宏观调控工具几经调整。浙江金融各界始终秉持强烈的市场意识和经营意识，树立“以风险控制为前提，以经济效益为中心”的发展理念，凭借利率定价工具，较好地实现了速度与质量、规模与效益、创新与规范的协调统一。灵活的利率定价机制和调整机制，是从事金融业务的市场主体所必须具备的基本素质。对金融机构而言，不同行业、不同规模的企业，其授信程序、信贷风险、边际收益等均不相同，需要在市场细分的基础上进行差异化定价。各金融机构在确定贷款利率的同时，不仅要结合贷款对象的贷款用途和对资金价格的承受力，而且要充分考虑金融市场的资金供求情况、民间借贷利率和竞争对手的利率定价情况，科学测算贷款保本利率、合理确定利率浮动区间，以差别利率实现风险覆盖。2010 年，随着贷款定价水平逐步走高，金融机构对各类企业贷款利率水平

均有提升，但提升速度与企业规模呈反向变动，金融机构对大型、中型和小型企业利率上浮贷款占比分别为22.40%、46.80%和68.88%；而长短期贷款的调整幅度也反映了金融机构差别定价机制的熟练应用，短期贷款利率往往为贷款加权平均利率上行的主要动力，短期贷款利率对货币政策、市场资金面、企业融资成本等各类因素的敏感性相对较强；长期贷款客户多为资信度较好、议价能力较强的大型客户，利率调整黏性较大。

三　立足改革不断创新是浙江金融业发展的活力源泉

创新不是简单的技术发明，而是对生产要素和生产条件的全新组合，浙江经济金融的发展就是不断实现这种新组合的有力佐证。“十一五”期间浙江金融各界审时度势，持续不断地开展金融产品和金融组织创新，利用创新成果转化而来的持久活力，开创了浙江金融业更为广阔的发展空间。

（一）推进金融产品创新，为需求主体“量体裁衣”

一是浙江各金融机构以《物权法》的颁布为契机，以“抵押担保难”为突破口，将机器设备、存货、仓单、合同订单、采砂权、商位使用权、专利使用权、股权、林权、海域使用权、农村土地流转经营权、水库经营权、商位使用权、提货权、排污权、基于CDM项目的CER收益权等各类企业资产纳入抵质押品范畴，实现了从单纯不动产抵押向多元化动产抵押突破，为各种类型的企业顺利获得融资搭建了通道。二是直接融资产品创新取得新突破。银行间交易市场中短期融资券、中期票据、中小企业集合票据等新型债务融资工具得到广泛运用。此外，杭州市首创了PPP模式的“中小企业集合信托债权基金”，依托“桥隧模式”和“路衢模式”等新型融资模式，进一步整合了政府、银行、信托公司、担保公司等各方平台，提高了资金的筹集效率，优化了收益风险分级配置，放大了财政资金扶持力度，实现了融资模式的标准化和可复制性。截至2009年底，杭州市共推出包括“平湖秋月”在内的中小企业集合信托债权基金9项，募集资金11.74亿元，在全国引起了热烈反响。三是积极推出“一揽子”融资方案。各金融机构针对民营经济、县域经济和中小企业的特点，积极开展融资模式创新，先后推出了电子商务网络联保联贷、创业通、速贷通、影视通宝、“抱团增

信”、“信贷工厂”、供应链融资、贸易融资、循环融资、物流融资等多种融资方案，并通过向同一行业、同一区域、同一产业集群、同一生产供应链中的企业多次融资，尝试建立标准化的融资流程，提高了融资效率。

（二）加快金融组织创新，开创民间投资新领域

浙江金融界积极落实银监会《关于调整放宽农村地区银行业金融机构准入政策的若干意见》，加快推进新型农村金融机构和组织的试点工作。2008 年，浙江省出台《关于开展小额贷款公司试点工作的实施意见》、《浙江省小额贷款公司试点暂行管理办法》等政策文件，小额贷款公司试点工作全面启动。同年 5 月，浙江省第一家村镇银行——长兴联合村镇银行成立，激发了农村金融市场的活力。截至 2010 年底，全省共有小额贷款公司 134 家，注册资本 241.97 亿元，贷款余额 361.06 亿元；村镇银行 18 家，存款余额 110.98 亿元，贷款余额 119.56 亿元。目前，包括小额贷款公司、村镇银行、贷款公司、资金互助组等新型农村金融机构或组织如雨后春笋在浙江全省陆续出现，广泛调动了企业法人和自然人的参与积极性，有效引导了民间资本的投向。目前，这些新型金融机构或组织无论是发展态势还是资产质量、风险管理等方面均表现良好，显示出了较好的经济效益和社会效益。此外，典当行、融资性租赁公司、金融仓储公司等其他经营金融业务的非金融机构继续蓬勃发展，作为非吸收存款的贷款零售商，它们以低于存款类金融机构的准入门槛，给民间资本进入金融领域开辟了一条快速进入通道。

四　专注服务中小企业是浙江金融业发展的重要基础

浙江省民营经济发达，市场化程度高，中小企业尤其是微小企业众多。在“小商品大市场、小企业大协作、小资本大集聚”的市场发展格局下，中小企业已经成为浙江市场经济发展过程中资源配置的重要主体。“十一五”期间，浙江省各级政府、金融管理部门和金融机构坚持服务民营中小企业，加大政策扶持力度，积极进行金融产品和服务创新，有效缓解了民营中小企业的融资难题。

（一）构筑多元化金融服务体系，加大中小企业金融供给

“十一五”期间，浙江银、证、保齐头并进，积极探索金融产品与服务创

新，不断深化中小企业金融服务。一是推动信贷制度改革，搭建中小企业融资“绿色通道”。根据中小企业融资需求的“短、频、快、急”特点，我省商业银行纷纷成立中小企业信贷专营机构，开展中小企业信贷制度改革。同时全省有超过2/3的商业银行出台了针对中小企业的信贷管理办法，建立了标准化、集约化的中小企业信贷管理流程，创新推出“三品”、“三表”、“四为”、“八性”、“八看”① 等特色服务和管理方式，显著提高了中小企业金融服务效率，形成了中小企业金融服务的集群效应。截至2010年末，全省小企业贷款余额为10503.8亿元，位居全国第一。二是推进中小企业上市融资，打通中小企业直接融资渠道。近年来，发行制度的改革和中小企业板、创业板的开设为浙江一大批运作规范、业绩优良、成长性好的优秀民营企业，尤其是中小企业提供了广阔的发展平台。浙江省各级政府高度重视资本市场对地方经济发展的积极作用，联合监管部门及市场各方，发挥服务主动性，形成培育合力，从源头上提高上市公司质量，积极推进有实力的中小企业上市融资。截至2010年，全省中小企业板和创业板上市公司家数和融资规模均居全国前列，其中中小板上市公司91家，占全国中小板上市公司总数的17.1%，位居全国第二；创业板上市公司16家，占全国创业板上市公司总数的10.5%。三是加大保险业务创新，完善中小企业金融服务保障功能。针对目前中小企业信用担保机制不健全和担保机构实力不强的现状，商业银行与保险公司联手。在金融监管部门和地方政府的支持与指导下，中小企业贷款保证保险在舟山正式启动。同时，保险业还探索发展了出口信用保险，建立了全国首个出口信用保险补偿基金，支持中小企业自主创新、贸易融资和“走出去”发展。

（二）发挥政策导向和扶持作用，改善中小企业融资环境

一是各级政府高度重视中小企业的发展。2006年以来，省政府相继出台《关于鼓励支持和引导个体私营等非公有制经济发展的实施意见》、《关于促进中

① “三品”指人品、产品、押品，“三表”指水表、电表、报表，“四为”指人品为本、现金为王、抵押为主、内控为先，“八性”指法人行为的可靠性、经营活动的合规性、生产技术的先进性、发展阶段的成长性、经营效益的稳定性、现金流量的充足性、负债比例的适度性、担保方式的安全性，“八看”指看法人品行、自由资金、销售回笼、纳税增长、用电变化、存货水平、现金流量、抵押担保。

小企业创业创新发展若干意见》，各地市政府结合区域特色，加大财政支持力度，出台了相应实施办法。为有效应对国际金融危机，2008 年 9 月至 2009 年 5 月，各级政府纷纷成立应急救助基金，全省共有 29 个市、县（市）相继设立金额达 23.19 亿元的各类救助基金，累计发放救助资金 57.93 亿元。2005 年以来，浙江省政府在全国率先出台了中小企业贷款风险补偿、农业贷款风险补偿和农业政策性保险制度。近年来，小企业贷款风险补偿的力度稳步加大，目前全省 55 个市、县参加了风险补偿，省级财政累计补偿资金 2 亿多元，引导增加小企业贷款近 400 亿元。二是金融管理部门积极为中小企业营造良好的融资环境。人民银行杭州中心支行 2004 年以来先后出台《关于金融进一步支持我省民营经济发展的指导意见》等 20 余项信贷政策措施，运用再贷款、再贴现、差额存款准备金率等一系列货币政策工具，鼓励金融机构支持中小企业发展。银行业监管部门及时出台了“六项机制一个指引”等相关政策文件，指导银行业金融机构深入推进中小企业贷款机制建设，加强对中小企业的贷款差异化监管，积极营造正向的政策激励机制。

五　洞悉产业发展先机是浙江金融业发展的核心优势

经济基础是金融业赖以生存和发展的基石，各类产业发展的兴衰更将对金融业的发展带来直接影响。浙江省金融界紧跟国家重点产业调整振兴规划和浙江省转型升级的政策导向，坚持“标本兼治，保稳促调”的工作方针，做到有进有退、有保有控，既避免了行业风险在金融体系的累积，又开辟了新兴利润增长点，支持了全省经济的持续健康快速发展。

（一）加强政策引导，全力推动产业转型升级

2006 年以来，根据国家和省政府的经济发展要求，浙江金融业管理部门联合省经信委等相关政府部门，先后出台了多项指导文件，其中包括《关于金融支持浙江省“十一大产业”转型升级的指导意见》、《关于贯彻落实适度宽松的货币政策、促进浙江经济平稳较快发展和转型升级的意见》、《关于银行业全力支持全省经济平稳较快增长的意见》、《浙江银行业支持块状经济向产业集群转型升级的指导意见》、《关于进一步发挥银行业在推动工业转型升级中作用的指

导意见》、《浙江省“千家成长万家培育”中小企业金融支持计划》等。省内各地市根据辖区内产业发展特色，也出台了专项指导意见，有针对性地推动当地重点产业转型升级，如绍兴市出台《关于绍兴市信贷支持五大产业发展的实施意见》、舟山市出台《2009 年舟山市金融支持海洋经济发展指导意见》等。这些政策举措一方面确保了新兴产业、战略性产业、循环经济、外向型经济、海洋经济等重点领域、重点项目的资金需要，另一方面对于金融机构在多变的宏观形势下准确把握产业发展前景、降低信贷风险起到了重要的指导作用。

（二）突出重点领域信贷投放，注重防范信贷风险

一是为积极引导金融机构与产业转型升级项目融资实现对接，浙江金融管理部门切实加强与产业主管部门、行业协会的沟通协商，通过组织开展银企融资洽谈会、通报重点技术改造项目库等方式，加大对支柱产业、战略性新兴产业发展和传统产业改造升级的信贷支持。2010 年投向制造业、批发和零售业的新增贷款合计 4552.33 亿元，占各项贷款增量的 59.34%。二是有效应对国际金融危机，银行业加大对出口类企业的支持力度，保障资金供应，帮助企业渡过难关，维系企业资金链安全；保险业开展了“面对金融危机、保险伴你同行”主题活动，为杭州地铁、舟山大陆连岛、杭州湾跨海大桥、“秦山核电二期”等重点项目提供风险保障，积极服务全省“保稳促调”。三是在做好重点领域和经济薄弱环节金融服务的同时，金融管理部门从严控制“两高一剩”和落后产能行业信贷投放，密切关注房地产信贷、政府融资平台、集团企业信贷集中度等风险因素，通过窗口指导、信贷政策等调控手段和监管手段，科学引导金融机构把握信贷投放节奏和质量，严格执行差别化房地产信贷政策，规范清理政府融资平台和落后产能，成功防范和化解了金融资源投向结构失衡带来的风险隐患。

六　资源要素全面利用是浙江金融业发展的坚实基础

浙江金融业本着集约、高效利用的原则，积极运用国内和国外两个市场、政府和民间两种资源，突破了资金、人才、技术等要素资源的瓶颈制约，为浙江经济社会的可持续发展奠定了坚实基础。

（一）抓住国内国外两个市场，扩大资源要素利用范围

一是积极利用国内市场促进金融合作发展。一方面，以上海国际金融中心建设为契机，浙江与上海、江苏每年召开“推动长三角金融协调发展联席会议”、举办“长三角金融论坛”，2008年以来深入开展多层次的金融发展合作研究，加强长三角地区金融机构、金融业务和金融市场的合作交流，如长三角城市商业银行共同签署了《长三角城市商业银行战略合作协议》。另一方面，积极推进本土金融机构跨区域发展。近年来，浙江地方金融机构自身实力不断增强，跨区域发展步伐加快。多家城市商业银行在省外设立异地分行，跨区域经营的实践提高了浙江本土金融机构的内部管理水平和风险防范能力，机构竞争实力得到明显增强。二是不断提高金融业对外开放水平。“十一五”期间，我省紧紧抓住WTO过渡期结束后金融业全面对外开放的机遇，不断提高对外开放水平，促进金融业进一步发展壮大。一方面，主动吸引外资金融机构来浙发展。2006年12月，外资银行经营人民币业务的地域、客户限制及经营的非审慎性限制全部取消。目前，浙江省已经成为全国外资金融机构门类最齐全的省份之一。随着外资金融机构数量和经营范围的不断扩大，它们日益融入浙江经济金融的各个层面，活跃了同业竞争，强化了服务功能，改善了区域投资环境和市场环境。另一方面，积极引进境外长期战略投资者取得实效。“十一五”期间，我省在推动地方中小商业银行和农村信用社改革时积极引进境外长期战略投资者，如杭州银行先后引入澳洲联邦银行和亚洲开发银行，目前外资股份比例合计接近25%，是我国外资持股比例最高的商业银行之一；杭州联合银行于2007年2月引入荷兰合作银行和国际金融公司，成为国内首家引入境外战略投资者的农村合作金融机构。境外战略投资者的加入，增加了中资金融机构的资本实力，推动了管理模式和经营理念的国际接轨。

（二）运用政府民间两种资源，提高资源要素利用效率

政府资源和民间资源作为两种性质不同的要素来源，在经济社会中发挥的作用不尽相同，角色定位也存在差异。政府资源具有示范作用强、筹集迅速的特点，民间资源具有经济贡献大、动力机制强的特点，二者的有机结合，将发挥出1+1>2的整合与协同效应。浙江省政府清晰地认识到两种资源的效率边

界与角色定位，善于把握两种资源的特点和优势，利用政府资源的引导作用，激发出民间资源的市场活力，从而对地方金融业的发展起到了强大的推动作用。目前，浙江逐步形成了以政府投入为引导、民间投资为主体、金融和风险投资为支持的创业创新支撑体系。为了促进经济转型升级，支持新型产业、战略产业的发展，各级地方政府纷纷动用财政资金，设立创业投资引导基金、产业投资引导基金等各类政府引导基金，通过阶段参股、跟进投资等方式引导和鼓励民间资金投入到与经济转型发展相一致的产业领域中来。同时，政府牵头积极吸引国内外资本雄厚的大型投资机构和集团公司共同设立风险投资基金、产业投资基金，间接投资于区域经济发展中的高新技术产业、知识型服务业以及高效农业等技术创新领域。针对传统信贷融资渠道的局限性，浙江省围绕信托制，首创了以“路衢模式”为基础的“中小企业集合信托债券基金”，将财政资金的信用增级作用、分级化信托的优化风险分级配置作用一一整合，实现了债权和股权运用方式的结合，既发挥了财政资金的杠杆和引导作用，又广泛吸纳了民间资金。

七　关注社会弱势群体是浙江金融业发展的应尽责任

关注贫困地区、弱势群体的金融权益是金融业取得突破性发展的必要内容，实现金融服务的普遍可获得性和平等性也是和谐金融的题中应有之义。浙江金融管理部门从大局着眼，积极贯彻省委、省政府“创业富民、创新强省”的总战略，引导各金融机构牢固树立社会责任意识和企业公民意识，锁定金融服务的弱势对象和薄弱区域，在推进对社会弱势群体金融服务方面取得了可喜的进展。

（一）加大信贷投入力度，解决民生金融发展问题

为了鼓励金融机构在发展过程中积极履行社会责任，浙江省各级政府、金融管理部门将实现金融领域的包容性增长作为和谐金融的重要环节，先后出台多项政策举措，从加大信贷支持、鼓励金融创新、拓宽融资渠道、搭建服务平台等方面加大对民生金融领域的资源投入。浙江省政府出台了《关于促进中小企业加快创业创新发展的若干意见》，从金融等多个层面提出了扶持和促进中小企业创

业创新、转型发展的政策措施。浙江省财政厅联合人民银行杭州中心支行于2008年制定下发了《关于印发浙江省银行业金融机构农业贷款风险补偿暂行办法的通知》，确立了农业贷款风险补偿机制。浙江省银监局贯彻落实《关于鼓励县域法人金融机构将新增存款一定比例用于当地存款的考核办法（试行）》，制定了《浙江银行业金融机构履行企业社会责任指导意见》、《关于银行业进一步支持我省欠发达地区加快发展的指导意见》等政策文件，加大对经济薄弱环节的信贷支持。杭州、宁波、湖州等各市政府也纷纷出台了相关政策，鼓励和扶持下岗再就业人员、大学生"村官"、农民工等运用优惠金融政策成功创业发展。为了支持农民的灾后重建和恢复生产，浙江省积极启动了政策性农业保险试点，按照政府推动、市场运作的原则，实行共保经营①、互保合作②等多种方式，积极稳妥地推进试点工作，进一步增强了农业抗风险能力。

（二）倡导服务均等化，实施金融服务全覆盖工程

一是培育新型组织，增设机构网点，积极延伸金融服务。我省新型农村金融组织从无到有，试点逐步扩大，政策性金融、合作性金融、商业性金融分工协作、功能互补的金融组织体系逐步健全。2010年末，全省银行业涉农贷款余额达到17711亿元，134家小额贷款公司发放的100万元以下小额贷款和农业贷款占比达到67.11%；浙江省银监局实施监管倾斜政策，落实农村合作金融机构、邮储银行、农业银行分头包干，2010年上半年提前实现了全省159个金融机构空白乡镇金融网点与服务全覆盖。二是"便农支付工程"取得阶段性进展，农村地区支付环境大为改观。截至2010年底，县及县以下农村地区支付系统参与者3744家，全省所有农村地区对公营业网点均可直接或间接办理支付清算系统

---

① 共保经营是指由两家及以上商业保险公司组建"浙江省政策性农业保险共同体"。受共保体委托，首席承担的商业保险公司承担具体业务经营。共保体经营范围为农险、以险养险、涉农险三类，实行"单独建账、独立核算、盈利共享、风险共担"。按省统一公布的政策性农业产品保险目录，对进入目录的农产品参保实行保费财政补贴，原则上多保多补、不保不补。共保体与当地政府保持稳定的合作关系，保持经营的连续性。

② 互保合作是指依托各类农业行业协会、专业合作社和农业龙头企业，按照自愿原则，建立农业生产者互助合作保险组织，实行"会员缴费、财政补助、自我管理、合作共享、专户管理、滚动发展"。省财政对列入试点的农业生产者互助合作保险组织给予一次性补助。试点市、县（市、区）财政相应配套给予支持。

业务，所有县域全部实现了银行本票应用；全省农村居民人均持卡量达到 1.8 张，ATM 在乡镇的覆盖率达到 80%。三是深入推进中小企业和农村信用体系建设，为商业银行增加信贷投入减轻后顾之忧。截至 2010 年末，全省累计为 16.2 万户中小企业、531 万户农民建立了信用档案。

八 适度管理张弛有度是浙江金融业发展的风险屏障

浙江金融管理部门适应国民经济发展和市场主体的实际需求，围绕提升管理有效性、推进金融业创新发展的主题，在宏观审慎管理和微观审慎监管框架下，坚持风险为本，保障了浙江经济转型和社会和谐发展。

（一）重视金融风险特性，正确引导市场创新

市场化监管理论认为，金融本身具有不断创新的特性，而监管者并不处于市场创新的最前沿，因此监管者对市场选择和投资者的风险自控应当给予充分的信任。但是，国际金融危机的深刻教训表明，任何金融创新都必须符合国民经济发展和市场主体的实际需求，监管部门必须坚持全面而有序的持续监管。因此，金融监管必须把握合理的度，既要能够防控金融风险，又必须给予市场主体一定的创新空间，以避免对金融业发展产生抑制。浙江金融管理部门结合浙江经济金融发展实际，积极推动机构改革，夯实市场发展基础，同时借助政策指引、管理评级等正向激励手段，加大对金融机构创新产品、创新服务、创新机制的引导和支持。2008 年，浙江省政府出台了《浙江省人民政府关于浙江金融业深化改革加快发展的若干意见》，积极鼓励金融机构在服务品种、风险控制、降低运营成本、提高服务效率等方面进行创新；2010 年，人民银行杭州中心支行下发了《浙江省金融服务创新指引》，从健全金融组织体系、完善创新金融产品与服务、加快推进金融市场平台建设、强化金融技术与管理创新等四个方面，对金融服务创新进行指导、管理和服务，积极鼓励全省金融机构在依法合规、风险可控前提下开展金融服务创新。

（二）科学配置监管资源，维护区域金融稳定

浙江各金融监管部门坚持统筹管理、审慎监管、分类监管的原则，合理配

置监管资源，建立起以金融机构内部控制为基础、“一行三局”专职监管为核心、行业协会的自律监管为依托、公众的社会监督为补充的监管模式。人民银行杭州中心支行着力加强对宏观形势的分析和研判，着眼于防范系统性金融风险，全面正确分析、评估和判断金融体系的稳定状况，加强信贷窗口指导，综合运用差别存款准备金率，建立健全金融突发事件应急机制，为浙江经济发展创造安全稳定的货币金融环境。浙江银监局坚持“管法人、管风险、管内控、提高透明度”的新理念，通过定期开展监管评级和风险评估、建立重点行业信贷监测制度，强化非现场监管的风险监测和风险预警功能，健全应急管理机制等方式，大大提升了监管的有效性和针对性。浙江证监局开展了为期3年的公司治理专项活动和信息披露专项整治活动，采取有力措施加快推进辖区证券公司重组和整改工作，在全国率先开展期货保证金封闭管理等试点，加强对会计、评估等中介机构的监管，成功应对了股权分置改革后资本市场的全新变化。浙江保监局逐步确立了“机构、高管、行为”三管齐下的监管模式，推进从重、从严的红线监管，加快实施车险理赔服务九大实事工程，深入推进人身险三项行业标准和九项服务承诺，建立健全信访投诉纠纷处理机制，切实保护了消费者的权益。

九　加强协调多方联动是浙江金融业发展的前提保障

金融业是现代服务业的重要组成部分，是国民经济中的基础产业和战略产业，对经济发展具有重要的产出贡献和素质提升作用。浙江较早地注意到金融产业在现代经济社会发展中的重要地位，在长期的实践中坚持到位而不错位，支持而不干预，逐步形成了政府积极引导、经济金融主体和社会各界共同参与的良好发展机制。

（一）政府引导有为有位，统筹规划金融产业发展

随着经济金融化程度的不断加深，浙江较早地把金融业作为一个重要的产业来谋划，着眼全局，立足长远，先后制定出台了《关于我省地方金融业改革发展的若干意见》、《关于促进我省保险业加快发展的意见》、《浙江省“十一五”金融业发展规划》、《关于浙江金融业深化改革加快发展的若干意见》、《关于进

一步加强我省企业上市工作的意见》、《关于促进股权投资基金发展的若干意见》等指导性文件，从战略高度来解决金融业产值化程度不高、金融组织体系不平衡、区域发展不协调、融资结构不协调等发展中的问题，有效规划引导金融业的中长期发展。

（二）健全金融稳定协调机制，维护区域金融稳定

金融风险防范始终是金融业发展的生命线。随着货币市场、资本市场、保险市场、外汇市场等金融市场的快速发展，银、证、保业务领域的不断延伸，各类交叉性金融创新层出不穷，金融业综合化经营趋势日益明显，防范金融风险、维护金融稳定的任务愈发艰巨。“十一五”期间，地方政府和金融管理部门加强合作与协调，构筑起金融风险防范的牢固屏障，确保了浙江金融业的平稳健康发展。一方面，我省逐步完善了“一行三局一办”的地方金融管理框架，密切了各金融管理部门间的沟通、合作和交流，极大地提高了地方金融管理效率。另一方面，通过建立银政企多方参与的金融稳定协调机制，加强对跨市场、跨行业的交叉性金融工具的研究和监测，加强对民间融资的规范引导和重大金融风险的预防处置，确保了金融和社会的稳定。2005 年底，金信信托风险事件爆发后，各级政府和金融管理部门主动加强沟通协调，密切关注风险处置中的新情况、新问题和新矛盾，在债权甄别、政策争取和风险处置中积极有为，有效防止群体性事件的发生。尤其是在国际金融危机期间，为了避免企业资金链断裂带来的连锁反应，政府号召金融机构在企业困难时，顾全大局，执行不抽资、不抽贷、不附加利率费用、不简单处置担保链企业的“四不”要求，先后成功规避了“华联三鑫”、“纵横集团”等多家企业资金链断裂风险，帮助企业渡过难关；司法部门对涉法的金融诉讼，不采取简单的查封、审判和执行，积极通过司法调解，避免资金链断裂引发区域性系统风险，确保了区域经济金融安全。

十　优化金融生态环境是浙江金融业发展的外部支撑

良好的金融生态环境是浙江加快金融强省建设，促进和谐社会发展的外部支撑。根据中国社科院近几年连续发布的《中国地区（城市）金融生态环境评价》

报告显示①，浙江省金融生态环境综合指数始终稳居全国前列，最新报告表明，2008年浙江省金融生态环境综合指数排名居全国第2位②。

（一）推进金融基础设施建设，实现金融服务便利化

一是现代化支付清算体系建设基本完成。在人民银行杭州中心支行的统一组织下，全省票据影像交换系统、电子商业汇票系统、网上支付跨行清算系统等先后建成运行，标志着以现代化支付系统为核心，商业银行行内系统为基础，票据交换系统和其他支付系统并存的支付、清算体系已基本形成，从而实现了现代化支付、清算系统建设的历史性跨越，使社会公众能够享受更加方便、快捷的金融服务。五年来全省大小额支付清算系统累计为社会提供资金结算4.12亿笔345万亿元。二是社会信用体系建设阶段性成果显著。"十一五"期间，人民银行杭州中心支行顺利实现了企业新老征信系统的切换；个人征信系统在实现重点突破部门信息采集的基础上，开辟了社保、环保、质检、电信、公积金、法院判决等信息采集的新领域。征信系统数据质量明显提高，为防范信贷风险、维护区域金融稳定起到了积极作用。目前，企业征信系统已入库48.7万户企业，月均查询100万次，个人征信系统已入库3310万人，月均查询110万次。在人民银行"监管与培育"并重的管理理念下，我省信用评级行业健康持续发展，信用评级结果在信贷交易、利率定价、担保资格审查等领域得到了广泛应用。

（二）严厉打击金融犯罪活动，切实维护金融市场秩序

一是加大金融犯罪打击力度。为营造良好的诚信环境，金融管理部门加大对逃废金融债务行为、骗保骗贷行为的打击力度；同时，切实加强反洗钱工作的领导和协调，建立完善银行、证券、保险三位一体的反洗钱监管格局，加强涉嫌网络赌博资金监测线索移送和配合调查工作，扩大反洗钱合作领域，在严厉打击走

---

① 中国社科院发布的报告有：《中国城市金融生态环境评价（2005）》、《中国地区金融生态环境评价（2006~2007）》、《中国地区生态金融生态环境评价（2008~2009）》。

② 该报告为《中国地区生态金融环境评价（2008~2009）》，对全国100个城市的金融生态环境综合指数进行排名，其中杭州、宁波、温州、绍兴分别位居第1、4、5、8名。《中国城市金融生态环境评价（2005）》报告显示，宁波、温州、杭州、台州、绍兴、嘉兴分别位居第2、3、4、6、8、9名。

私、涉汇违法活动方面取得了显著成效，维护了金融市场的运行环境。二是规范和引导民间融资活动。针对民间融资活跃的特点，我省以“区别对待、疏堵并举、促进规范、打击犯罪”为指导思想，规范和引导民间金融健康发展。各级政府部门及金融管理部门密切配合，齐抓共管，有重点地开展打击非法集资活动，配合司法部门妥善处理了“金华东阳吴英集资案”、“温岭张花英集资案”、“玉环青港集资案”等容易引发群体性事件的非法集资活动，引导正确的投资理念和风险意识。

B.5 2011年浙江省金融业面临的经济金融环境分析

摘　要：正确分析和把握经济金融形势，是实现浙江金融业良好发展的重要基础。当前，全球经济结构进入调整期、世界经济治理机制进入变革期、新兴市场国家力量步入上升期，浙江省的经济发展迎来了全面转型和跨越式发展的新阶段，浙江金融业也进入了大有作为的战略发展机遇期。因此，我们应把握发展大势，在复杂多变的形势中发现机遇，在谋划发展中把握机遇，在发展实践中用好机遇，不断促进浙江金融产业做大做强。

关键词：经济金融形势　外部环境　内部环境

一　浙江金融业发展面临的外部环境

（一）国内外经济稳步复苏

2010年，国际金融危机导致的急剧动荡逐渐缓解，全球经济持续复苏：欧元区整体经济逐步走出主权债务危机的阴霾；美国、日本、德国等主要发达经济体经济复苏出现积极迹象；亚洲、拉美等地区的新兴及发展中经济体复苏强劲，成为拉动全球经济增长的主要动力。根据国际货币基金组织（IMF）于2011年1月发布的《世界经济展望》中指出，2010年全球经济增长为5%，其中美国、欧元区、日本、新兴与发展中经济体经济增长率分别为2.8%、1.8%、4.3%和7.1%，比2009年分别提高5.4、5.9、10.6和4.5个百分点，同时预测2011年全球经济将增长4.5%，其中发达经济体的经济活动将增长2.5%，新兴与发展中经济体将继续保持强劲增长，国内生产总值增速有望继续保持在6.5%的水平。

从国内看，我国经济发展的基本面和长期向好趋势没有转变，运行态势总体良好：经济增长趋稳，各项宏观经济先行指标①说明当前经济已全面复苏且上升动力充足，通胀虽超预期，但仍在可控范围内；三大需求全面复苏，消费需求保持平稳增长，投资仍处于较高水平，但固定资产投资增速总体回落，第三产业投资增速较高；进出口总额增长较快，结构进一步优化，贸易顺差有所减少；农业生产稳步提高，工业生产较快增长，对 GDP 增长贡献扩大。可以预期，我国及浙江省的经济增长对金融发展的旺盛需求和支撑作用将持续显现，这给浙江金融业实现全面发展奠定了基础。

（二）国家金融改革趋势积极推进

从国家金融改革时机看，“十二五”时期将是我国深化金融改革开放和推动金融创新发展的关键时期。在有效监管和规范运作的前提下，我国将加快推进人民币国际化，完善以市场供求为基础的有管理的浮动汇率制度；稳步推进利率市场化改革，选择性地放开利率定价权；健全金融监管协调机制和国际合作机制，构建逆周期的金融宏观审慎管理制度框架；改进外汇储备经营管理，逐步实现人民币资本项目可兑换；大力发展直接融资和资本市场，创新金融资源配置方式等一系列改革趋向。

在此背景下，地方金融业深化改革也进入加快发展的重要时期：鼓励金融产品、金融组织和金融业态创新，积极发展各种类型的中小金融机构、地方金融组织和新型农村金融组织，引导民间投融资健康发展；大力推进符合条件的优质企业上市融资、鼓励符合条件的企业进行债券融资；加快区域性产权交易市场的发展，充分发挥产权交易市场在促进产业资本有序流动、多渠道吸引民间资本、有效配置社会资源方面的作用；促进股权转让和交易市场的发展，争取在浙江开展股权流转试点；加快发展股权投资和创业投资，完善和健全多层次资本市场体系。这些都将成为浙江省“十二五”期间进一步提升金融业发展的战略地位、积极推进金融业协调可持续发展的重要政策举措。

---

① 宏观经济先行指标如房地产在建面积、PMI 新订单、沿海外贸货运量、房地产销售、汽车销售、新开工项目计划投资额、新开工项目数量、消费者信心指数、工业产品产销率、钢铁产量、上证指数、FDI 等。

（三）长三角经济金融一体化不断加快

以上海为龙头的江苏、浙江的长江三角洲经济发展带①，是我国目前经济发展速度最快、经济总量规模最大、最具有发展潜力的经济板块，也是综合实力最强的区域。在长三角区域经济金融一体化过程中，江浙沪基本上处于以上海为核心、一体两翼的发展格局。近年来，两省一市之间基本形成了相对明确的合作和分工关系：上海市占据了产业分工的高端，形成现代服务业为主的产业发展结构，以金融、物流、总部经济等高附加值产业作为发展重点，以打造国际经济、金融、贸易、航运中心作为发展目标；浙江省和江苏省则各自有所侧重发展制造业。2010年上海成功举办世博会，进一步激活了长三角区域的经济活力，也更加提升了长三角区域经济金融一体化程度。

浙江省作为长三角区域“一体两翼”发展格局中不可或缺的南翼，已与上海、江苏形成了较为稳固的经济合作关系，上海国际金融中心的建设给浙江金融产业的发展带来了较大的机遇。一方面，浙江作为长三角经济和金融发展的次中心，可以主动对接上海的国际金融服务，主动接轨上海的金融产业链，共享国际金融中心的资源和政策溢出效应，获得借势发展和错位发展的机会；另一方面，长三角金融一体化进程的加快，有利于提升浙江金融业的整体实力和创新能力，增强浙江金融服务承接能力和金融开放度，促进金融产业在更高层次上快速发展，从而为浙江“中小企业金融服务中心”和“民间财富管理中心”建设提供多层面的金融支持和多样化的金融服务。

二　浙江金融业发展面临的内部环境

（一）浙江经济正步入跨越式发展阶段

“十一五”期间，浙江省认真贯彻落实科学发展观，全面实施“八八战略”和“创业富民、创新强省”总战略，扎实推进“全面小康六大行动计划”，突出

---

① 国务院2008年印发的《关于进一步推进长江三角洲地区改革开放和经济社会发展的指导意见》（国发〔2008〕30号）中正式明确，长江三角洲区域范围为上海、江苏、浙江“两省一市”。

抓好大平台大产业大项目大企业建设，持续完善经济、政治、文化、社会建设以及生态文明建设“五位一体”的发展总布局，全省综合实力、国际竞争力和可持续发展能力持续增强，人民生活显著改善，科学发展水平明显提高，全省经济发展迎来了全面转型和跨越式发展的新阶段。

从国内生产总值看，2005 年到 2010 年浙江省地区生产总值从 13418 亿元增加到 27226.8 亿元，年均增长[①] 11.8%，连续五年稳居全国第四位；人均生产总值从 3400 美元增加到 7690 美元[②]，年均增长 10.2%，全省经济社会发展将超过上中等收入国家（地区）水平，接近高收入国家（地区）水平。“十一五”时期浙江省人均生产总值创下了两次“全国第一个”的纪录：2005 年浙江省成为全国第一个人均生产总值超过 3000 美元的省区，2008 年又成为全国第一个人均生产总值超过 6000 美元的省区。

从城乡居民收入增长看，城镇居民可支配收入从 16294 元增加到 27359 元，收入水平已连续 10 年居 31 个省市区第三位，列上海、北京之后，居省区第一位；农村居民人均纯收入从 6660 元增加到 11303 元，收入水平自 1985 年开始已连续 26 年居各省区首位，人均纯收入比全国平均水平高出近 1 倍。

从第三产业贡献看，2010 年，第三产业对 GDP 增长的贡献为 5.2 个百分点，贡献率达到 43.7%，其中金融业增加值 2282 亿元，占全省生产总值及第三产业比重达 8.42% 和 19.43%，比 2005 年分别提高了 3.8 个和 8 个百分点，年均增速达到 32%。

按照世界银行的人均收入标准判断，浙江自 2008 年开始人均 GDP 突破 6000 美元，正处于 3255～10064 美元中高收入标准阶段；按照罗斯托经济增长阶段理论[③]衡量，浙江正处于成熟阶段向大众高消费阶段过渡，比照美国等先行大国的经历，浙江大众高消费阶段即将来临；按照工业化进程衡量，浙江目前三次产业增加值结构为 5.0∶51.9∶43.1，正处于工业化后期阶段。这一阶段，不仅是浙江省加速第三产业发展、实现消费结构升级、建设和谐社会的关键阶段，同时也是金融业高速发展的黄金时期。

---

① 均指“十一五”期间。

② 按照国际惯例，人均 GDP 3000 美元是区分低收入和中高收入地区的标准。

③ 罗斯托把经济增长分 5 阶段，即传统社会、起飞准备、起飞、走向成熟和大众高消费。

（二）转变经济发展方式的步伐正在加快

“十一五”期间，浙江省加大对转变经济发展方式的探索，取得了令人瞩目的成就。

一是推进产业结构优化升级。全省积极调整优化产业结构、淘汰落后产能，坚持改造提升传统产业和培育战略性新兴产业并举，实施 11 个重点产业转型升级年度规划，编制实施 9 个战略性新兴产业发展规划，并启动第二批块状经济向现代产业集群转型示范区建设，大力扶持 146 家行业龙头骨干企业。大力推进产业集聚区建设，编制实施 14 个升级产业集聚区规划，制定出台产业准入意见及引导支持政策，在此基础上加大整合提升开发区（园区）建设，新增 6 个国家级开发区。2010 年，高新技术产业、装备制造业增加值分别为 2396 亿元和 3639 亿元，占规模以上工业比重达 23% 和 35%，分别提高了 0.5 个和 1.4 个百分点。加速发展现代服务业，编制实施服务业十大重点产业规划，积极推进现代服务业集聚示范区建设，逐步在杭州、宁波等开展国家服务业综合改革试点，并重点培育一批服务业重点企业，2010 年全省服务业增加值首次突破万亿元。继续加大对现代农业的支持力度，大力培育新型农业主体、创新农业经营体制，全年浙江农村居民人均纯收入实际增幅高于城镇居民人均可支配收入增幅 1.6 个百分点，城乡收入差距是“十一五”时期最小的一年。

二是推动市场结构优化升级。一方面积极开拓省内、国内市场，积极鼓励和扩大消费，扩大内需消费市场对经济的拉动，2010 年全省消费增长快于投资增长；另一方面努力优化外贸结构，大力提升国际市场影响力。全省积极推进“走出去”发展战略，国际服务贸易成为开放型经济发展的新亮点。“十一五”期间全省累计实际利用外资 502.7 亿美元，比“十五”期间增长近一倍，年均增长 7.3%；2010 年全年全省境外投资 26.2 亿美元，境外机构数和投资规模均居全国第一。

三是促进要素结构优化升级。加快具有比较优势的自然资源的现代化开发，全省努力争取成为国家海洋经济发展试点省份，组织编制了海洋经济发展规划和实施方案，加快推进“三位一体”港航物流服务体系建设，推动以舟山为重点的海岛规划建设。加强对重点产业和项目建设的资金保障，全省金融机构根据相关政策[①]要求，切实保障全省大平台、大产业、大项目、大企业建设的资金供给，加大对全省“十一大转型升级重点产业”的金融支持力度。强化高端人才要素支撑，全省通过培养和引进机制，集聚了一批领军作用突出、专业技能崭露头角和发展潜力巨大的后备级人才，构建了结构合理、活力充沛、持续创新的高层次专业人才梯队。全面推进科技创新，大力推进技术节能，实施资源节约计划，启动国家技术创新工程试点省工作，完善落实各项扶持创新政策措施，2010年全年新产品对全省规模以上工业总产值增长的贡献率为25.1%，2010年末全省已完成“十一五”时期单位GDP能耗降低20%的目标任务。

加快转变经济发展方式是浙江未来五年发展的主线，在经济转型和产业转型过程中，金融要素的支撑和金融产业的支持至关重要，在这过程中将催生大量的金融需求并改变金融服务的需求结构，给金融业转型发展带来历史性机遇。

（三）金融业的引领带动作用进一步凸显

金融作为一种协调机制，是推动和支撑经济快速增长和高效运行的关键要素。“十一五”期间，全省金融部门立足多变的经济形势，深入贯彻宏观经济政策，金融支持经济的力度显著增强，引领带动作用进一步凸显：一是贷款规模持续扩大，贷款投放节奏更加平稳。2010年末，全省金融机构本外币各项贷款余额46939亿元，全年新增贷款7714亿元，余额比上年增长19.7%，上半年全省新增贷款已超过2007年和2008年全年总量，较好地保障了全省经济发展的资金需求。全省金融机构根据国家宏观调控要求和企业生产经营规律，均衡投放信贷资金，各月贷款增量相对稳定。二是信贷投放结构更趋合理，对实体经济支持力度进一步加大。2010年全省制造业贷款新增2580亿元，占全部新增贷款（不含票据）的33.3%，同比增加9.7个百分点；对交通运输、批发零售、商务服务等主要服务业贷款合计新增1504亿元，占全部贷款增量的19.4%，同比提高2.5个百分点；对小企业信贷支持力度增强，全年小企

① 主要是中国人民银行、银监会、证监会、保监会联合发布的《进一步做好金融服务，支持重点产业调整振兴和抑制部分行业产能过剩的指导意见》（银发〔2009〕386号），中国人民银行杭州中心支行发布的《关于贯彻落实适度宽松的货币政策、促进浙江省经济平稳较快发展和转型升级的意见》（杭银发〔2010〕189号）等。

业贷款新增 2434 亿元，占全部企业新增贷款的 50.8%。三是直接融资较快增长。2010 年全省金融部门积极拓宽融资渠道，直接融资规模迅速扩大，金融市场作为企业直接融资的主渠道作用日益显著。2010 年全年直接融资比例为 12.27%，同比提高 4.87 个百分点，比 2005 年末提高 8.77 个百分点，创历史新高。

就浙江而言，金融业已成为全省国民经济重要产业和服务业龙头产业，做大做强金融产业，构建起银行业、证券期货业、保险业和其他金融业态多业并举、地方金融蓬勃发展的架构，充分发挥其对经济引领、支撑、带动等主导型作用，将成为浙江经济发展和结构调整的战略需求和必然选择。

（四）民间资本将成为浙江金融业发展的新动力

浙江是民营经济大省，民间资本实力雄厚。伴随着金融改革的不断推进，“十一五”期间浙江民营企业参股金融①的热情日益高涨，具体表现在：一是参股规模持续扩大。截至 2010 年末，浙江省辖内由民营企业发起设立的小额贷款公司已达 134 家，注册资本金和资本净额分别达 225.83 亿元和 251.35 亿元，民营企业持股在总股本中占一半以上，其余大部分为个人持股；民营企业作为重要参股方成立的村镇银行已达 18 家，注册资本合计 26.74 亿元。同时，参与的程度也在加深。2010 年末，民间资本在地方法人金融机构（含小额贷款公司）总股本中已占据半壁江山②。二是参股对象以地方法人金融机构和新型农村金融组织为主。2003 年启动的农村信用社新一轮股份制改革，以及近年来村镇银行、小额贷款公司的试点开展，为民间资本进入金融业提供了极好的机遇。商业银行、农村合作金融机构和小额贷款公司快速成为民间资本参股金融的重要领域。就小额贷款公司看，2010 年末，全省已有 25 家上市公司参股小额贷款公司，占比达 18.7%。三是参股金融逐步纳入民营企业的长期发展战略中。金融业的快速发展和稳步提高的赢利水平，对民间资本形成了强大的吸引。为闲置的资金寻找出路、实现多元化发展、提高民营企业可持续赢利能力成为民间资本进入金融

① 本文中所指“参股金融”主要是民营企业对金融业的长期股权投资，既包括金融机构在增资扩股、进行股份制改革时民间资本参股的行为，也包括民间资本以发起人的身份投资金融业，但企业在二级市场上小规模买卖金融股的行为，不计算在内。

② 参考中国人民银行杭州中心支行调查统计处《浙江民营企业参股金融的调查》。

领域的最初动力。以小额贷款公司为例，2010 年，全省小额贷款公司实现净利润 16.3 亿元，未出现经营亏损企业①。目前越来越多的民营企业开始从战略高度来认识和运作参股金融。

随着《国务院关于鼓励和引导民间投资健康发展的若干意见》、《鼓励和引导民间投资健康发展重点工作的通知》等一系列重要文件的出台，民间资本进入金融领域的市场准入标准在逐步放宽，民间投资的发展空间将进一步拓展。浙江目前已出台《浙江省关于鼓励和引导民间投资健康发展的实施意见》，各有关部门也正积极从市场准入、财政政策、社会服务、权益保护、政府职能等方面入手制定相关的配套措施细则，着力破解民间资金投资难和中小企业融资难并存的"两难"局面，通过金融发展有效疏导民间资本，使其成为推动经济增长的新动力。

---

① 数据来源于浙江省小额贷款公司协会编制的《浙江省小额贷款公司 2010 年统计摘要》。

分　报　告

Sub-Report

B.6

2010 年度杭州市经济金融形势分析报告

2010 年，作为加快转型升级、推进科学发展的重要之年，杭州市积极推进实施“六大战略”，破解“七难”问题，推进“一化七经济”，保增长、调结构、促发展、惠民生，顺利完成了“十一五”期间的目标任务。国民经济平稳发展，经济结构持续优化，金融总量快速增长，对实体经济的支持力度有所增强。展望 2011 年，全球经济发展的不平衡性可能加剧，国内经济内生动力增强，货币政策回归稳健，结构调整持续深化；与此同时，在经济稳步上行过程中通货膨胀风险持续加大，保持经济平稳、协调发展依然面临诸多挑战。

一　经济运行基本情况

2010 年，在国际经济形势日趋复杂，国内经济调整持续深入的背景下，杭州市经济保持较快的复苏势头，转型升级步伐有所加快，经济运行的稳定性、协调性和可持续性逐步提高，内生动力和活力持续增强。初步预计，2010 年全市生产总值达 5945.82 亿元，比上年增长 12%，连续 20 年保持两位数增长。

（一）三大产业稳步增长，结构持续优化

2010 年，全市第一产业增加值增长 2.5%；第二产业增加值增长 12.5%，其中工业增加值增长 12.7%；第三产业增加值增长 12.3%。三次产业结构比例由上年的 3.7∶47.8∶48.5 调整为 3.5∶47.8∶48.7，第三产业占比有所提高。

1. 农业生产保持稳定

2010 年，全市完成农林牧渔业总产值 315.69 亿元，增长 9.0%。其中农业、林业、牧业、渔业产值分别增长 10.4%、4.0%、7.5% 和 9.1%。茶叶、花卉苗木等“六大优势产业”和水果、蚕桑等“五大特色产业”实现产值 218.13 亿元，增长 9.7%，占农林牧渔业总产值的比重为 69.1%，比上年提高 0.5 个百分点。

2. 工业结构调整力度加大

2010 年，全市规模以上工业总产值 11258.49 亿元，工业销售产值 11114.53 亿元，分别增长 24.1% 和 24.2%，双双突破万亿元大关。转型升级、节能减排等各项政策效应逐步显现，推动工业经济发展向创新驱动和内生增长转变。一是工业结构持续优化。装备制造业和高新技术产业拉动作用明显，全市规模以上装备制造业和工业高新技术产业销售产值分别增长 26.5% 和 24.6%，占规模以上工业比重分别为 31.3% 和 25.2%。二是工业结构性节能效果明显。在各项节能减排政策的推动下，高耗能行业生产增速放缓。六大高耗能行业工业销售产值增长 21%，低于规模以上工业增幅 3.2 个百分点。三是创新驱动显著增强。规模以上工业企业新产品产值达 2180.12 亿元，增长 38.8%，新产品产值率为 19.4%，同比提高 2.1 个百分点，对规模以上工业总产值的增长贡献率为 27.9%。

3. 服务业快速发展

2010 年，全市实现服务业增加值 2893.39 亿元，同比增长 12.3%。文化创意、商贸旅游、金融等现代服务业迅速发展。十大文化创意园区和文化创意综合体建设顺利推进，全市实现文化创意产业增加值 702 亿元，增长 16.2%，增速高于全市 GDP 4.2 个百分点；旅游总收入 1025.7 亿元，增长 27.7%，接待境内外游客 6580.6 万人次，增长 23.6%，实现旅游外汇收入 16.9 亿美元，增长 22.5%；全市实现金融业增加值 605.11 亿元，增长 13.5%，全年新增金融机构 10 家、小额贷款公司 6 家。

（二）三大需求协同拉动，对外经济恢复性增长

1. 投资结构良性调整

2010 年，全市完成限额以上固定资产投资 2651.88 亿元，分别增长 20.1% 和 20.8%。从结构看，限额以上第三产业投资增长 24%，所占比重由上年的 72% 提高到 73.9%；随着地方政府投融资平台的清理和新“36 条”的逐步落实，民间投资力量快速激活。限额以上投资中，民间投资增长 24.2%，增速快于国有投资 6.7 个百分点，占限额以上投资的 51.7%。

2. 消费快速增长

2010 年，全市社会消费品零售总额 2146.08 亿元，增长 19.9%。其中，汽车、通信器材、金银珠宝、服装鞋帽针纺织品等商品零售额分别增长 33.8%、66.7%、63.3% 和 24.6%。随着互联网的进一步普及与应用，网上购物快速增长。2010 年杭州市区城镇居民家庭人均网购消费支出为 150.4 元，比上年增长 83.9%。

3. 外贸恢复性增长

2010 年，全市实现进出口总额 523.55 亿美元，其中出口 353.37 亿美元，分别增长 29.5% 和 30.0%，规模与增速均已超过金融危机前水平。机电产品、高新技术产品出口增长较快，分别增长 32.7% 和 38.9%。

（三）居民收入稳定增长，物价涨幅高位运行

1. 城乡居民收入持续改善

2010 年，全市城镇居民人均可支配收入突破 3 万元，达到 30035 元，增长 11.8%，扣除物价因素，实际增长 7.6%。全市农民人均纯收入达到 13186 元，增长 11.5%，扣除物价因素，实际增长 7.3%。随着惠民利民政策力度不断加强，城乡居民生活水平持续改善，群众的民生福利水平逐步提高。

2. 物价涨幅持续高位

2010 年，全市居民消费价格同比上涨 3.9%，其中 12 月同比上涨 4.7%，自 4 月来连续 9 个月超过 3%，对城乡居民特别是低收入群体造成了较大影响。全市全年工业品出厂价格和原材料价格分别比上年上涨 4.9% 和 12.1%。

3. 房地产市场呈现“量跌价稳”态势

2010 年，全市共销售商品房 35800 套，比上年下降 46.1%。从走势看，受严厉的房地产调控影响，房地产销售与 2009 年相比明显降温，但由于刚性和投资性需求较旺，个别月份环比成交量有回升趋势，商品房销售价格依然处于高位。10～12 月全市新建住宅价格分别同比上涨 5.9、2.5 和 0.2 个百分点。

二 金融运行基本情况

2010 年，杭州市金融机构认真贯彻适度宽松的货币政策，继续扩大信贷总量，优化调整资金投向，有力地支持了杭州市经济复苏和产业转型升级，各金融机构总体呈现快速发展的良好态势。

（一）各项存款平稳增长，企业存款增速回落

2010 年末，全市金融机构本外币各项存款余额 17084.35 亿元，同比增长 19.6%，增速保持平稳态势。全年新增本外币存款 2800.86 亿元，同比少增 150 亿元。

1. 企业存款增速持续回落

截至 2010 年末，全市金融机构本外币企业存款余额为 8110.20 亿元，同比增长 17.94%，增幅与上季末相比回落 9.49 个百分点；全年新增企业存款 1523.88 亿元，同比少增 658.67 亿元。从走势看，企业存款增速从年初起呈逐月下降趋势，主要原因一是国内经济逐渐企稳回升，企业投资渠道增多，闲置资金逐步减少；二是受监管部门“实贷实付”要求的影响，派生存款规模有所缩小。

2. 储蓄存款保持平稳增长

截至 2010 年末，全市金融机构本外币储蓄存款余额为 4990.97 亿元，同比增长 16.42%，全年新增储蓄存款 704.01 亿元，同比少增 106.29 亿元。分月看，新增储蓄存款波动剧烈，其中 2 月、6 月、9 月和 12 月分别新增 386.60 亿元、141.11 亿元、275.27 亿元和 163.40 亿元，部分月份则出现负增长，主要原因一是实际负利率降低储蓄存款吸引力，二是 2010 年以来商业银行季末指标考核要求有所提高，突击揽存现象加剧。

3. 其他存款增速有所回升

截至2010年末，全市金融机构本外币其他存款余额为3715.62亿元，同比增长26.18%；全年新增480.98亿元，占全部存款增量的17.2%，同比多增563.23亿元。

（二）新增贷款均衡投放，结构良性调整

2010年末，全市金融机构本外币各项贷款余额15078.73亿元，新增1965.24亿元，比上年同期少增1081.17亿元；余额同比增长14.99%，增速比2009年同期回落15.27个百分点。

1. 贷款投放进度趋于均衡

1～4季度新增贷款分别为802.36亿元、470.19亿元、421.80亿元和271.08亿元，占比分别为40.8%、23.9%、21.5%和13.8%，除去1月冲高达到457.33亿元以外，各月信贷增量基本处于稳定状态，未出现大起大落现象，基本符合调控目标。

2. 贷款投向结构调整明显

一是对实体经济的支持力度加大。2010年，制造业贷款新增627.60亿元，占全部新增贷款的31.33%，占比高于上年同期24.58个百分点；批发零售业贷款新增266.34亿元，占全部新增贷款的13.30%，高于上年同期13.11个百分点。二是对中小企业的支持力度加大。2010年，全市中型企业新增贷款641.67亿元，小型企业新增贷款482.30亿元，中小企业新增贷款占全部新增企业贷款的比重达到85.99%，占比高于上年7.62个百分点。三是新增贷款投向房地产、政府投融资平台等调控项目大幅减少。2010年，全市新增房地产业贷款92.57亿元，同比少增52.35亿元；水利、环境和公共设施管理业贷款余额减少12.19亿元，同比少增577.01亿元。

3. 个人贷款和外币贷款快速增长

2010年，全市新增个人贷款730.77亿元，同比增长32.17%，占全部新增贷款的40.27%，占比高于上年同期12.46个百分点。其中新增个人消费贷款453.47亿元，同比增长23.32%。同时，人民币信贷总量控制促使金融机构开辟新的贷款渠道。2010年，全市新增外币贷款24.64亿美元，同比增长39.55%，其中中长期贷款和进出口贸易融资同比分别增长68.14%和46.36%。

（三）金融机构经营效益持续改善，信用风险下降

2010 年，在信贷总量平稳增长、净息差基本保持不变的情况下，各金融机构大力拓展中间业务，推进业务和产品创新，保持了较好的经营效益。全市金融机构利润总额达到 331.0 亿元，同比增长 40.66%；金融机构利息收入率为 87.88%，比年初降低 0.81 个百分点；中间业务收入率达到 12.12%，比年初提高 1.78 个百分点。

2010 年，通过严格控制政府投融资平台和房地产开发贷款，金融机构信用风险有所降低，不良贷款余额和比率实现双降。截至 2010 年末，全市金融机构不良贷款余额 134.48 亿元，比年初下降 12.85 亿元，不良贷款率为 0.90%，比年初下降 0.23%。

三　2011 年宏观经济形势展望

展望 2011 年，全球经济形势依然复杂多变，复苏进程可能放缓。从国内看，经济内生动力依然充沛，货币政策回归稳健，结构调整持续深化；需要关注的是，在经济稳步上行的同时，短期内通胀水平可能会快速上升，经济结构调整可能出现反复，企业经营压力可能加大。

（一）全球经济复苏放缓，新兴经济体通胀压力加大

1. 全球经济复苏将有所放缓

从 2010 下半年开始，全球扩张性政策的刺激效果逐步减弱，补库存力度逐渐降低，全球经济增速已经出现放缓势头。欧洲债务危机的再度恶化，使得本已羸弱的全球经济复苏再添变数。尽管 2011 年伊始，一些国家的部分经济数据转暖，但对经济复苏具有风向标意义的就业数据和房地产数据仍然黯淡。2010 年 12 月，美国非农部门失业率已经连续 17 个月维持在 9.4% 以上，创 1948 年以来最长纪录；2010 年 11 月，欧元区的失业率高达 10.1%，其中西班牙高达 20.6%；日本的失业率为 5.1%。2010 年 10 月，美国 20 个大城市房价指数比上月下跌 1.3%，跌幅继续扩大。总体来看，2011 年全球经济仍将恢复性增长，但复苏的步伐将有所放缓。联合国经济与社会事务部发布的《2011 年世界经济形

势与展望》预计，2011 年全球经济增长率将从 2010 年的 3.6% 下降到 3.1%。

2. 主要经济体后续政策空间有限

尽管经济出现放缓势头，但欧、美、日等发达经济体的政策应对空间却非常有限。财政政策方面，反危机期间各国普遍采取了大规模的扩张性财政政策，政府债务率急剧上升，2010 年 OECD 平均政府债务率高达 96.9%，较 2007 年急升 24 个百分点，目前多个国家政府债务率已经突破了 100%，日本债务负担率更是接近 200%（见表 1），预计 OECD 国家债务负担率还将继续攀升。沉重的债务负担，使得这些国家政府可用的财政政策空间非常有限，即便一些国家仍然继续发债，但国债利率大幅攀升①，也会抑制发债规模。因此，2011 年扩张性的财政政策已经难以为继。

表 1　2010 年 12 月 OECD 组织对各国政府债务率预测值

单位：%

经济体	2007 年	2008 年	2009 年	2010 年	2011 年	2012 年
澳大利亚	14.3	13.6	19.2	23.6	25.9	26.8
加拿大	66.5	71.3	83.4	84.4	85.5	87.0
法国	70.0	75.9	87.1	92.4	97.1	100.2
德国	65.3	69.4	76.5	79.9	81.3	82.0
希腊	104.6	105.6	120.2	129.2	136.8	142.2
匈牙利	72.5	76.4	85.2	89.0	90.2	90.1
冰岛	53.3	102.4	119.5	124.9	116.9	111.3
爱尔兰	28.9	49.4	72.7	104.9	112.7	115.6
意大利	112.7	115.1	127.7	131.3	132.7	133.0
日本	167.1	173.9	192.8	198.4	204.2	210.2
葡萄牙	68.8	74.1	86.3	92.9	98.7	100.6
西班牙	42.3	47.4	62.4	72.2	78.2	79.6
英国	47.2	57.0	72.4	81.3	88.6	94.5
美国	62.0	71.1	84.4	92.8	98.5	101.4
欧元区	70.9	76.0	86.3	91.6	94.8	96.3
OECD 平均	72.9	79.1	90.6	96.9	100.7	102.8

资料来源：www.oecd.org。

① 以爱尔兰为例，目前 10 年期国债收益率已经上升到 8.28%。

货币政策方面，美、欧、日等主要经济体同样面临困局。美国重启量化宽松的货币政策，并未给实体经济带来实质性的改善，相反中长期国债收益率利差的进一步收窄，表明货币政策宽松程度已经达到极致。欧洲进一步放宽货币政策的难度更大，2010 年 12 月，欧元区居民消费价格涨幅年率已经达到 2.2%，比上月上升 0.3 个百分点，超过欧元区通胀控制目标 0.2 个百分点，放宽货币政策势必进一步加剧通胀压力。日本尽管仍然深陷通缩泥潭，2010 年 11 月日本居民消费价格环比下降 0.1%，但由于老龄化、内需严重不足等问题仍然突出，日本长期实行低利率的扩张性货币政策基本处于失效状态。

3. 新兴市场国家通胀压力加大

在 2010 年全球流动性过剩加剧的背景下，发达国家与新兴市场国家经济发展的非均衡性更加突出。过剩的流动性集中流向新兴市场国家，导致这些国家的通货膨胀率急剧攀升，包括巴西、俄罗斯、中国、印度、印度尼西亚和土耳其在内的主要发展中国家，目前 CPI 同比涨幅都已经突破 5%①，这与主要发达经济体较低的通胀水平形成鲜明对比②。2011 年，预计新兴市场国家的通胀水平仍将保持高位。此外，2011 年的粮食价格形势异常严峻。据联合国粮农组织判断，受极端天气的影响，2010 年末全球小麦库存量较 2009 年下降 10%，玉米及大豆库存量也处于危机的低水平。2011 年，粮食价格很可能在目前历史高位基础上继续上涨。由于粮食在新兴市场国家的 CPI 篮子中权重较高，势必进一步推升新兴市场国家的通胀水平。

（二）国内经济仍将处于上升通道，结构调整持续深化

1. 国内经济将继续稳步复苏

尽管外部经济仍然存在不确定性，结构调整带来的短期阵痛难以避免，但我们认为 2011 年国内经济仍将稳步复苏。一是投资增长可能加快。2011 年是“十二五”规划开局之年，各地重大规划项目陆续开工建设，地方政府投资意愿强烈，加之 1000 万套保障性住房建设计划的实施，将为投资增长带来新的动力，

① CPI 统计数据显示：2010 年 12 月，巴西 CPI 同比上涨 5.9%，土耳其 6.4%，2010 年 11 月中国 5.1%，印度尼西亚 7.0%，俄罗斯 8.1%。

② IMF 2010 年 10 月《世界经济展望》中预计，2010 年发新兴市场与发展中经济体的通胀水平为 6.2%，比发达经济体的整体通胀率高 4.8 个百分点。

预计2011年的投资增速可能超过2010年。二是消费增长保持平稳。收入分配改革的继续深入，社会保障体系的进一步完善，都会对国内消费起到积极的促进作用，而人均收入水平的提升将进一步推动消费升级。四季度居民储户问卷调查结果显示，当前居民购车消费意愿为13.7%，虽较前期有所回落，但仍处于调查以来的高位。预计2011年消费仍将平稳增长。三是外贸仍将保持较快增长。2010年，在全球经济缓慢复苏、人民币升值有所加快、贸易摩擦加剧的情况下，我国出口依然保持了快速增长，表明出口企业应对外贸环境变化、主动调整出口结构的能力在不断提升，市场开拓能力不断增强。2011年，尽管世界经济复苏可能放缓，全年出口增速可能较上年略有回落，但总体仍将保持较快增长态势。

2. 经济结构调整将持续深化

后危机时代，加快经济结构调整和产业转型升级依然是经济工作的重心。2011年，国内经济结构调整将继续深化，并突出表现在三个方面：一是加大对战略性新兴产业培育和扶持。重点培育和发展新一代信息技术、节能环保、新能源、生物、高端装备制造业、新材料、新能源汽车等战略新兴产业、加快形成先导产业和支柱产业，注重强化核心技术支撑作用，与传统产业改造有机结合。二是“节能减排”任务仍然艰巨。根据我国向国际社会作出的承诺和“十二五”期间节能减排目标，分解到2011年，单位国内生产总值能耗和二氧化碳排放强度均要比2010年下降3.5%左右，主要污染物总量控制种类由两项增加到四项，排放量均减少1.5%左右。为实现预期目标，国家将从产业政策、信贷和税收等多方面，控制“两高一资”行业的增长，加大节能减排力度。三是继续加强房地产调控。2010年，中央和地方出台了一系列调控房价的政策措施，从目前来看，这些政策措施实施效果尚未充分显现，房价依然高位运行。为进一步遏制房价过快上涨的势头，促使房价理性回归，2011年，房地产调控仍将持续，且力度会有所加强，房产税等一些新的调控政策有可能择机推出。

3. 金融宏观调控的针对性和灵活性提高

2011年，针对经济持续回升过程中通胀压力加大的情况，金融宏观调控的着力点将会有所变化，调控手段更趋丰富和灵活。一是货币政策取向由适度宽松回归稳健。稳健的货币政策就是要把稳定物价总水平放在金融宏观调控更为突出的位置，通过提高调控的针对性，有效管理流动性，控制物价过快上涨的货币条件。同时，稳健的货币政策将引导金融机构优化信贷结构，将更多的信贷资金投向战略性新兴产业、节能环保产业、“三农”和“中小企业”等重点领域和薄弱环节。二是利率市场化改革进程将加快。为加快促进金融业自身的转型升级，同时进一步强化利率在宏观调控中的重要性，“十二五”期间，我国将加快推进利率市场化改革。我们判断，根据宏观调控目标和“十二五”规划的总体要求，以及当前利率市场化改革的基础条件，人民银行将结合宏观审慎管理框架，选择具有硬约束的金融机构，通过逐步放开替代性金融产品的价格等途径，有计划、有步骤、坚定不移地推进利率市场化改革。三是更加注重差别化货币政策工具的运用。2011年，人民银行将会强化差别化货币政策工具的运用，以此引导金融机构合理、适度、平稳放贷，切实优化信贷结构，有效防范顺周期系统性风险的积累。

（三）短期风险仍然存在，企业经营压力可能加大

1. 通胀风险可能上升

2011 年，推动物价上涨因素较多，劳动力成本继续提高，地方政府投资意愿强烈，国内外流动性充裕，公用事业和资源类价格进一步推进，以及极端天气下导致的部分食品价格快速上涨等因素，将共同推动物价上涨，通货膨胀形势非常严峻。据某国际投行测算，1 月、6 月 CPI 翘尾因素最大，达到4.2%，上半年的平均翘尾因素也达到了3.6%，如果新增因素仍旧保持2% ~3% 的水平，那么上半年 CPI 涨幅将持续保持在 5% 以上。

2. 结构调整可能出现反复

一方面，政府投资过快增长可能对投资结构带来一定影响。2011 年是“十二五”规划的开局之年，各地重点项目、重点工程推进力度加大，政府投资将出现快速增长，可能对民间投资产生一定的“挤出”效应。此外，政府投资多为基础设施投资，对钢材、水泥等“两高一资”行业会有一定拉动作用，一定程度上会加大“节能减排”压力。另一方面，房价仍存在上涨压力。在居民通货膨胀预期趋升，投资购房意识强烈①，社会流动性总体宽裕，土地价格看涨②

① 2010 年第4 季度储户问卷调查显示：在各主要投资方式中，“房地产投资”以26.1% 的相对高值继续成为居民投资首选。

② 今年我国保障性住房建设的目标为1000 万套，建设所需资金突破 1.3 万亿元。保障房建设资金需求主要通过各地计提 10% ~20% 的土地出让金解决，这很可能会促使地方政府进一步控制土地供应，抬高土地价格，从而推升房价。

的情况下，2010 年房价上涨的动能较大，如果调控政策的持续性、针对性不强，房价很可能出现反复。

3. 企业经营压力可能加大

一是企业成本递增。2011 年，通胀预期强烈，工资上涨压力进一步上升。此外，原材料购进价格与工业品出厂价格倒挂现象还会延续，企业成本管理难度上升。二是出口企业分化。2011 年，人民币汇率改革将继续稳步推进，人民币升值预期强烈。在此背景下，出口企业可能会出现分化。一些低成本、低附加值，缺乏议价能力的出口企业，赢利空间将受到进一步的挤压，经营压力加大。三是资金供求结构性矛盾可能再现。2011 年，货币政策转向稳健，货币信贷总量预计将比上年有所调减。在此背景下，部分前期扩张较快、资产负债率较高、产品竞争力不强的中小企业融资难度可能上升，资金供求的结构性矛盾可能加剧。

四　做好 2011 年金融工作的几点措施建议

2011 年是“十二五”规划的开局之年，也是加快经济转型升级的关键之年。根据杭州市发展环境和“十二五”规划的要求，2011 年全市地区生产总值预期目标为增长 11% 左右，居民消费价格总水平上涨控制在 4% 左右。同时，为确保经济发展方式转变的顺利推进，我市在结构优化、创新发展、民生改善和资源环境等方面也设定了一批预期目标，为今后一年的发展指明了方向。为确保这些目标的顺利完成，人民银行将继续围绕打造“金融强省”的战略目标，紧扣建设中小企业金融服务中心和支持企业对外发展“走出去”两大主线，有效引导金融机构认真贯彻稳健的货币政策，努力保持社会融资总规模平稳、适度、合理增长，继续落实“有扶有控”的信贷政策，优化调整信贷结构，加快推进经济转型升级，促进经济金融良好互动。

（一）保持社会融资规模合理增长，充分满足经济发展需要

一是要继续保持信贷总量的合理增长。各商业银行在杭分支机构要积极向总行争取资金、授信管理等支持，继续保持合理的信贷规模；各法人金融机构要在认真贯彻稳健货币政策的前提下，结合自身业务发展和风险管控能力，继续加大

对地方经济的信贷投入。二是要积极拓展直接融资渠道。要加快有条件企业的上市融资步伐，积极推荐高成长性企业上市融资，鼓励规范的股权交易方式，加大非上市公司股权流动性；继续推进企业债和短期融资券工作，扩大融资规模；及时出台引导性政策，促进创业投资基金、风险投资基金快速发展等，满足不同类型企业的多样化资金需求。三是要积极引导和规范民间融资。加快推进中小企业金融服务中心建设，研究建立若干个具有浙江特色的金融“小池子”，广泛吸纳民间资金，为中小企业提供金融服务，减少经济环境和金融政策变化对中小企业融资的影响。人民银行应加强对社会融资总量的监测，确保社会融资总量合理增长。

（二）加大对重点领域和薄弱环节的资金支持，努力推进经济转型升级

一方面要继续支持工业“高端化”发展。各金融部门要从经济转型升级的大局出发，紧紧围绕我市开展的“工业兴市”战略和“环境立市”战略，加快金融支持战略性新兴产业步伐，大力推进产业化示范项目、产业技术和工程研究创新平台建设，继续做好传统产业转型升级的金融服务，根据产业规划的要求和项目需求特点，积极创新融资产品和服务方式，大力支持企业技术改造、自主创新、节能减排和兼并重组，使结构优化迈出实质性步伐。继续优化外汇服务，大力支持我市更多的优质企业“走出去”。另一方面要围绕浙江省“十二五”规划提出的建设中小企业金融服务中心的目标，全力做好中小企业金融服务工作，着力改善对中小企业的融资服务，保持中小企业贷款增速高于全部企业贷款增速，支持中小企业发行集合票据等；以全市现代农业园区和农村住房改造建设等为重点，继续保持涉农贷款增速高于各项贷款增速。

（三）严格执行调控政策，切实加强信贷风险管理

一是要认真执行差别化的住房信贷政策。严格规范个人住房贷款和房地产开发贷款管理，严格限制各种名目的炒房和投机性购房。二是要加强地方政府投融资平台的信贷风险控制。认真贯彻国务院和各部委颁布的相关政策文件，严格加强对融资平台的信贷管理和风险识别，确保融资平台贷款投向符合国家宏观调控政策、产业政策和信贷审慎管理规定。三是要严格控制“两高一资”和产能过

剩行业的贷款投放。对国家明确要求淘汰的落后产能的违规在建项目，不得提供任何形式的新增授信，切实防止低水平重复建设。

（四）加大金融创新力度，提高金融服务效率

一方面，要积极开发适合中小企业经营和融资特点的金融产品和信贷模式。要进一步深化中小企业抵押担保方式创新，完善动产、应收账款等质押贷款业务，大力发展金融仓储和供应链金融服务模式。进一步扩大股权、专利权、商标专用权等抵质押贷款覆盖面，探索开展排污权、海域使用权等抵押贷款试点。加强与电子商务企业、第三方支付服务组织等的合作，积极发展网络联贷联保等中小企业网络融资产品。另一方面，要结合“三农”发展特点，有重点地开展农村金融产品和服务方式创新。要进一步拓展涉农贷款的抵质押物范围；扎实推进林权抵押贷款扩面增量，继续保持全国前列；积极发展“公司 + 农户”、“公司 + 中介组织 + 农户”、“公司 + 专业市场 + 农户”等信贷模式，充分发挥农业产业化、规模化经营的风险分散优势和辐射带动作用。

（五）顺应金融改革方向，加快金融业自身转型升级

下阶段，利率市场化改革是我国金融改革突破的重点，这既是一个挑战，更是一个机遇。我市金融机构应顺应金融改革方向，充分发挥自身资产质量优异、经营效益好的优势，强化财务约束，牢牢争取利率市场化改革的主动权。同时，要进一步摆脱对存贷款业务的依赖，大力发展财产管理、财务咨询等中间业务，大力开发和创新理财产品，加强银、证、保合作，多方面多途径拓宽银行业利润增长源。

B.7

2010年度宁波市经济金融形势分析报告

2010年，宁波市金融部门积极认真贯彻中央各项政策措施，积极增加投入总量、合理安排投放节奏、持续优化投向结构，促进了区域经济继续保持回升向好态势，充分体现了金融促进经济发展的引导作用，切实发挥了金融推进产业结构调整的先导作用。

一 宁波市经济金融运行情况

（一）区域经济持续向好

2010年全市经济运行高开稳走，进一步巩固了2009年下半年以来回升向好势头。经初步核算，2010年宁波市实现GDP 5125.8亿元，按可比价格计算，同比增长12.4%，增幅同比提高3.80个百分点。其中，第一产业实现增加值218.4亿元，第二产业实现增加值2848.2亿元，第三产业实现增加值2059.2亿元。

1. 转型升级稳步推进，服务业快速扩张

2010年全市实现全部工业总产值13171.2亿元，同比增长32.5%，增速同比提高34.1个百分点。规模以上工业产值突破万亿大关，全年累计实现总产值10867.5亿元，增长35.4%。转型升级稳步推进。一是新产品产值率创新高。规模以上工业新产品产值1863.2亿元，同比增长48.1%，增速高于工业总产值12.7个百分点，新产品产值率为17.1%，同比提高1.5个百分点，创近三年新高。二是装备制造业增势凸显。作为制造业核心的装备制造业实现工业总产值3509.5亿元，增长39.2%，增速高于规模以上工业产值3.8个百分点。三是轻重工业增速差距缩小。重工业同比增长39.5%，高于轻工业增速12.4个百分点，两者增速差距较年初缩小22.8个百分点。

服务业快速扩张。初步核算，2010年全市实现第三产业增加值2059.2亿

元，同比增长 11. 6%。其中批发和零售业、金融业、房地产业、交通运输业等几大门类分别实现增加值 501. 2 亿元、378. 4 亿元、244. 5 亿元和 233. 1 亿元，同比增速分别为 17. 9%、12. 2%、-5. 7% 和 14. 5%。港口生产形势良好。2010 年宁波港实现货物吞吐量 4. 1 亿吨，同比增长 7. 4%，增速同比提高 1. 3 个百分点；完成集装箱吞吐量 1300. 4 万标箱，同比增长 24. 8%，增速同比提高 28. 7 个百分点。

2. 投资消费快速增长，外贸总量创新高

初步统计，2010 年全市完成全社会固定资产投资 2206. 5 亿元，同比增长 10. 1%，增幅低于上年同期 5. 9 个百分点。其中，全市完成房地产开发投资 557. 3 亿元，同比增长 48. 8%，增速同比提高 27. 1 个百分点。民间投资意愿明显增强。2010 年全市非国有投资完成 1264. 4 亿元，同比增长 22. 4%，增速同比提高 11. 2 个百分点，快于全社会投资增速 12. 3 个百分点。

销售规模快速增长。初步统计，2010 年全市实现商品销售总额 7506. 6 亿元，同比增长 32. 2%。完成社会消费品零售总额 1704. 5 亿元，增长 19. 2%。其中，2010 年城镇消费品市场实现零售额 1515 亿元，同比增长 19. 5%；农村消费品市场实现零售额 189. 5 亿元，增长 16. 8%。

外贸总量创新高。2010 年全市实现口岸进出口总额 1613. 4 亿美元，同比增长 38. 0%。实现外贸自营进出口总额 829. 0 亿美元，增长 36. 3%，其中出口 519. 7 亿美元，增长 34. 5%；进口 309. 3 亿美元，增长 39. 6%。

3. 经济运行质量持续提升，城乡居民收入差距进一步缩小

2010 年全市实现一般预算收入 1171. 7 亿元，同比增长 21. 3%，其中地方财政收入 530. 9 亿元，增长 22. 7%。从各主要税种看，完成营业税 154. 0 亿元，增长 18. 7%；增值税 91. 3 亿元，增长 16. 4%；企业所得税 80. 6 亿元，增长 35. 9%；个人所得税 34. 4 亿元，增长 28. 8%。完成财政一般预算支出 600. 7 亿元，增长 18. 7%。财政用于教育、科学技术、社会保障和就业、医疗卫生、环境保护支出分别增长 15. 8%、30. 5%、20. 8%、19. 6%、242. 1%。

城乡居民收入持续增长，差距进一步缩小。据国家统计局宁波调查队抽样调查数据显示，2010 年宁波市区居民人均可支配收入 30166 元，较上年同期增长 10. 2%。扣除同期价格指数实际增长 6. 3%。2010 年全市农村居民人均纯收入达到 14261 元，比上年增收 1620 元，增长 12. 8%。城乡居民收入比由上年的 2. 165∶1

缩小为2.115∶1。

4. 价格指数升降互现

2010年市区居民消费价格指数为103.7%，处在年初确定的调控目标之内。构成居民消费价格指数的八大类价格指数呈现“五升一平两降”格局，其中，食品、医疗保健和个人用品、交通和通信、娱乐教育文化用品及服务、居住等五大类价格指数上升，分别为107.9%、103.9%、100.9%、100.3%和107.3%；烟酒及用品价格指数持平；衣着、家庭设备用品及维修服务两大类价格指数下降，分别为97.2%和99.6%。生产指数看，2010年我市原材料、燃料、动力购进价格指数为113.1%，工业品出厂价格指数为108.9%。市区房屋销售价格指数2010年全年平均为105.7%，其中新建住宅销售价格指数109.2%。

（二）区域金融稳健运行

2010年，全市金融运行总体平稳。各项存款平稳增长，增速态势分化明显；银行信贷投放均衡，资金需求保障有力；贷款利率稳中趋升，金融生态溢价明显。

1. 存款平稳增长，增势分化明显

12月末，全市金融机构本外币存款余额9755.52亿元，同比增长18.37%，增幅比上年同期下降11.34个百分点；比年初新增1514.29亿元，同比少增372.24亿元。从存款结构看，三项存款增势分化明显，企业存款明显少增，储蓄存款低位波动，其他存款快速增长（见图1）。

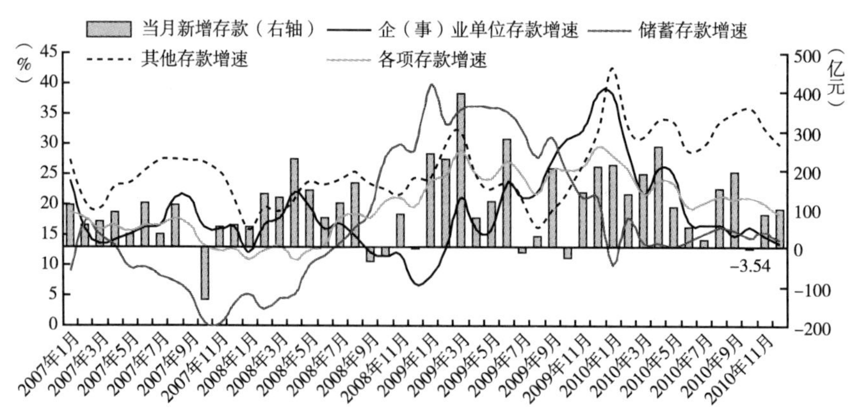

图1　2007年以来宁波市金融机构各项存款增长态势

企业存款明显少增。12 月末，全市企业存款余额 3410. 43 亿元，比年初新增 509. 96 亿元，同比少增 316. 45 亿元；同比增长 13. 52%，增幅比上年同期下降 24. 70 个百分点。从全年增势看，企业存款增速总体呈前高后低、高位回落态势。1 月、2 月、3 月增速分别为 38. 27%、29. 02%、21. 89%，10 月、11 月、12 月份增速分别为 16. 30%、14. 86%、13. 52%（见图 2）。

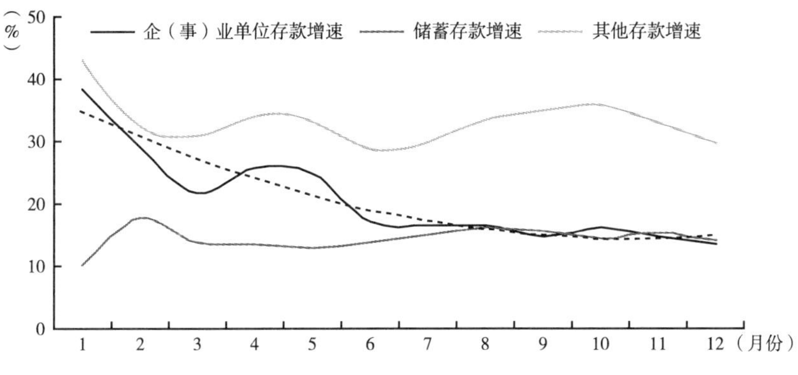

图 2　2010 年宁波市金融机构三项存款增势

企业存款少增明显的主要原因：一是 2010 年以来随着企业生产经营状况好转，进料、补货等意愿逐步增强，再加上受生产成本上升等因素影响，企业流动资金运用充分；二是受监管政策的影响，派生存款明显减少。

储蓄存款低位波动。12 月末，全市储蓄存款余额 3312. 17 亿元，同比增长 14. 14%，增幅比上年同期下降 6. 95 个百分点；比年初新增 409. 91 亿元，同比少增 94. 78 亿元。从月度增长情况看，储蓄存款增长呈低位波动态势。12 个月平均增速 14. 40%，2 月、8 月同比增速达到高点后，储蓄存款呈现阶段性回落态势（见图 1）。其主要原因是：2 月居民收入有较大增加；9 月、10 月、11 月全国 CPI 指数分别达到 103. 60、104. 40、105. 10，存款“负利率”效应明显，居民储蓄动力不足。

其他存款快速增长。12 月末，全市其他存款余额 2973. 03 亿元，同比增长 29. 75%，增速比上年同期下降 1. 93 个百分点；比年初增加 578. 44 亿元，同比多增 23. 34 亿元。其中，保证金存款与机关团体存款有较大增长，分别比年初增加 199. 24 亿元、160. 13 亿元，分别同比增长 21. 42%、102. 91%，增幅分别比上年同期提高 3. 49 个、42. 65 个百分点。

2. 信贷均衡投放，资金保障有力

12 月末，全市金融机构本外币贷款余额 9414.20 亿元，增长 22.01%，增速比上年同期下降 10.69 个百分点；比年初新增 1698.28 亿元，同比少增 202.05 亿元。从投放节奏看，信贷投放相对均衡。除 1 月份贷款新增较多以外，其余各月投放较均衡（见图 3）。

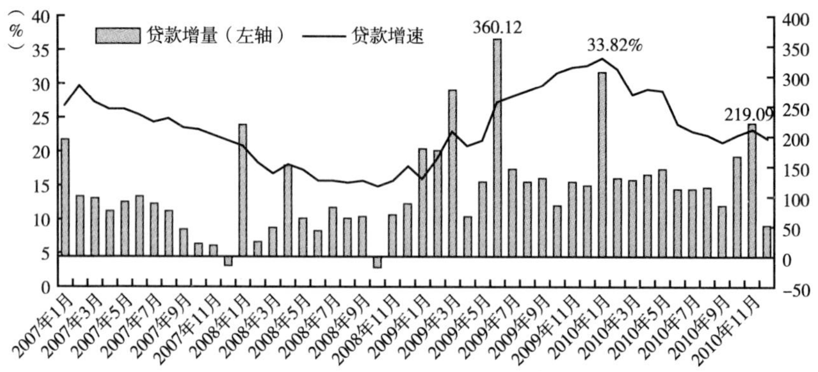

图 3　2007 年以来宁波市金融机构各项贷款增长态势

从期限结构看，短期贷款较快增长，中长期贷款增速高位回落。短期贷款同比多增，增速回落。12 月末，短期贷款余额 4811.29 亿元，比年初增加 800.69 亿元，同比多增 41.88 亿元；比上年同期增长 20.48%，增速比上年同期回落 2.66 个百分点。但从环比情况看，自 4 月短期贷款增速达到 27.33% 后，增速总体呈振荡下行趋势，7～9 月，增速分别为 23.04%、22.63%、21.07%；10 月末增速较上月提高 0.56 个百分点，但 11 月、12 月增速再现振荡下行态势，11 月、12 月增速环比下降 0.93 个、0.18 个百分点。主要原因是：当前经济形势依旧较为复杂，外需不确定性较大，再加上“用工荒”、“节能减排”等制约因素的影响，企业对资金需求有所回落。

中长期贷款增速高位回落。12 月末，中长期贷款余额 4150.68 亿元，比年初新增 962.44 亿元，同比少增 48.97 亿元；比上年同期增长 29.49%，同比下降 17.23 个百分点。中长期贷款增速持续回落的主要原因有：一是随着政府融资平台的清理工作持续进行，部分政府类贷款逐步退出，中长期贷款相应减少；二是受房地产调控影响，房地产开发贷款和个人住房贷款需求出现不同程度下降，造

成中长期贷款增速回落。

票据融资大幅减少。12 月末，票据融资余额 168.74 亿元，比年初减少 163.54 亿元，同比少增 190.79 亿元，余额同比减少 29.91%。票据融资大幅减少的主要原因是商业银行调整资产结构，主动压缩票据业务；同时，企业开票和贴现需求降低。

从投向结构看，行业投向重点突出，小企业贷款占比提高。制造业和服务业贷款持续多增，水利、环境和公共设施管理业贷款减少。全年新增贷款居前五位的行业分别为：一是制造业，新增 603.58 亿元，同比多增 285.89 亿元，占全部新增贷款的 32.46%，占比高于上年同期 15.42 个百分点；二是租赁和商务服务业，新增 255.89 亿元，同比多增 20.77 亿元，占全部新增贷款的 13.76%，占比高于上年同期 1.15 个百分点；三是批发零售业，新增 220.55 亿元，同比多增 79.95 亿元，占全部新增贷款的 11.86%，占比高于上年同期 4.32 个百分点；四是交通运输、仓储和邮政业，新增 121.02 亿元，同比多增 3.80 亿元，占全部新增贷款的 6.51%，占比高于上年同期 0.22 个百分点；五是房地产业，新增 87.82 亿元，同比少增 27.82 亿元，占全部新增贷款的 4.72%，占比低于上年同期 1.48 个百分点。少数行业贷款减少，例如，水利、环境和公共设施管理业，电力、燃气及水的生产和供应业，公共管理和社会组织较年初分别减少 63.09 亿元、1.21 亿元、3.77 亿元。另外，个人贷款新增 578.38 亿元，同比多增 34.67 亿元，占全部新增贷款的 31.11%，占比高于上年同期 1.93 个百分点。

中小企业贷款平稳增长，小型企业贷款占比提高。12 月末，宁波市金融机构大型企业贷款余额 1416.19 亿元，比年初新增 237.14 亿元；中型企业贷款余额 2405.02 亿元，比年初新增 385.84 亿元；小型企业贷款余额 2586.86 亿元，比年初新增 544.75 亿元。全年大、中、小型企业贷款新增占比分别为 20.31%、33.04% 和 46.65%。其中，小型企业贷款新增占比较上季提高 4.91 个百分点。

3. 贷款利率稳中趋升，金融生态溢价明显

从月度走势看，宁波市金融机构加权平均利率稳中有升。1～12 月宁波市金融机构贷款加权平均利率分别为 5.81%、5.73%、5.95%、5.81%、5.81%、5.78%、5.76%、5.70%、5.81%、5.97%、6.10% 和 6.06%。除 2 月份比上年同期下降 0.02 个百分点外，其他月份分别比上年同期提高 0.06、0.31、0.04、0.06、0.14、0.04、0.11、0.12、0.27、0.34、0.22 个百分点，贷款利率水平稳中趋升。与全省情况比较看，利率水平相对较低。1～12月宁波市金融机构贷款加权平均利率分别比全省低27.95、38.28、28.45、45.51、43.10、39.22、52.42、53.83、54.37、50.93、53.18、60.00个基点，宁波金融生态溢价明显（见图4）。2010年宁波市新增本外币存贷比112.15%，比全国高出43.29个百分点。按全国存贷比数据测算①，全年净流入资金655.54亿元。

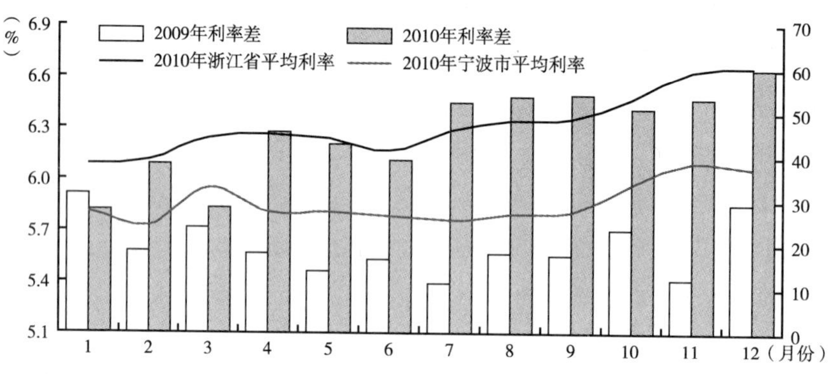

图4　宁波市与全省贷款加权平均利率比较

4. 国际收支创新高，外汇贷款增速放缓

2010年，宁波市国际收支总规模1066.90亿美元，突破千亿美元大关，同比增长42.1%；收支顺差352.2亿美元，增长53.5%。进出口贸易和直接投资较快增长是宁波市国际收支总规模和顺差双双创历史新高的主要原因。在国际收支规模快速增长的拉动下，银行结售汇总规模明显增长。全年宁波市银行结售汇总规模681.0亿美元，同比增长37.8%；结售汇顺差303.7亿美元，增长39.7%。

金融机构外汇贷款增速放缓，外汇存款增加明显。2010年末，宁波市外汇贷款余额62.45亿美元，同比增长46.52%，增速比上年同期下降58.83个百分点；比年初增加19.83亿美元，同比少增2.04亿美元。外汇存款余额30.73亿美元，同比增长33.21%，比上年同期提高18.28个百分点；比年初增加7.66亿美元，同比多增4.66亿美元。

① 2010年宁波市新增本外币存款1514.29亿元，宁波市本外币新增存贷比112.15%，全国本外币新增存贷比68.86%。因此，按全国存贷比数据测算，全年宁波市净流入资金量＝宁波市新增本外币存款×（宁波市本外币新增存贷比－全国本外币新增存贷比）＝1514.29×（112.15%－68.86%）＝655.54（亿元）。

5. 不良贷款“双降”，贷款质量保持良好

按五级分类口径统计，2010 年末，全市银行业金融机构本外币不良贷款余额 86.86 亿元，比年初减少 12.38 亿元，不良贷款率为 0.92%，比年初下降 0.36 个百分点，全市贷款质量总体保持良好水平。分机构看，国有商业银行不良贷款率为 0.81%，比年初下降 0.34 个百分点。股份制商业银行不良贷款率为 0.70%，比年初下降 0.37 个百分点。农村合作金融机构不良贷款率为 1.71%，比年初下降 0.73 个百分点。

6. 证券市场持续调整，保险业务稳步发展

2010 年，宁波市证券成交总额 18417.27 亿元，同比增长 0.13%。2010 年末，宁波市证券投资者股票账户数为 82.01 万户，同比增长 10.73%；托管市值 1339.61 亿元，同比增长 40.31%。全市证券客户交易结算资金余额为 153.90 亿元，同比减少 8.14%。

保险业务稳步发展。全年宁波市共实现保费收入 144.06 亿元，同比增长 34.08%。其中财产险保费收入 66.20 亿元，同比增长 29.6%；人身险保费收入 77.86 亿元，同比增长 38.13%。保险公司赔款与给付累计支出 38.14 亿元，同比增长 5.10%。其中财产险赔付支出 27.45 亿元，增长 7.89%；人身险赔款与给付支出 10.69 亿元，减少 1.45%。

二　当前值得关注的几个问题

2010 年，区域经济呈现持续回升态势，积极因素逐步增多，经济内生动力增强。另一方面，仍存在一系列影响经济金融平稳运行的突出问题。从国外情况看，世界主要经济体复苏缓慢，不稳定因素仍然较多；从宁波情况看，经济结构面临调整、产业结构需要升级，而且企业发展的制约因素不断增加；货币政策回归稳健，资金供求出现新态势；调控政策密集出台，房地产走势值得关注。

（一）世界经济复苏缓慢，不稳定因素不容忽视

2010 年以来，世界经济延续了上年复苏势头。2009 年第三季度以来，美、欧、日等经济体已经连续实现环比增长，表明发达经济体经济衰退已经结束，并

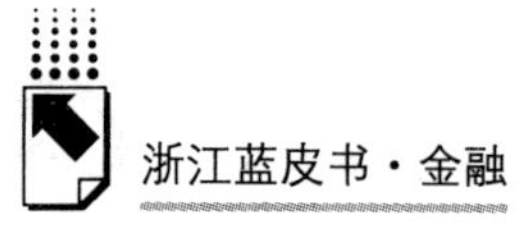

进入复苏阶段。但世界经济复苏进程缓慢曲折。随着库存回补效应和经济刺激效应的减弱，全球经济由“快速反弹期”进入“低速增长期”。因此，尽管世界经济步入复苏，仍存着很多不稳定因素，下行风险在逐渐积累。总的来看，世界经济下行风险主要表现四方面。

一是失业率①持续高企。目前，主要发达经济体的失业率未有明显下降迹象（见表1）。美国10月份失业率从峰值② 10.2%回落至9.6%，但新增工作岗位中大部分是临时性工作，失业率持续回落的态势并未出现——11月份失业率意外升至9.8%，是2006年的两倍多；受债务危机继续蔓延的影响，欧元区复苏步伐明显减缓，10月份失业率上升至10.1%，创12年来新高；日本经济减速，一直处于停滞状态，失业率也一直保持在5.0%以上。高失业率表明世界经济复苏仅是恢复性反弹，尚处于一种“无就业复苏”的阶段。二是汇率战与贸易保护再现。美国重启量化宽松政策，美元汇率持续创出新低，使非美元货币被动升值，各国出于维护出口竞争力的需要，争相使本国货币贬值，汇率争端日益升级。与此同时，全球贸易保护主义重新抬头。发达国家为了增加就业岗位，推动本国经济增长，推出了一些新的贸易保护措施与手段③。在当前主权债务危机前景不明的情况下，贸易和投

---

① 美国著名经济学家奥肯发现了周期波动中失业率与增长率之间负相关的经验关系，这种经验关系被称为奥肯定理（律）。奥肯定理（律）是西方经济学中重要定理（律）之一。

② 2009年10月美国失业率达到最高值10.2%。

③ 与以关税、非关税壁垒为主要手段的传统贸易保护不同，新贸易保护的主要手段有：（1）以保护公平贸易为由，滥用WTO反倾销、反补贴和保障措施条款，通过征收高额的反倾销税或者激励企业实行反倾销的方式，达到限制进口的目的。（2）以保护消费者安全和健康为由，通过建立新的动植物检验检疫措施、环境技术标准等削弱对方优势产业的国际竞争力。（3）以维护劳动者的基本权利为由，通过建立新的社会责任国际标准认证，削弱发展中国家劳动密集型产品的国际竞争力。据有关专家预测，目前中国沿海地区有8000多家企业接受这类审核，50000多家企业准备随时接受检查。由于劳工标准涉及工人的年龄、加班时间、宿舍条件等人权问题，技术标准涉及一国的技术法规和技术水平等问题，从而贸易保护的手段也由关税等贸易政策转向了劳工标准和技术标准等社会经济技术政策。

在传统贸易保护框架下，发达国家主要通过关税和补贴等手段实现规模经济效益，扩大市场份额，提高本国产业国际竞争力。而新贸易保护从根本上削弱甚至使对方丧失国际竞争力。发达国家通过对发展中国家劳动密集型产品出口平均征收高于工业国10倍以上的反倾销税、设置技术性贸易壁垒、动植物检疫标准、劳工标准等，使发展中国家丧失在劳动密集型产品出口的国际竞争力。如发达国家不断提高出口水产品包装的检疫标准，由原来的几项、十几项增加到几十项，导致近年来中国出口的水产品因包装不合格被驱逐出市场，损失高达70多亿；美国推行的社会责任认证对工人最低工资和工作时间等提出特殊要求，致使中国企业因成本支出过大，或未能通过SA8000认证而拿不到跨国公司的订单等。

资是支持世界经济复苏的一个重要源泉，如果过多地实施甚至滥用贸易保护将会使世界经济复苏进程夭折。三是消费增长乏力。2010 年一季度三大经济体消费增长强劲与政策刺激以及上年低基数有关，4 月份以来消费增势显疲态。美国 5 月份消费支出环比下降 1.2%，为 2009 年 9 月以来的最大降幅；欧元区 4 月份零售水平同比下降 1.5%，环比下降 1.2%，为 2008 年 10 月以来最大降幅；日本 5 月份人均消费支出同比减少 0.7%，时隔一个月后再次下降。四是欧洲主权债务危机前景不明。希腊、葡萄牙、意大利、爱尔兰和西班牙等欧洲五国主权债务危机，严重扰乱了欧洲乃至全球金融秩序，引发了对世界经济“二次探底”的担忧，全球金融市场恐慌情绪再次蔓延，黄金等又一次成为投资者避险的资产。实际上，全球主要国家推出太多的刺激计划，都面临着债务急剧增长的难题（见图 5）。

表 1　2009 ~ 2011 年发达经济体失业率

单位：%

经济体	2009 年	2010 年	2011 年
美　国	9.3	9.7	9.6
欧元区	9.4	10.1	10.0
法　国	9.4	9.8	9.8
英　国	7.5	7.9	7.4
日　本	5.1	5.1	5.0

注：2010 年和 2011 年为预估值。
资料来源：IMF《世界经济展望》，2010 年 10 月 6 日。

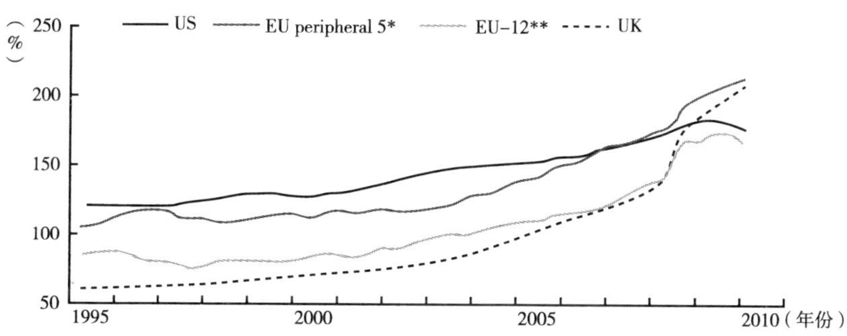

图 5　美国、英国与欧盟的政府负债率

注：* 指希腊、爱尔兰、意大利、葡萄牙、西班牙 5 国。
** 指上述 5 国加上奥地利、比利时、芬兰、法国、德国、卢森堡、荷兰。

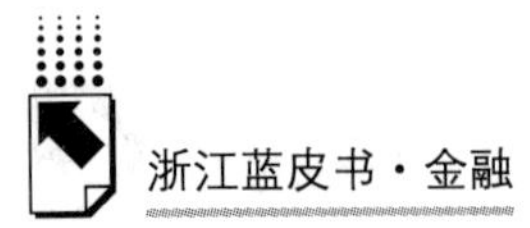

全球经济发展中较多的不确定因素，严重影响我国经济外需的稳定增长，而外需在推动宁波经济稳健增长中发挥着极为重要的作用，因此，在世界经济复苏缓慢的背景下，不确定因素值得持续关注。

（二）货币政策回归稳健，资金供求出现新态势

国际金融危机以来，保持货币信贷增长速度超过经济增长速度，提供了必要的拉动作用，提振了信心、扩大了内需、促进了区域经济全面较快回升。经济出现明显回升后，金融部门注重了信贷投放节奏，资金供给转向常态化，银行贷款增速有所下降，2010 年全市人民币贷款新增额同比少增 175.42 亿元。央行在保持流动性适度增长的同时，加强了流动性动态管理，运用存款准备金率、存贷款基准利率、再贷款再贴现利率①、公开市场操作等多种政策工具调节市场流动性，促进货币信贷适度增长，货币政策逐渐回归稳健。12 月 3 日，中共中央政治局会议指出要实施稳健的货币政策。这次稳健货币政策是在物价走高、经济回升情况下回归的。在货币政策由适度宽松转向稳健的背景下，经济活动也出现了一些明显变化。

通货膨胀使得居民的资产配置行为发生重大变化，突出的一点是居民储蓄意愿下降，从而影响金融机构资金来源，影响银行资金平衡问题。截至 12 月末，全市金融机构人民币存款余额比年初增加 1468.30 亿元，同比少增 397.90 亿元，增速同比下降 11.88 个百分点。其中，人民币储蓄存款余额增速同比下降 6.85 个百分点。存款少增导致存贷比提高，12 月末全市人民币余额、新增存贷比分别为 94.23%、107.32%，分别比上年同期提高 2.38 个、13.48 个百分点。因此，在当前银行资金来源发生明显变化的情况下，金融机构应努力提升的资金聚集能力，有效缓解资金来源问题。

另一方面，在宏观经济持续回升出现趋缓的情况下，微观经济主体谨慎乐观，而且投资热情下降。四季度工业企业问卷调查显示，在企业家对本季经营情况判断的 29 项指数中，有 14 项较上季回落；对下季度判断的 29 项预期指数中，有 21 项较上季回落，回落指数比三季度多 11 项，显示企业对未来经济发展持谨慎态度。从国外订货情况看，四季度出口订单指数 17.97，较上季回落 10.16，由于国外需

① 12 月 26 日宣布上调基准利率的同时，还上调了再贷款利率，其中一年期升 0.52 个百分点至 3.85%；同时上调再贴现利率，由 1.80% 上调至 2.25%。二者均为两年来首次调整。

求的不确定性、人民币升值、原材料价格快速上涨等原因，使企业出口难度不断增加。考虑到一系列不利因素的影响，企业的固定资产投资和设备投资意愿再度出现回落。四季度监测企业固定资产投资和设备投资指数分别为 10.94、7.81，分别比上季度下降 3.12 个、3.13 个百分点。企业投资热情下降也反映在资金需求方面。据三季度我中心支行对 231 家中小企业的问卷调查，64.50% 的企业表示当前企业的资金需求“一般”；另一项对授信提款情况的调查与之相印证：35.5% 的企业贷款金额占授信额度的比例在 70% 以下。预期谨慎、投资下降将影响企业资金需求。

（三）经济转型逐渐加快，企业经营压力日益增加

目前，加快经济结构调整，实现经济增长方式转变已成为当前经济的核心工作。结构调整关系到未来经济增长动力机制的培育，对经济可持续发展具有重要意义。但在经济增长模式与增长动力机制的快速转变过程中，短期内企业发展受到的制约因素可能增加，在一定程度上将增加中小企业成本，企业经营压力日益增加。这主要表现在以下几点。

一是劳动力与原材料价格上涨使企业经营压力不断增大。劳动力价格持续上升①，影响企业持续经营。目前，宁波企业普遍缺乏劳动力，特别是高素质的熟练员工。以奉化市某灯具企业来说，目前一线员工月工资在 3000 元左右，但是熟练工仍然很难招到。造成招工难的原因主要是：生活成本与劳动者素质提高，劳动者工资还有上涨空间；本地人对当工人缺乏兴趣，而部分中西部地区熟练工人，返乡自主创业。原材料成本振荡上行，影响企业竞争力。以棉花为例，已上涨 40% 以上，因此，经济复苏后，虽然宁波纺织服装企业海外订单大幅增加，但由于棉花等原材料紧缺和大幅涨价，越来越多的企业面临“有单难接”的困境。二是人民币升值进一步压缩赢利空间。自 6 月 19 日人民币汇改重启以来，人民币兑美元汇率中间价不断创出新高。10 月 9 日突破 6.7，三个多月的时间内人民币已升值 2.12%；12 月 30 日美元兑人民币汇率中间价 6.6229，全年升幅 3.05%。多家外贸企业表示，人民币兑美元的加速升值完全出于意料，上半年签下的多笔出口订单已濒临亏损边缘。一项对宁波市 34 家出口企业的调查显示，

① 监测数据显示，1～11 月 118 家监测企业实发职工工资总额较上年同期增长 24.76%，与企业调查情况基本相符。

有74.4%的企业认为，“二次汇改”已经对自身经营造成实质性影响。体现在赢利能力上，汇率升值对企业利润空间造成挤压，三季度出口换汇成本监测显示，在没有出口退税的情况下，企业利润率仅为0.52%。尽管企业对汇率避险工具的运用有所加强、人民币结算意愿也有所提高，但受制于市场环境、贸易地位、操作成本等多种因素，升值压力导致的出口成本提高影响了企业的赢利能力。三是“节能减排”政策措施短期内对企业经营有较大影响。按照省限电管理规定，宁波根据节能减排目标推出相应的限电措施。从2010年8月开始，宁波对130余家重点工业企业实施有序用电；对有些企业实行“停三开四”式的“定量、定时”双控节电措施，部分纺织企业甚至“停四开三”。这对企业生产经营造成较大影响：一方面生产经营成本增加。由于电力得不到保障，部分企业只能自配发电机组。从成本角度看，用发电机发电成本更高，每度约需2.5元，再加上购买发电机的费用、开机关机所带来的损失等，企业生产成本更高，经营更趋困难。另一方面，限产措施出台后，开工不足，部分企业（特别是出口企业）产能不足，出口订单不能如期交货，外商意见较大，合作意愿下降。

（四）调控政策密集出台，房地产市场走势值得关注

2010年，国家密集出台了房地产调控政策。如1月10日，“国十一条”规定二套房首付不得低于40%。4月以来出台了一系列更为严厉的房地产调控政策。9月又展开第二轮调控，甚至实行楼市调控地方问责制。调控政策密集出台，特别是有针对性地加大了房地产需求调控，有助于遏制宁波房价过快上涨，促进市场回归理性发展轨道。从成交量看，全年宁波市六区商品房和二手房成交量同比分别下降56.40%和48.49%（见图6、图7）。

从房屋销售价格同比涨幅看，全市商品住房价格同比涨幅从4月份的14.70%一直下降至12月份的3.50%；房屋销售价格与二手住房价格增幅波动明显。在4月、9月出台政策后，增速回落明显（见图8）。

从短期看，房价快速上涨的势头受到明显遏制，但全市房地产市场将继续呈量减价滞、易涨难跌的态势，在拆迁需求、通胀预期等因素的作用下，房价大跌可能性不大。一是随着轨道交通的开工与旧城改造的加快，宁波展开了大规模拆迁①，

---

① 仅海曙区城市房屋改造重点区块拆迁就涉及5500多户居民。

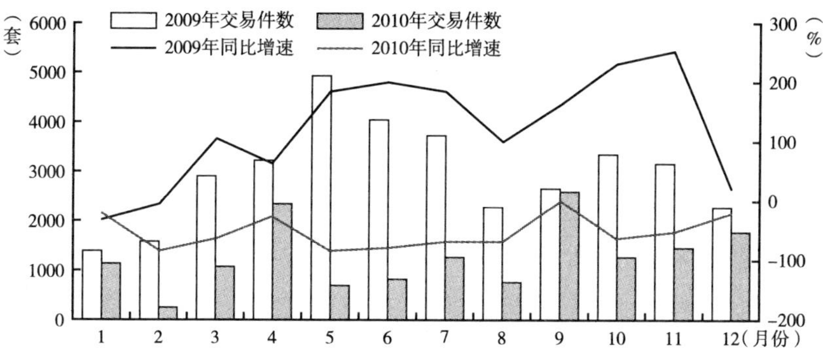

图 6　2009、2010 年宁波市六区商品房交易情况比较

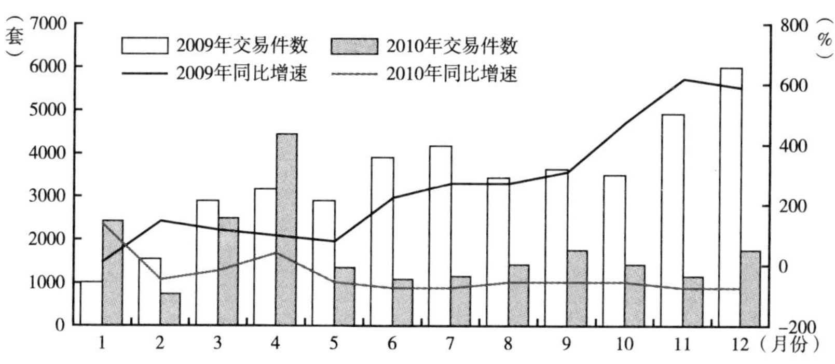

图 7　2009、2010 年宁波市六区二手房交易情况比较

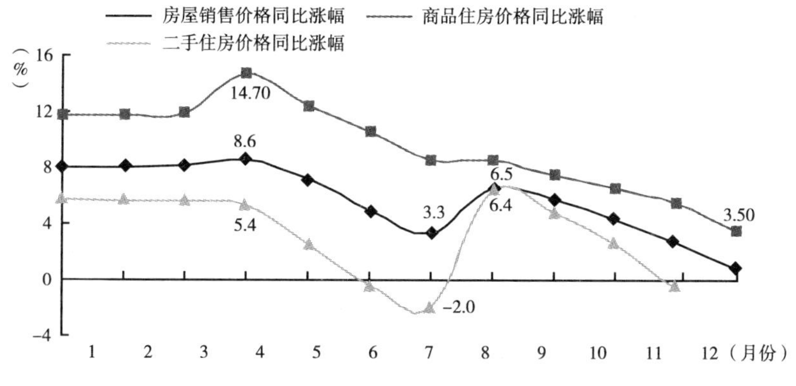

图 8　2010 年宁波市房屋销售价格同比涨幅

拆迁居民购房需求对房价形成有力支撑。二是 2010 年以来全市土地拍卖和新开发楼盘数量较少，房地产开发企业随行就市，有些新开楼盘价格突破 20000 元/

平方米，进一步带动房价上涨。三是东部新城新地王①的诞生不可避免地带动周边楼盘房价上涨，进而带动整体房价的攀升。四是房地产政策主要遏制了新增投资性需求，但缺乏在供给、交易、持有等环节做进一步规制。目前，通胀预期不断强化，其他高回报投资途径缺乏，房产整体性大幅降价可能性较小。

从长期看，随着其他各项政策的实施，后续走势不确定性明显增加。历史数据显示，负利率时期，全国70城市房屋销售价格指数处于高位，而随着实际利率的提升，房屋销售价格指数明显回落，持续加息能够在一定程度上抑制房地产价格的过快上涨（见图9）。下阶段调控力度将可能继续从紧，房价可能会出现较大波动。房地产市场与地方投资、财政、金融等关系密切，其走势值得高度关注。

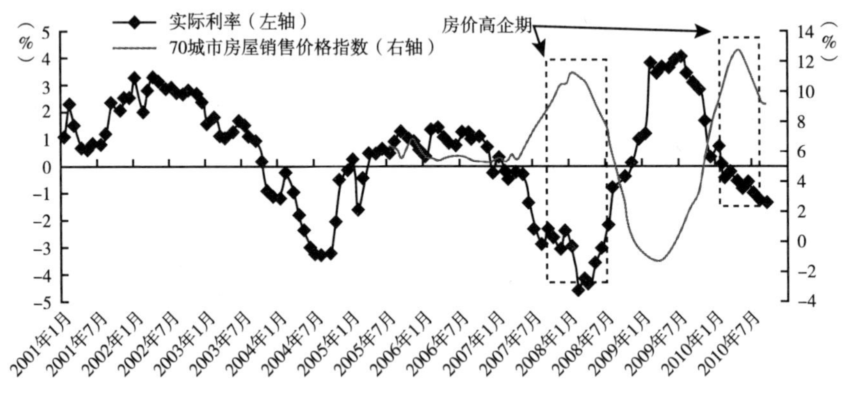

图9　实际利率与70城市房屋销售价格指数走势

三　预测与政策建议

2011年世界经济将由前期超常规政策刺激下的恢复性反弹转向平稳甚至低速增长阶段。联合国经社理事会12月1日发布的《2011年世界经济形势与展望》指出，世界经济正在从“衰退”走向复苏但进展缓慢；2010年中期开始全球经济增速明显减低，这可能导致2011年增长更加缓慢，从而使世界生产总值的增长从2010年的3.6%下滑到2011年的3.1%。因此，我国经济发展面临的

① 东部新城核心区E-4#等地块由嘉里置业（中国）有限公司竞得，其中，E-4#地块以20750元/平方米的成交价宣告了宁波新地王的诞生。

外部环境依然不容乐观。

第一，美国经济复苏动力依然不足。2010年美国失业率居高不下，房地产业依旧低迷，以消费为主导的美国经济尚未有实质性好转。预计2011年美国经济将会低速增长。第二，欧洲主权债务危机仍未过去。2010年第二季度欧洲经济的好转主要由德国拉动，剔除德国因素，其他国家经济或者小幅增长，或者负增长。预计2011年欧洲经济很难恢复到危机前水平。第三，日本经济将重现疲软。美国经济复苏的艰难直接影响日本经济形势，而且日本刺激政策效应消退后，内需将会重新回到疲弱态势。第四，新兴市场国家经济增长将趋缓。由于发达国家经济趋于疲软，新兴市场外部环境有所恶化；而且新兴国家通胀压力较大，政策刺激力度将会收敛，2011年经济增长将会减缓。

就国内经济来看，当前经济运行态势总体良好，但转变经济发展方式、调整经济结构的任务依旧艰巨。特别是进入2010年三季度以来，一方面经济出现放缓迹象，一些制约经济增长的内外因素同时显现，因此，保持经济稳定增长的政策需继续实施；另一方面，价格总水平不断走高，控制通货膨胀不容松懈。针对复杂的宏观形势，下阶段，央行将实施稳健的货币政策，保持信贷合理增长，进一步为地区经济稳定增长提供良好的融资环境和金融服务。从宁波的情况看，主要指标已超过金融危机前水平。全年规模以上工业产值、GDP分别突破万亿①、5000亿元。同时，2011年是我市“十二五”规划的开局之年，一批“四大”工程②将会在2011年加快启动，有利于投资增量的形成与投资结构的优化；2011年随着收入分配制度改革的深化与推进，收入分配格局将会得到改善，这将有利于推动城乡居民消费进一步活跃，消费市场有望继续保持繁荣局面。因此，区域经济持续增长的内生动力将不断得到增强，对信贷资金与金融服务的需求也将平稳增长。各金融机构要认真领会人民银行“稳物价、促转变、防风险、推改革”的工作方针，认真贯彻稳健的货币政策，引导货币信贷总量平稳、适度、合理增长，保持合理的社会融资总规模；继续加大对战略性新兴产业、中小企业、“三农”等实体经济领域的支持力度，巩固宁波经济持续回升向好的势头，促进经济增长方式转变，确保金融稳健运行，促进经济稳定增长。

---

① 全年规模以上工业产值累计实现总产值10867.5亿元，增长35.4%。

② “四大”工程指构建城镇化大平台、集群化大基地、战略性大项目和总部型大企业。

（一）贯彻稳健货币政策，保持信贷合理增长

金融机构要认真领会贯彻落实稳健的货币政策。实行稳健货币政策是央行根据新形势、新情况，为进一步提高政策针对性和灵活性而作出的，是引导货币政策稳步向常态回归。此次稳健货币政策是介于宽松和从紧之间的一种中间状态，要转变“宽松”基调、适当收缩流动性，控制物价过快上涨的货币条件，防止资产价格泡沫和经济出现大的波动；同时，不能“急刹车”，要保持金融支持经济发展的持续性。各金融机构要根据国家的宏观调控要求和宁波企业生产经营的实际情况，结合自身业务发展需要和风险管控能力，保持信贷总量稳定增长，合理安排好信贷投放的进度和节奏，积极满足宁波经济持续增长和产业转型升级的合理资金需求，更好地支持地方经济社会发展。

（二）调整优化信贷结构，促进发展方式转变

货币政策回归稳健有助于金融机构进一步调整信贷结构，“有扶有控”，合理引导投资和消费行为，为经济结构调整和发展方式转变、资源配置效率提高提供平稳的货币环境。各金融机构要按照结构调整与产业升级的要求，进一步优化金融资源配置。要充分认识到战略性新兴产业在经济转型升级中的关键作用，不断加大对新能源、新材料、新医药、信息网络、节能环保等战略性新兴产业的金融支持力度；牢固树立绿色信贷理念，大力发展各类低碳金融业务，加快推进节能环保产业、循环经济和低碳经济发展。要全力做好中小企业金融支持工作，把中小企业信贷业务作为各项金融业务的战略重点；进一步推广应用专利权、商标权、经营权抵押贷款等创新产品，着重抓好扩面增量工作。要以现代农业园区、农村住房改造建设等为重点，以林权抵押、农房抵押、海域使用权抵押贷款等农村金融产品创新为突破口，进一步加大对“三农”的金融支持力度。

（三）加快金融转型升级，提升金融服务水平

稳健的货币政策要求进一步提高金融支持经济发展的针对性、有效性和可持续性，要求金融机构针对微观经济主体对利率敏感程度的差异，不断改进利率定价的方式，要求金融机构提高持续经营能力，大力提高金融资源配置效率与金融服务水平，这对金融机构也提出了转型升级的要求。各金融机构要认真落实《关于加快

宁波融入上海国际金融中心建设推进宁波金融业转型升级的指导意见》，积极推进沪甬金融合作，努力构建金融业转型升级的长效机制，不断提升宁波金融业的服务水平。在加快推进利率市场化的背景下，金融机构要大力推进赢利模式的转变，促使业务收入多元化；提升支付体系与金融 IC 卡的“辐射能力”，逐步实现金融服务的“同城效应”，要逐步构建沪甬两地的“大同城”支付体系，力争金融 IC 卡在沪甬两地实现金融服务无障碍。要持续提升外向型经济的金融服务能力，进一步加强、完善外汇管理，为投资和贸易提供便利，支持有实力的企业“走出去”；继续推进汇率避险市场的培育和汇率避险产品的创新，增强出口企业的汇率风险规避能力；加强对外经贸企业网上融资平台的运用，提高银企对接效率。

（四）加强信贷风险管理，确保区域金融稳健运行

为应对国际金融危机对我国经济的冲击，国家近两年来出台了一揽子政策措施，在刺激经济增长的同时，也带来了一些问题，如货币信贷快速增长带来的通胀压力、地方政府融资平台风险、房地产项目的信贷投放大幅增加、贷款集中度和期限错配问题较大等，使整个银行体系潜在的系统性风险上升。稳健货币政策的实行，有利于金融机构加强资金规模管理和结构调整，合理把握信贷投放力度、投向和节奏，控制风险资产，防范金融风险的进一步积累，维护金融稳定。各金融机构应关注相关行业风险，积极构建风险防控的长效机制。要继续认真落实执行好差别化住房信贷政策，严格规范个人住房贷款和房地产开发贷款管理；密切关注房地产市场运行变化，监控相关信贷资金的流向、流量，防止房地产市场波动风险向信贷领域蔓延。各金融机构要认真贯彻国务院以及人民银行等部委出台的一系列政策文件，加强对融资平台的信贷管理和风险识别，确保融资平台贷款投向符合国家宏观调控政策、产业政策要求和宏观审慎管理规定。

表 2 至表 4、图 10 至图 13 为宁波市 2010 年主要指标。

表 2　2010 年度宁波市主要经济指标

项目	累计值	同比增长(%)
一、地区生产总值(亿元)	5125.8	12.4
二、工业		
1. 规模以上*工业总产值(亿元)	10867.5	35.4
2. 规模以上工业销售产值(亿元)	10565.4	34.7

续表

项目	累计值	同比增长(%)
3. 规模以上利税总额(亿元)	·1147.9	35.1
三、全社会固定资产投资(亿元)	2206.5	10.1
其中:房地产开发投资(亿元)	557.3	48.8
四、社会消费品零售总额(亿元)	1704.5	19.2
五、进出口总额(亿美元)	829.0	36.3
其中:出口	519.7	34.5
进口	309.3	39.6
六、财政收支(亿元)		
1. 一般预算收入	1171.7	21.3
其中:地方财政收入	530.9	22.7
2. 一般预算支出	600.7	18.7
七、人民生活与物价		
1. 城市居民人均可支配收入(元)	30166	10.2
2. 农村人均现金收入(元)	14261	12.9
3. 居民消费价格总指数	103.7	较上年同期上涨3.7%

注：*规模以上工业即国有及年主营业务收入在500万元以上的非国有工业。

表3　2010年度宁波市分行业金融指标概览

项目	余额/累计	同比增长(%)
一、银行业		
1. 期末本外币存款余额(亿元)	9755.52	18.37
2. 期末本外币贷款余额(亿元)	9414.20	22.01
3. 本年累计税前利润(亿元)	236.92	41.36
4. 期末不良贷款率(%)	0.92	比年初下降0.36个百分点
二、证券业		
1. 本年累计证券成交额(亿元)	18417.27	0.13
2. 期末客户交易结算资金余额(亿元)	153.90	-8.14
3. 期末指定与托管证券市值(亿元)	1339.61	40.31
三、保险业		
1. 本年累计保费收入(亿元)	144.06	34.06
其中:财产险保费收入(亿元)	66.20	29.60
人身险保费收入(亿元)	77.86	38.14
2. 本年累计赔款与给付(亿元)	38.14	5.10

表4　2010年宁波市分地区金融指标概览

单位：亿元

地　区	本外币存款增量		本外币贷款增量	
	本年累计	上年同期	本年累计	上年同期
市　区	607.88	894.58	680.05	907.07
开发区	200.92	180.83	170.06	137.87
鄞州区	189.23	242.54	177.92	183.03
慈　溪	214.52	217.48	246.83	210.32
余　姚	124.31	192.21	160.06	205.02
奉　化	48.28	47.45	77.06	71.02
宁　海	66.73	56.85	105.41	83.80
象　山	44.57	50.16	74.09	91.77

注：1. 本外币存贷款增量不含外资机构；
2. 本外币存贷款中"市区"指市三区。

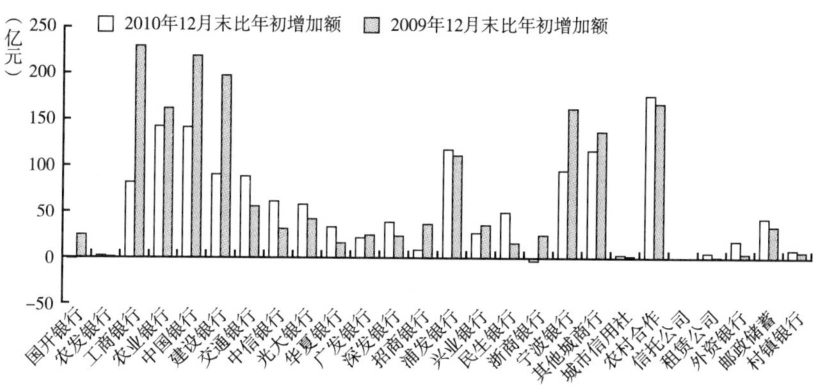

图10　2010年12月末宁波市金融机构本外币存款比年初增加额对比

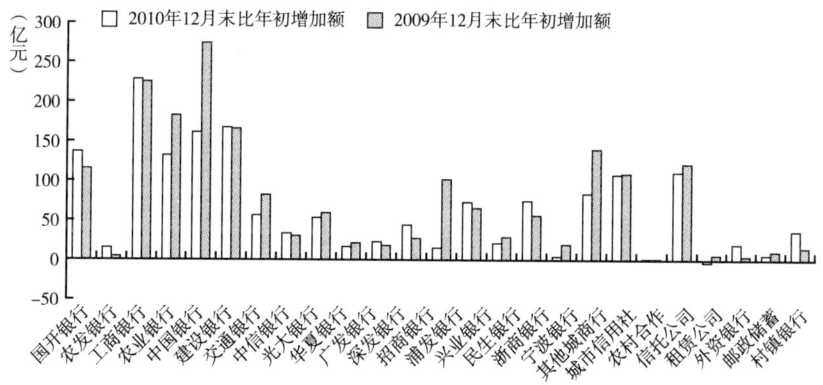

图11　2010年12月末宁波市金融机构本外币贷款比年初增加额对比

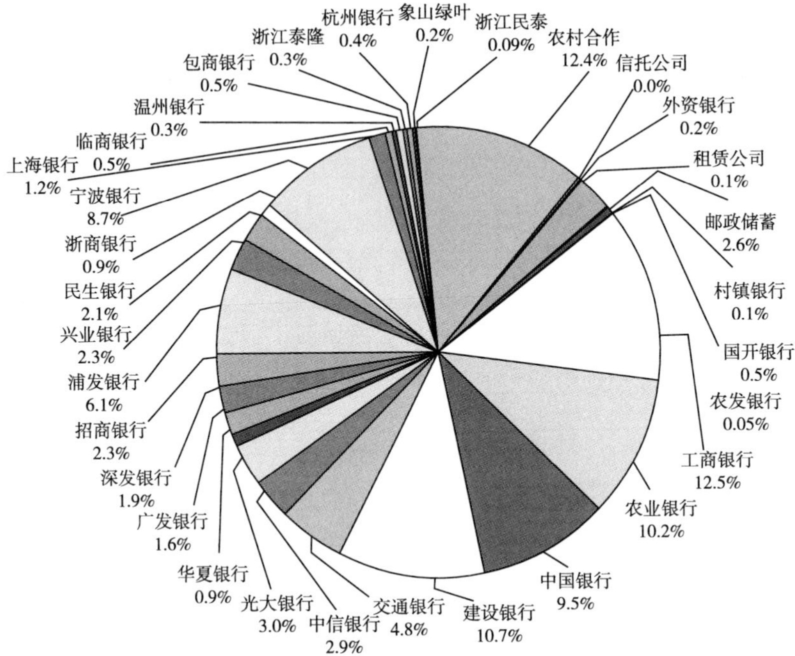

图 12　2010 年 12 月末宁波市金融机构本外币存款余额占比

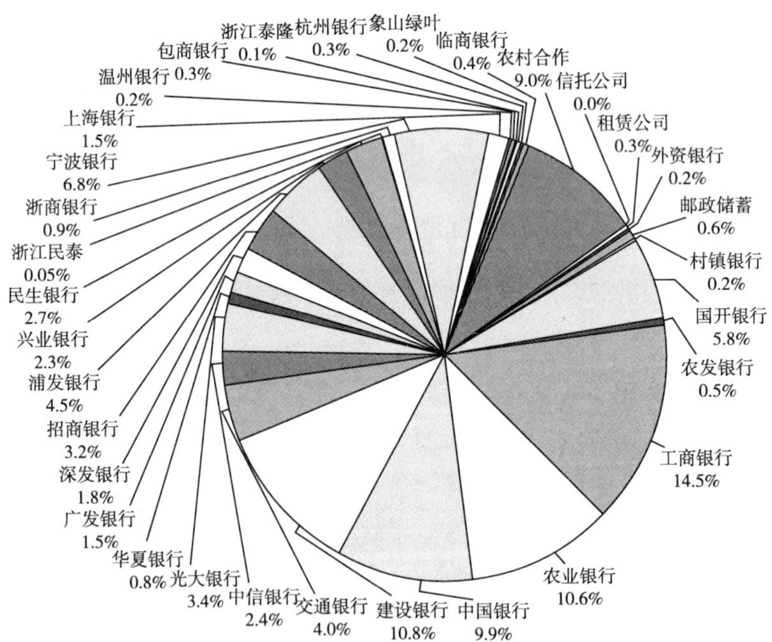

图 13　2010 年 12 月末宁波市金融机构本外币贷款余额占比

B.8

2010年度温州市经济金融形势分析报告

2010年以来货币政策更趋针对性和灵活性，贷款规模控制和均衡投放管理取代了危机时期的超常规投放成为信贷政策执行的主要特点。2010年，世界主要经济体货币政策量化宽松，国内外经济增长趋于稳定。我市金融运行总体稳健，信贷投放呈现总量适度、节奏均衡的态势，金融市场运行活跃。但经济增长面临通胀预期高涨、社会资金逐利套利活动增多、产业资本转移等诸多问题，社会融资潜在风险值得关注。2011年，在稳健货币政策和我市投资需求大幅上升背景下，要积极寻求国家金融宏观调控与地方经济发展的结合点，保持信贷总量合理适度增长，同时进一步优化信贷结构，努力实现经济平稳较快增长和维护区域金融安全。

一 2010年温州金融运行基本态势

2010年以来，我国货币政策更趋针对性和灵活性，全年六次上调存款准备金率，两次上调人民币存贷款基准利率，同时公开市场操作频繁。我市信贷运行较危机时期发生较大变化，规模控制和均衡投放成为信贷政策执行的着力点，充分体现了金融宏观调控的政策意图。全市银行业运行总体良好，贷款投放增速渐趋常态，投放均衡性提高，存款总量增长平稳，银行经营效益较好。

（一）银行业主要金融指标

2010年末全市银行业本外币各项存款余额6498亿元，比年初增加1146亿元，余额同比增长21.4%；其中人民币存款余额6223亿元，比年初增加1032亿元，余额同比增长19.9%；外币存款余额41.5亿美元，比年初增加17.89亿美元，余额同比增长75.8%。

2010年末全市银行业本外币各项贷款余额5517亿元，比年初增加1030亿元，余额同比增长23%；其中人民币贷款余额5382亿元，比年初增加988亿元，余额同比增长22.5%；外币贷款余额20.4亿美元，比年初增加6.79亿美元，余额同比增长49.9%。

2010年12月末，全市银行业本外币不良贷款余额24.58亿元，比年初下降0.78亿元；不良贷款率0.45%，比年初下降0.11个百分点。全市银行业实现账面利润164亿元，同比增长38.4%。

（二）银行信贷运行特点

1. 贷款保持较快增长，投放节奏均衡性提高

总体上看，2010年我市贷款投放力度依然较大：一是从历年人民币贷款投放来看，增量仅次于2009年同期。与2009年金融危机背景下的超常规投放相比，2010年贷款同比少增101亿元，但与往年相比，增量比历史次高点2008年全年增量多出399亿元。二是从全省各地区贷款投放来看，2010年我市本外币贷款增量占全省全部增量的13.5%，比年初余额占比高出1.8个百分点；贷款新增量居全省第三，较第四位的绍兴和第五位的金华分别多出393亿元和445亿元。三是从资产转让规模来看，2010年全市金融机构累计向外净转出贷款和票据资产424亿元，比2009年多转出270亿元。

从贷款增长时序特点来看，各商业银行在货币信贷政策引导和贷款规模控制影响下，月度信贷投放均衡性有所提高，除1月份由于2009年末被压抑的贷款需求集中释放导致贷款投放较多，其他月份贷款增量基本在65亿元~100亿元，没有出现季末冲高现象。但贷款投放的旬间波动加大，呈现中上旬大规模投放，下旬少投放或压缩贷款规模的态势。

2. 存款季度增量波动较大，季末冲高现象明显

受资金跨区域流动量不断扩大影响，2010年我市各项存款季度增量波动仍然较大，四个季度人民币各项存款增量分别为418亿元、197亿元、256亿元和161亿元。与往年不同的是，第三季度并未因传统产业生产备货而导致各项存款大幅下滑，一定程度上折射出部分社会资金脱离传统产业进行多元化投资的事实。另外，在贷款投放均衡性提高、季末派生存款减少的情况下，存款季末冲高现象仍然十分明显，3月份、6月份、9月份和12月份累计存款增量为508亿元，占全部存款增量的49.2%。表明金融机构流动性趋紧，存款竞争加剧，少数银

行机构采用一些非正常竞争手段使存款虚增。

3. 贷款结构有所调整，重点领域资金需求保障有力

2010 年以来，我市金融机构根据宏观调控导向和产业转型升级的内在要求，加快贷款投放结构调整，合理把握信贷投向。一是积极开拓小企业贷款市场。全年全市小企业本外币贷款新增 280 亿元，占全部贷款增量的 27.2%，比年初提高 4.9 个百分点。二是大力支持制造业资金需求。全年制造业本外币贷款新增 371 亿元，占全部贷款增量的 36%，同比提高 3.3 个百分点。三是加大对县域信贷支持。全年县域新增本外币贷款 485 亿元，占全部贷款增量的 47.1%，比年初提高 6.5 个百分点。四是合理控制房地产贷款。全年房地产贷款新增 114 亿元，同比少增 40 亿元，其中房地产开发贷款比年初减少 9 亿元，购房贷款比年初增加 123 亿元。

4. 存款增长结构变化突出，增长后劲堪忧

今年存款增长结构存在三个突出特点：一是储蓄存款增长乏力，企业存款增长稳定。伴随通胀预期的持续升温，个人储蓄意愿明显下降。12 月末，储蓄存款比年初增加 299 亿元，同比少增 233 亿元，余额同比增长 11.4%。企业存款比年初增加 531 亿元，同比多增 39 亿元，余额同比增长 31.5%，反映出适度宽松货币政策背景下部分企业主业经营意愿下降、资金逐利套利活动增多，资金面较为宽松。二是在旬间波动上呈现“上旬大幅下降、下旬大幅回升”的格局。除 2 月份因春节因素区域外存款大量回流外，其余月份上旬存款均为负增长，下旬均为正增长。三是在期限结构上表现为储蓄存款活期化和企业存款定期化趋势。全年储蓄存款增量的定活期结构是 6∶94，企业存款增量的定活期结构是 91∶9，储蓄存款活期化表明个人投资和消费更趋活跃，企业存款定期化主要与票据项下的企业定期存款置换保证金存款增加有关。上述存款增长的结构性特点反映出，虽然从数据上看我市存款保持较快增长，但稳定性欠佳，存款增长后劲堪忧。

综上所述，2010 年金融宏观调控深刻影响了我市信贷运行状况，在“讲总量、调结构、均投放”成为银行信贷政策执行主基调的背景下，全年贷款增量和增速朝着宏观调控预期目标靠近，贷款投放均衡性明显提高。同时，银监会“三个办法一个指引”出台后，信贷监管方式有所改变，辖内派生存款随之下降，加之通胀预期强烈对储蓄存款形成分流，全年存款增长难度加剧。但银行机构对经济支持仍不遗余力，12 月末，全市新增人民币存贷比达 95.7%，比年初提高 11.1 个百分点。从全社会流动性来看，资金面仍较为宽松：一是在人民币汇率升值预期和加息的共同作用下，国际游资流入和结汇资金增多。全年全市净结汇 183 亿美元，约合 1226 亿元人民币，同比多增 260 亿元。二是银行通过扩大票据承兑业务支持企业资金周转需要，弥补了部分流动资金缺口。12 月末，全市银行承兑汇票余额 1537 亿元，占全部贷款余额的 28.6%，同比增长 20.1%。三是直接融资步伐加快。12 月末，全市 7 家上市公司筹资额达 53.75 亿元，是 2009 年同期的 1.84 倍。

（三）金融市场运行概况

2010 年我市金融市场总体运行活跃，资金价格趋于上升。

从金融市场运行情况看，主要有以下一些特点。

一是票据承兑业务和贴现业务发展势头迥异。2010 年受贷款规模控制影响，我市银行机构一方面通过扩大银行承兑汇票业务支持企业资金需求，另一方面通过压缩票据融资额腾出放贷空间。12 月末，全市银行承兑汇票余额 1537 亿元，比年初新增 257 亿元，余额同比增长 20.1%；全年累计签发银行承兑汇票 2995 亿元，同比增长 7.6%。票据贴现余额 26 亿元，比年初净减少 24 亿元，余额同比下降 48%。

二是外汇市场呈稳定快速增长势头。伴随世界经济的逐步复苏，我市出口和利用外资形势明显好转。全年全市涉外收支 343 亿美元，同比增长 28.9%；外汇收支顺差 163 亿美元，同比增长 31.5%。全市银行结售汇总额 265 亿美元，同比增长 24.4%；结售汇顺差 183 亿美元，同比增长 31.7%。受欧洲主权债务危机影响，2010 年欧元汇率整体呈逐步下行态势，个人结汇意愿低迷导致结汇量明显萎缩，全年全市个人结汇 64.31 亿美元，同比下降 19.6%。同时由于本地和香港汇差套利机会消失和境外购房减少，个人售汇也大幅下降，全年全市个人售汇 13.31 亿美元，同比下降 26%。

三是证券市场交易较为活跃。2010 年股市整体呈现震荡下行走势，上证综指从年初的 3277 点下跌至年末的 2808 点，但由于房地产调控不断加剧，股民对股市投资热情不减。全年全市证券交易累计总额 12456 亿元，同比增长 5.6%；12 月末证券资金开户数 52.8 万户，同比增长 17.6%；比年初新增开户数 7.91 万户，同比增长 13.3%。

四是保险市场业务增长趋快。全年全市保费总收入 100.92 亿元，同比增长 25.7%。其中，财产险保费收入 36.72 亿元，同比增长 31.4%；寿险保费收入 64.2 亿元，同比增长 22.7%。

从市场资金价格走势看，呈现以下三个特点。

一是贷款利率逐步走高。2010 年以来，伴随经济逐步回升向好，社会投资投机活动活跃，信贷资金相对稀缺导致信贷供需矛盾显现，贷款利率呈逐步上升态势。2010 年四个季度全市金融机构人民币贷款加权平均年利率分别为 6.26%、6.49%、6.66% 和 6.65%，四季度贷款利率比年初提高了 0.62 个百分点。

二是票据贴现利率逐季上升。2010 年央行连续六次上调存款准备金率、两次上调贷款基准利率，市场预期收紧导致票据贴现利率逐季上升。据我中支利率监测数据显示，第 1 至 4 季度票据贴现加权平均利率为 4.05%、4.45%、4.51% 和 5.65%。

三是民间借贷利率总体走高。2010 年以来，随着民间借贷活动逐步活跃和贷款利率逐季上升，民间借贷利率水涨船高。据我中支民间借贷利率监测显示，12 月一般社会主体之间的借贷利率为 17.04%，比年初上升了 4 个百分点。

二　2010 年温州金融运行热点问题分析

（一）货币政策转向后信贷有效供需衔接问题

2011 年是转变经济发展方式、调整经济结构、保持经济社会良好发展势头的攻坚之年。鉴于未来通胀压力还可能走高和资产价格依然高企，我国货币政策基调由适度宽松转为稳健，调控的主要目标是保持广义货币供应量增长 16% 左右，同时在政策工具方面以差别准备金动态调整代替原来的贷款规模控制。纵观 1998 年至 2008 年稳健货币政策的实际操作，其在不同年份扩张与收缩的力度有所不同，此次货币政策基调的转向意味着稳定价格总水平将被放在金融宏观调控更加突出的位置，因此货币政策实际操作上表现为“明稳暗紧”。但从我市来看，2011 年社会资金需求仍然十分旺盛：一是地方政府实施大投入战略。2011 年正值“十二五”规划开局之年，全年全社会固定资产投资目标增长率为 50%，其中主导性投入将主要针对新成立的十大市级国资营运公司，确保完成重点建设投资350亿元，以期带动全社会固定资产投资1600亿元。政府投融资项目约70%的资金缺口是由银行信贷资金弥补的，因此2011年政府投融资项目的信贷资金需求将明显扩张。二是部分传统产业利润率低下。近年来随着温州传统制造业资本边际收益率下降，尤其是金融危机以来部分企业主业“造血”功能弱化，加剧了对外源融资的依赖度。自2010年6月开始，我市规上工业企业的主营业务收入增速一直低于主营业务成本。1～11月，全市8023家规上工业企业主营业务收入增幅比主营业务成本增幅低0.2个百分点。三是个人投资活跃。伴随通胀预期的持续升温，社会主体保值增值的投资意愿和消费意愿普遍提升，个人贷款需求十分旺盛。据我中支四季度城镇储户问卷调查显示，在支出意愿选择中，有63.5%的储户选择投资，较上季提高7.25个百分点，创历史新高。

综上所述，2011年在稳健货币政策和我市投资需求大幅上升的背景下，我市信贷投放面临着贷款总量压缩和信贷结构调整的双重压力。首先，尽管由于我市金融生态环境良好，近年来在信贷资源分配上都得到了倾斜，但预计2011年贷款增量可能较2010年略有下降，因此对一些并不符合产业和信贷政策的资金需求，（如一些制造业企业以企业作为融资平台将信贷资金用于多元化投资；一些个人贷款参与到担保公司的垫资续贷活动中；一些项目资本金不到位、一些项目无直接还款来源或还款来源无保障等），对这些信贷需求信贷政策在客观上要予以压缩。其次，伴随贷款规模趋紧和存款增长压力加大，社会主体对有限信贷资源的争夺将变得激烈。从近两年信贷资源分配来看，个人贷款增长占了绝对优势，全市个人贷款余额占比从2006年末的31.6%上升至2010年末的48.3%，2010年增量占比达到了62.2%，而中小企业贷款增速远低于个人贷款增速，而且在期限结构上主要是以短期贷款为主，这对增加企业技改投入、提升企业竞争力都很不利。据我们三季度对温州八大主导行业97家企业的问卷调查显示，未来半年只有28家企业有新的投资项目，其中计划投资本地本行业的企业只有12家，仅占被调查企业总数的12.4%。因此在2011年信贷投放中，一方面要防止个人贷款和政府投资项目贷款增长过快在信贷资源分配上对中小企业形成挤压；另一方面要适当增加对中小企业的中长期贷款投放，鼓励中小企业增加技改和设备更新投入，切实提高企业竞争力，促进产业转型升级。

（二）通胀预期强烈对区域经济金融的影响

金融危机以来，全球信贷超常规投放的滞后效应正推动着资源和资产价格不

断升高，微观主体已经形成较明显的通货膨胀预期。据我中支四季度储户问卷调查结果显示，居民物价满意度下跌至历史最低点。描述居民对物价满意度的满意指数①本季为 13.12 点，较上季下降 4.13 个百分点，再次创出历史新低。而且储户预期下季度物价还将继续上涨，描述居民对通胀预期的未来物价预期指数②为 85.41 点，比上季上升 10 个百分点，创出历史高点。因此，下阶段要密切关注通胀预期及其自我实现机制（即通货膨胀预期状况会极大地影响实际通货膨胀）对区域经济金融的影响：一是影响产业转型升级。按照世界银行分类标准，2010 年温州人均 GDP 预计超过 5000 美元，已经达到中高收入国家水平，经济发展进入工业化后期，正是产业转型升级的关键时期。但在资产价格和资源品价格不断走高趋势下，企业生产经营利润空间不断压缩，出现了产业资本向金融资本转移的迹象，影响了经济增长后劲。二是增加存款增长压力。2010 年以来，受通胀预期影响我市个人投资和消费行为明显增加，导致储蓄存款出现分流和活期化趋势，本地金融机构存款增长乏力，金融机构之间揽存竞争变得十分激烈，一些非正常竞争手段如捆绑销售理财产品、存贷挂钩、高息揽存等加剧了恶性竞争，直接扰乱了金融秩序。

当前我们所面临的通胀问题和以前历次所遇到的通胀问题性质上不完全一样。比如 20 世纪 90 年代初期是因为短缺经济造成的，前两年通胀是经济过热造成的，2010 年的通胀压力除了因为流动性过剩推动外，一个重要原因在于金融危机以来经济复苏和发展主要是靠政府在积极推动，而大量产业资本尤其是民营资本由于国际市场萎缩和农村剩余劳动力转移造成用工短缺等问题而被迫“闲置”下来。这些闲置下来的产业资本要么成批地向金融资本转移，要么流窜至资源类和农产品等领域进行投机炒作，这种趋势是全国性的，温州也不例外。目前全市已开业的小额贷款公司有 20 家，村镇银行有 3 家，吸引了大批温州民企入股投资，截至 2009 年末，全市共有 1194 家民营企业参股各种地方性法人金融机构，占股东总量的 4.8%，入股 30.35 亿元，占总股本的 54.4%。金融投资、短期投机趋势一定程度上影响了产业资本稳健发展。因此，当前要控制通胀水平，除了管理好流动性之外，还要尽快通过不断完善制度建设和公共服务等措施

① 指数范围为 [0，100]。
② 指数范围为 [0，100]。

来激发投资产业资本的热情，打造出市场自身“造血型”的经济发展活力，这是从根本上解决当前我国经济结构性通胀的关键要素。

（三）潜在金融风险

1. 过度融资风险

2010 年以来房市的火热使与房地产相关的贷款成为各家银行争相抢夺的优质项目，有的项目分别由两个或两个以上银行授信，授信总额远远超出土地的出让价格和评估价值，甚至达到近 3 倍。据调查，当前我市个人贷款中有 75% 以上是以房产作为抵押的，房地产市场已经成为影响我市金融运行的重要因素。随着适度宽松货币政策的退出，2011 年社会流动性将有所趋紧，事实上 2010 年末贷款规模控紧后，不良贷款已经出现反弹迹象，11 ~ 12 月我市不良贷款累计新增 1.94 亿元。下阶段，房地产开发项目的多头和过度融资在面临续贷时很有可能造成资金链的紧张，相关部门在坚决落实二次房产调控政策的同时，要密切关注房地产开发企业的资金链状况以及个人贷款潜在金融风险，维护房地产市场的平稳运行和信贷资金安全。

2. 民间金融风险

2010 年我市民间金融活动异常活跃，且民间金融的表现形式和作用较危机之前发生了很大变化，呈现规模明显扩张、参与主体更加广泛、借贷用途更加隐蔽的特点。从民间借贷用途来看，由担保公司、典当行、寄售行、投资（咨询）公司等融资中介机构进行的民间借贷用途较为隐蔽，同时这个市场也是温州近年来发展最快、最活跃、社会关注度最高的市场。监测显示，一些融资性中介机构利用适度宽松货币政策，通过组织个人贷款资金或储蓄存款从事高利垫资活动，借贷月利率高达三四分，导致部分地区非法融资有所抬头，直接扰乱了金融秩序。据统计，2010 年全市因非法吸收公共存款及诈骗立案 20 起，涉案金额 9.92 亿元，平均涉案金额 4955 万元，比 2009 年翻了一倍。

3. 异地房产抵押风险

近年来，受制于温州本地的土地、人才、资源、技术等瓶颈因素，温州民营企业外迁和对外投资现象日益普遍。由于异地银行机构的信贷门槛较高，企业难以从异地银行获得信贷资金，因此其投资资金大部分来自温州本地银行贷款资金，贷款方式主要为房产抵押形式的短期贷款。随着异地投资规模的扩大，以异

地房产、厂房抵押为主的抵押贷款也呈快速增长势头。据我中心支行对各商业银行贷款余额为 1000 万元以上企业的调查情况来看，2010 年 12 月末全市共有 343 家企业以异地商品房、别墅、厂房、商铺等作为抵押从本地银行机构获取贷款，贷款笔数为 645 笔，贷款余额为 89.14 亿元，户均贷款余额达 2599 万元，贷款期限几乎都以短期为主。相对于本地而言，异地投资受人脉、信息、产业链等因素制约，更容易受到环境突变的影响，金融危机过程中我市在外投资企业就发生一些不良事件，同时由于信息不对称和监管处置难度相对较大，使得异地抵押贷款对银行信贷资金的保障程度降低，给银行贷后管理带来一定的风险隐患。

三　2011 年经济金融形势展望与政策建议

（一）2011 年宏观经济环境和货币政策展望

从国际形势看，目前全球经济尚未出现新的增长点。美、欧、日三大经济体经济恢复遭遇各自难以克服的问题，短期内不可能恢复较快增长；由于美国重启量化宽松货币政策，加剧了汇率波动和国际热钱流动，对新兴经济体形成较大的资产泡沫和通胀压力，增加了新兴市场国家的系统性风险；各种形式的贸易保护主义猖獗，增加了世界经济恢复的不确定性。

从国内情况看，前两年为应对金融危机实施的适度宽松货币政策已经积聚了较大的资产泡沫和通胀压力，2010 年全年通胀水平超过了年初确定的 3% 的增长目标。在成本推动、需求拉动和输入性通胀等综合影响下，2011 年中国经济可能持续面临通胀压力。另外，中国内需增加的基础不平衡，民间投资和经济内生性增长动力不足，持续扩大居民消费、改善收入分配、促进经济结构调整优化的任务非常艰巨。在经济增长面临诸多不确定的情况下，2011 年稳健货币政策的针对性和灵活性将会增强，动态微调将十分频繁，以逐渐引导货币条件回归常态水平，保持经济平稳较快增长和物价稳定。

从我市情况来看，经济正由恢复期的快速回升阶段，向后危机时代的平稳增长阶段过渡。2011 年在人民币汇率升值、节能减排压力突出、房地产市场调控效果不确定等因素影响下，全年经济增长仍面临诸多困难。从信贷增长来看，预计全年贷款增量保持在 900 亿元左右，但存款增长后劲堪忧。

（二）政策建议

1. 保持信贷合理投放，促进经济平稳增长

全市金融机构要认真贯彻落实稳健货币政策，根据我市经济发展实际情况，保持信贷总量合理适度增长，切实引导好通胀预期。要根据宏观调控要求和实体经济部门信贷需求，安排好贷款投放进度和节奏。要加强信贷资金管理，严防信贷资金挪用，确保信贷资金有效流入实体经济，提高对实体经济的信贷支持力度。要结合自身经营情况，将存贷比和资本充足率等指标保持在合理水平，保持银行体系流动性合理适度，做到风险可控和发展可持续。

2. 加快信贷结构调整，支持经济发展方式转变

金融机构要合理安排信贷投放节奏，继续贯彻“区别对待、有保有压”方针，科学把握信贷投向。一是根据产业转型升级要求，重点支持高新技术产业发展、产业转型升级资金需求，推动节能减排，严格控制高耗能、高排放行业和产能过剩行业新上项目贷款。二是进一步加大对有市场、有技术、有发展前景的中小企业特别是微小企业的支持力度，确保中小企业贷款增速高于全部企业贷款增速。三是正确贯彻落实差异性房地产信贷政策，继续支持普通自住住房、保障性住房建设等信贷支持，坚决抑制投机性购房需求。四是加快推进农村金融产品和服务方式创新，改进和提升农村金融服务。五是要积极满足重点工程、民生工程等政府投融资平台资金需求，并推动符合条件的民营企业、政府投融资平台通过发行企业债券、短期融资券、中期票据等渠道实现多元化的融资结构。

3. 加强分析监测与监管，维护良好的金融秩序

近年来，温州由于其良好的金融生态环境，从而在信贷资源分配方面得到倾斜，但在当前信贷高速增长和经济环境日益复杂的背景下，出现了部分信贷资金游离于实体经济从事资金逐利套利活动，给银行信贷资产带来了风险隐患。因此，相关部门要加强沟通协调，积极维护良好金融秩序。一是要加强沟通协调，强化区域金融风险的综合管理，加强对过度融资、房地产信贷等问题的分析研究和监测，切实防范金融风险，努力做到防患于未然。二是要建立协调合作机制，加强对企业经营情况的监测分析，及时发现风险苗头，及早采取措施化解风险。三是要加强对担保公司、寄售行等社会中介机构的监管，防范信贷资金被用于垫资续贷活动。

4. 构筑金融大平台，集聚民间资本优势

有效启动民间投资不仅是巩固经济复苏基础的重要环节，也是决定我市产业竞争力的重要基础。下阶段，要加快推进我市金融改革，组建完善地方性金融组织体系，顺利实现民间资本和金融资本对接。同时，积极建设区域性高级金融学院，努力形成金融人才、技术和文化的制高点，为金融平台的构筑提供坚实的基础。一是以龙头民营企业为主体，政府财政资金为辅，同时可吸纳社会闲散资金，引导组建大型投资公司集团，用以解决围垦造地等政府工程项目。二是在农村合作银行的组建和村镇银行、小额贷款公司做大做强过程中积极扩大引入民间资本，适当降低发起银行的出资比例和民企准入门槛。三是加快构建以温州民间资本为主导的专业投资银行，以提高风险投资资本组织化程度，降低风险投资资本风险。四是引导民间资本恢复建立信托投资公司、租赁公司，以解决中小企业融资难问题，推动企业技术革新，加快产业转型升级。

B.9

2010 年度嘉兴市经济金融形势分析报告

2010 年，我市巩固和扩大应对国际金融危机冲击成果，经济继续回升向好，转型升级不断推进。我市金融机构积极适应货币政策变化，金融运行总体平稳，信贷适度均衡增长，结构不断优化。当前复杂环境下，需要重点关注物价水平较快上升的影响、企业经营压力、金融面临的挑战等问题，采取措施积极应对。在稳健的货币政策背景下，2011 年应保持信贷适度均衡投放，支持经济转型升级，促进经济平稳较快发展。

一 2010 年全市经济运行概况

2010 年，嘉兴市经济高开稳走，全市生产总值可比增长 13.7%。主要经济指标呈现“四快”特点。

（一）工业生产及效益快速增长

1～12 月，全市规模以上工业总产值 5137.5 亿元，同比增长 39.8%，比上年同期加快 36.1 个百分点。其中通用设备、交通运输设备、电气机械及器材、电子及通信设备等先进制造业同比分别增长 50.0%、66.1%、73.3%和 68.5%，均高于平均增速。1～12 月，全市规模以上工业企业实现利润 311.1 亿元，同比增长 61.5%。

（二）对外贸易及外资快速回升

1～12 月，全市进出口总额 228.2 亿美元，同比增长 32.6%，比 2008 年同期增长 15.0%。其中，出口 160.4 亿美元，同比增长 30.0%，比 2008 年同期增长 13.6%。1～12 月，全市合同利用外资 32.1 亿美元，同比增长 22.2%；实际利用外资 16.1 亿美元，同比增长 20.6%。

（三）国内投资与消费较快增长

1～12 月，全市限额以上投资完成 1362.5 亿元，同比增长 21.3%，增幅比 2009 年同期回落 2.5 个百分点。其中，民间投资 748.5 亿元，增长 27.7%；房地产开发投资 270.7 亿元，增长 44.6%。1～12 月，全市实现社会消费品零售总额 799.4 亿元，同比增长 18.9%，比上年同期加快 3.1 个百分点；市区居民消费价格同比上涨 4.0%。

（四）财政及居民收入较快提高

1～12 月，全市财政一般预算总收入 334.3 亿元，同比增长 19.7%，比上年同期加快 8.9 个百分点。其中地方收入 176.8 亿元，增长 24.8%，比上年同期加快 13.1 个百分点。1～12 月，全市城镇居民人均可支配收入 27487 元，同比增长 11.3%；农村居民人均现金纯收入 14365 元，同比增长 13.2%。

二　2010 年全市金融运行情况

2010 年，在经济回升向好及适度宽松货币政策背景下，全市金融业实现较快发展，金融总量不断扩大，信贷适度均衡增长，结构不断优化。

（一）金融运行概况

1. 三大业务不断扩大

存贷业务稳步扩大。12 月末，全市本外币各项存款余额 3590.8 亿元，比年初增加 686.8 亿元，同比多增 10.4 亿元，余额同比增长 23.6%，增幅比上年同期回落 6.8 个百分点。与各地市比较，12 月末存款余额、增量、增速分列第六、第六和第四位。12 月末，本外币各项贷款余额 2753.6 亿元，比年初增加 475.0 亿元，同比少增 135.3 亿元，余额同比增长 20.8%，比上年同期回落 15.8 个百分点。与各地市比较，12 月末贷款余额、增量、增速分列第七、第七和第八位。

国际业务快速回升。2010 年，全市国际收支总计 271.3 亿美元，同比增长 47.5%。其中，收入 194.0 亿美元，增长 50.7%；支出 77.3 亿美元，增长

40.2%；收支差额116.6亿美元，增长58.5%。1～12月，全市金融机构国际结算总计335.2亿美元，同比增长55.3%。其中，收入结算215.5亿美元，增长49.2%；支出结算119.7亿美元，增长67.8%。

现金业务增长较快。2010年，全市金融机构累计现金收入5959.5亿元，同比增长18.5%；累计现金支出6010.3亿元，同比增长18.3%；收支轧抵累计净投放现金50.8亿元，与2009年同期基本持平。1～12月，全市国内支付结算金额74370.4亿元，同比增长31.3%。

2. 三类市场不断发展

货币市场活跃度提高。2010年，辖内金融机构银行间市场现券累计交易额346.3亿元，是2009年同期的2.7倍；辖内金融机构债券回购总计935.6亿元，是2009年同期的3.5倍。

证券市场波动发展。12月末，全市证券账户数38.8万户，比年初增加3.8万户；全市证券保证金余额58.6亿元，与年初基本持平。1～12月，全市累计证券交易额5610.8亿元，同比增长10.2%。

保险市场较快发展。1～12月，全市累计保费收入59.3亿元，同比增长25.4%。其中财产险20.1亿元，增长33.5%；人寿险39.2亿元，增长21.7%。累计赔款和给付支出13.0亿元，同比下降17.6%。

3. 三项服务不断推进

跨境贸易金融服务较快推进。2010年，全市累计发生跨境贸易人民币结算业务98笔，累计金额14.3亿元。其中跨境汇款58笔，金额4.0亿元；为企业办理信用证结算业务40笔，金额10.3亿元；累计参与银行6家，参与企业32家。随着出口贸易人民币结算业务开展，参与试点的银行和企业数量预计将进一步增加。

中小企业金融服务创新推进。2010年，嘉兴市先后发行5期小企业集合信托债权基金，总发行量2.1亿元，68家企业获得信托贷款。中小企业纯信用贷款不断推进，12月末，该项贷款余额达到7.0亿元；排污权抵押、专利权质押、仓单质押等业务新品运用广泛开展。招商银行小企业信贷中心嘉兴分中心成立，加大对小企业支持力度。

“三农”金融服务稳步推进。12月末，全市已累计为29.0万户农户建立信用档案，占全部农户数的43.5%；已评定信用农户25.0万户，占已建档农户数

的 86.1%；对已建立信用档案的 12.6 万户农户累计发放贷款 220.9 亿元。农村非现金支付工具推广应用工作取得明显进展。12 月末，全市县及县以下 ATM 机 1060 台，POS 机 26965 台，发卡量 668.8 万张。

（二）金融运行特点

1. 存款波动较大，结构有所调整

2010 年影响存款增长的因素较多，银行存款组织力度明显加大，存款总体呈现季末冲高，季初回落，月度增量波动较大（见图 1）。从增量结构看：一是企业存款增长趋缓。2010 年全市新增企业存款 230.3 亿元，同比少增 106.2 亿元。企业派生存款下降且流动资金占用增加，流动性总体趋紧。二是储蓄存款波动增长。2010 年全市新增储蓄存款 244.1 亿元，同比多增 22.2 亿元，其中有 5 个月增量为负。资产市场及理财市场对储蓄存款月度增量影响较大。三是其他存款增势强劲。2010 年全市新增其他存款 207.8 亿元，同比多增 90.2 亿元。财政及机关团体收入增长较快，相应存款增加较多。

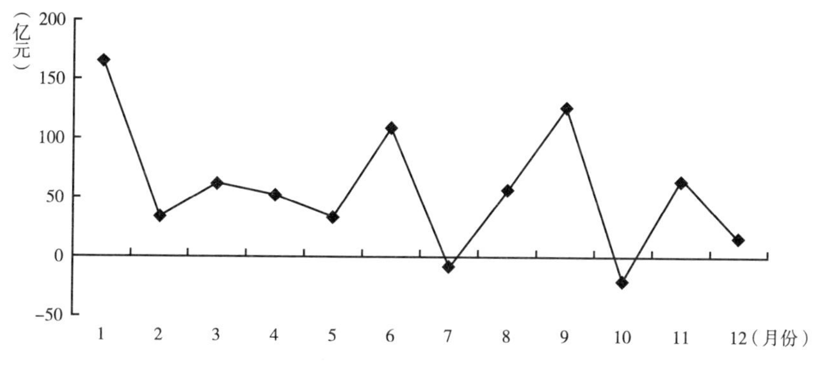

图 1　2010 年存款月度增量

2. 贷款均衡投放，结构趋向优化

2010 年，在货币信贷政策引导下，全市各金融机构加强贷款投放限额管理，信贷投放均衡性明显增强，多数月份信贷增量在 30 亿左右（见图 2）。同时，金融机构顺应宏观调控导向和区域经济发展需求，信贷投放凸显“有保有控”。

制造业及小企业贷款较快增加。2010 年，全市新增制造业贷款 200.0 亿

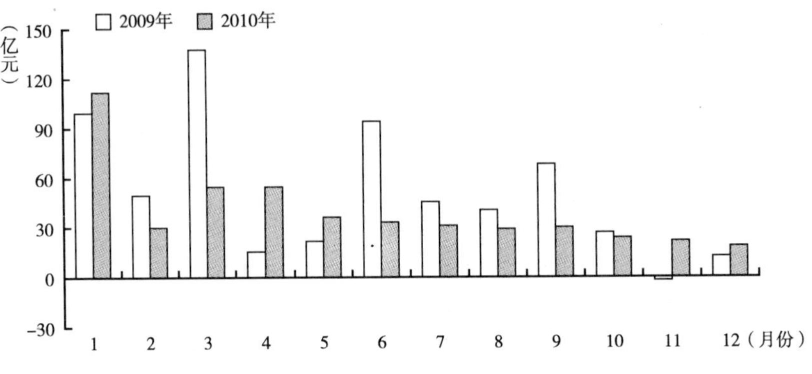

图2 信贷月度增量比较

元，同比多增38.4亿元，占全部新增贷款（不含票据）的41.1%，占比高于2009年同期14.7个百分点。12月末，全市各类企业贷款余额（不含票据）1925.1亿元，比年初增加305.7亿元，其中小企业新增178.4亿元，占比58.4%；小企业贷款余额占比由年初的39.3%上升到12月末的42.3%（见表1）。2010年，全市小额贷款公司新增贷款9.7亿元，同比多增1.6亿元，主要投向小企业。

表1 2010年12月末全市大、中、小型企业融资比重情况

单位：亿元

项目	全部企业		大型企业		中型企业		小型企业	
	余额	比年初新增	余额	比年初新增	余额	比年初新增	余额	比年初新增
各项贷款合计	1925.1	305.7	340.8	61.9	769.2	65.4	815.1	178.4
其中:制造业	964.2	177.5	119.8	9.2	342.7	54.8	501.7	113.5
各类贷款所占比重(%)	—	—	17.7	20.2	40.0	21.4	42.3	58.4

统筹城乡及创新创业贷款明显增多。12月末，全市“两新工程”项目贷款余额111.9亿元，比年初增加56.2亿元。农民住房改造贷款余额3.2亿元，比年初增加1.6亿元；土地流转经营权抵押贷款余额5770万元，比年初增加3984万元。2010年，全市新增科学研究、技术服务和地质勘察业贷款1870万元；新增个人经营性贷款61.2亿元，同比多增33.7亿元。

政府性项目及房地产贷款增长趋缓。2010年，全市新增水利、环境和公共

设施管理业贷款 15. 4 亿元，同比少增 97. 3 亿元。2010 年，全市新增房地产贷款 88. 9 亿元，同比少增 13. 7 亿元。其中，房地产开发贷款新增 4. 0 亿元，同比少增 1. 9 亿元；个人购房贷款新增 84. 7 亿元，同比少增 12. 1 亿元。二季度以来，个人购房贷款增速总体呈现下行态势。

3. 融资渠道不断拓展，融资成本明显上升

2010 年，货币政策逐步向常态回归，人民币信贷供给控制较严。在“规模内”贷款增势趋缓的同时，社会资金供给方式多元化更趋明显。与此同时，受资金供求关系及政策调控影响，资金价格上升明显。

融资替代效应有所显现。一是直接融资替代间接融资。2010 年，海宁皮城等 5 家企业在中小板上市融资 43. 5 亿元，三江化工等 4 家企业在境外上市融资 2. 2 亿美元。二是市外融资替代市内融资。2010 年，全市金融机构向市外净转出贷款 50. 7 亿元，同比多转出 16. 3 亿元。三是表外融资替代表内融资。2010 年，全市委托贷款业务 25. 8 亿元，同比增加 14. 0 亿元；全市信托理财融资 45. 0 亿元，同比增加 44. 0 亿元。

银行贷款利率明显上升。12 月，全市金融机构贷款加权平均利率 6. 30%，比年初上升 0. 72 个百分点。其中，人民币贷款加权平均利率 6. 60%，比年初上升 0. 50 个百分点；贴现加权平均利率 5. 89%，比年初上升 3. 22 个百分点；个人住房贷款加权平均利率 5. 70%，比年初上升 1. 15 个百分点；美元贷款加权平均利率 3. 03%，比年初上升 1. 33 个百分点。

三　当前及今后经济金融运行中需要关注的问题

2010 年，宏观环境复杂多变，经济结构调整力度加大，对当前及今后全市经济金融诸多领域产生影响。需要重点关注物价水平较快上升背景下经济金融所受影响、宏观环境复杂多变背景下企业经营压力及转型升级不断推进背景下金融面临的挑战等，并采取措施积极应对。

（一）关注物价水平较快上升背景下经济金融所受影响

2010 年全市物价水平上升明显，市区居民消费价格同比上涨 4. 0%；全市工业品出厂价格、原材料燃料动力价格同比分别上涨 5. 1%、9. 3%。特别是第四季度以来物价出现加快上升态势，对经济金融诸多领域产生影响。

影响企业赢利能力。我市的经济特质是“两头在外、大进大出”，众多中小企业大多处于产业链下端，对能源原材料的外部依赖性较强，而企业面对的最终产品市场又竞争激烈。这种经济特质决定了我市经济在通胀环境下受到的冲击相对更大。2010 年，全市原材料购进价格与工业品出厂价格两者涨幅差达到 4.2 个百分点，比上年扩大 6.9 个百分点，企业利润从二季度开始环比下降。部分企业，特别是劳动密集型中小企业，受原材料价格上涨影响，出现“量增利减”现象。

影响资金供需状况。一方面，在物价水平较快上升背景下，货币政策作为调控物价的重要手段有所趋紧，2010 年央行 6 次上调存款准备金率、两次加息，在一定程度上影响我市金融机构信贷供给。另一方面，企业为规避通胀风险，往往会增加存货，而物价水平上升加大存货资金占用。11 月末，全市规上工业企业存货 646.5 亿元，同比增长 31.1%，增幅比三季度末提高 6.1 个百分点。企业资金占用增加而信贷供给趋紧，部分企业，特别是中小企业资金满足度受到影响。

影响存款稳定性。2010 年物价水平上升幅度明显超过利率水平，居民储蓄意愿总体较低，存款稳定性趋降。储蓄存款月度波动较大且活期化趋势明显。2010 年全市新增储蓄存款中活期占比达到 46.2%，同比提高 8.8 个百分点。特别是目前房地产、股市不确定性较大，资金进入总量仍然不多，一旦市场景气度提高，存款稳定性将面临挑战。这对金融机构，特别是对地方性法人机构流动性管理提出了更高的要求。

在目前通胀短期内很难得到根本性缓解的背景下，要密切关注形势变化，积极采取措施，如运用金融工具锁定风险、提高资金使用效率、加强流动性管理等，缓解通胀对经济金融的负面影响。

（二）关注宏观环境复杂多变背景下企业经营压力

2010 年，宏观环境复杂多变，企业经营环境日益复杂，市场波动、政策调整及外部环境变化等均对企业生产经营产生影响，企业经营压力更趋多元化。

转型升级压力增大。2010 年，促进经济发展方式转变成为各项宏观政策的主线，企业转型升级压力明显增大。一方面节能减排约束显著加大。2010 年 8

月以来“限产限电”已经给我市企业带来“阵痛”，随着转型升级的不断推进，节能减排将长期存在，企业原有的生产模式面临严峻挑战。另一方面人民币升值压力不断显现。2010 年 6 月 19 日央行重启汇改以来，人民币兑美元升值达到 3.0%，部分时段人民币升值较快，对部分利润水平较低的劳动密集型企业产生较大影响。同时，2010 年信贷结构调整力度加大，资源性产品价格改革不断推进等因素，迫使企业尽快转型升级。

生产成本压力上升。2010 年，多项生产要素价格上升明显，企业成本压力加大。一是原材料价格较快上涨。2010 年全市规上工业企业原材料、燃料、动力购进价格同比上涨 9.3%，其中纺织原料类购进价格同比上涨 12.5%。二是劳动力成本明显增加。2010 年我市“用工荒”现象不断显现，特别是普通工供不应求，劳动力成本不断攀升。1～11 月，全市规上工业企业员工人均报酬 24765 元，同比上涨 16.1%。三是融资成本逐步上升。1～11 月，规模以上工业企业利息净支出同比上涨 14.7%，比上半年提高 7.2 个百分点。

市场压力不容忽视。一方面，当前世界经济复苏中的不确定性因素仍然较多，美国失业率高企、欧洲债务危机阴影未消，随着国外进口商补库存逐步结束，可能制约外需增长。另一方面，2010 年全球贸易保护主义盛行，可能给当前及今后我市部分行业和企业带来冲击，影响出口持续增长。

针对复杂环境中企业面临的多重压力，政府、金融机构及企业要立足现实，采取相应措施缓解当前压力；同时，企业更要未雨绸缪，加快转型升级，提升自身长期适应能力。

（三）关注转型升级不断推进背景下金融面临挑战

2010 年，全市经济结构调整力度明显加大，转型升级不断推进，这既为金融发展带来了新的机遇，同时也对金融提出了更多挑战。

金融经营模式面临挑战。一方面传统信贷增长点受到抑制。12 月末，全市地方政府融资平台贷款余额 400 亿左右（不包括市外贷款），房地产贷款余额 436.1 亿元，两者占同期全市贷款余额超过 30%，是近年来银行主要的信贷增长点。随着国家对政府融资平台的清理及房地产调控政策的不断出台，上述两类贷款增势开始回落，新的增长点有待培育。另一方面中间业务仍需发展。近年来全市中间业务发展较快，但占比一直停留在 10% 左右。在稳健货币政策下，依靠大规模信贷扩张来增加利润难度加大，需要通过发展中间业务来增加金融发展的持续动力。

信贷资源配置面临挑战。一方面，2010 年全市经济回升向好，信贷需求旺盛，新开工项目投资增长 51.7%，制造业景气度不减，统筹城乡建设、转型升级等均需要大量资金投入；而在货币政策调整背景下，信贷增长有所趋缓，信贷供需矛盾比较突出。另一方面，2010 年信贷政策结构调整力度加大，房地产、政府融资平台、“两高一资”行业等信贷调控力度加大。同时，2010 年存款波动较大，对金融机构资产负债配置提出了更高的要求。在此背景下，金融机构如何有效配置信贷资源，既更好地满足区域经济发展需求，又符合信贷调控政策，同时有利于加强流动性管理，挑战不言而喻。

金融风险防范面临挑战。一是房地产、政府融资平台等重点调控领域的金融风险仍需重点关注。二是信贷供给趋紧可能对部分企业资金链造成压力，由此引发多类金融风险，包括：可能降低企业资金周转能力，增大银行贷款信用风险；可能扩大企业间债务，增加系统性企业资金风险；民间借贷市场活跃，可能给金融稳定带来不确定因素等。三是在信贷结构调整中，既要增加重点发展产业信贷投入，又要逐步退出重点调控领域信贷，这“一进一出”所隐含的风险不容忽视。

在转型升级不断推进背景下，金融机构既要适应形势变化，加快信贷结构调整，又要寻找新的业务增长点，实现可持续发展，同时也要防范金融风险，保持区域金融稳定。

四　2011 年趋势预测及政策建议

（一）2011 年趋势预测

中央经济工作会议明确指出 2011 年实行稳健的货币政策，着力提高政策的针对性、灵活性和有效性，预计 2011 年信贷将适度增长，新增人民币贷款可能少于 2010 年。

在稳健货币政策背景下，预计 2011 年嘉兴市信贷运行总体将呈现“适度均衡投放、结构继续调整”格局，部分时段、部分领域信贷供求矛盾可能

加剧。从信贷增量看，2006～2010年嘉兴市人民币信贷增量占全国比例在0.53%～0.59%，综合金融机构2011年计划预测等其他因素，预计2011年全市新增人民币信贷410亿左右，新增本外币贷款440亿左右。从信贷结构看，统筹城乡建设、先进制造业、传统优势行业和新兴产业仍是下阶段信贷支持重点。中小企业贷款总量将继续扩大，特别是小企业贷款将继续得到改善。

（二）政策建议

有效传导货币政策，促进信贷适度均衡增长。各金融机构要正确领会央行意图，有效传导货币政策，保持信贷适度均衡增长。要积极向上级行争取资金、授信管理等支持，并通过信贷产品和服务创新，满足区域经济发展的合理资金需求；各法人金融机构要结合自身业务发展需要和风险管控能力，合理把握贷款投放总量，更好地支持地方经济社会发展。各金融机构要根据国家的宏观调控要求和全市企业生产经营的规律和特点，继续相对均衡地安排好信贷投放的进度和节奏，增强金融支持经济发展的可持续性。

调整优化信贷结构，推动经济转型升级。各金融机构要坚持“有扶有控”原则，优先支持自主创新型、环境保护型、资源节约型经济发展，逐步退出高污染、高能耗、高风险行业和企业的信贷投入；大力支持企业技术改造和兼并重组，为企业转型升级提供资金保障；继续加大对小企业支持，努力提高小企业信贷占比；积极增加统筹城乡建设类信贷投放，加大对农村住房改造建设、农村土地流转和农业龙头企业等金融支持力度。

不断加强金融服务，提升外向型经济竞争力。进一步推进跨境贸易人民币结算试点，完善现有制度，提高管理效率，发挥人民币结算对贸易和投资便利化的促进作用，满足企业对跨境贸易人民币结算的实际需求。大力支持企业合法合规的贸易和投资活动，简化贸易收付汇手续，推行和实施投资贸易便利化措施；鼓励有能力的企业到境外投资、设厂，减少国际贸易摩擦。继续加大对涉外企业的信贷支持力度，满足其合理的资金需求；通过创新贸易融资产品等方式，提升涉外企业应对汇率波动风险的能力。

严格执行调控政策，切实加强风险管理。各金融机构要执行好差别化住房信贷政策及住房预售资金监管政策，严格规范个人住房贷款和房地产开发贷款管理，进一步加大对公共租赁住房等保障性住房建设的金融支持力度。加强地方政府融资平台的信贷风险控制，配合好有关部门对政府融资平台公司债务的清理核实工作。对国家明确要求淘汰落后产能的违规在建项目，不得提供任何形式的新增授信，切实防止低水平重复建设。在严格执行调控政策的同时，要坚持在发展中化解风险，在规范中防范风险。

附录一　2010 年度嘉兴市主要金融统计指标

表 1　2010 年 12 月末全市主要金融统计指标

单位：亿元

项　　目	余额	比年初增、减	
		2010 年	2009 年
1. 全部金融机构本外币存款	3590.82	686.75	676.39
其中:企业存款	1151.16	230.28	336.48
储蓄存款	1629.71	244.08	221.85
2. 全部金融机构本外币贷款	2753.64	474.96	610.23
其中:短期贷款	1390.05	255.13	242.99
中长期贷款	1252.27	201.03	336.64
3. 全部金融机构人民币存款	3526.61	673.45	667.06
其中:企业存款	1095.98	216.32	327.06
储蓄存款	1621.29	244.53	221.38
4. 全部金融机构人民币贷款	2615.92	445.31	566.73
其中:短期贷款	1371.54	255.54	237.75
中长期贷款	1221.39	202.31	329.27
票据融资	22.51	-12.05	-0.85
	年累计	同比增减额	同比增减(%)
5. 金融机构现金收入	5959.45	929.49	18.48
其中:商品销售收入	730.76	88.13	13.71
6. 金融机构现金支出	6010.30	929.45	18.29
其中:工资性及个人其他支出	251.49	44.96	21.77
行政管理经费支出	129.50	8.40	6.93
7. 货币净投放(+)或净回笼(-)	50.85	-0.04	-0.08

表 2　2010 年 12 月末全市分机构本外币存贷款增长情况表

机构	存款			贷款		
	余额(亿元)	增量(亿元)	增速(%)	余额(亿元)	增量(亿元)	增速(%)
全金融机构	3590.82	686.75	23.64	2753.64	474.96	20.85
农业发展银行	7.56	1.33	21.29	46.26	11.99	35.00
工商银行	469.37	66.06	16.38	380.78	52.68	16.06
农业银行	615.97	118.98	23.94	435.52	70.82	19.42
中国银行	320.76	48.89	17.98	331.08	44.65	15.59
建设银行	503.73	93.35	22.75	415.41	57.89	16.19
交通银行	177.11	28.10	18.86	160.57	24.28	17.81
中信银行	175.54	35.90	25.71	132.28	21.16	19.05
华夏银行	13.08	4.77	57.44	9.05	2.69	42.36
深圳发展银行	15.45	5.09	49.12	10.50	3.87	58.39
招商银行	32.93	11.89	56.51	25.47	4.31	20.35
浦东发展银行	88.22	15.74	21.72	72.04	8.44	13.27
兴业银行	43.02	14.33	49.96	42.70	15.17	55.13
浙商银行	34.06	3.72	12.24	28.09	3.19	12.80
城市商业银行	209.07	49.64	31.13	148.14	35.21	31.18
邮政储蓄银行	124.90	27.16	27.79	29.35	18.70	175.59
村镇银行	19.03	14.65	334.22	18.82	15.45	458.60
农村合作机构	680.53	118.39	21.06	467.58	84.45	22.05

表 3　2010 年 12 月末全市分地区本外币存贷款增长情况表

地区	存款			贷款		
	余额(亿元)	增量(亿元)	增速(%)	余额(亿元)	增量(亿元)	增速(%)
全市	3590.82	686.75	23.64	2753.64	474.96	20.85
嘉善	367.74	64.35	21.20	265.67	40.62	18.05
平湖	496.13	124.36	33.44	365.49	73.14	25.02
海宁	666.79	155.14	30.32	491.71	117.71	31.47
海盐	295.97	47.45	19.09	291.47	46.34	18.92
桐乡	548.34	99.07	22.03	401.03	71.67	21.76
市区	1215.86	196.39	19.26	938.28	125.48	15.44

表 4　2010 年 12 月末全省分地区本外币存款排名

各项存款	余额(亿元)	位次	增量(亿元)	位次	增速(%)	位次
全省	54319.26	—	9305.26	—	20.66	—
杭州	16957.94	1	2754.34	1	19.39	10
宁波	9723.11	2	1496.45	2	18.19	11
温州	6493.39	3	1141.45	3	21.40	6
嘉兴	3590.82	6	686.75	6	23.64	4
湖州	1805.61	8	407.95	8	29.19	1
绍兴	4948.32	4	809.08	4	19.54	9
金华	3986.99	5	766.17	5	23.79	3
衢州	953.12	11	198.52	10	26.23	2
台州	3588.48	7	653.09	7	22.24	5
丽水	1128.23	10	191.54	11	20.40	8
舟山	1143.25	9	199.92	9	21.12	7

表 5　2010 年 12 月末全省分地区本外币贷款排名

各项贷款	余额(亿元)	位次	增量(亿元)	位次	增速(%)	位次
全省	46774.64	—	7646.52	—	19.54	—
杭州	14936.65	1	1904.42	1	14.61	11
宁波	9392.38	2	1691.49	2	21.96	6
温州	5516.68	3	1029.99	3	22.96	4
嘉兴	2753.64	7	474.96	7	20.85	8
湖州	1461.32	8	310.40	8	26.99	1
绍兴	3934.27	4	637.28	4	19.33	9
金华	3096.47	5	586.11	5	23.35	3
衢州	788.22	11	161.25	10	25.72	2
台州	3055.82	6	537.76	6	21.36	7
丽水	821.46	10	149.15	11	22.19	5
舟山	1017.72	9	163.71	9	19.17	10

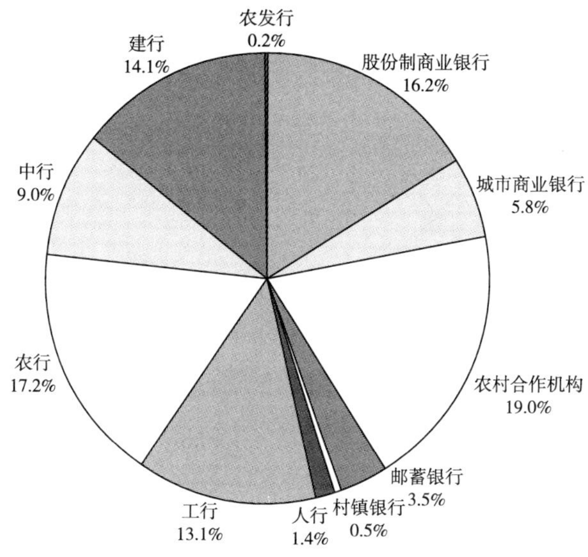

图1　金融机构存款（余额）占比

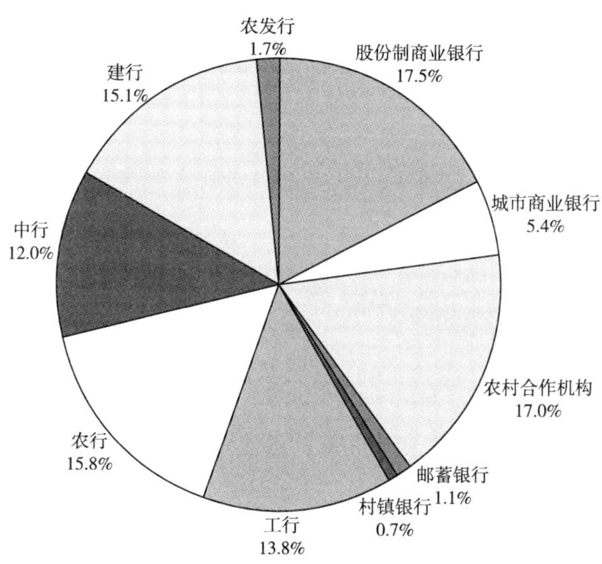

图2　金融机构贷款（余额）占比

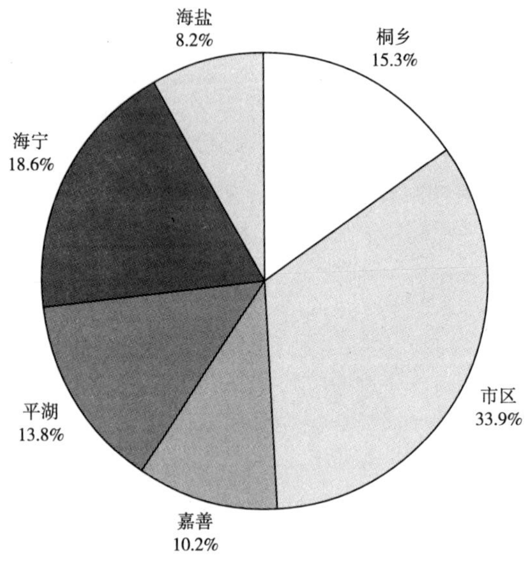

图3　全市分地区存款（余额）占比

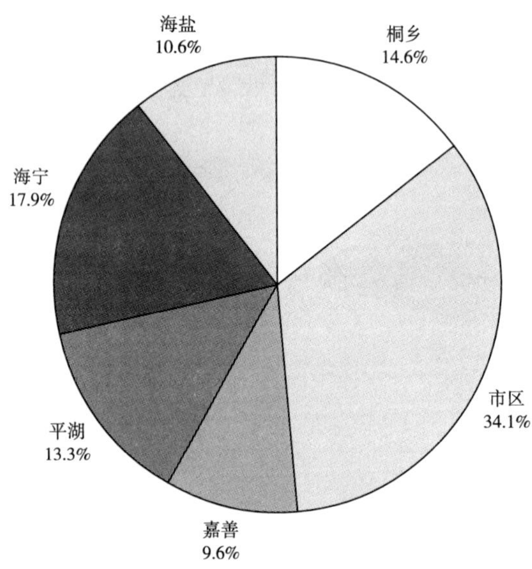

图4　全市分地区贷款（余额）占比

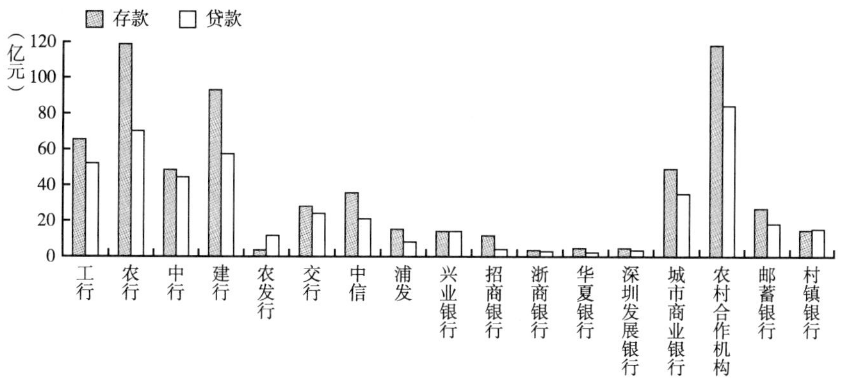

图5　各金融机构存贷款增量对比

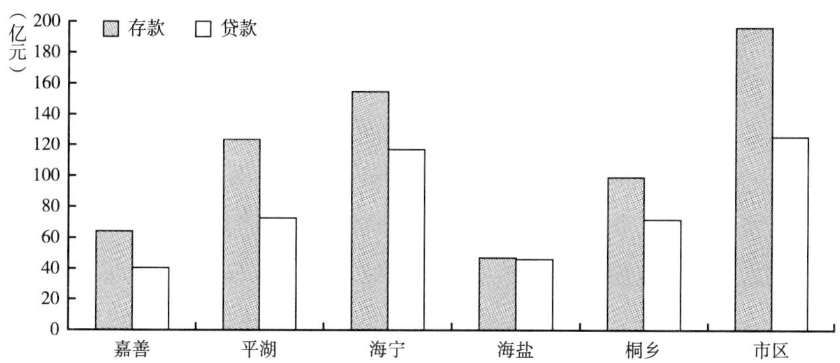

图6　全市分地区存贷款增量对比

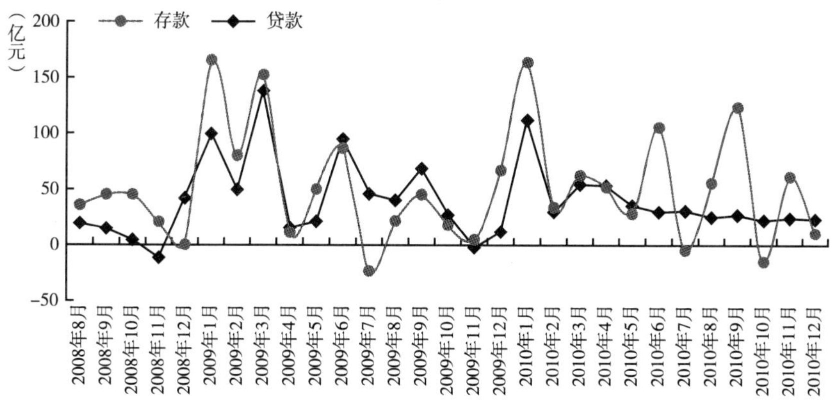

图7　金融机构新增存贷款月度变动

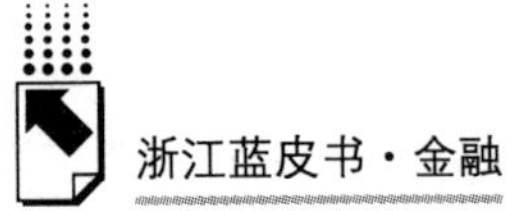

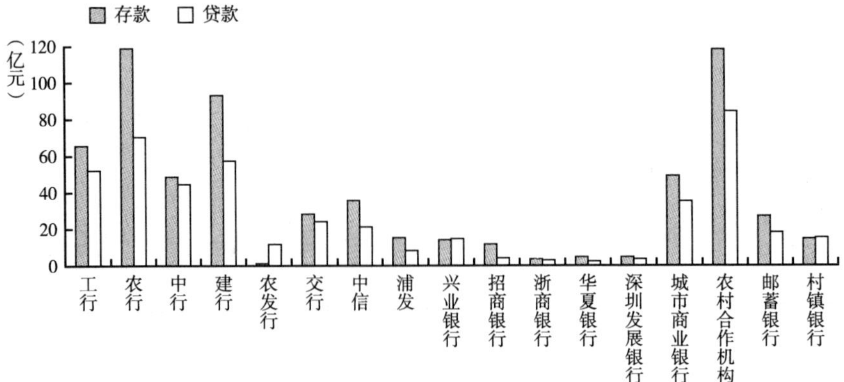

图8　各金融机构存贷款增量对比

B.10

2010年度湖州市经济金融形势分析报告

2010年是“十一五”规划收官之年，也是我市经济逐步摆脱国际金融危机影响步入平稳发展轨道的一年。随着世界经济继续复苏和国内各项政策措施的有力推动，全市经济由强劲反弹转向平稳运行，结构调整和转型升级稳步推进。与此同时，全市金融运行态势良好，存贷款增速稳居全省首位，提前一年完成“十一五”规划预定的目标，为全市经济平稳较快发展提供了有力支撑。

一　经济运行由强劲反弹转向平稳运行

2010年以来，我市经济呈现较快回升、平稳发展的势头，产业经济稳步发展，三大需求较快增长，经济运行质量良好。全年实现地区生产总值1301.51亿元，增长12.1%。

（一）三大产业稳步发展，工业经济增势平稳

农业生产发展稳中有升。1～12月全市农林牧渔业总产值176.9亿元，同比增长15.6%，比上年同期提高11.2个百分点，比上半年提高6.2个百分点。其中，农业产值81.65亿元，同比增长20.7%；林业产值19.65亿元，增长4.1%；畜牧业产值38.41亿元，增长13.4%；渔业产值30.09亿元，增长13.9%。在稳定物价和支持农业生产各项政策措施作用下，农业生产发展总体好于上半年。

工业经济增长趋向平稳。全年工业增加值474.71亿元，增长15%，同比提高7个百分点；规模以上工业总产值2677.8亿元，增长28%，增幅同比提高18.4个百分点，比最快的1月份回落2.4个百分点，工业总产值自5月以来基本保持在25%左右的增长水平。工业用电量同比增长13%，同比提高4.2个百分点，比上半年回落7.8个百分点。企业产销衔接状况良好，工业产品销售率为

97.3%，同比提高0.02个百分点。工业结构呈现积极变化，重点特色产业和高新技术产业发展快速。六大重点特色产业实现产值1001.7亿元，增长31.8%；高新技术产业实现产值651.7亿元，增长30.8%，分别超过全部规模以上工业水平3.8个和2.8个百分点。

服务业发展总体较好。商贸流通保持活跃，1~12月，全市限额以上批发零售业销售额增长34%，增幅同比提高11.7个百分点。交通运输业稳步增长，1~12月，全市客运周转量增长2.7%，货物周转量增长13.6%，同比提高7.1个百分点。旅游业较快发展，全市旅游人数增长24.3%，旅游总收入增长28.8%，同比分别提高5.2和2.6个百分点。金融业对服务业贡献度提高。全年金融业增加值84.71亿元，同比增长19.2%，占全市GDP和第三产业增加值之比分别为6.5%和17.6%，同比分别提高1.8个和4.7个百分点。受房市调控和上年高基数的双重影响，商品房销售面积同比明显下降。1~12月，全市商品房和住宅销售面积同比分别下降4.8%和12.5%，而上年同期增幅均在一倍以上。全年房地产业增加值同比下降1.8%。

（二）三大需求较快增长，出口需求增势强劲

投资需求高位回稳。受国家严控新开工项目、清理地方政府融资平台等影响，限额以上固定资产投资由一季度30%以上的高位增长逐步回落到20%左右的增长水平。1~12月，全市完成限额以上固定资产投资717.83亿元，同比增长21.1%，增幅较上年同期回落0.8个百分点，比上半年回落8.1个百分点。全市限额以上投资中，前11个月工业投资增长23.6%，同比提高9.5个百分点；基础设施投资增长13.8%，同比回落29.1个百分点；房地产开发投资增长27.3%，同比提高16.4个百分点，比上半年提高7.3个百分点。

消费需求稳步提高。1~12月，全市社会消费品零售总额516.09亿元，同比增长18.3%（扣除价格因素，实际增长13.6%），增幅同比提高2.5个百分点，比上半年提高0.9个百分点，增速稳中有升。分行业看，批发零售业零售额462.37亿元，同比增长18.6%；住宿餐饮业零售额为53.72亿元，同比增长16.2%。

出口需求增势明显。2010年6月以来我市进出口水平均保持在40%以上的增速。1~12月，全市外贸进出口总额达到69.28亿美元，增长43.3%，其中出

口58.61亿美元，增长43.8%，增幅比一季度、上半年分别提高11.4个和2个百分点。从贸易方式来看，一般贸易出口增长较快，全年增长47.6%。从出口市场看，对欧洲出口增长50.5%，对拉美出口增长70.7%，对澳大利亚出口增长57.2%，这三大市场表现最为突出。从出口产品看，纺织原料和纺织品、机电产品出口分别增长33.5%和65.1%；高新技术产品出口增幅达240.3%。

（三）三大收入稳步提高，企业效益增势良好

财政收入总体平稳。1～12月，全市实现财政总收入172.35亿元，增长17.5%，其中地方财政收入97.27亿元，增长21.6%，分别高于上年同期7.8个和9.9个百分点，低于上半年增幅3.5个和6.7个百分点。从主要税种看，企业所得税增长21.1%，营业税增长35.9%，个人所得税增长21.3%。

企业效益保持良好。1～12月，全市规模以上工业利税总额215.99亿元，同比增长28.3%，其中利润132.96亿元，增长32.2%，高于上年1.3个百分点，比上半年提高8.8个百分点。全市规模工业亏损企业为287家，亏损额下降15.4%。六大重点特色产业利润增长33.4%，超过全部规上工业1.2个百分点；高新技术产业利润增长32.5%，总体保持平稳。

居民收入稳步增长。全年市区城镇居民人均可支配收入为25572元，增长10%。其中，工资性收入15649元，增长18.1%。全市农村居民人均现金收入13288元，同比增长13.1%。其中，工资性收入6714元，增长15.1%；家庭经营收入5666元，增长10.4%。

（四）三大价格指数高位运行，食品价格涨势明显

消费价格明显上涨。从累计同比涨幅走势看，1～12月，全市居民消费价格同比上涨4%，连续六个月涨幅保持在4.0%以上的较高水平。从构成来看，12月份同比涨幅较高的是食品上涨7.1%、居住类上涨7.9%。在食品类中，上涨最快的是粮食价格上涨18%，蛋类上涨18.6%，水产品上涨10.8%，肉禽及制品上涨6.9%。

工业品价格高位波动。1～12月工业品出厂价格同比上涨5.1%，比上半年略有回落，但全年走势仍处于涨幅5%以上的高位。从全年各月同比涨幅看，有7个月涨幅在5%以上，12月有所回落。

原材料价格快速上扬。1～12 月原材料、燃料、动力购进价格同比上涨 8.7%。从全年各月同比涨幅看，有 7 个月涨幅在 8%以上，12 月同比上涨 8.8%。生产领域进出价格涨幅持续呈现“逆差”。1～12 月，涨幅逆差为 3.6 个百分点。

专栏1　2010 年工业园区中小企业抽样调查分析

为了解 2010 年以来中小企业生产经营、成本、资金满足等情况，我们以一家省级工业园区及其 30 家中小企业作为样本开展了问卷调查。30 家中小企业中，规模以上小型企业 9 家，规模以下小企业 20 家，中型企业 1 家。总结情况，这些企业呈现以下特征。

中小企业生产运营平稳，经济规模稳步增长。截至 2010 年 11 月底，园区内的企业数量增加到 311 家，较 2009 年同期增长了 6.5%。园区中小企业的生产运营普遍较为平稳，30 户抽样调查企业累计完成固定资产投资额 1.7 亿元、设备利用率 89.8%，与 2009 年同期水平相当，目前仅有 1 家出口型小型企业处于半停产状态，整体上呈现平稳发展的态势，继续保持经济活力。2010 年 1～11 月，园区企业预计完成工业产值 145 亿元、出口额 4.97 亿美元，分别比 2009 年增长 18.9%、8.8%，经济规模稳步增长。

企业赢利水平有所提升，高吸纳就业能力继续维持。截至 2010 年 11 月底，园区 30 户样本企业累计实现销售利润 5195 万元，与 2009 年 12 月底水平一致，预计全年赢利水平较 2009 年有所提升。园区企业的从业人数达 2.9 万人，较 2009 年同期增长了 7.7%，户均吸纳就业人数 93 人，与 2009 年同期水平大致相当，而 2009 年全市企业的户均吸纳就业人数仅约为 43 人，园区经济的高吸纳就业能力得以继续维持。

生产要素成本攀高，劳动力供需仍存缺口。2010 全年，园区的中小企业生产要素普遍出现上涨，调查问卷显示，40%的企业主要外购原材料价格出现上涨，70%的企业用工成本明显上升。企业用工成本上升主要集中在工资、奖金与福利等方面支出，从 30 户样本企业的数据来看，目前园区从业人员的月均工资已达 2154 元，其中一般劳动人员的月均工资达 1652 元，较 2009 年同期增长了 6.3%。考虑到当前园区用工满足度为 92%，仍存在 8%左右的用工缺口，因此企业用工的成本仍有上升趋势。

信贷支持力度较大，企业资金需求得到较好满足。问卷调查显示，在 2010

年准备金上调、加息、银行信贷规模收紧等政策背景下，园区30家样本中小企业中仅有3家认为资金面有点紧张，受益于利润增加、销售款回笼，尤其是信贷支持等积极因素的影响，多数企业的资金需求得到较好满足。2010年1~11月，30家企业申请的71笔贷款共获批69笔，共计得到信贷支持8.12亿元，较2009年同期增长22.29%。目前，园区中小企业的平均资产负债率仅为53%，负债规模处于合理水平，资金面整体压力不大。

二　金融运行由高位扩张趋向常态化轨道

2010年全市金融机构认真贯彻执行适度宽松的货币政策，深入开展“金融服务推进年”活动，根据经济发展合理配置资金，着力保持信贷平稳较快增长，调整优化信贷投向，支持经济转型升级。受宏观调控力度加强及上年高基数影响，全市金融运行保持平稳良好，信贷投放合理并好于预期，存贷款增速趋稳但仍高居全省首位，结构调整明显且投向优化，适度宽松的货币政策得到较充分体现。

（一）各项存款较快增长，走势波动趋稳

2010年末，全市本外币各项存款余额1805.61亿元，比年初增加407.95亿元，比2009年同期新增28亿元，同比增长29.19%（见图1），增速低于2009年同期8个百分点，高于全省平均8.53个百分点，增速居全省第一位。2010年，

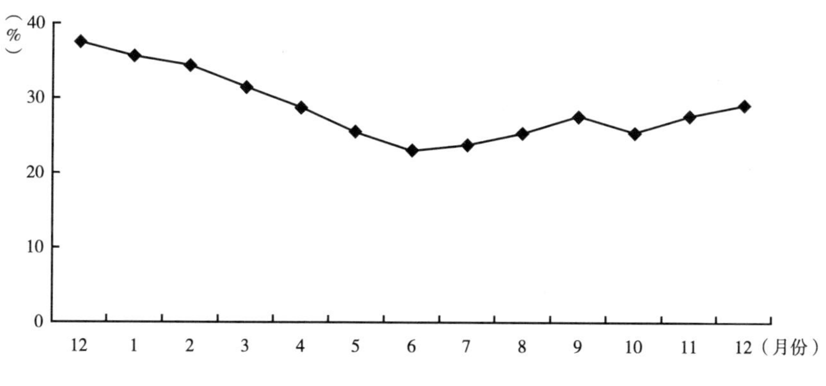

图1　2010年本外币存款增速变化

在经济面、政策面的共同影响下，各项存款增长波动明显，走势趋稳。具体分析有如下特点。

从走势波动看，全年呈“前高中低后高”态势。一季度，随着企业生产快速回升，信贷的大量投放，以及春节因素影响，存款延续上年的高增长趋势，保持30%以上的增幅。二季度随着经济形势好转，企业回补库存增加，以及上调存款准备金率等因素影响，存款增速逐步回落至6月末的23.07%，为全年的最低点。三、四季度随着企业资金回笼显著增加，同时银行加大存款等负债工作力度，存款在波动中回升至年末的29.19%。

从结构变化看，一是企业存款、储蓄存款增势总体平稳。1~12月，全市本外币企事业单位存款新增141.86亿元，同比少增27.36亿元，增长25.87%；本外币储蓄存款新增133.35亿元，同比少增11.9亿元，增长19.37%。这两类存款全年波动较小，走势总体平稳。二是其他存款大幅增长，是存款同比多增的主要来源。1~12月，本外币其他存款新增131.82亿元，同比多增66.8亿元，增长60%，增幅同比提高25.6个百分点，新增额占全部存款增加额的32.3%，同比提高15.2个百分点。其他存款项下的机关团体存款新增46.49亿元，同比多增24.4亿元；农业存款新增32.9亿元，同比少增2亿元；各类保证金等其他类存款新增47.77亿元，同比多增38.4亿元。

从影响因素看，一方面，企业经营状况良好，销售和出口增长较快，资金回笼增加，同时央行两次加息效应显现，股市、房市对存款分流影响减弱，这是存款总体较快增长的基本因素。1~11月，我市规模工业企业主营业务收入增长28.2%，出口增长44.6%，增幅均比上年大幅提高。1~12月全市货物贸易外汇收支和结售汇顺差分别为44.25亿美元和48.74亿美元，同比分别增长51%和45%。另一方面，受内部考核机制驱动，银行加大揽存力度，存款增长“季末冲高”现象明显，这是存款波动回升的特殊因素。据统计，3、6、9、12月四个月存款增量为170亿元，占全部增量的42%，其中仅12月最后六天存款就增加了70多亿元。在银行揽存过程中，票据承兑等中间业务因可带来中间收益和存款效应而得到大力拓展。12月末，我市银行承兑汇票余额261.5亿元，同比增长48.8%；票据项下保证金存款和存单质押余额131.2亿元，新增53.5亿元，同比增长68.8%。

（二）信贷投放平稳发展，走势趋向常态

12 月末，全市本外币贷款余额 1461. 32 亿元，比年初增加 310. 4 亿元（见图 2），同比少增 48. 5 亿元，增长 26. 5%，比上年回落 19. 4 个百分点，但高于全省平均增速 7. 45 个百分点，增速稳居全省第一位。2010 年，随着经济形势向好趋稳，信贷投放在上年高基数基础上继续较快增长，同时货币政策注重把握“适度”，六次上调存款准备金率和两次加息，信贷增长由高位逐步趋向平稳增长轨道（见图 3）。

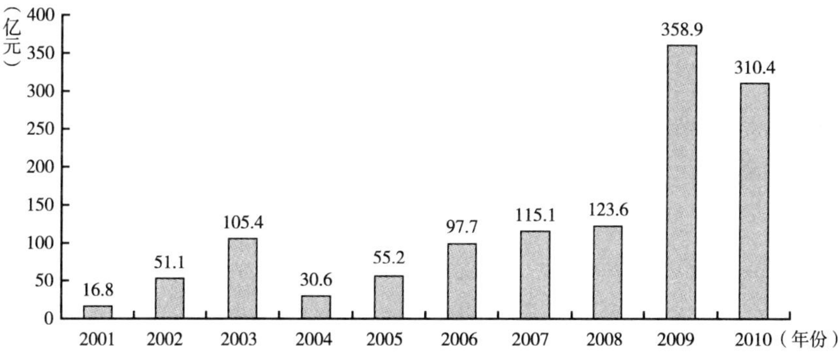

图 2　2001 年以来年度新增贷款变化

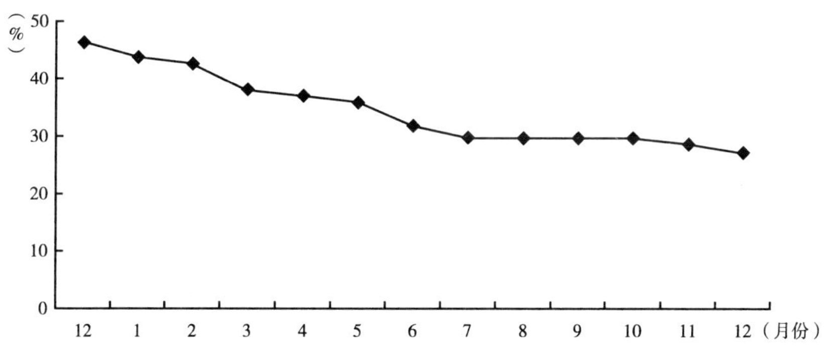

图 3　2010 年本外币贷款增速变化

按期限看，短期贷款占比明显上升。全年本外币短期贷款新增 200. 43 亿元，同比多增 26. 8 亿元，增长 30%，增量占全部新增贷款的 64. 6%，同比提高 17 个百分点；中长期贷款新增 110. 5 亿元，同比少增 48. 7 亿元，增长 25. 9%，占比 35. 6%，同比下降 8. 4 个百分点；受总量控制影响，贷款“去票据化”现象

明显，票据贴现比年初下降11.8亿元，同比少增25.7亿元。

分阶段看，投放节奏平稳提高。上半年贷款新增200.6亿元，占全年新增额的65%，比上年低1个百分点；下半年新增109.8亿元，占比35%，比上年提高1个百分点。其中，第1~4季度贷款新增额占比分别为43%、22%、23%、12%。

在全省看，全年增速稳居全省首位。1~12月，我市贷款增速均稳居全省首位，新增贷款占全省的份额继续上升（见图4）。1~12月我市本外币贷款新增额占全省新增贷款的4.1%，比上年提高0.3个百分点，年度占比为历史最高水平。

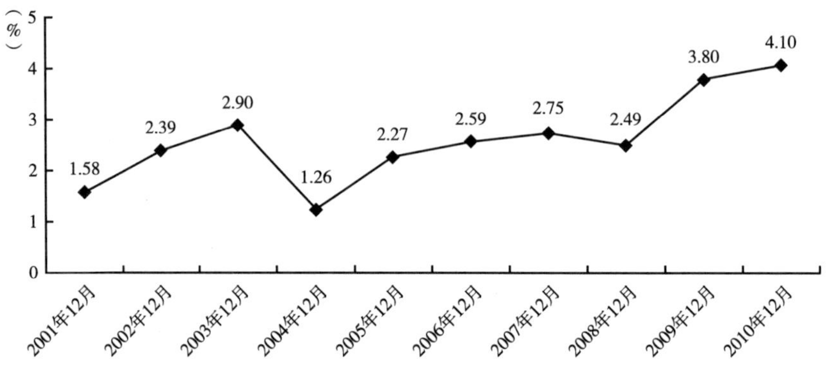

图4　2001年以来新增贷款在全省占比变化

从机构看，新设机构及中小银行市场份额上升。全年四大国有商业银行人民币贷款新增138.2亿元，占全部机构人民币新增贷款的46.4%；其他银行机构新增贷款159.5亿元，占53.6%，同比提高2.3个百分点。近两年新机构逐步设立和增多，其所占市场份额逐年上升。

（三）信贷结构调整优化，支持重点突出

2010年，在“有扶有控”的政策调整引导下，我市银行信贷结构调整明显，投向优化合理，突出支持了制造业、小企业、“三农”、个人经营消费等领域的资金需求。主要体现在如下方面。

制造业和商贸服务业信贷投入快速增长。1~12月，制造业本外币贷款新增119.8亿元，同比多增16.5亿元，增长35.1%，高于全部贷款增速8.1个百分点，新增额占全部新增贷款的38.5%，同比提高9.6个百分点。批发和零售业、住宿餐饮业、租赁和商务服务业合计新增贷款35亿元，增长30.6%，高于全部

贷款增速 3.6 个百分点，新增额占比 11.3%，同比提高 1.4 个百分点。

对中小企业的融资供给显著增加。1～12 月，我市各类企业人民币贷款（不含票据贴现）新增 199.4 亿元。其中，中型企业贷款新增 63.6 亿元，占企业新增贷款的 32%；小型企业贷款新增 142.3 亿元，增幅达 53.3%，占比 71%，同比提高 23 个百分点。由于大型企业贷款比年初下降 6.5 亿元，因此，企业新增贷款均投向了中小型企业。

对涉农领域信贷支持增长较快。12 月末，全市涉农贷款余额 691.39 亿元，比年初增加 161.49 亿元，增长 30.48%，高于同期全部贷款增速 3.5 个百分点。其中农户贷款增加 48.7 亿元，增长 36.2%；农村企业及各类组织贷款增加 100.1 亿元，增长 28%。

个人经营消费贷款大幅增长。1～12 月，全市本外币个人贷款新增 130.5 亿元，增长 40.2%，占全部贷款新增额的 42%，同比提高 8 个百分点。其中，用于支持个人生产经营的贷款新增 62.3 亿元，增长 40.6%；个人消费贷款新增 68.2 亿元，增长 42.7%。个人消费贷款项下的个人住房贷款比年初新增 40.2 亿元，增长 35.8%，其他综合性消费贷款新增 28.9 亿元，增幅达 70.7%。

基础设施、房地产领域信贷投放明显放缓。在国家严控新开工项目、清理地方政府融资平台、加大房地产调控力度等政策影响下，1～12 月，全市本外币基础设施主要行业（包括交通运输、仓储和邮政业，水电气生产和供应业，水利、环境和公共设施管理业）贷款新增 24.7 亿元，同比增长 17.7%，低于全部贷款增速 9.3 个百分点；增量占全部新增贷款的 8%，同比下降 9.4 个百分点；房地产贷款（不含个人房贷）余额 50.03 亿元，增长 17.6%，低于全部贷款增速 9.4 个百分点。信贷结构变化既有上年基数的原因，也是政策调整的结果，符合当前经济走势和宏观调控要求。

（四）金融市场总体活跃，资金价格上扬

票据市场发展良好。12 月末，全市金融机构银行承兑汇票余额 261.51 亿元，比年初上升 85.75 亿元；1～12 月累计签发额达到 501.91 亿元，比上年同期增加 114.5 亿元。1～12 月累计签发商业承兑汇票 3.74 亿元，比上年同期增加 3.74 亿元。

债券市场成交活跃。12 月末，全市金融机构债券持有余额 54.94 亿元，比

年初增持12.32亿元。现券交易总量372.35亿元，其中累计买入298.62亿元，累计卖出73.73亿元。1～12月，全市共完成债券回购交易830.58亿元，其中正回购融入资金318.51亿元，逆回购融出资金512.07亿元，净融出资金193.56亿元。

外汇市场快速增长。受外部需求快速回升影响，我市外汇收支和结售汇的规模均达到历史同期最高水平。1～12月份，全市涉外收支总额82.28亿美元，顺差54.96亿美元，同比分别增长49.55%和53.55%，结售汇总额76.77亿美元，顺差56.32亿美元，同比分别增长48.92%和41%。

保险市场较快发展。1～12月，全市保险机构保费收入41.43亿元，增长31.74%，其中财产险保费收入14.62亿元，增长32.75%，汽车消费快速发展，使机动车辆险保费增长了38.31%；寿险保费收入26.81亿元，增长31.19%，其中银行代理的中介业务增长49.3%。全市保险理赔支出6.35亿元，同比略有下降。

证券市场交易回落。2010年，沪深股市震荡下行，受此影响，我市证券成交量增幅明显回落。1～12月全市证券机构实现证券交易额2658.2亿元，同比增长4.9%，比上年大幅回落96.7个百分点，比上半年回落8.96个百分点。其中，A股交易2586.1亿元，同比增长11.3%，比上年回落106.1个百分点，比上半年回落7.5个百分点。

资金价格总体上行。受资金供求、存款准备金率和基准利率上调等因素共同影响，全市各类融资利率总体上行。12月份，人民币贷款加权平均利率为6.73%，比年初上升0.55个百分点；票据贴现加权平均利率为6.42%，比年初上升3.76个百分点；随着差别化住房信贷政策的落实，个人住房贷款加权平均利率为5.89%，比年初上升1.34个百分点，比房地产新政出台的4月份提升了1.02个百分点；监测数据显示，四季度我市民间借贷加权平均利率为22.39%，与上季基本持平，同比上升1.17个百分点。人民币升值加快。12月末，人民币兑美元汇率中间价为6.6227，较上年末升值3.1%。

专栏2 “十一五”期间我市金融业发展回顾

“十一五”期间是我市金融业加快发展时期。通过加快金融改革和开放，推动金融业务创新，不断加大对地方经济的支持力度，金融业整体竞争实力、服务

水平均得到大幅提升，支持地方经济发展成效明显。

一 金融组织体系不断健全

“十一五”期间，银行、证券、保险和其他类金融机构迅速发展，形成了全国性、区域性、地方性机构协同发展的多元化市场格局。从银行业来看，浦发银行、中信银行、招商银行、浙商银行等股份制银行分别在湖州设立分支机构，邮政储蓄银行湖州市分行正式挂牌，长兴联合村镇银行、安吉交银村镇银行、德清乾元德农农村资金互助社等新型农村金融机构先后成立。截至2010年末，全市银行业金融机构总数达20家，网点477个。从证券业来看，至2010年底，有11家证券公司在湖州设立了分支机构，全市共有5家证券交易营业部，服务网点逐步遍及各县（区）。从保险业来看，至2010年底，全市共有保险公司分支机构36家，其中财险经营主体19家，寿险经营主体17家。市级保险机构及辖属网点217个，专业代理公司2家，兼业代理公司450家，公估公司在湖州的机构1个。其他非金融类机构得到迅速发展，至2010年末，全市有10家小额贷款公司批准开业。

二 金融业务总量不断扩大

“十一五”期间，湖州市金融业总体呈现发展快、结构优、质量好、效益高的发展态势，实现了业务规模的快速扩张，存贷款总量提前实现翻一番。至2010年末，本外币存款余额为1806亿元，是2005年末的2.97倍，年均增速达到24.3%；本外币贷款余额为1461亿元，是2005年末的3.17倍，年均增速达26%。存贷款余额在2009年就分别超过1200亿元、900亿元的“十一五”预定目标。证券交易融资规模迅速扩大。至2010年末，全市共拥有境内外上市公司12家，累计从资本市场上筹资57.8亿元，2010年全市证券机构实现证券交易额2658.2亿元，是2005年的18.9倍。保险业快速发展。2010年全市实现保费收入41.43亿元，是2005年的2.63倍。其中财产险保费收入14.62亿元，人身险保费收入26.81亿元，分别是2005年的2.96倍和2.48倍。2010年末，全市小额贷款公司贷款余额25.22亿元。

三 金融服务水平不断完善

现代化支付体系进一步健全。小额支付系统和支票影像系统分别于2006年和2007年正式上线，大大提高了支付结算效率；非现金结算工具运用迅速发展，农村支付环境进一步改善，全市实现银行本票应用，所有农村地区对公营业网点均可办理支付系统业务，ATM机在乡镇的覆盖率达到100%。金融创新步伐不断加快。中小企业信贷产品尝试网络渠道，“网贷通”、“易融通”、网络联保贷款等业务突破了传统贷款业务模式；个人消费贷款、青年创业贷款、个人助业贷款等个人信贷产品发展迅速。“稳得利”、“本利丰”、“汇理财”等个人理财产品，银保通、银证通、银期转账、缴费通等结算业务产品，自助银行、电话银行、财务顾问等增值服务产品更趋丰富完善；银行卡消费和理财功能得到拓展；政策性农业保险对我市的水稻、油菜、能繁母猪和育肥猪保险全面铺开。外汇管理改革不断深入。改进出口收汇联网核查管理方式，支持企业利用预收货款扩大出口，支持银行开展贸易融资业务；出台境内企业境外放款外汇管理政策，支持企业开展跨境资本运作，引导涉汇企业有效规避金融危机带来的汇率波动和应收账款风险；实施了长三角地区贸易进口异地付汇备案改革，简化了企业异地进口付汇手续，节约了付汇成本，提高了付汇效率。

四　金融运行质量不断提高

银行业经营效益稳步上升。2009 年实现税前利润 27.14 亿元，资产利润率达 2.43%，高出全省平均水平 0.56 个百分点。主要银行机构赢利结构得到明显改善，中间业务收入不断提高，中间业务收入率达 11.5%。银行业抗风险能力不断增强。2010 年末，全市银行业金融机构五级分类不良贷款比率为 0.34%，比 2005 年末下降 4.13 个百分点。法人银行业金融机构平均资本充足率均保持在 8% 以上。金融业贡献率明显提高。2009 年末，全市金融业增加值达 52.18 亿元，超过预定的 2010 年实现增加值 40 亿元的目标；金融业增加值占全市生产总值及第三产业的比重逐年上升，2009 年末分别达 4.7% 和 12.92%，超过预定的 4% 和 10% 的目标。

五　金融领域改革不断深化

四大国有银行相继完成股份制改革，并在境内外成功上市；国有银行湖州分支机构资产质量明显改善，赢利能力和风险控制能力增强。湖州银行、南浔银行等地方金融机构跨区域发展步伐加快。湖州银行完成阶段性增资扩股工作，资本充足率明显提升；率先探索经济资本管理，全面提升资本管理水平。农村金融改革成效突出，在全省农村信用社两轮改革中，湖州 5 家农村合作金融机构中已有 4 家组建成农村合作银行，南浔农村合作银行、长兴农村合作银行分别成为第一轮、第二轮改革中全省首批开业的机构；目前南浔农村合作银行已完成向农村商业银行转制更名。

三　当前我市经济金融发展面临的环境和挑战

2011 年是“十二五”规划的开局之年，分析当前及今后一个阶段我市经济金融发展面临的条件和环境，有利因素和不利因素相互交织，国际国内环境紧密关联，整体经济有望保持平稳较快增长势头，结构调整和转型升级任务艰巨。

（一）全球经济复苏曲折缓慢，经济继续恢复增长的长期趋势没有改变

从 2009 年三季度到 2010 年上半年，美、欧、日等经济体已实现连续四个季度环比正增长。按照传统经济学定义，发达经济体经济衰退已经结束，并进入复苏状态。但 2010 年下半年以来，一系列支撑上半年全球经济超预期复苏的短期利好因素明显减弱，前期扩张性政策的刺激效果从高峰跌入低谷，再库存力度也逐渐降低，加上全球范围内的贸易保护主义盛行，导致全球经济未能延续上半年超预期反弹的势头，复苏动力有所减弱。多数发达国家实体经济恢复仍较缓慢，失业率居高不下，消费者信心不足，房地产市场持续低迷，完全消化危机冲击尚需时日。同时，欧洲主权债务风险仍挥之不去，爱尔兰主权债务问题再度浮现，且不能排除其他欧洲国家主权债务风险在短期内暴露或升级的可能性，全球经济增长的不确定性进一步加大。

尽管经济复苏在一定阶段呈现复杂性和曲折性，但全球经济复苏的长期趋势没有改变。欧债危机持续恶化并引发全球性金融危机的可能性较小，且生产和销售的渐次恢复、金融创新的稳步推进以及经济结构调整和增长模式转型，将不断为全球经济提供增长助力，短期复苏的曲折性并不会改变全球经济复苏的长期趋势。伴随着经济增长引擎渐次从政策刺激、库存变化转向消费和贸易内生驱动，全球经济在增速小幅回落后有望实现增长质量和可持续性的进一步提升。

（二）国内经济步入平稳增长轨道，经济发展和金融调控面临国内外更加复杂的形势

2010 年我国经济运行已基本摆脱国际金融危机的冲击，开始进入平稳增长轨道。我国全年 GDP 增长 10.3%，增速比上年同期高 1.1 个百分点。其中，第

四季度 GDP 同比增长 9.8%，低于第一、二季度，略高于第三季度，经济增长出现高位企稳迹象。由于经济出现企稳态势，企业家预期较好，制造业经理采购指数继续保持在较高水平。2010 年第四季度，国内企业家信心指数为 137.0，比第三季度提升 1.1 点。12 月份中国制造业采购经理指数为 53.9%，虽然比上月回落了 1.3 个百分点，但已连续 22 个月稳定在 50% 上方，显示出当前经济增长态势基本平稳。从金融运行看，年末，广义货币（M2）同比增长 19.7%，狭义货币（M1）同比增长 21.2%，增幅分别比上年末低 8.0 个和 11.2 个百分点；本外币贷款余额 50.92 万亿元，增长 19.7%，其中人民币贷款增加 7.95 万亿元，同比少增 1.65 万亿元，增长 19.9%，比上年末低 11.8 个百分点；本外币存款余额 73.34 万亿元，增长 19.8%。应当看到，自 2009 年以来为应对国际金融危机实施的“适度宽松货币政策”，为我国经济快速复苏发挥了重要作用，但随着国内外发展环境日渐复杂，保持宏观经济平稳发展，金融调控还面临着国内外诸多因素的挑战。

一是全球流动性持续宽松，国际资本流动活跃。在主要经济体复苏缓慢的背景下，美国和日本等国家重新转向量化宽松货币政策，使得全球流动性过剩问题进一步凸显，导致国际资本流动加剧，对我国的货币供应造成巨大压力。由于美元持续走软，国际大宗商品价格势必显著上涨，我国面临的输入性通胀风险增加。在弱势美元政策带动下，贸易保护主义有继续强化趋势，全球范围内的竞争性货币贬值现象也初步显现，主要货币汇率剧烈波动，加剧了国际金融市场的风险，使得我国宏观经济政策协调难度加大。

二是国内通胀预期上升，物价上涨压力加大。从 2010 年下半年开始，物价指数一路上涨，11 月 CPI 上涨到了 5.1%，在控制物价一系列措施作用下，12 月份回落到 4.6%，还处于较高水平。当前通货膨胀压力由流动性冲击、货币信贷快速增长、生产要素成本上涨、房地产价格泡沫化发展、输入型通胀压力以及偶发性自然灾害等因素造成，总体看，主要是成本推动型的物价上涨，其他因素对物价上涨也起到了推波助澜的作用。

三是转变发展方式任务仍然艰巨。一些深层次矛盾特别是结构性矛盾仍然突出，经济增长的内生动力不足，产能过剩的问题更加凸显，产业结构调整难度加大，防范系统性金融风险的压力上升等。

中央经济工作会议提出 2011 年要“以加快转变经济发展方式为主线，实施

积极的财政政策和稳健的货币政策，增强宏观调控的针对性、灵活性、有效性”，至此，实施已两年的“适度宽松”货币政策基调正式转向“稳健”。但事实上随着经济形势的变化，2010 年初以来已逐渐加强信贷控制，六次上调存款准备金率和两次加息，其实都显示货币政策已在逐渐收紧。应当看到，稳健的货币政策是在我国应对国际金融危机取得明显成效，国内外环境更趋复杂的背景下提出的。通过实施稳健的货币政策，综合运用多种货币政策工具，控制物价过快上涨的货币条件，有利于处理好保持经济平稳较快发展、调整经济结构和管理好通胀预期的关系。

专栏 3　1998 年以来我国货币政策变化

货币政策是政府或中央银行为影响经济活动所采取的措施，尤指控制货币供给和调控利率的各项措施。货币政策工具主要包括公开市场业务、存款准备金、中央银行贷款、利率政策、汇率政策等。按照传统经济学理论，货币政策有扩张、紧缩和中性之分。1998 年以来，针对经济金融形势变化，我国货币政策经历多次调整。

一　1998～2007 年：稳健的货币政策

1997 年亚洲金融危机之后，为应对当时严峻的经济形势，我国开始实行稳健的货币政策。

1998～2002 年，我国面临通缩压力，那时稳健的货币政策取向是增加货币供应量。

2003 年以来，面对经济中出现的贷款、投资、外汇储备快速增长等新变化，稳健的货币政策内涵开始发生变化，适当紧缩银根，多次上调存款准备金率和利率。

2007 年 6 月 13 日，国务院召开常务会议，货币政策开始“稳中适度从紧”，实施长达十年的“稳健”货币政策逐步转向。

二　2008 年：从紧的货币政策

2007 年 12 月 5 日，中央经济工作会议将 2008 年宏观调控的首要任务定为“两个防止”：防止经济增长由偏快转为过热、防止价格由结构性上涨演变为明显通货膨胀。会议要求实行从紧的货币政策。

2008 年 7 月以后，面对国际金融危机加剧、国内通胀压力减缓等情况，央行连续三次下调存贷款基准利率，两次下调存款准备金率，取消对商业银行信贷规划的约束，并引导商业银行扩大贷款总量。

三 2009～2010 年：适度宽松的货币政策

2008 年 11 月 5 日，国务院常务会议根据世界经济金融危机日趋严峻的形势，要求实行积极的财政政策和适度宽松的货币政策，确定了进一步扩大内需、促进经济增长的十项措施。

2009 年 7 月 23 日，中共中央政治局召开会议，指出要继续把促进经济平稳较快发展作为经济工作的首要任务，保持宏观经济政策的连续性和稳定性，继续实施积极的财政政策和适度宽松的货币政策。

2009 年 12 月 5～7 日，中央经济工作会议提出，2010 年要保持宏观经济政策的连续性和稳定性，继续实施积极的财政政策和适度宽松的货币政策。要密切跟踪国内外经济形势变化，把握好货币信贷增长速度，加大信贷政策对经济社会薄弱环节、就业、战略性新兴产业、产业转移等方面的支持，有效缓解小企业融资难问题，保证重点建设项目贷款需要，严格控制对高耗能、高排放行业和产能过剩行业的贷款，着力提高信贷质量和效益。要积极扩大直接融资，引导和规范资本市场健康发展。

四 2011 年起：货币政策回归“稳健”

2010 年 12 月 10～12 日，中央经济工作会议提出，2011 年以科学发展为主题，以加快转变经济发展方式为主线，实施积极的财政政策和稳健的货币政策，增强宏观调控的针对性、灵活性、有效性，加快推进经济结构调整，大力加强自主创新，切实抓好节能减排，不断深化改革开放，着力保障和改善民生，巩固和扩大应对国际金融危机冲击的成果，保持经济平稳较快发展，促进社会和谐稳定。

（三）我市经济发展的内生动力逐步增强，实现经济转型升级压力较大

2010 年我市投资保持在 20% 以上的增速，其中工业投资和非国有投资分别增长 21.5% 和 22.7%，均高于整体投资增长水平，与此同时，消费、出口均保持较快增长，内生动力逐步增强有利于经济保持平稳较快的良好势头。2011 年是“十二五”规划的开局年，一批重点建设项目将陆续实施和开工，目前我市

确定2011年重点项目投资256亿元，同比增长10%，加上前两年大规模开工的项目投资，增长惯性较强，政府加大保障性住房建设的力度，固定资产投资保持合理增长的有利条件依然存在。收入分配改革启动将使居民收入增长有了体制性保障，就业的增加和收入分配的改善将推动城乡居民消费进一步活跃，消费品市场有望继续保持稳步增长。随着世界经济的逐步恢复特别是新兴经济体经济增长较快，对外需稳步增长形成重要支撑。但在经济运行基本回归正常增长轨道后，保持经济运行平稳、推动经济结构调整和转型升级的任务十分艰巨。

一方面，影响经济平稳发展的不确定因素仍在。投资结构调整力度进一步加大，对部分传统行业的新增产能投资的限制、地方政府融资能力受到规范性约束等因素将影响2011年的投资增速。扩大消费政策出现效应递减现象，特别是房价、物价较快上涨制约城乡居民消费能力和消费意愿的增强。2010年出口高增长是在上年基数较低的情况下实现的。当前全球经济复苏缓慢，贸易保护主义进一步加剧，贸易摩擦明显增多，人民币升值预期较强等，外贸出口仍面临诸多不确定因素。

另一方面，实现经济转型升级的难度加大。虽然我市高新技术产业发展逐步加快，但优势还不明显，对工业经济的支撑力度还不强。据统计，目前我市传统产业占工业经济比重高达75%左右，高耗能行业占50%左右，而高新技术产业仅占25%左右。随着资源、能源、环境等制约的趋紧，传统产业发展空间受到压缩，外延扩张的发展方式难以为继，势必影响经济发展的可持续性和增长质量。同时，我市服务业发展相对不够快。2010年我市服务业增加值占GDP比重为37.1%，低于全省平均水平6个百分点。且近几年服务业发展与房地产业的关联度较高，受房地产业波动的影响较大，而生产性、知识型服务业发展明显不足。

（四）全市金融业整体实力跃上新台阶，结构性问题和不稳定因素依然存在

近两年我市金融业抓住机遇，深化改革，加快发展，整体实力得到显著提升。2009年和2010年，全市信贷总量增加了669亿元，占全部贷款余额的46%，占“十一五”期间贷款增加额的67%，贷款增速连续两年位居全省首位。同时，国有银行改革继续深化，中小法人机构资本实力增强，湖州银行、南浔银

行跨区域发展取得突破，股份制银行和村镇银行相继设立。全市金融机构体系更加完善，运行机制逐步健全，融资供给能力和金融服务水平进一步提升，为我市金融业在较高的平台上继续平稳增长创造了良好的条件和基础。但金融运行中的结构性矛盾和不稳定因素仍然存在，并且在货币政策转向稳健后可能进一步凸显。

一是融资结构和资金配置不尽合理。从融资结构看，直接融资比例偏低。至2010年末，全市共拥有境内外上市公司12家，累计从资本市场上筹资57.75亿元，发行债券60亿元，直接融资额与贷款余额之比为1∶12.4。从信贷资金区域配置看，县域占比出现下降。2010年我市县域新增存款占全市的44%，新增贷款占47.5%，分别比上年下降5个和1个百分点，在县域经济增速总体快于全市的情况下，资金配置尚需进一步加强。

二是房地产发展面临很多不确定性。2010年我市房地产市场保持较快发展。据统计，全市商品房施工面积1391.8万平方米，同比增长22.2%；新批商品房预售面积411.8万平方米，同比增长22.3%；商品房销售面积386.76万平方米，同比下降2.84%；商品住宅销售均价6343元/平方米，同比上涨21.8%；中心城区商品住宅销售均价8019元/平方米，同比上涨35.94%，其中，四个季度环比增幅分别为17.76%、-7.64%、1.95%和14.3%。2010年房地产调控政策出台后，第二、三季度房市总体趋向平稳，但第四季度又出现新一轮价格上涨。从全国看，近期部分城市房市出现反弹迹象，可能引发房地产调控政策的进一步收紧，房地产发展走势还不明朗。此外，应当看到，近年来为应对国际金融危机影响，房地产领域和地方融资平台累积了大量信贷存量资金，目前这两大领域贷款余额占全市贷款总额的30%以上（其中房地产领域占18%），而且两者关联度进一步增强，对经济金融影响明显上升，应当予以关注。

三是民间融资领域隐含一定的不稳定因素。2010年以来，随着“有扶有控”的信贷政策力度加大，部分行业信贷投向受到控制，致使各类集资、民间借贷资金需求量持续提升。在银行存款利率较低、投资渠道较少的情况下，利率较高的集资、民间借贷市场为社会闲置资金提供了较好的投资渠道。同时，由于银行贷款与民间融资利率存在较大利差，也为企业和个人从银行获取的信贷资金流入民间借贷市场提供了动机和可能。各类担保公司、典当行、寄卖行等机构成为民间融资的中介。由于民间融资较多地被企业和个人用于归还银行贷款、支付货款、

验资投标等的“过桥资金”，以及较难进入信贷门槛高和受限制的领域，在当前货币信贷环境趋紧的形势下，容易引发风险和不稳定因素。

四 2011 年我市金融运行趋势初步预测和措施建议

（一）对 2011 年金融运行趋势的初步预测

2011 年央行实施稳健的货币政策，增强金融调控的针对性、灵活性、有效性，把稳定价格总水平放在更加突出的位置。按照总体稳健、调节有度、结构优化的要求，综合运用多种货币政策工具，把好流动性这个“总闸门”，实现货币信贷合理适度增长。在稳健的货币政策背景下，2011 年我市金融运行将回归到平稳增长轨道。

一方面，货币政策转向“稳健”，意味着货币政策要改变宽松的基调，金融运行将由高位回归到常态化增长轨道。在当前经济主体通胀预期较强、物价上涨压力较大的背景下，货币政策适时转向“稳健”，显示了中央银行反通胀的决心，体现了“把稳定价格总水平放在更加突出的位置”和“把好流动性这个‘总闸门’”这一要求。央行将根据经济金融形势变化情况，综合运用利率、存款准备金率和公开市场操作等价格和数量工具，保持银行体系流动性合理适度，实施差别准备金动态调整措施，引导货币信贷向常态回归，信贷投放将比上年有所回落。从我市来看，2009 年、2010 年两年贷款平均增幅达 35.7%，比“十一五”期间 26% 的贷款平均增长率高 9.7 个百分点。信贷资金的大量投入，为我市经济尽快摆脱危机影响发挥了强有力的作用。在经济步入平稳发展轨道、货币政策由应对危机状态转向常态后，信贷运行不可能维持这样的高增长。

另一方面，“稳健”的货币政策不是“急刹车”和“全面紧缩”，而是“区别对待、有扶有控”，经济发展的合理资金需求仍会得到较好保障。当前经济发展的势头良好，维护经济平稳较快发展势头，需要货币信贷供应保持基本稳定。由于经济发展的资金需求有一定的惯性和延续性，大量在建项目的后续资金、实体经济发展的合理资金需求、扩大内需和促进消费、转方式和调结构中的技术创新投入、产业培育等都需要有良好的货币信贷环境。从我市来看，近两年在适度宽松货币政策背景下，金融机构放贷动力强劲，经济领域资金需求旺盛，在货币政策转向稳健后，资金供给与需求回归理性也是一个平稳渐进的过程。在“区别对待、有扶有控”的信贷政策下，保持经济平稳发展的合理资金特别是中小企业和“三农”的资金需求仍将得到较好满足。

综合上述两方面因素，我们初步预测，2011 年全市信贷新增额约 270 亿元，增幅在 18% 左右。主要依据包括如下几方面。

1. 从我市金融运行的规律来分析

2002 年以来金融运行呈现三年小周期的特点（扩张—回落—趋稳）（见图 5），以此推断，2011 年将是我市金融运行相对平稳的一年。如果以 2001 ~ 2010 年月度贷款余额作为时序数据，运用 ARIMA 模型预测 2011 年各项贷款，余额超过 1730 亿元，全年新增 270 亿元左右。

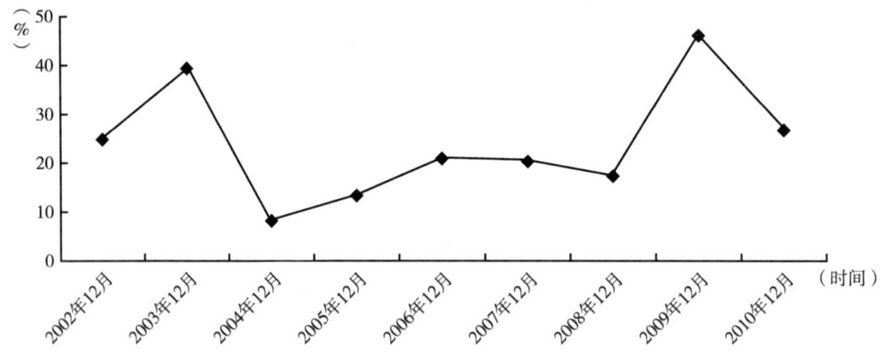

图 5　2003 年以来本外币贷款增速变化

2. 以货币政策环境类似的年份来参考

2011 年货币政策转向稳健。1998 ~ 2007 年，我国曾实施长达十年的稳健货币政策，这十年中我市金融机构贷款平均增长 18.5%，按照这个增速测算，2011 年我市贷款新增约 270 亿元。

3. 按主要领域的信贷供需来判断

①随着工业生产趋向平稳，资金需求将稳步增加。2010 年制造业贷款增加 119 亿元，2011 年预计增加 120 亿元左右。② 2010 年全市投资及服务业等领域贷款增加 59 亿元，2011 年投资将更注重结构和质量，投资政策约束仍较紧，以交通运输、公共设施为主的服务业贷款预计增加约 50 亿元。③ 2010 年个人贷款增加 130 亿元，其中个人消费约占 52%，2011 年随着消费政策效应递减以及房

市调控趋严，个人贷款增加约 100 亿元。综合上述，全年增加贷款 270 亿元左右。

（二）措施和建议

1. 认真贯彻稳健的货币政策，保持信贷总量合理适度增长

当前我市经济发展总体上处于平稳较快发展阶段，需要信贷资金供给保持适度的增长。随着近几年我市金融总量的扩大以及发展质量的提升，金融资源的集聚效应也进一步增强，金融机构应抓住这一有利时机，根据我市经济的实际情况与信贷有效需求，努力保持信贷投放的平稳增加。人民银行应进一步加强引导，增强信贷支持的有效性和可持续性；国有和股份制商业银行分支机构应继续加强与上级行的沟通，争取在资金、授权、授信管理及其他政策上向我市适度倾斜；地方小法人机构应加强资金筹措，盘活资金存量，通过多种渠道确保信贷合理增长。在信贷政策相对趋紧的形势下，要防止不顾企业实际情况，盲目控贷、惜贷，导致信贷总量出现非正常回落的情况，努力为我市经济平稳较快发展创造良好的金融环境。

2. 着力引导和促进信贷结构优化，支持经济加快转型升级

当前加快转变经济发展方式已经成为经济工作的主线。要坚持“区别对待、有扶有控”的原则，把信贷资金更多投向实体经济特别是“三农”和中小企业。一是大力支持传统优势产业升级和战略性新兴产业、高新技术产业的培育发展，促进制造业由一般加工向高端制造提升；支持南太湖产业集聚区规划建设和临沪、临杭产业园等平台建设，加快形成现代产业集群；支持企业兼并重组，培育一批规模大、品牌响、核心竞争力强的大企业大集团。二是大力支持现代物流、现代商贸、休闲度假、文化创意等现代服务业，促进服务业加快发展，着力提高第三产业比重。三是大力改进和完善对“三农”的金融服务，增加对县域的信贷投入。支持发展高产、优质、高效、生态、安全的现代农业；以支持美丽乡村建设为载体，加快推进我市新农村建设；支持中心镇培育、发展，促进城乡一体发展。四是继续做好投资项目的支持工作。合理安排资金，加强融资对接，按照产业政策和信贷政策要求，支持重点项目建设和有利于产业升级的高新技术投资项目建设，促进投资结构优化。五是支持住房、汽车、旅游等领域的消费发展。认真执行差别化的住房信贷政策，支持保障性住房、中小套型等普通商品住房的建设，推动房地产金融健康发展。

3. 大力拓展融资渠道，保持合理的社会融资规模

加快信贷方式和融资产品创新，发展具有融资服务功能的表外业务和中间业务；加强各类理财产品创新，积极推进具备资质的中小企业发行短期融资券、集合票据等，多方面拓宽中小企业融资渠道。在深入了解企业最新需求的基础上，合理运用远期、掉期以及各类贸易融资产品，协助企业规避汇率风险；大力拓展企业直接融资渠道，加大政策引导和扶持力度，促进上市融资、创业投资基金、风险投资基金等快速发展，满足不同类型企业的多样化资金需求，着力提高直接融资比重；寻求与外地银行的业务合作，灵活提供融资服务。

4. 切实防范系统性金融风险，维护金融稳定与安全

当前在外部环境复杂多变和经济结构性调整进程中，不同行业、企业会出现分化，防范风险、维护金融稳定的压力可能上升。政府部门、金融管理部门、银行等有关各方要加强沟通协调，正确处理支持经济发展与防范风险的关系。密切关注实体经济、房地产企业、政府融资平台等领域的发展变化和风险状况，特别要对宏观调控限制性行业、企业的资金链情况进行密切跟踪监测；加大对新型农村金融机构的监测，特别是加强对民间借贷等非正规融资活动的关注，增强风险预警意识和防范意识，发现苗头性问题和风险，及时采取措施加以处置。建立应对企业资金链断裂等突发事件的快速反应机制，加强各方的信息沟通，防范苗头性问题和交叉性、连带性金融风险，维护地方金融和社会稳定。

𝔹.11

2010年度绍兴市经济金融形势分析报告

2010年，全市金融机构认真贯彻执行适度宽松货币政策，信贷资金运用充分，存贷比逐季提高，投放节奏更趋均衡，贷款增速回归常态，结构有保有压，实现了区域经济金融的良性互动，促进了地方经济的转型升级，经济基本面明显好转。但银行信贷总规模控制难度增大、资产净回购压力显现等问题应引起关注。

一　经济金融运行概况

（一）经济运行概况

2010年以来，全市经济在转型发展中保持平稳较快发展，主要指标恢复到危机前增长水平，转型升级继续稳步推进，产销利上升，基本面在好转，回升向好趋势不断得到巩固。全年实现GDP 2783亿元，增长11.0%，比上年度增加1.7个百分点。其中第一、第二和第三产业增加值分别增长3.8%、10%和13.4%。据我中心支行监测显示，4季度企业家判断宏观经济形势景气指数自2008年3季度以来首次处于正景气区间。

1. 投资增速加快，进出口恢复到危机前水平

一是投资总量趋于平稳，房地产投资火暴。1～12月，全市固定资产累计投资1253.6亿元，同比增长18.8%，较上年加快3.6个百分点，但比近6年的最高点（2010年4月的31.1%）回落12.3个百分点，逐月回落至20%以内的增长区间。分投资领域看：①工业性投资热情增强，增长14.8%，较上年加快5个百分点，全年保持两位数增长，为近5年最高水平，主要原因是在宏观经济形势谨慎看好、通胀预期增强的情况下，企业通过有计划的上项目、搞技改、购设备等投资实现“保值”；②房地产投资高速增长，虽比4月份的高点回落20.2个百分点，但比上年提高37.2个百分点，增长41.5%，比2007年投资高峰年份还高出2.6个百分点；③基础设施投资快速回落，增长16.3%，而2月份曾达到140%，大幅回落123.7个百分点。与此同时，外商投资明显增长，累计批准外资项目235项，同比增加61项，合同利用外资增长53.6%，外商实际投资增长17.5%。

二是外贸进出口双双得到恢复。1～12月，全市自营进出口270.2亿美元，增长31.8%，而上年增幅为-14%，已恢复到金融危机前的水平，比2008年提高8.3个百分点，但随着上年基数的逐月抬高，增速有所回落，外贸进出口分别较上半年回落5.1和5.3个百分点。其中，进口59.3亿美元，增长25.3%；出口210.9亿美元，增长33.8%。

三是消费需求稳定增长。1～12月，全市累计社会消费品零售总额852.9亿元，增长19.1%，比上年加快3.1个百分点。主要消费热点：①汽车持续旺销，限额以上贸易企业汽车零售额140.4亿元，同比增长37.0%，增速较上年提高2.5个百分点。②世合赛助推餐饮旅游消费增长，全市住宿和餐饮业营业额为74.2亿元，增长15.3%，实现旅游总收入305.8亿元，增长26.3%。

2. 产销形势良好，工业基本面好转

工业生产快速增长，尤其是下半年受限电减排政策影响，企业开工率下降，工业生产仍保持持续快速发展，反映出我市工业经济的良好发展势头得到巩固。1～12月，全市规模以上工业总产值6836.7亿元，同比增长27.8%，分别较上年和6月末加快23.1和3.1个百分点；工业销售产值6671.1亿元，同比增长27.1%，分别较上年和6月末加快22.2个和2.6个百分点。与此同时，受中西部劳动力回流、原材料价格大幅上涨及汇率等因素影响而不敢接长单、大单，部分订单流向东南亚国家现象应引起关注。

3. 企业效益提升，财政收支增幅倒挂

一是企业利增亏减。1～12月，全市规模以上企业实现利润398.4亿元，同比增长39.7%，较上年加快25.9个百分点；亏损企业面为8.6%，连续7个月回落。其中，十大工业行业中，化学纤维制造业、塑料制造业、化学原料及化学制品制造业、专用设备制造业、电气机械及器材制造业利润增速高于全市平均，分别为95.7%、75.3%、64.5%、44.2%和43.7%，纺织业增长34.7%。二是居民收入平稳增长。城镇居民人均可支配收入和农村居民人均现金收入分别增长12.2%和13.5%。三是财政收支增幅倒挂。全市财政总收入和地方财政收入同

比分别增长 17.0% 和 20.4%，较上年分别加快 8.3 和 8.7 个百分点。财政预算支出增长 31.0%，较上年加快 13.3 个百分点。

4. 物价明显上扬，通胀压力加大

一是居民消费价格指数（CPI）连续 9 个月超过 3%，累计上涨 4.0%，比全国高出 0.8 个百分点。二是工业品出厂价格指数（PPI）累计上涨 9.2%，8 月份起虽逐月回落，但全年均保持 10% 左右的增幅，为近年来最快。三是工业原材料购进价格指数呈两位数增长，累计涨 11.8%，原材料和产成品价格涨幅持续倒挂，累计倒挂 2.6 个百分点。

（二）金融运行概况

1. 贷款增速回归常态

12 月末，全市金融机构本外币贷款余额 3934.3 亿元，比年初新增 637.3 亿元，同比少增 168.60 亿元，与我中心支行年初预测全年 650 亿元的增量基本吻合。与省内城市相比，贷款余额和增量位居杭州、宁波、温州之后，列第 4 位。与往年相比，信贷供给转向常态化。2007 年、2008 年、2009 年贷款增量分别为 352.3 亿元、403.1 亿元和 805.9 亿元，2010 年收缩了 20.9%，略高于全国 20.2% 收缩力度，仍高于 2008 年以往年度投放量，是 2008 年的 1.6 倍。余额同比增长 19.3%，与全国 19.7% 和全省 19.3% 的增速同步，连续 3 个月保持在 20% 以内，比前期最高点（2009 年 11 月 33.9%）回落 14.5 个百分点，贷款高增长势头得到控制（见图 1）。

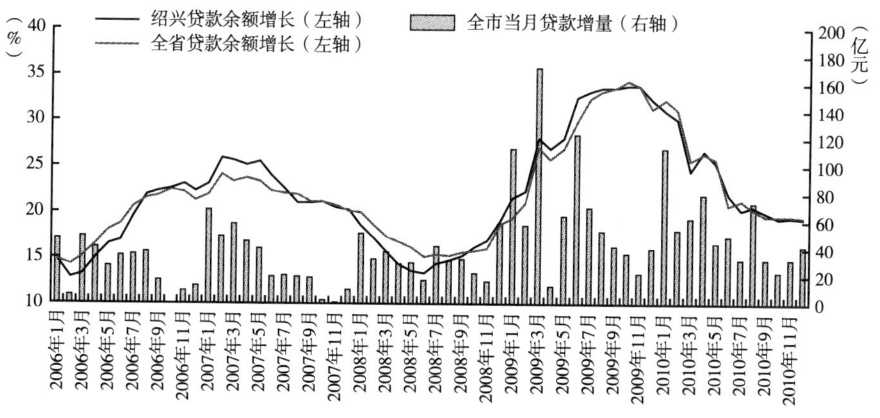

图 1　绍兴市 2006 年 1 月 ~2010 年 12 月贷款余额同比增长曲线

2. 投放节奏更趋均衡

2010 年信贷投放更注重均衡性，不再像往年那样年初大投放、年末很少投放，较好地满足了实体经济信贷需求。1～4 季度投放量分别占全年的 36.0%、27.1%、21.6% 和 15.3%，而上年投放比重分别为 42.4%、24.8%、20.4% 和 12.4%，第一个季度比上年少投放 6.41 个百分点，而后三个季度分别多投放 2.35、1.19 和 2.88 个百分点。

3. 投放结构有保有压

呈现"两升两降"格局：一是实质性贷款比重上升。由于规模趋紧，商业银行用一般性贷款替换票据融资，全年票据融资下降 24.1 亿元，而 2009 年为增加 22.6 亿元。贷款主要投向实体经济，工业贷款余额 1928.5 亿元，新增 281.4 亿元，少增 75.4 亿元，占 44.2%；批发零售及住宿餐饮业新增 99.1 亿元，多增 13.7 亿元，占 15.5%，同比上升 4 个百分点。二是小企业贷款高速增长。按企业规模分，金融机构由金融危机爆发前的"重大轻小"向金融危机后的"稳大中重小型"转变，全市小型企业贷款增长 33.40%，高于全市平均 12.5 个百分点，而大型企业和中型企业贷款增速分别为 12.57% 和 15.98%（见表 1）。三是建筑房地产和政府融资平台等调控行业高增长势头得到控制。建筑房地产业贷款增速由 2009 年 8 月最高位 40.1% 回落至 28.1%，个人住房贷款增速由 2010 年 4 月份的最高位 66.1% 回落至 30.3%。作为政府融资平台主体的交通运输、仓储邮政业和水利环境公共设施管理业贷款新增 9.2 亿元，仅为 2009 年同期的 1/9。

表 1　绍兴市 2010 年对大中小型企业人民币贷款情况

按规模分	余额(亿元)		占比(%)		余额同比增长(%)
	12 月末	比年初增	余额占比	增量占比	
企业人民币贷款合计	2900.72	497.35	100	100	20.87
其中:大型企业贷款	513.99	56.27	17.72	11.31	12.57
中型企业贷款	1368.22	191.74	47.17	38.55	15.98
小型企业贷款	1018.50	249.34	35.11	50.13	33.40
其中:单户授信 500 万元以下余额	237.61	180.26	8.19	36.24	31.82

4. 信贷增量有转移倾向

在全市贷款平稳增长的同时，各县（市、区）由于产业结构、风险控制等

方面的不同，贷款增速的差异较大。12 月末，市区、绍兴县、上虞市、诸暨市、嵊州市和新昌县贷款增速分别为 20.72%、12.36%、17.86%、23.09%、25.48% 和 23.09%，信贷资源有向诸暨、嵊州和新昌转移的倾向。

5. 存贷比逐季提高

12 月末，全市金融机构本外币存款余额 4948.3 亿元，比年初新增 809.1 亿元，同比少增 66.9 亿元；余额同比增长 19.5%，比年初回落 7.3 个百分点，比全省平均增速低 1.1 个百分点，增势趋于稳定。存款余额和增量均列全省第 4 位。分结构看，一是企业存款高位回落，新增 444.9 亿元，同比少增 156.4 亿元；余额同比增速从近年来的最高点（2010 年 1 月份为 76.1%）逐月回落至 28.0%，比年初回落 45.6 个百分点。其中，定期存款新增量占比为 61.9%，同比上升 2 个百分点。二是储蓄增长乏力。受存款市场整顿、房地产逆市热销分流储蓄及用于开立银行承兑汇票而质押的存单缓增①等因素影响，全年储蓄新增 238.7 亿元，同比少增 51.9 亿元；同比增长 14.0%，比年初回落 6.6 个百分点。三是保证金由负转正，新增 22.8 亿元，2009 年为下降 170.8 亿元。从存贷比看，存贷比逐季提高，增量存贷比居全省第 6 位，比上年提高 2 位。增量存贷比为 78.8%，分别比 2010 年 9 月末、6 月末和 3 月末提高 7.7、16.0 和 31.6 个百分点，余额存贷比达 79.5%。

6. 资金价格上升

货币政策转向稳健，市场流动性开始收缩，利率水平趋于上升。2010 年 12 月，人民币贷款加权平均利率 6.08%，比 2009 年同期上升 0.41 个百分点。从上浮幅度看，12 月全市金融机构贷款平均上浮幅度 12.22%，比 2009 年同期上升 1.58 个百分点。从贴现率来看，12 月，全市金融机构 3 个月（含）以内银行承兑汇票平均贴现率 6.72%，比 2009 年同期上升 3.93 个百分点，且已高于贷款基准利率。同时，金融机构中间业务收入快速增长。1 ~ 12 月中间业务收入总计 25.5 亿元，同比增加 5.6 亿元，增长 28.2%，比贷款增速高 8.9 个百分点；占利息收入的 16.6%。若将商业银行中间业务收入转化为企业资金成本测算，实际贷款利率约为基准利率上浮 31.63%。随着资金价格的上扬，贷款期限延长，银行赢利能力上升。1 ~ 12 月，全市银行机构结益 104.7 亿元，同比增长

---

① 由于贴现率上升等原因，银行承兑汇票业务有所收缩，造成其保证方式中存单质押的余额相应下降。

37.0%，同比上升41.9个百分点。

7. 其他信贷大幅多增

据我中心支行监测，全年除贷款转让出现净转回以外，银行承兑汇票、信用证、保函、委托贷款及其他信贷投入全面多增，12月末净余额为763.8亿元，比年初增188.5亿元，同比多增149.1亿元。其他信贷增速自2009年12月份正增长后，连续保持高增长态势，1～4季末增速分别为25.7%、32.3%、33.3%和32.8%，接近金融危机前2008年9月末37.9%的高位。其他信贷在缓解企业资金供需矛盾、巩固经济回升向好势头方面发挥了积极作用。

8. 跨境人民币结算快速发展，结售汇回升

自2010年6月23日绍兴成为跨境贸易人民币结算试点地区以来，全市共发生跨境贸易人民结算业务199笔，金额15.9亿元。随着全球经济活跃度的上升和进出口的反弹，结售汇规模回升。1～12月，全市累计结汇196亿美元，售汇33.6亿美元，同比分别增长33.3%、2.0%，而上年为增长－10.3%和－40.1%；净结汇161.8亿元，同比增长42.6%。

9. 异地信贷明显放缓，小贷公司资金运用充分

12月末，异地金融机构对全市企业本外币各项信贷余额1657.72亿元（见表2），比年初新增176.56亿元，同比少增48.2亿元，余额同比增长11.92%。其中，异地贷款余额1127.41亿元，比年初增85.47亿元，同比少增121.5亿元，余额同比仅增长8.20%。小额贷款需求旺盛，小贷公司资金运用比较充分。12月末，全市9家小额贷款公司贷款余额38.1亿元，比年初增加21.7亿元，同比多增8.2亿元，余额同比增长132.7%（其中向银行融资10.7亿元，比年初增加6.9亿元，同比多增3.1亿元，余额同比增长182.5%）。

表2　绍兴市2010年度异地信贷情况统计表

项　　目	2010年末余额(亿元)	比年初增加额(亿元)	比年初增长(%)
全部异地信贷余额	1657.72	176.56	11.92
1. 各项本外币贷款	1127.41	85.47	8.20
(1)贷款	1082.30	117.03	12.12
(2)贸易融资	8.44	－3.23	－27.68
(3)贴现	36.67	－28.33	－43.59

续表

项　　目	2010 年末余额(亿元)	比年初增加额(亿元)	比年初增长(%)
2. 其他信贷	530. 31	91. 09	20. 74
(1)承兑汇票	433. 96	55. 96	14. 80
(2)信用证	53. 28	20. 14	60. 72
(3)保函与保理	43. 07	14. 99	53. 38

注：上表中“其他信贷”未剔除保证金因素。

二　经济金融运行中存在的问题

（一）贷款行业投向结构问题

一是工业贷款低位运行，2010 年 12 月末同比增速为 16. 8%，比全市平均水平低 2. 5 个百分点，已连续 7 个月低于全市平均。纺织业是我市支柱产业，但部分商业银行对纺织行业审查较审慎严格，对新提用授信采取限额管理、按笔上报的政策，部分企业列入减退名单，纺织业贷款余额和占比均有所下降。二是农林牧渔业贷款连续 12 个月负增长，且负增幅度在逐月扩大，由 1 月份的 -11. 74% 下降到 12 月的 -27. 6%。三是房地产业流入量反弹，11 月和 12 月出现多增，全年增量高于上年 3. 7 亿元，增量占比提高了 1. 2 个百分点，加上涉房企业通过关联制造企业、委托贷款等形式间接获得的贷款，实际流入量更多，与宏观调控要求存在差距。四是个人消费贷款增长明显快于全市消费增速，12 月末个人消费贷款同比增长 27. 6%，高出全市消费增速 8. 5 个百分点，这与房产商开展全款打折活动，而个人消费贷款利率和二套房按揭利率上浮 10% 相当，部分二套房购房者可能通过个人消费贷款获得购房资金有关。

（二）潜在信贷风险问题

2009 年和 2010 年全市企业逾期欠息化解工作取得显著成效，2010 年 11 月末企业不良贷款（人民币，下同）余额 52. 17 亿元，不良率 1. 82%，分别比 2009 年同期下降 12. 12 亿元、0. 90 个百分点，但部分大额不良贷款处理尚未全部结束，仍面临较大的压力，潜在问题一是大中型企业不良贷款占比高，占全市企业不良贷款的75.2%。二是关注类贷款[①]规模庞大，余额达771.71亿元，比年初增加28.35亿元，同比上升16.8%，余额占全部企业贷款的6.0%，是企业不良贷款率的3.29倍，可能迁徙为次级、可疑类等不良贷款。三是中小型企业逾期贷款[②]上升。一些中小型企业受原材料价格上涨等因素影响，经营效益下滑，出现了贷款逾期、欠息现象。2010年11月末，全市企业逾期贷款44.2亿元，比年初增加1.93亿元，其中中小型企业逾期贷款比年初增加6.86亿元，余额占全部逾期贷款的比例由2009年同期的72.0%上升至85.1%。四是五级分类未真实反映贷款质量。据我中心支行对29家样本企业的调查，商业银行的贷款分类未充分反映其风险，账面不良率与实际不良率至少存在0.76个百分点的偏差。如果考虑到这一因素影响，企业实际的信贷风险将更高。此外，在中央"限购令"等一系列"组合拳"的作用下，未来房地产形势不容乐观，涉房企业贷款风险需关注。

（三）其他信贷增加市场流动性问题

全市其他信贷全面多增且持续在30%以上的高位增长，多增量（149.1亿元）与全市贷款少增量（168.8亿元）相差不多。因此，尽管全年贷款增量收缩了20.2%，但经其他信贷多增抵消后，全部信贷投放量少增19.6亿元，收缩幅度仅为2.3%，在CPI高启形势下进一步增加了市场流动性压力，与中国人民银行总行提出的"控制社会融资总规模"要求不协调。

（四）资产回购挤压中小企业贷款需求问题

针对信贷规模较紧的问题，前期我市部分商业银行通过系统内外的资产转卖腾出规模。而目前这些转卖的资产陆续到期，需要回购。存在问题：一是挤压中小企业贷款需求。2010年8月份起绍兴市贷款回购额超过转让额，出现净转回现象，全年净转回4.8亿元，而上年和2010年上半年净转出额分别为20.2亿元和22.2亿元。特别是原先转出的主要是一些政府融资平台、大企业等贷款，到期转回后将占用商业银行当前已较紧张的信贷规模，影响部分中小企业融资需

---

① 关注类贷款是指尽管债务人目前有能力偿还债务，但存在一些可能对偿还债务产生不利影响的因素。

② 逾期贷款是指未按贷款合同规定的期限偿还本金或利息，本金或利息逾期90天以上可归为不良贷款。

求。二是资本充足率“虚高”。资产转卖合同中不规定需要转回，但从实际情况看，资产转出方与受让方存在到期回购口头承诺的可能，实际贷款风险未随资产的转让而转移，导致商业银行加权风险资产“虚低”和资本充足率的“虚高”。

（五）流动资金需求上升问题

一是原材料购进价格与产品销售价格间涨幅剪刀差扩大，在降低利润的同时增加了流动资金需求。据我中心支行对 71 家工业企业进行的监测，2010 年第 4 季度，原材料购进价格景气指数达到 64.2 点，同比上涨 18.9 点，攀升至历史较高区间，高于当季产品销售价格指数 35.82 点。二是企业货款回笼景气度回落，应收账款增加。当前企业经营成本不断上升，货币政策渐趋紧缩，部分企业财务成本上升，流动资金需求量增加，企业第 4 季度资金周转状况景气指数和销货款回笼景气指数为 56.72 点和 61.29 点，分别较第 3 季度下降 8.95 点和 2.99 点，应收账款平均收账期由第 3 季度的 54.95 天上升到第 4 季度的 55.2 天。

三　对策建议

（一）保持融资规模合理增长，促进经济转型升级

中央经济工作会议提出“保持合理的社会融资规模”。温家宝总理强调“保持合理的社会融资规模和节奏”。对此，要做好如下安排：一是合理安排信贷投放。各商业银行要认真贯彻执行稳健货币政策，积极向上级行争取资金、授信管理等支持，继续保持合理的信贷规模。二是拓展直接融资渠道。推荐高成长性企业上市融资，鼓励规范的股权交易方式，提高非上市公司股权流动性；继续推进企业债和短期融资券工作，发展创业投资基金、风险投资基金等，满足不同类型企业的多样化资金需求。三是做好信贷结构优化，创新融资产品支持企业技术改造、自主创新、节能减排和兼并重组。

（二）加强监督检查，提高信贷资金使用效率

一是加强资金流向监控。正确判断企业能力，不跟风放贷，不盲目压贷。加大对房地产等行业的日常资金监控和关注，定期不定期监控企业现金流，防止银

行信贷资金通过不同渠道继续流向调控行业，引导信贷资源用于满足实体经济、中小企业、三农、保障房建设等资金需求。二是要加强部门合作。对于房地产等涉及多部门的政策，应建立和完善部门间的合作与信息交流机制，并将其作为政策设计、制定中的重要环节，形成部门合力，共同杜绝违规现象。三是加强货币信贷政策执行情况的督查力度，提高政策严肃性，对各类违规行为进行严厉查处。

（三）提高信贷风险意识，抓好重点区域不良处置

一是要加强调查监测，及时掌握全市普遍性问题和支柱产业、龙头企业生产经营中的困难和问题，关注并化解存在下迁可能的贷款风险。二是加强贷前管理，严把信贷准入关，规范对政府融资平台、房地产热点领域的信贷投放和贷后管理，切实防范发生新的风险，并积极探索针对调控行业、潜在大中型风险的企业贷款退出机制。三是跟踪贷款重组企业情况，抓好重点区域、重点企业大额不良贷款的处置。四是调整不良贷款零增长或负增长等不合理考核指标，推动债权银行以正常行为人身份主动、积极参与企业破产重整。对经权衡后破产清算是最优解决方式的企业，鼓励基层行以行政诉讼等司法途径解决，对确实无法收回的坏账，以呆账准备形式予以核销。

B.12

2010年度金华市经济金融形势分析报告

2010年，面对极为复杂的国内外经济环境，全市上下坚持调结构促发展，经济向好势头进一步巩固，金融支持经济转型升级的作用明显增强。下一阶段，我市经济有望继续保持快速增长态势，但不确定、不稳定因素仍然较多，需要各方密切关注。

一　经济运行概况

2010年，我市经济运行朝着宏观调控预期的方向发展，主要经济指标快速增长。据初步核算，全市生产总值2094.70亿元，增长12.5%，全市财政一般预算总收入272.68亿元，增长17.2%。

（一）经济增速趋于稳定，市场信心继续增强

全市2010年四个季度GDP累计增长速度分别为12.7%、13.3%、12.6%和12.5%，经济运行逐渐由回升向好朝稳定增长转变。我中心支行景气调查显示，市场主体对宏观经济信心持续回升（见图1）。2010年第4季度，我市企业家信心指数为53.3，比上年同期提高6.8个百分点；银行家信心指数为60.0，比上年同期提高10.0个百分点。

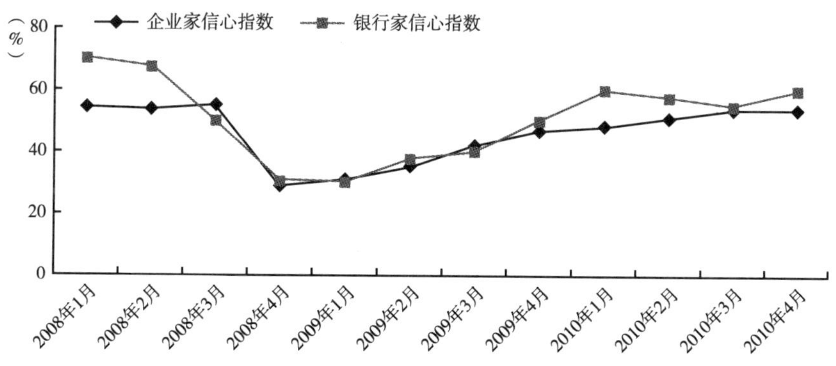

图1　2008～2010年各季度景气指数走势

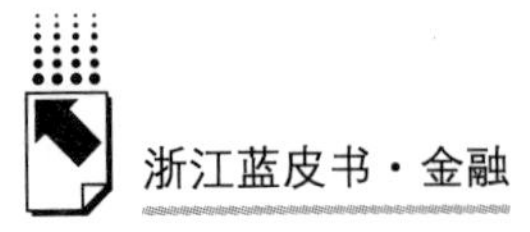

（二）工业生产高位运行，企业效益大幅提升

1～12月，全市规模以上工业总产值3393.31亿元，实现销售产值3277.14亿元，同比分别增长32.8%和32.2%。全市34个工业行业中有21个行业产值增速超过30%，有17个行业新产品产值增速超过50%。1～12月，全市规模以上工业企业实现利润165.62亿元，增长53.7%，明显高于工业产值的增长速度。11项经济效益考核得分为234.96分，同比提高了24.0分。

（三）投资增速明显加快，工业投资亮点突出

1～12月，全市累计完成限额以上固定资产投资724.11亿元，同比增长23.7%，高出上年14.4个百分点。其中，房地产开发投资164.45亿元，增长24.0%；投资项目（单位）投资559.66亿元，增长23.6%。投资项目投资中，基础设施投资129.83亿元，增长17.5%；工业投资378.37亿元，增长26.5%，比全省高17.2个百分点，增幅排名全省第一。

（四）外贸出口强劲复苏，利用外资规模扩大

1～12月，全市外贸出口121.88亿美元，增长41.8%。其中，机电产品出口52.12亿美元，增长45.4%；高新技术产品出口4.70亿美元，增长56.5%。欧美仍是我市主要出口市场，俄罗斯、东盟、巴西和伊朗等新兴市场出口大幅增长。1～12月，全市新批外商投资企业104家，较上年增加11家；合同利用外资6.02亿美元，实际利用外资3.53亿美元，分别增长14.2%和11.0%。

（五）居民收入有所增加，消费市场稳中有旺

1～12月，市区城市居民人均可支配收入25029元，增长9.2%，全市农民人均现金收入11805元，增长11.4%。居民收入的增加促进了消费市场的平稳增长。2010年，全市社会消费品零售总额为916.23亿元，增长18.9%，较上年提高了3.3个百分点。其中，城镇零售额755.14亿元，增长19.1%；乡村零售额161.09亿元，增长17.7%。从商品种类看，家用电器零售额11.82亿元，增长26.4%；汽车销售额157.21亿元，增长35.1%。

二　金融运行概况

2010年，我市金融机构认真贯彻落实适度宽松的货币政策，金融运行态势总体良好，金融支持经济发展的作用进一步增强。

（一）各项存款较快增长，储蓄存款出现少增

12月末，全市金融机构本外币存款余额3986.99亿元，同比增长23.79%，比年初增加766.17亿元，同比多增121.66亿元。分项目看，一是企业存款快速增长。1～12月，全市新增企业存款278.91亿元，同比多增49.92亿元，表明我市企业总体支付能力增强。二是储蓄存款同比少增。1～12月，全市新增储蓄存款307.59亿元，同比少增43.53亿元，与房地产市场及个人投资创业活跃等因素有关。三是单位存款同比明显多增。1～12月，全市财政和机关团体存款新增116.89亿元，同比多增69.51亿元。

（二）信贷环境保持宽松，新增贷款略微减少

12月末，全市金融机构本外币贷款余额3096.47亿元，同比增长23.35%，增幅居全省第三。年内，全市新增贷款586.11亿元，同比少增7.51亿元，新增贷款占全省的比重为7.59%，同比提高1.41个百分点。从期限结构看，短期贷款同比增长24.45%，比年初增加438.52亿元；中长期贷款同比增长19.29%，比年初增加127.20亿元。从部门分布看，个人贷款新增203.92亿元，同比多增48.44亿元；单位贷款新增342.73亿元，同比少增77.21亿元。

（三）贷款利率总体下降，民间融资量价略升

2010年，全市金融机构一年期人民币贷款加权平均利率为6.104%，比上年下降0.152个百分点（见图2）。年内金融机构实行基准利率和利率下浮的企业贷款比重为42.69%，同比提高1.99个百分点。据我中心支行监测，民间借贷总额和利率水平略有上升，第4季度我市民间借贷发生额比上年同期增加1.84%，民间借贷加权平均利率同比提高0.54个百分点。

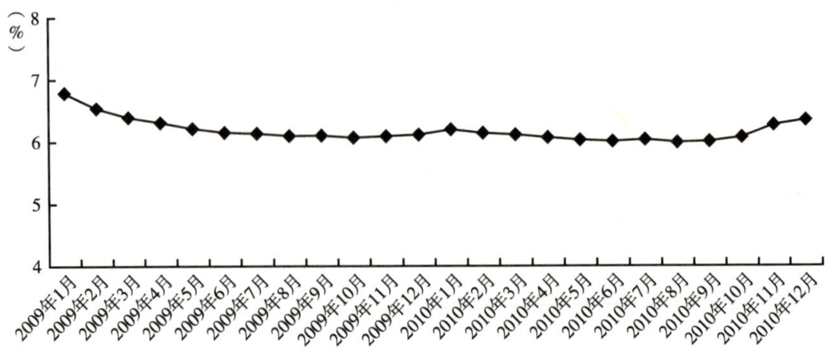

图2　2009～2010年金华市一年期贷款利率走势

（四）外汇收支总量扩张，汇率弹性逐步加大

2010年，我市涉外经济持续保持快速增长态势，国际收支总量大幅扩张。1～12月，全市国际收支总规模为286.84亿美元，增长39.57%，实现顺差260.46亿美元，增长38.55%。从交易项目看，货物和服务贸易收支274.90亿美元，同比增长41.29%，外商直接投资流入3.22亿美元，对外直接投资流出0.69亿美元。2010年初以来，为应对全球金融危机，人民币汇率保持基本稳定，重启汇率形成机制改革后，人民币小幅升值，双向浮动特征明显。12月末，人民币兑美元汇率中间价为6.6227元，比上年末升值3.10%。

（五）股票交易增速回落，保险业务平稳发展

受政策趋紧预期等因素影响，股票指数震荡下行，我市股票交易量增速明显回落。2010年1～12月，全市证券机构股票成交额13811.95亿元，同比增长9.12%，较上年回落近七成。12月末，全市客户证券资金总额599.39亿元，增长16.92%。2010年，全市有3家企业上市融资22.63亿元，发行企业短期融资券35.50亿元，中小企业通过集合票据融资1.45亿元。1～12月，全市商业保险机构保费收入79.21亿元，增长31.50%；保险赔款支出14.40亿元，增长4.53%；给付支出4.12亿元，下降20.82%。

三　对全年信贷增长情况的分析

2010年，我市信贷投放更加注重根据实体经济的信贷需求均衡把握信

贷投放节奏，全年新增贷款基本与上年持平，信贷投向结构继续得到优化。

（一）信贷投放由反危机状态逐步向常态回归

统计数据显示，2001～2010 年我市贷款年均增幅为 23.54%（见图 3）。其中，2009 年为应对国际金融危机影响，在适度宽松的货币政策背景下，全市贷款增长速度提高到 30.97%，比正常年份的平均增速加快 7.43 个百分点；2010 年，我市的贷款投放呈现高位回落态势，全年贷款增速 23.35%，比上年回落了 7.62 个百分点，基本接近正常年份的平均增速。信贷投放节奏均衡合理，全年四个季度新增贷款分别占全年新增的 39.25%、27.13%、22.06% 和 11.56%，投放进度基本按照年初要求的"4、3、2、1"掌握。总体上看，2010 年我市的信贷投放，是经济基本面和宏观政策等因素共同作用的结果，符合宏观调控的预期和经济平稳发展的实际需求。

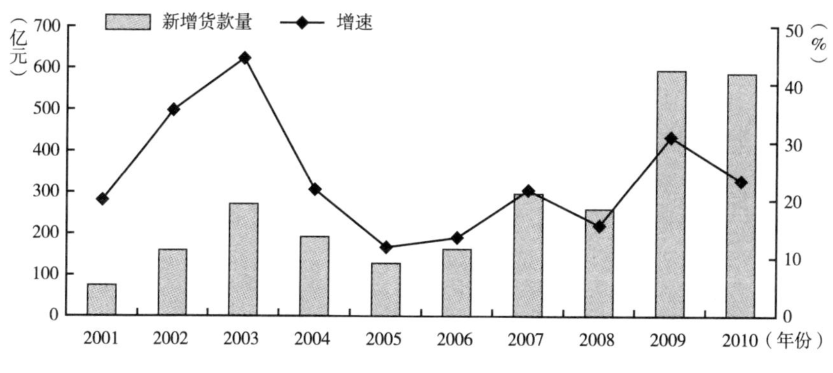

图 3　2001～2010 年金华市贷款增长情况

（二）重点保障先进制造业基地建设资金需求

一是加大对工业经济的信贷投放力度。2010 年 12 月末，全市金融机构制造业贷款余额达 1410.17 亿元，增长 26.51%，高出全省平均增速 3.57 个百分点。二是实体经济贷款发放继续增多。12 月末，全市企业贷款余额为 1957.47 亿元，比年初增加 380.01 亿元，占全部新增贷款的 64.84%，高出余额占比 1.62 个百分点。三是积极推动块状经济向现代产业集群提升。12 月末，我市优势产业集群中金属制品、专用设备制造、有色金属加工和文教用品制造等行业贷款增速分别达 32.52%、32.96%、24.82% 和 42.15%，明显高于各项贷款的平均增速。

（三）新兴产业和薄弱环节继续获得较多贷款

一是增加对高新技术新兴产业的信贷投放。2010 年 12 月末，全市 353 家市级及以上高新技术企业贷款余额为 169.71 亿元，比年初增加 15.68 亿元；全市 22 家新能源等新兴产业企业贷款余额达 14.14 亿元，比年初增加 2.83 亿元。二是增强对中小企业的信贷支持。1～12 月，全市中小型企业新增贷款 351.18 亿元，占全部企业新增贷款的 92.42%；小企业新增贷款占全部企业新增贷款的 63.21%，比上年同期提高了 6.41 个百分点，高出全省占比 12.64 个百分点。三是加大对“三农”的信贷支持力度。1～12 月，全市新增涉农贷款 434.49 亿元，占全部新增贷款的 74.13%；其中新增农户贷款 113.76 亿元，占全部新增贷款的 19.37%。

四　经济金融运行中值得关注的问题

（一）物价持续上涨带来的风险隐患不容忽视

物价持续上涨已成为当前经济工作的焦点问题，这其中隐藏的风险和不确定性，有可能给经济金融运行带来负面影响，需要我们吸取以往的经验教训，及时做好应对准备。

一是企业增本减利的压力加大。数据显示，2010 年 1～12 月全市工业原材料、燃料动力购进价格同比上涨 10.7%，同期工业品出厂价格同比上涨 6.3%，两者剪刀差达 4.4 个百分点，比上年同期扩大了 4.3 个百分点。由于我市工业多为一般的加工企业，原材料成本约占生产总成本的六至七成，原材料价格的快速上涨将直接挤压工业企业的利润空间。据统计，受原材料价格上涨等因素的影响，1～12 月全市规模以上工业企业利润同比增长 53.65%，比一季度回落 28.15 个百分点；1～12 月全市规模以上工业亏损企业亏损额达 81.28 亿元，比一季度提高了 90.65%。

二是加剧了企业资金的紧张状况。物价水平是客观反映经济冷热状况的主要指标，也是确定宏观调控方向、力度和节奏的重要参考。从宏观上讲，货币信贷供应量是根据经济增长和物价控制目标来调控的，当物价持续上涨并明显偏离控

制目标时，中央银行会适时收紧货币信贷总量，传导到微观层面就会反映出获得贷款的难度增大。同时，物价持续上涨又使货币购买力下降，企业维持等量的生产规模需要更多的资金，从而使企业资金营运的压力进一步加大。据对相关资料的分析，2008 年原材料价格持续上涨时期，我市工业有六成多的行业资金明显偏紧，规模以上工业企业的信贷资金满足率仅为 53% 左右。

三是有可能引发信贷突发风险。物价的持续上涨，容易扭曲经济主体的预期，助长囤积原材料和跟风投资现象，一旦市场在宏观调控下出现逆转，企业资金链就会骤然绷紧，埋下信贷资产“劣变”的风险隐患。同时，一些正常经营的企业由于无法转嫁原材料涨价成本，造成经营持续亏损，现金流入不敷出，甚至导致资金链断裂风险。据调查统计，2008 年我市规模以上企业发生资金链断裂事件 37 起，引发市内 115 个企业关停，涉及银行贷款 27. 80 亿元，其中有 38% 的企业分布在行业景气度较高和原材料价格波动较大的纺织、金属加工和化工等行业。

（二）金融支持转型升级的针对性亟待提高

当前，我市金融支持经济转型升级已取得阶段性成效。但在理念转变、机制保障、产品创新等方面仍存在诸多制约，金融支持转型升级的针对性和有效性有待深入探索。

一是引导企业转变融资方式的力度较弱。我市企业直接融资起步较早，但发展缓慢，截至 2010 年底，全市境内外上市企业只有 12 家，直接融资比例不到 8%，明显落后于省内其他地区和全国平均水平。究其原因，除了企业自身原因外，主要是信贷市场存在结构性竞争过度问题，金融机构争相对一些规模较大的优质企业授信。监测数据显示，目前我市最大的前 100 家信贷客户中，有 10 家以上贷款银行的占 25%，其中最大一家民营企业在 20 家银行的融资总额超过 20 亿元。这种状况加剧了企业对贷款的依赖，不利于激发企业建立现代企业制度的热情，显然不适应促进企业加快转型升级的需要。

二是绿色信贷的正向激励机制不够完善。绿色信贷政策实施以来，企业环保信息纳入人民银行征信系统，作为金融机构贷款授信审查的基本内容之一。我市先后有 16 家环保违法企业在信贷制裁下“摘帽”，2010 年重点高耗能企业贷款下降了 13. 24 亿元。但总体上看，我市绿色信贷实践尚处在风险防范的起步阶段，目前仍偏重于限制性和约束性举措。在贷款授信、利率定价和担保抵押方面，缺乏对环境友好型企业的正向激励政策。2010 年，全市省级绿色企业贷款增长 19.29%，省循环经济示范企业贷款增长 17.31%，分别低于同期全部企业贷款增幅 5.45 和 7.43 个百分点。

三是金融服务还不适应转型升级的需要。近几年，我市推出了一些新的金融产品和服务方式，但与加快经济转型升级的要求相比还有不小的差距。首先，风险管理偏好于有形资产质押，房地产仍是现阶段贷款的主要担保物，我市商标权、排污权、专利权质押贷款不足全省的 3%，信贷对企业品牌建设、低碳排放及自主创新支持不够。其次，技术改造贷款仍在沿用计划管理的模式，贷款审批环节多、权限小，目前全市技改项目贷款余额仅为 19.20 亿元，不能满足产业调整与振兴的需要。再次，保险产品较为单一，科技保险、绿色保险及新兴产业保险业务尚未起步，保险对转型升级的风险保障功能有待挖掘。

（三）房地产市场面临的政策环境更加趋紧

2003 年以来，我国房地产市场经历了四次大的调控，特别是 2010 年的调控力度和频率前所未有，但高企的房价却依然坚挺，房地产市场调控的形势不容乐观。我们分析，未来一段时期房地产市场面临的政策环境更加趋紧。

一是房地产作为支柱产业的地位弱化。从历史来看，随着城镇住房制度改革的推进，房地产业对拉动经济增长确实发挥了重要作用，因此，我们一直强调房地产业关联度高，带动力强，是国民经济的支柱产业。2005 年“国八条”、2006 年“国六条”虽然突出了对房地产市场的调控，但在政策文件中仍将房地产业定位为我国新的发展阶段的一个重要支柱产业。然而，2010 年出台的“国五条”和“国十条”提出房地产业要以保障民生为首要目标。9 月底，国务院有关部门负责人在就进一步加强房地产调控答记者问时明确指出，房地产业不能作为城市经济支柱产业，这就为下一阶段房地产市场调控定下了基调。

二是房地产市场调控的目标更加明确。从相关政策文件可以看出，前几轮房地产市场调控的目标是“稳定住房价格”，2010 年“国五条”和“国十条”调整为“遏制房价过快上涨”，但这些提法均被解读为调控只是让房价“缓涨、慢涨”，多数市场主体预期政府不会让房价下跌。在这种调控预期下，房地产市场陷入了“越调越涨”的境地，高房价已逐渐成为当前社会矛盾的焦点。对此，

温家宝总理在2010年国庆招待会致辞中强调要“保持房地产价格合理和稳定”，首次提出把房价的“合理”作为调控目标之一。在中央人民广播电台与听众交流时，温家宝总理表示有信心让房价回到合理的价位。

三是信贷政策的调控力度进一步加大。住房贷款是促进房地产市场发展的一项重要制度安排。在本轮房地产市场调控中，差别的房地产信贷政策将矛头直指“投资和投机性需求”，不但提高了个人住房贷款的首付比例，还提高了第二套房贷的利率下限。不久前，人民银行在上调存贷款基准利率时，调减了中长期存款和贷款的利差水平，若对五年期以上住房按揭贷款利率实行7折优惠，其名义利率仅为4.48%，首次低于五年期存款基准利率0.07个百分点，这种利率倒挂机制将导致个人住房贷款真实利率的上升，进一步收紧住房信贷的政策意图明显。

五　下阶段经济金融运行趋势及对策建议

（一）宏观经济形势展望

总体来看，2011年，宏观经济运行面临的内外部环境整体趋于好转，经济持续增长的动能较为充足，我市经济有望继续保持平稳较快发展的态势。

1. 经济内生增长动力将继续恢复

实施应对危机一揽子措施以来，我国经济持续快速回升，消费对经济增长的拉动作用提升，财政金融风险得到有效控制。总的来看，2011年经济保持较快增长的政策环境较好，有利条件很多，特别是国内市场潜力巨大，国民储蓄率较高，转变发展方式和调整经济结构步伐加快，为巩固经济发展的良好势头提供了空间。

2. 外部需求将延续缓慢复苏态势

当前，国际金融危机极端动荡的状态已明显缓和，市场信心有所增强，私人消费、跨国投资和全球贸易都在不同程度上开始恢复，加之2011年主要经济体量化宽松的政策大方向没有变，世界经济二次“探底”应为小概率事件，复苏势头仍将延续。特别是新兴经济体和发展中国家经济增长强劲，与我国双边经贸合作有望继续深化，有助于国内企业进一步开拓新兴市场。

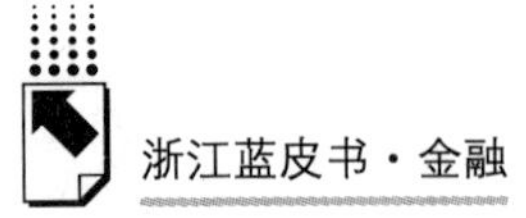

3. 物价总水平上涨压力依然存在

经济刺激政策实施以来，通胀预期一直在增强，物价涨幅逐月上升，至2010年11月消费物价创28个月以来同比最大涨幅，特别是近期非食品价格的较快上涨，在一定程度上表明物价上涨正在由食品价格向全面价格上涨扩散。12月份物价涨幅有所回落，但未来一段时期物价可能仍在高位运行，企业增本减利的压力加大，负利率问题的长期化将增加经济金融运行的风险。

4. 经济运行存在不确定性和复杂性

从国际看，主要经济体复苏缓慢，新兴市场资产泡沫和通胀压力增大，欧元区主权债务危机隐患尚未根本消除，全球金融体系依然脆弱。同时，由于各国经济周期不同步，宏观经济政策主张差异明显，国际合作和政策协调难度增加，贸易保护压力和“汇率争端”风险不可低估。从国内看，除了产业结构不合理等长期积累的深层次矛盾和问题外，刺激政策退出、通胀预期强化以及房地产市场走势，都可能给经济发展带来较大影响。

（二）货币信贷政策趋势

中央经济工作会议明确提出，2011年货币政策由适度宽松转向稳健，这是宏观政策导向的一个重要变化。对此，我们要客观分析和正确解读。

1. 稳健货币政策的要义是相机抉择

实施稳健的货币政策，是货币政策取向从经济反危机特殊时期的非常态应对，转向经济正常运行下的常态应对，重点是更加积极稳妥地处理好保持经济平稳较快发展、调整经济结构和管理通胀预期的关系，把稳定价格总水平放在更加突出的位置。从操作实践来看，稳健的货币政策实际上是一种根据宏观经济形势相机抉择的货币政策，比较有灵活性和应变性，既能在经济偏热时适当紧缩，也能在经济偏冷时适当放松。因此，实施稳健的货币政策，并不是一味地单向紧缩银根，不会影响经济的正常发展。

2. 货币信贷仍将保持合理适度增长

2011年稳健货币政策调控的主要目标有两个：一是按照把好流动性“总闸门”的要求，预期广义货币供应量M2余额增长16%。这个目标虽然较适度宽松时期低了一个百分点，但与以往正常年份的一般水平是相当的。二是保持合理的社会融资规模。2010年没有提新增信贷总量控制目标，这是货币政策的一个重

大转变，一方面意味着调控不能只看信贷总量，而应关注社会融资总量；另一方面也是基于灵活应对不确定因素的考虑，既要保障经济增长合理的信贷需求得到满足，又不至于因为信贷投放过量而强化通胀预期，是稳健货币政策相机抉择的具体体现。

3. 更加注重价格型政策工具的使用

今后一段时期，价格总水平的上涨仍是宏观经济运行的主要矛盾，人民银行将根据经济金融形势和外汇流动变化情况，在动用存款准备金率等数量型工具的基础上，通过灵活组合利率工具等措施，减少市场投机炒作行为，合理控制通胀预期，发挥利率在调整资源配置和传导货币政策中的作用。同时，为缓解输入型通胀压力，引导资源向内需部门配置，促进经济发展方式的转变，人民银行将进一步推进人民币汇率形成机制改革，增强人民币汇率弹性，人民币汇率有可能呈现小幅渐进式升值态势。

4. 着力引导和推进信贷结构的优化

稳健的货币政策将在保持信贷总量合理适度增长的同时，坚持“区别对待、有扶有控”的原则，引导资金更多地投向实体经济和经济社会发展的重点领域及薄弱环节。要求新增贷款主要用于支持经济结构调整和转型升级，进一步加大对“三农”、中小企业、社会事业等薄弱环节的贷款投放力度，支持战略性新兴产业的发展，严格控制政府融资平台、“两高”行业和产能过剩行业的贷款，严禁对节能环保不达标、低水平重复建设项目授信，严格执行差别的住房贷款政策，不得为资产投机资金需求提供贷款。

5. 引入逆周期的宏观审慎政策框架

从 2011 年起，货币政策操作将把信贷和流动性管理与构建宏观审慎政策框架结合起来，实施差别准备金动态调整措施，有效引导信贷合理、平稳、适度投放，促进信贷结构优化。差别准备金动态调整主要基于信贷偏离经济增长和物价指数的程度，同时考虑各金融机构对整体偏离的影响、系统重要性程度、稳健性以及执行信贷政策等状况。总体上看，随着差别准备金动态调整措施的实施，金融机构将对市场客户选择、贷款准入条件、利率定价机制以及信贷投放节奏等信贷行为进行适应性调整。

（三）金融支持经济发展的初步思路

2011 年是“十二五”开局之年，金融部门要认真贯彻落实稳健的货币政策，

支持经济发展方式转变和经济结构战略性调整，确保信贷资金更多投入实体经济。

1. 认真贯彻稳健货币政策

当前，国内外经济形势仍然极为复杂，金融系统要努力增强使命感和责任感，认真贯彻执行稳健的货币政策，根据经济运行的新情况、新趋势，切实谋划好促进区域经济平稳较快发展的金融举措。要科学编制信贷经营规划，合理安排信贷投放的进度和节奏，保持信贷总量合理适度增长，努力满足经济社会发展合理的资金需求。在前期深入调查研究的基础上，综合考虑各方面情况，2011 年全市各项贷款计划新增 500 亿元，争取达到 530 亿元。

2. 继续推进金融体制改革

一是编制金融业改革发展规划。通过编制金融“十二五”规划，明确未来五年我市金融改革发展的目标任务和总体思路，研究制定金融支持经济发展的政策措施。二是深化农村金融改革。加强对农村信用社深化改革效果的考核监测，支持符合条件的农村合作银行改建为农村商业银行，力争在县域组建 3 家村镇银行。三是扩大跨境贸易人民币结算试点。争取跨境贸易人民币结算规模突破 5 亿元，开展人民币境外投资试点。四是推进外汇管理体制改革。实施进口付汇和出口收汇核销制度改革，落实出口收入存放境外政策，允许个人外汇结算账户参与远期结售汇交易。

3. 大力优化信贷资金投向

一是加大对工业转型升级的信贷支持。2010 年，全市新增制造业贷款 280 亿元，并安排不少于 50 亿元的贷款规模，专项扶持企业技术改造、节能环保和自主创新，支持战略性新兴产业发展。二是继续缓解中小企业融资难问题。全年中小企业新增贷款要达到 330 亿元，其中小企业新增贷款占全部企业新增贷款的比例不低于 60%。三是支持现代服务业加快发展。针对现代服务业信贷需求特征，优化信贷流程，增加对服务外包、电子商务和文化产业的贷款。四是提高“三农”贷款比例。拓展农业综合开发中长期贷款业务，优先满足规模化农产品生产、加工等方面的信贷需求，推广“惠农卡”、“丰收卡”小额信贷业务。

4. 努力拓宽企业融资渠道

一是推动企业直接融资。争取 2011 年企业发行短期融资券 20 亿元，利用中期票据和中小企业集合票据等融资 10 亿元以上，支持符合条件的优质企业通过

风险投资和资本市场融资。二是着力进行信贷产品创新。开展中小企业支票授信试点，尝试电子商业汇票和买方付息票据贴现业务，允许境外银行面向境内企业发放本外币贷款。三是拓宽抵押担保品范围。对具有稳定现金流的企业，通过供应链融资、组合担保、应收账款和存货质押方式给予贷款支持，拓展商标权、排污权、专利权质押贷款，扩大“设备回租”业务的适用范围。

5. 切实改善金融生态环境

一是完善社会信用体系。深入开展征信宣传教育活动，扩大信用信息采集范围，推进中小企业和农村信用体系建设，加强征信市场的培育和管理。二是打击金融违法犯罪。继续保持对制售贩卖假币、银行卡犯罪的严打态势，查处“地下钱庄”和跨境资金违规流动，建立健全非法集资监测制度。三是加强对金融债权的司法保护。依法审理各类信贷纠纷案件，落实风险贷款保全强制措施，惩处逃废金融合法债权行为。四是严密防范金融风险。加大金融风险分析排查和监测评估力度，严防信贷资金违规流入股市或民间借贷，妥善处置各类金融突发事件。

B.13

2010年度衢州市经济金融形势分析报告

2010年，面对复杂的国际国内经济形势，全市金融机构有效落实各项宏观调控措施，紧紧围绕市委市政府提出的“两创”总战略和工业立市主战略，以“服务企业、服务项目、服务民生、服务新农村”四服务活动为抓手，努力做大金融总量，加快金融创新步伐，提升金融服务水平。一年来，我市金融业实现平稳较快发展，存、贷款增量再创历史新高，增速双双跃居全省第二位，为我市全力推进新型工业化、新型城市化和新农村建设提供了有力的支持。

一 全市经济运行基本情况

2010年衢州市实现地区总产值752.78亿元，按可比价格计算同比增长13.3%，增速虽较上半年下降1个百分点，但依然保持在较高的增长区间。从三次产业看，第一产业实现增加值64.25亿元，同比增长4.0%；第二产业实现增加值413.99亿元，同比增长16%；第三产业实现增加值274.54亿元，同比增长12.2%。

（一）工业生产快速增长

2010年，全市实现规模以上工业总产值1137.46亿元，同比增长38.5%。主要呈现以下特点：一是工业产销衔接良好。规模以上工业实现销售产值111.05亿元，增长39.4%，产品销售率达到97.63%。二是主导行业快速增长。1~12月份，化工行业实现产值234.66亿元，增长46%；黑色金属冶压业实现产值129.77亿元，增长29.7%；建材行业实现产值68.92亿元，增长28.9%；机械行业实现产值265.4亿元，增长41%。三是工业经济效益持续提高。1~12月，全市规模以上工业经济实现主营业务收入1116.15亿元，增长37.3%，利税总额94.25亿元，增长46%，其中利润65.99亿元，增长56%。

（二）固定资产投资较快增长

2010 年，全市完成限额以上固定资产投资 454.71 亿元，增长 19.4%。我市投资运行的主要特点有如下几个：一是工业投资较快增长。我市限额以上工业完成投资 254.44 亿元，增长 17%。二是民间投资持续活跃。全市完成非国有投资 343.02 亿元，增长 27.1%，其中民间投资 333.77 亿元，增长 25.8%。三是房地产投资依然高速增长，市场销售有所回暖。1～12 月，房地产开发投资 63.71 亿元，增长 69.5%。四是基础设施投资小幅增长。全年基础设施投资 98.54 亿元，同比增长 3.6%。

（三）消费需求逐步趋旺

2010 年，全市累计实现社会消费品零售额 290.82 亿元，同比增长 18.1%。其中，限额以上企业实现零售额 216.95 亿元，同比增长 17.2%，实现批发额 42.74 亿元，同比增长 22%。

（四）对外贸易持续高速增长

1～12 月，全市外贸进出口总额 18.90 亿美元，同比增长 59.6%，其中进口 6.85 亿美元，增长 50.8%；出口 12.05 亿美元，增长 65.1%。主要出口产品增长较快，1～12 月，机电产品增长 108.6%，高新技术产品增长 60%，化工医药产品增长 96.4%，服装纺织品增长 55.8%，农产品及其加工产品增长 66.6%。从市场看，对美国市场增长 51.3%，对欧盟市场增长 80.7%。

（五）财政收入持续增加

2010 年，全市实现财政总收入 75.35 亿元，同比增长 20.9%，其中地方财政收入完成 46.98 亿元，增长 24.1%。在地方财政收入中实现税收收入 43.22 亿元，增长 27%。财政支出方面，一般公共服务支出 18.47 亿元，同比增长 21.6%；社会保障与就业支出 7.81 亿元，同比增长 31.2%。

（六）城乡居民收入恢复增长

1～12 月，全市城市居民人均可支配收入为 21811 元，同比增长 11.6%，其中工薪层收入16775元，增长12.4%。市区居民人均消费性支出14867元，增长5.1%。农村居民收入实现较快增长，农村居民人均可支配收入8270元，同比增长12.7%。在“家电下乡”等农村消费刺激政策的带动下，我市农村消费水平也出现较快增长，全市农村居民人均消费支出5485元，同比增长10.5%。

（七）消费品价格上涨较快

2010年1～12月，我市居民消费价格指数（CPI）为104.2，同比上涨4.2%。其中，食品类同比上涨9.4%，居住类上涨5.8%，医疗保健和个人用品上涨3.6%，家庭设备用品及维修服务类上涨1.6%，交通和通信类上涨1.3%，烟酒及用品上涨0.6%。

二　全市金融运行基本情况

（一）各项存款总体保持平稳增长，存款结构变化较为明显

2010年12月末，全市金融机构各项本外币存款余额953.12亿元，新增198.52亿元，多增21.09亿元，同比增长26.23%，增速较上年同期下降4.49个百分点（见图1）。全市本外币存款增速居全省第二位。全市人民币存款余额949.15亿元，新增198.75亿元，多增22.4亿元，同比增长26.4%，增速较上年同期下降4.3个百分点。

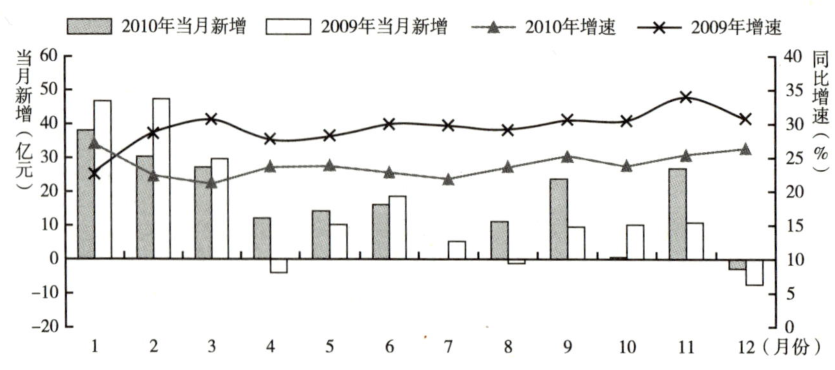

图1　2010年度全市本外币存款月度新增及同比增速走势

1. 从存款月度增长情况看，人民币存款增速有所放缓，但均衡性提高

一是人民币存款增速放缓。2010 年，除 1 月份存款增速达到 26.93%，较上年同期高出 3.89 个百分点外，其他月份增速均低于上年同期水平。二是存款的均衡性提高，2009 年上半年与下半年存款新增比例为 5.39∶1，其中存款新增最多的第 1 季度新增 148.76 亿元，占全年新增量的 70.17%；而 2010 年上半年与下半年存款新增比例为 2.29∶1，均衡性明显提高，存款新增最多的第 1 季度新增量为 138.43 亿元，新增占比为 48.19%。

2. 从存款类别看，企业存款增速下降较为明显

截至 2010 年 12 月末，全市企业存款余额 278.59 亿元，新增 60.37 亿元，少增 17.27 亿元，同比增长 15.18%（见图 2），增速较上年同期下降 32.08 个百分点（见图 3）。分析其主要原因，一是经济快速回升，企业资金用量增加，流动性增强，沉淀在金融机构的存款增速下降。但在企业利润大幅好转的情况下，企业存款依然新增较多，全年企业存款新增 60.37 亿元，虽较 2009 年少增 17.27 亿元，但较 2008 年多增 61.24 亿元，较 2007 年多增 31.38 亿元，新增量为历史次高点。二是工商银行企业存款统计口径调整，该行 4 月份调整企业存款口径，由于统计口径原因企业存款下降 10 亿元。

全市储蓄存款新增相对平缓，截至 12 月末，全市储蓄存款余额 429.85 亿元，新增 60.22 亿元，少增 1.3 亿元，同比增长 16.29%（见图 2），较上年同期下降 3.67 个百分点。

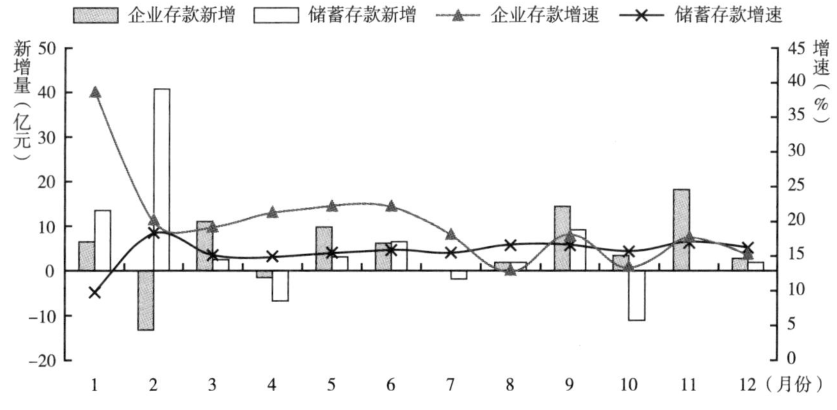

图 2　2010 年全市企业存款与储蓄存款新增及增速走势

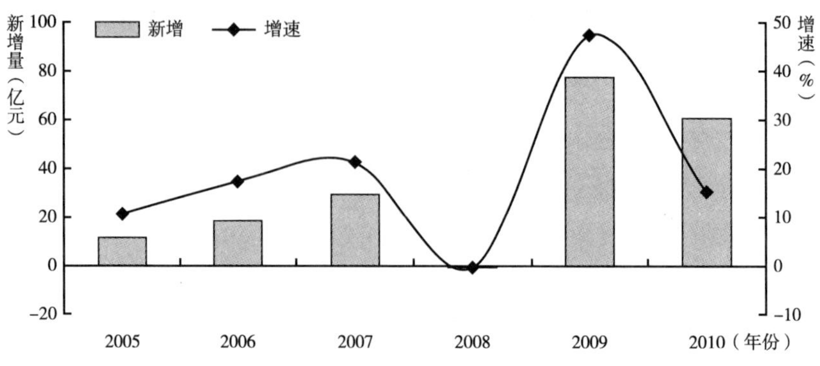

图3　2005～2010年全市企业存款新增及同比增速走势

其他类存款多增较多。截至2010年12月末，全市其他类存款余额240.71亿元，新增78.17亿元，多增40.96亿元。一是财政存款、机关团体存款同比多增显著。年末财政存款余额为27.86亿元，比年初增9.28亿元，同比多增6.33亿元；机关团体存款余额为129.16亿元，比年初增54.33亿元，同比多增41.22亿元。二是保证金增加。年末各项保证金存款余额33.72亿元，较年初增加5.25亿元。三是农业存款同比少增。全市农业存款年末余额39.78亿元，比年初上升7.91亿元，同比少增4.78亿元。

3. 从存款期限结构看，定期存款新增较少是存款增速放缓的主要因素

在企业存款方面，由于生产形势回暖，企业对资金管理的流动性要求也相应增强。12月末，全市企业活期存款余额163.71亿元，新增37.55亿元，同比少增6.33亿元；企业定期存款余额114.88亿元，新增22.82亿元，同比少增10.94亿元。在储蓄存款方面也表现出类似特征，由于理财意识的增强，居民收入在满足消费性需求和预防性需求后，其投资性需求明显增加。但由于当前楼市降温，股市震荡走低，居民偏向于以活期存款形式暂时保存资金。12月末，全市活期储蓄存款余额153.34亿元，新增30.71亿元，同比多增1.84亿元；定期存款余额276.51亿元，新增29.5亿元，同比少增3.14亿元。

4. 从全省各地市横向比较看，我市各项存款增幅居前列

2010年度全省本外币存款余额54319.26亿元，新增9305.26亿元，少增356.97亿元，平均增幅为20.66%；我市本外币存款余额953.12亿元，新增198.52亿元，实现多增21.09亿元，增幅为26.23%，高出全省平均水平5.57个

百分点，增幅居全省第 2 位（见表 1）。我市存款增幅居全省前列，也从一个侧面表明一年来我市企业生产效益快速趋好，居民收入稳步增长，贷款规模持续扩大等良好的社会经济发展态势。

表 1　2010 年 12 月全省各地区本外币存款增幅排序

行列名称	本月余额(亿元)	新增(亿元)	多增 +/少增 -(亿元)	同比增幅(%)	同比增幅排序
全省	54319.26	9305.26	-356.97	20.66	—
杭州	16957.94	2754.34	-171.82	19.39	10
宁波	9723.11	1496.45	-385.98	18.19	11
温州	6493.39	1141.45	51.61	21.40	6
嘉兴	3590.82	686.75	10.36	23.64	4
湖州	1805.61	407.95	29.35	29.19	1
绍兴	4948.32	809.08	-66.93	19.54	9
金华	3986.99	766.17	121.67	23.79	3
衢州	953.12	198.52	21.09	26.23	2
台州	3588.48	653.09	92.43	22.24	5
丽水	1128.23	191.54	-61.42	20.40	8
舟山	1143.25	199.92	2.66	21.12	7

（二）新增贷款再创历史新高，增速居全省第二位，贷款投放均衡性明显提高

截至 2010 年 12 月末，全市本外币贷款余额 788.22 亿元，新增 161.25 亿元，多增 14.52 亿元，同比增长 25.72，增速较上年同期下降 4.83 个百分点。其中，人民币贷款余额 770.41 亿元，新增 153.63 亿元，多增 10.55 亿元，同比增长 24.91%，增速较上年同期下降 5.3 个百分点。

1. 贷款增速居全省第二，并为全省唯一贷款同比多增的地市

截至 12 月末，全省本外币各项贷款余额 46774.64 亿元，新增 7646.52 亿元，少增 1907.67 亿元，同比增长 19.54%（见表 2）。从增速上看，一是我市贷款增速从 2010 年 3 月份开始持续高于全省平均增速（见图 4），至 12 月末，全市贷款增速为 25.72%，高出全省平均水平 6.18 个百分点，超出水平较上半年扩大 3.44 个百分点，增速在全省各地市中居第 2 位，位次较上半年前移 2 位。二

表 2　2010 年度全省及各地市本外币贷款同比增幅排序

地区	本月余额(亿元)	新增(亿元)	多增 +/少增 -(亿元)	同比增幅(%)	同比增幅排序
全省	46774.64	7646.52	-1907.67	19.54	—
杭州	14936.65	1904.42	-1109.58	14.61	11
宁波	9392.38	1691.49	-198.42	21.96	6
温州	5516.68	1029.99	-108.94	22.96	4
嘉兴	2753.64	474.96	-135.26	20.85	8
湖州	1461.32	310.40	-48.49	26.99	1
绍兴	3934.27	637.28	-168.60	19.33	9
金华	3096.47	586.11	-7.51	23.35	3
衢州	788.22	161.25	14.52	25.72	2
台州	3055.82	537.76	-51.87	21.36	7
丽水	821.46	149.15	-50.60	22.19	5
舟山	1017.72	163.71	-42.93	19.17	10

是我市贷款增速走势较全省水平更为平稳。尤其是下半年，我市贷款增速最高为 25.72%，最低为 22.54%，波动区间为 3.18 个百分点，相对较为平稳，而全省贷款增速最高为 21.33%，最低为 15.61%，波动区间为 5.72 个百分点，是我市的 1.79 倍。

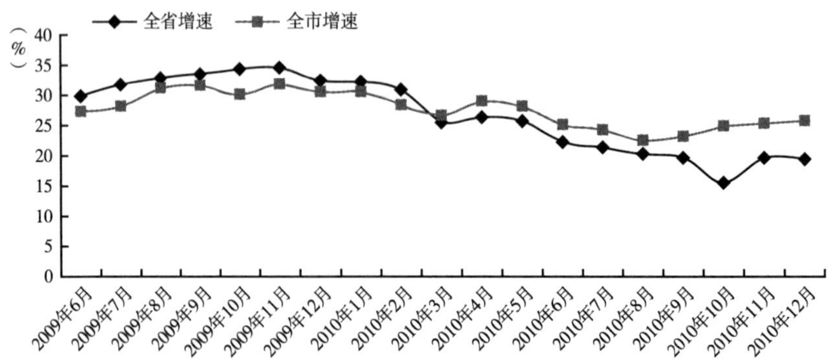

图 4　衢州市贷款增速与全市贷款增速比较

从贷款增量看，我市是全省唯一同比多增的地市，1～12 月全市本外币新增贷款 161.25 亿元，多增 14.52 亿元，多增幅度为 9.9%，而全省其他地市全部同比少增，平均少增幅度为 19.97%。

2. 宏观调控政策得到较好执行，贷款均衡性明显提高

全市金融机构在努力加大信贷投放的同时，着力提高贷款投放均衡性，有效执行各项宏观调控政策。如图 5 所示，2009 年各月新增贷款占全年新增比例曲线的标准差为 55. 34，而 2010 年的标准差为 36. 98。以标准差计，2010 年贷款均衡性较 2009 年提高了 18. 36 个点。

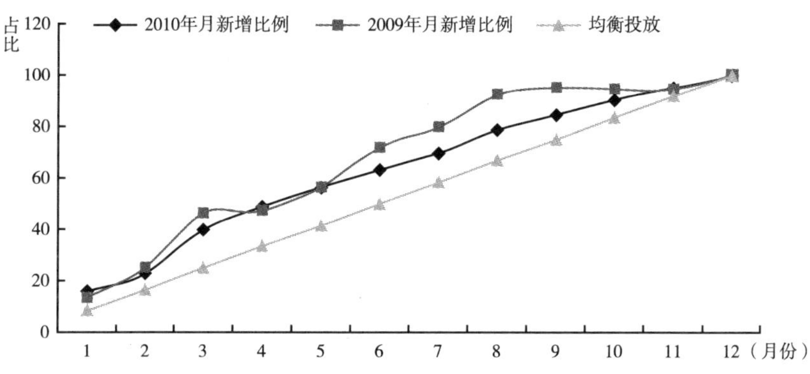

图 5　2009 年与 2010 年各月新增贷款占全年新增比例比较

3. 从期限结构看，短期贷款与中长期贷款双双实现较快增长

截至 2010 年 12 月末，全市短期贷款余额 409. 26 亿元，同比增长 24. 09%，新增 98. 65 亿元，多增 23. 99 亿元。其中，单位贷款新增 52. 08 亿元，多增 6. 63 亿元；个人贷款及透支新增 36. 59 亿元，多增 9. 38 亿元；贸易融资新增 8. 67 亿元，多增 6. 69 亿元；银团贷款新增 1. 3 亿元，多增 1. 3 亿元。全市中长期贷款余额 352. 88 亿元，同比增长 30. 08%，新增 62. 44 亿元，多增 0. 06 亿元。其中，个人贷款及透支新增 31. 38 亿元，少增 7. 2 亿元，这主要是受房地产交易量下滑，购房首付比例上升，个人购房贷款少增影响。单位贷款新增 29. 45 亿元，多增 5. 64 亿元，多增幅度达到 23. 69%。

4. 从投放结构上看，工业、农业、服务业及个人贷款成为信贷投放的重点

2010 年度，衢州市贷款主要投放在工业、服务业、农业等经济实体中。一是工业贷款增加较多。1 ~ 12 月，全市工业贷款新增 47. 15 亿元，多增 12. 622 亿元，其中制造业贷款新增 47. 28 亿元，多增 12. 62 亿元，同比增长 25. 24%，增速较上年同期提高 4. 75 个百分点。二是涉农贷款快速增长，1 ~ 12 月，全市涉农贷款新增 88. 7 亿元，多增 19. 32 亿元，同比增速达 29. 25%。三是服务业贷款增加较多。全市批发和零售业贷款比年初新增24.1亿元，多增12.74亿元；交通运输、仓储和邮政业贷款新增12.55亿元，多增8.92亿元。四是个人贷款增加较多。全市个人贷款比年初新增67.97亿元，同比多增8.47亿元。个人贷款新增主要体现在农户贷款和个人生产经营性贷款上。12月末，个人生产经营性贷款比年初新增31.4亿元，同比多增8.77亿元。而个人消费贷款同比少增，全年个人消费贷款新增36.57亿元，少增6.59亿元。其中，住房贷款新增18.41亿元，少增14.08亿元；汽车贷款新增0.76亿元，少增0.13亿元。

5. 从贷款企业规模来看，中小型企业贷款增速加快，占比提高

截至12月末，全市大型企业贷款余额45.59亿元，新增4.02亿元，同比增长9.66%，而中小型企业贷款余额419.11亿元，新增96.39亿元，同比增长30%，超过同期人民币贷款增速5.09个百分点。而在全市金融机构深入实施支持百家转型重点中小企业工程，推进中小企业担保体系建设，创新中小企业金融服务平台建设，加大中小企业产品服务与创新，加强银企对接等工作过程中，全市小型企业贷款增势明显。12月末，全市小型企业贷款余额180.11亿元，新增56.48亿元，同比增长31.36%，高出同期人民币贷款增速6.45个百分点。

6. 从机构看，股份制商业银行和城市商业银行贷款规模快速扩大

近年来，我市股份制商业银行从无到有，从有到多，从多到强快速发展。截至12月末，全市共有交通银行、招商银行、浙商银行、浦发银行、温州银行、金华银行、泰隆银行7家股份制商业银行和城市商业银行在我市设立分支机构。截至12月末，上述7家银行贷款余额58.64亿元，占全市贷款余额的7.44%，新增29.1亿元，占全市新增量的18.05%。

（三）外汇存贷差进一步扩大，国际贸易收支保持高位运行

从外汇存贷款情况看，截至2010年12月末，全市外汇存款余额分别为5998万美元，较年初下降156万美元，少增1740万美元，同比下降2.54%。全市外汇贷款余额26898万美元，新增11962万美元，多增6620万美元，同比增速达到80.09%。从国际贸易收支情况看，全市跨境外汇收支总额20.71亿美元，顺差5.26亿美元，同比分别增长55.28%和12.12%；结售汇总额16.92亿美元，顺差7.07亿美元，同比分别增长55.68%和39.75%。

（四）国库收支保持较高增长水平，但增速有所回落

2010年，我市国库收支保持较高增长水平，但增幅逐渐回落。全市实现各级预算收入入库190.91亿元，同比增长65.6%。其中，中央预算收入入库29.2亿元，同比增长16.2%；省级预算收入2.64亿元，同比下降5.8%；地方级预算收入159.07亿元，同比增长82.1%。实现地方转移性收入75.16亿元，同比增长12.6%。实现预算支出206.85亿元，同比增长58.4%；实现转移性支出19.74亿元，同比下降6.3%。各级预算收入增幅比上季度回落11.2个百分点，预算支出增幅比上季度回落13.7个百分点。各级国库库存余额24.91亿元，同比增长44.3%。

（五）现金收支同比双降，净回笼量增幅回落

全市金融机构年累计现金收入1870.84亿元，同比增长13.37%；现金支出1825.52亿元，同比增长13.65%；收支相抵净回笼现金45.32亿元，回笼量同比增长1.31亿元，同比增长2.98%，增幅同比上升10.24个百分点。

（六）证券交易量有所下降，保险业增势平稳

2010年1~12月份全市证券交易量1391.66亿元，同比下降8.8%；全市实现佣金收入1.43亿元，同比下降44.33%；实现利润0.92亿元，同比下降55.29%；新开户个数为13082个，同比下降2.87%。

全市产、寿险保费总收入22.23亿元，同比增长35.55%。其中，产险保费收入7.74亿元，同比增长34.18%，产险赔款支出3.65亿元，赔付率47.16%；寿险保费收入14.49亿元，同比增长36.29%。全市人寿业务的健康险、人身意外险赔款0.3亿元，赔付率38.48%。

三　全市金融系统一年来的主要工作

（一）精心组织，周密部署，有效开展“金融四服务”活动

2010年初，我们确定以“金融四服务”作为贯彻落实适度宽松的货币政策，

全力支持衢州经济社会发展的总抓手，举办了“四服务”活动启动仪式，提出了“一、二、三、四”的活动目标；围绕活动主题，制发了《衢州市“金融四服务”活动方案》，推出了13项具体活动举措；先后制发了《金融支持衢州市加快转型升级推进工业新飞跃的指导意见》等各类货币信贷政策文件11个；建立活动专报制度，及时反馈活动成效。整个活动取得明显的效果，对此，胡仲明副市长认为：“此项活动目标明确，组织有方，机制创新，成效明显。”

（二）加大政策宣传，找准金融支持经济的切入点

继续发挥“三会一册”（金融政策信息发布会、金融形势分析会、货币信贷政策执行效果通报会和宏观政策参阅手册）的作用，探索完善“零距离”的银企沟通对接平台。我们召开了“2010年度衢州市金融政策信息通报会”，向各经济主体通报信贷政策、投向重点、信贷资金安排等信息。通过召开金融形势分析会、货币信贷政策执行效果通报会，加强金融机构的沟通与交流；各金融机构通过实地走访、召开银企恳谈会和答谢会等方式，进一步加强与重点项目、企业的信息交流与对接，得到广大企业主的高度赞誉。如市工行开展针对全市制造业三十强企业的调研对接；市农行通过落实“e融行动”，与中小企业局、移动公司等联合搭建服务平台；市中行充分利用外汇融资和理财产品推荐之机，加大与外向型企业的对接力度；市建行主动与发改委、经委、招商局、开发区等职能部门及企业对接，加大对特色产业和绿色、循环、低碳经济等新兴行业及企业技改贷款的投放力度；农村信用社系统深入开展“走千家、访万户、共成长”劳动竞赛活动；招商银行针对开发区企业召开金融产品推荐会；市农发行和邮政储蓄银行加强与农业龙头企业和农村小企业的沟通对接等工作；浙商银行、浦发银行、金华银行等机构加强对小企业的走访与接洽。

（三）实施“三项工程”，构建金融支持经济发展薄弱环节的特色品牌机制

一是深入实施“金融支持百家重点中小企业工程”。根据市委、市政府加快推进新型工业化的战略部署，确定了成长型、科技型、农业型“三个一百”共315家中小企业，作为金融支持转型升级的重要对象。建立专门的“信贷绿色通道”，简化贷款手续，提高贷款审批效率，并给予利率政策倾斜。

二是深入实施“金融支持新农村建设工程”。2010年初以来，指导农村合作金融机构进一步发挥支农主力军作用，共推出完善创新支农产品近10余个；农业发展银行通过积极拓展商业性信贷业务，大力支持农村基础设施建设；农业银行依托“惠农卡”平台，大力支持农村经济发展；建设银行全力支持新农村建设，与市政府签订了《支持新农村建设战略合作协议》，承诺三年累计发放贷款100亿元；邮政储蓄银行通过发放小额贷款、质押贷款等推动资金回流“三农”。

三是深入实施“金融支持创业促就业工程”。加大对个人创业贷款的投入，扩大小额担保贷款发放额度和范围，完善“小额担保+信用社区+创业培训”的联动工作机制，积极推进大学生“村官”创业贷款、青年创业贷款、新农民创业贷款、中心城镇农户安居贷款等模式，推动创业促就业；扩大贴息贷款实施范围，促进低收入农户奔小康。

（四）加大调查研究力度，发挥支持地方经济的参谋助手作用

针对经济金融发展中的热点和难点问题，我们在第一时间开展调查研究，提出对策建议，为地方经济决策参考提供服务。比如为了解衢州市中小企业的生产经营和融资状况，我中支专门成立联合调研小组，通过金融机构、经贸委、工业园区管委会等部门共选取210家融资相对困难的企业和100家生产经营相对较好的企业开展问卷调查和现场走访，提出缓解中小企业融资难和完善中小企业融资平台的对策建议，形成的调查报告被总行和市政府刊物采用。又如，我们根据衢州市经济发展和产业转型升级的需要，开展金融支持衢州市产业转型升级调查，形成调查报告，受到市政府领导的肯定。

（五）加强金融管理与服务，维护辖区金融稳定

制定下发了《衢州市金融机构金融管理与服务指引实施意见》和操作规程，先后指导金华银行、浦发银行、交通银行、泰隆银行衢州分行、全市首家村镇银行——龙游义商村镇银行，以及全省首家贷款公司——开化通济贷款公司6家机构顺利加入人民银行金融管理与服务体系，得到新设机构的一致好评。另外，常山联合村镇银行、衢江上银村镇银行这两家银行的指导与服务工作也在有序开展。

（六）完善金融服务手段，提升金融服务水平

一是提升经理国库水平。支持财政部门推进国库集中支付改革，目前四个县全部完成试点，在2009年123家行政事业单位纳入国库集中支付的基础上，2010年全市有292家纳入国库集中支付；创新国库特色工作，扩大国库直接支付业务，业务项目由涉农资金扩大到城乡养老补助、农业科技示范推广等20多项，办理国库直接支付业务1154笔，金额超过1亿元，开通国库支付“直通车”，办理业务11759笔，金额达5760万元；深化财税库银联网和银行卡缴税业务，构建缴税直通车，实现“一站式”服务，方便纳税人。

二是提升外汇服务水平。在省内率先推动巨化股份公司开展外币资金池业务，采取“实时虚拟归集、日终实体归集、日初不实体还原”归集管理模式，盘活公司体系内的外汇闲置资金，降低外汇融资成本。据测算，外币资金池业务开展后每年将为企业整体节省近300万元财务成本。

三是提升支付结算水平。发挥示范点网络“辐射”效应，积极推进“一二十百千工程”5个示范工程。创建“一个银行卡应用示范县”、“二个刷卡无障碍示范镇”、“十大银行卡应用示范村”，设立“百家助农取款（暨刷卡消费）示范连锁超市”，培养“千名农村支付结算知识示范宣传员”活动，取得显著成效。

四是提升征信管理水平。完善企业和个人征信系统，开展征信知识“进企业、进机关、进农村、进社区、进学校”宣传活动，推进“信用户、信用村、信用乡镇”信用创建活动。全市已有18576家企业和168万人的信用记录纳入两大征信系统。为辖区2186个行政村的51.21万户农户建立了信用档案，对40.81万户农户开展了信用等级测评工作，农户测评面达79.69%。

五是提升人民币反假水平。开展反假货币宣传，反假人员到衢州电视台“百姓讲坛”栏目向老百姓传授反假知识，获得较大社会反响。在城乡设立反假工作站（点）2619个，其中示范工作站57个，设立反假货币宣传咨询点30个，成立宣传小分队20个，设置宣传栏40个，从整体上提高了公众反假意识和识别假人民币技能。

（七）让利于企业，积极履行社会责任

全市金融系统在贯彻落实适度宽松的货币政策中，大力让利于企业，高标准

履行社会责任。据统计，2010 年全市金融系统通过降低利率上浮幅度等途径共向企业和居民让利 2.6 亿元。我中支也积极提升行政许可服务质量，2010 年全年共办理银行账户 12838 个，贷款卡 1760 张，为 3441 家企业的贷款卡进行了年审，查询个人信用报告 1575 人次。办理进出口收付汇核销 28945 笔，金额 19.89 亿美元，核准外商投资企业登记 19 家，投资 1.61 亿美元，办理远期收汇备案 65 笔，金额 333 万美元。在上述服务项目中，我中支均实行零收费，共为企业和居民节省费用近 200 万元。

四　当前经济金融运行过程中需要关注的问题

（一）关注之一：宏观调控政策将回归常态

2010 年 12 月，中央经济工作会议明确提出 2011 年经济工作的总体要求、重要原则和主要任务，阐述了 2011 年经济社会发展的主要预期目标和宏观经济政策，并作出具体部署。会议提出 2011 年要加强和改善宏观调控，保持经济平稳健康运行。2011 年宏观经济政策的基本取向要积极稳健、审慎灵活，重点是要更加积极稳妥地处理好保持经济平稳较快发展、调整经济结构与管理通胀预期的关系，加快经济结构战略性调整，把稳定价格总水平放在更加突出的位置，切实增强经济发展的协调性、可持续性和内生动力。具体到货币政策，会议明确要求要实施稳健的货币政策，按照总体稳健、调节有度、结构优化的要求，把好流动性这个“总闸门”。中国人民银行工作会议指出，2011 年货币政策从适度宽松转向稳健，是宏观政策导向的一个重要变化，是我国经济在当前国际、国内大环境下的正确选择。一是当前国际金融危机极端动荡状态已经有所缓和，总体上外需形势有相应改善，我国经济增长势头进一步巩固，可以通过实施稳健的货币政策继续保持经济平稳较快增长。二是货币政策回归稳健有利于加强通胀预期管理，防范资产价格泡沫。当前国际、国内流动性充裕，通胀预期较强，通胀压力不断加大，需要通过货币政策回归稳健，控制物价过快上涨的货币条件，防止经济出现“泡沫化”和大的波动。三是稳健的货币政策有利于防范系统性金融风险。2008 年以后随着应对危机的一揽子措施的陆续出台与实施，货币信贷快速增长，长期占款占比过高，贷款集中度较高，整个银行体系潜在的系统性风险也在上升。四是促进经济结构调整和发展方式转变也要求货币政策及时回归稳健。我国正处在工业化和快速城镇化的阶段，如果宽松的货币政策持续太久，容易助长粗放型和过度依赖投资的增长模式。实施稳健的货币政策，有助于银行调整信贷结构，有扶有控。合理引导投资和消费行为，为调整经济结构、提高资源效率提供平稳适度的货币环境。从总体来看，2011 年稳健的货币政策会更具灵活性和针对性，即会在经济偏热时适当紧缩，也能在经济偏冷时适当放松，有助于处理好稳增长、调结构和防通胀三者之间的关系。

据分析，稳健的货币政策可能会在以下几方面对我市经济金融的发展造成影响。

1. 贷款新增将低于 2010 年，增长速度也将逐步趋缓

2010 年，经全市各金融机构的努力，衢州贷款新增创出新高，贷款增幅居全省前列。由于货币政策回归常态，2011 年全国贷款增量也将低于 2010 年，因此，2011 年我市的贷款增量也将低于 2010 年，估计在 125 亿 ~ 135 亿元。

2. 金融业的存款增长压力仍然比较大

2010 年，储蓄分流的因素如股市、房市等仍然存在，存款的相对利率低，对居民的吸引力不是很强。预计 2011 年各项存款增量在 180 亿元左右。

3. 调整信贷结构的难度将进一步加大

对以中小企业为主的衢州市来说，结构调整难度加大，保项目、保重点的任务更重。

（二）关注之二：社会通胀预期增强，物价上涨压力较大

一是居民生活面临双涨影响，人民银行 2010 年第 4 季度储户问卷调查显示，居民对物价满意指数创下 1999 年第 4 季度以来的新低，73.9% 的居民认为物价过高，甚至难以接受。2010 年以来，由于自然灾害多发、能源价格上调、美国新一轮量化宽松政策释放流动性等因素的影响，我国物价水平持续“高温”。就我市实际情况，统计数据显示 2010 年 12 月居民生活价格总指数达到了 104.2，其中食品、居住、医疗保健和个人用品等日常生活的主要组成部分均明显上涨，相关指数分别达到 109.4、105.8 和 103.6。而企业生产方面同样面临成本上涨的压力，统计数据显示，2010 年 12 月全市原材料、燃料、动力

价格累计指数为 112。对于 2011 年的情况，有专家认为，通胀预期形成后，物价会有一定的上涨惯性，春节期间的节日需求也会带动产品价格上涨。而冬季以来，低温雨雪等灾害性天气出现的可能性增加，将给蔬菜瓜果等农产品的生产和运输带来困难。加上“翘尾”因素，2011 年第 1 季度乃至上半年的通胀压力都将比较大，需引起关注。

（三）关注之三：工业经济上升预期有所减弱

人民银行对全市 47 家企业监测调查显示，企业对下阶段经济预期有所减弱。一是对宏观经济走势判断趋于保守。问卷调查显示，对 2011 年第 1 季度企业总产值速度、对本企业总体经营状况和宏观经济形势的判断的预测指数分别为 -8.51、40.43 和 19.15，分别比 2010 年末下降 4.26、6.38 和 2.13 个百分点。二是预期国内外订货水平有所走低。国内订货水平预期指数为 8.51，比 2010 年末下降 10.64 个百分点，出口产品订单预期指数为 6.83，比 2010 年下降 2.13 个百分点。三是企业投资情况预期下跌。由于国家宏观政策变化、银行信贷政策收紧等因素的影响，企业投资情况预期下跌。问卷调查显示，土建工程投资预期指数为 -4.26，比 2010 年末下降 14.9 个百分点；固定投资预期指数为 -2.13，比 2010 年末下降 8.51 个百分点；而设备投资预期指数为 -4.26，比 2010 年末下降 6.39 个百分点。

（四）关注之四：人民币汇率重新步入升值通道值得关注

2010 年 6 月 19 日，在经历了金融危机短暂的间歇期后，人民银行宣布重启汇率改革，从此人民币汇率一路走高（见图 6）。2010 年全年，人民币对美元升值 3.5%。从 2005 年汇率改革开始算起，5 年间人民币累计升值幅度已达 25.00%。而在人民币逐步升值的同时，欧美仍在指责中国违反公认的国际经济原则。对中国渐进式的升值表示不满。2010 年 9 月中旬，美国国会众议院下设的筹款委员会投票通过了一项旨在对“低估本币汇率”的国家征收特别关税的法案，矛头直指中国输美商品。10 月初，在华盛顿举行的 IMF 及世界银行年会上，以美欧为首的国际社会对人民币汇率施以压力，并屡屡以“人民币被低估”向中国发难。要求人民币升值的外部压力正在卷土重来，并愈演愈烈。

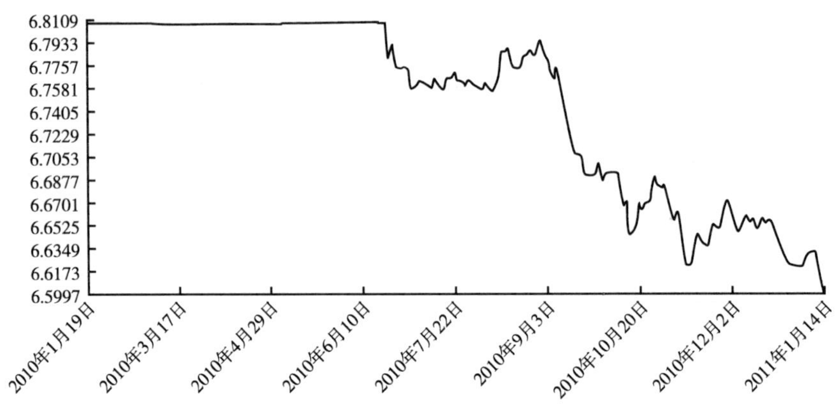

图6 美元兑人民币汇率12个月走势

从我市情况看，目前出口受到影响并不十分明显，但汇率对出口的影响存在滞后效应和累积效应。随着人民币升值速度加快，累积效应会在2011年逐渐体现出来。我市出口商品结构中竞争能力强的高新技术产品出口比重偏低，仅占全部出口额的10%左右；传统出口产品中，化工医药产品、纺织服装、农产品及其加工品占绝大部分，产品附加值低，提价空间有限，受汇率变动影响大。如人民币持续升值，将严重削弱企业出口产品的竞争力，降低赢利能力。

（五）关注之五：银行资金来源有所趋紧，成本提高

从整个银行体系来说，由于监管新规出台以及上级行管理趋严，派生存款明显减缓。另外，随着存款准备金上调，银行体系可贷资金总量有所减少。而对于我市来说，随着我市股份制商业银行的不断进驻，“僧多粥少”的现象也将日趋明显。人民银行银行家问卷调查显示，第4季度全市金融机构资金来源DI指数为67.86，较上半年下降7.14个点，较年初下降10.71个点，为2008年末以来的最低值。从资金成本看，银行间利率水平也持续上升。人民银行利率监测显示，2010年末，全市银行间平均转贴现利率为3.08%，较上半年提高1.51个百分点，较年初提高2.26个百分点（见图7）。第4季度银行家问卷调查显示，认为2011年1季度银行间拆借利率还会继续上升的比例为71.43%，较上季度提高28.57个百分点（见图8）。

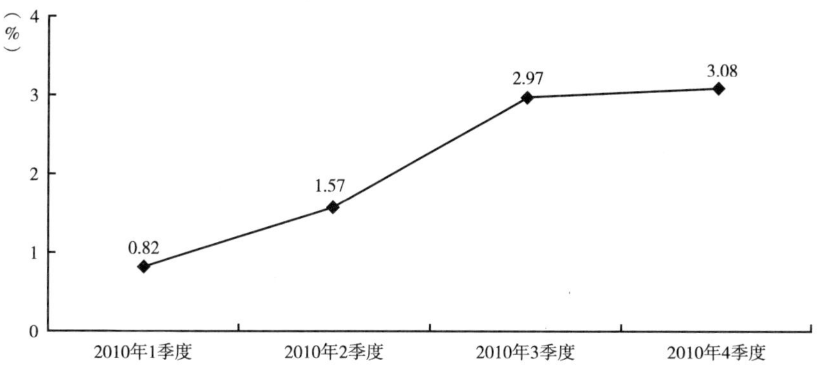

图 7　2010 年度银行间转贴现利率走势

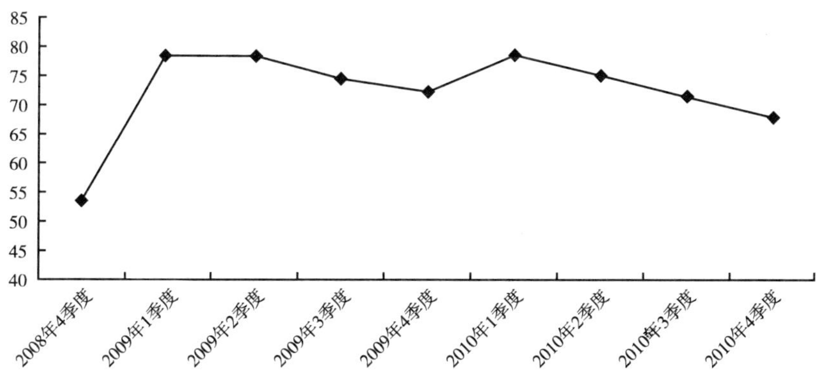

图 8　全市银行家问卷：银行资金来源 DI 指数

（六）关注之六：转变经济发展方式和调整优化经济结构的产业政策对信贷资源优化合理配置提出更高要求

我市目前的产业结构中，耗能较低的第三产业比重偏低，高技术含量、高附加值的高技术产业比重偏低，工业产业结构重型化趋势仍较为明显，这种产业结构以及工业结构面临的调整压力越来越大。目前国家采取了以推进节能减排倒逼产业结构调整的措施，要求全年各地必须完成“十一五”期间万元 GDP 能耗下降 20% 的目标。国家正在制定的“十二五”规划中，万元 GDP 能耗五年内可能还要再降 17%，节能减排压力很大。国务院关于进一步加强淘汰落后产能工作的政策要求，对抑制部分行业产能过剩和重复建设、引导产业健康发展提出了具体指导意见，要求金融机构信贷资源配置在符合政策指向、积极推动产业优化升级的前提下，更应体现配置的优化合理并有效防范风险。但在具体操作中可能存在产业政策和金融机构经营策略对接矛盾和不匹配现象，而某些重点行业中的企业关停淘汰也将会对金融资产质量造成不利影响。

（七）关注之七：《巴塞尔协议Ⅲ》对我国银行业的影响

2010年9月27日，由27个国家银行业监管部门和中央银行高级代表组成的巴塞尔银行监管委员会就《巴塞尔协议Ⅲ》的主要内容达成共识。其主要内容包括：①上调资本金比率。商业银行的一级资本充足率下限从现行的4%上调至6%，“核心”一级资本占银行风险资产的下限从现行的2%提高至4.5%。②设立“资本防护缓冲资金”。总额不得低于银行风险资产的2.5%。③建立一项反周期缓冲资本，需占总资产0~2.5%。《巴塞尔协议Ⅲ》将给全球银行业的经营和监管带来重大变革，迫使各商业银行留出更多的资本拨备，缩减资产负债规模，一定程度上也会降低银行赢利能力。《巴塞尔协议Ⅲ》提高资本金比率等各项措施可能意味着高利差时代的结束，也将增大我国银行业自身转型升级的压力。

五　对策建议

2011年，是“十二五”的开局之年，是我市全面建设小康社会的重要战略机遇期，全市金融机构要紧紧围绕科学发展观这个主题和加快转变经济发展方式这条主线，做大金融总量，优化信贷资金配置，更好地服务于地方经济平稳较快发展，为我市加快“两个崛起”，实现“三大目标”，打造“五个衢州”，力争“六个翻番”提供资金支持。

一是要加强信贷政策与产业政策的协调配合，积极支持战略性新兴产业和现代生产型服务业发展。深化科技金融合作，支持战略性新兴产业等高新技术企业发展。全面落实关于金融支持文化产业、服务外包、旅游业、家庭服务业等行业发展的各项政策要求。坚持区别对待、有扶有控，认真贯彻国家产业政策，支持重点产业调整振兴，防止盲目投资和低水平重复建设。积极支持有条件的企业实施“走出去”战略。为我市加快构建绿色、低碳、高效的现代产业体系，加快推进特色产业发展综合配套改革试点，加快建设绿色产业集聚区，大力发展现代

服务业，强力推进招商引资和项目工作，加快推进自主创新能力建设提供信贷支持。

二是要促进中小企业金融生态优化，多方面拓宽中小企业融资渠道。继续抓好《国务院关于促进中小企业发展的若干意见》（国发〔2009〕36号）和一行三会《关于进一步做好中小企业金融服务的若干意见》（银发〔2010〕193号）的贯彻落实工作，金融机构要进一步改进和完善对中小企业的金融服务。进一步优化中小企业金融服务生态环境。

三是以加快推进农村金融产品和服务方式创新为重点，全面改进和完善农村金融服务。全市金融机构要做好《关于全面推进农村金融产品和服务方式创新的指导意见》（银发〔2010〕198号）的贯彻工作，支持强农惠农事业，加大对对农村基础设施建设的信贷投入，抓好金融支持大学生“村官”创业富民工作，加强与有关部门的沟通合作，大力发展农村消费信贷市场，促进农村消费，积极改进和完善对农民工的金融服务。要支持我市大力发展现代农业，加快农业发展方式转变，健全农民增收长效机制，加快中心村培育建设，增强农村发展活力。

四是大力发展民生金融，认真落实《国务院关于做好当前经济形势下就业工作的通知》（国发〔2009〕4号），结合衢州实际情况，扩大小额担保贷款覆盖面，完善小额担保贷款管理，以创业推动就业，改进和完善助学贷款业务。

B.14

2010年度台州市经济金融形势分析报告

2010年以来，台州经济保持了平稳较快的发展态势，工业生产稳步提高，工业经济效益有所回升，外贸进出口持续恢复，消费稳定增长，但是在多重因素共同影响下，固定资产投资增长放缓等问题仍然存在。金融整体运行平稳健康，银行体系流动性保持合理充裕，贷款增长逐步回归常态并在时间分布上趋于均匀，全市金融机构继续调整优化信贷结构，突出对重点行业、中小企业等的信贷支持，对经济发展方式转变和经济结构调整提供了有力支撑。

一　经济运行情况

2010年，全市实现生产总值2415.12亿元，按可比价计算，比上年增长13.1%，增幅比上年提高4.6个百分点。其中，第一产业增加值159.99亿元，增长4.4%，增幅比上年提高2.3个百分点；第二产业增加值1262.66亿元，增长14.6%，增幅提高6.8个百分点；第三产业增加值992.47亿元，增长12.4%，增幅提高2个百分点。人均生产总值达到41582元，比上年增长12.3%，按年平均汇率折算已达6143美元。

（一）经济全面回升向好

一是工业生产保持较快增长。2010年，小型企业增长加快，重点行业和重点企业发展态势趋好，全市工业经济保持较快增长速度。2010年全市实现工业增加值1144.08亿元，增长15.3%。全市规模以上工业企业达到6322家，完成工业总产值3783.32亿元，比上年增长35.1%，增幅比上年提高34.1个百分点。一方面小型企业发展速度加快。2010年全市规模以上小型企业实现工业总产值2202.97亿元，比上年增长40.9%，增速高于大中型企业13.1个百分点。另一方面轻重工业协调增长。2010年全市规模以上重工业与轻工业总产值分别比上

年增长37.7%和30.4%，增速差距由1~2月的16.5个百分点逐渐缩小至年末的7.3个百分点，重工业比重为65%，比上年提高1.5个百分点。同时行业增速提高。29个制造业行业工业总产值全部实现增长，其中交通运输设备制造业等11个行业总产值超过百亿元。主导产业总体状况良好。塑料模具、服装机械和家用电器行业生产旺盛，工业总产值分别比上年增长49.5%、42.9%和40.3%，医化行业工业总产值比上年增长31.8%，汽摩及配件和船舶行业受行业竞争加剧和市场需求低迷等因素影响，发展相对平缓一些，工业总产值分别比上年增长28.1%和25.8%，其中汽车整车生产行业仅增长7%，摩托车及配件行业仅增长8.6%，船舶制造业下半年订单形势有所好转，延续多月的负增长态势得到遏制，下半年全市钢质船舶产量112.77万吨，是上半年的3.1倍。其余产业中，黑色金属、有色金属冶炼和仪器仪表制造行业增速较高，工业总产值分别比上年增长91.4%、77.8%和51.5%，家具、纺织业、工艺品等块状产业增长速度逐步提高，全年工业总产值分别比上年增长30.1%、29.8%和28.2%，但鞋帽制造行业增速低位徘徊，全年工业总产值仅比上年增长18%。

二是服务业发展势头良好。2010年，全市服务业实现增加值992.47亿元，按可比价格计算，比上年增长12.4%，增幅比上年提高2个百分点，服务业对全市经济增长的贡献率为38.7%，拉动经济增长5.1个百分点，在全省居第六位。主要服务业门类中，交通运输、仓储及邮政业等12个服务业门类增加值增速超过1其中金融业增加值增长最快，比上年增长18.6%。商品房销售经历了年初的火暴、年中的观望和年末的回暖历程，全年全市商品房销售面积为463.58万平方米，比上年增长9.8%，商品房销售势头良好。旅游经济较为活跃，2010年全市共接待国内外游客3295.95万人次，比上年增长13.9%。

（二）三大领域增长较为稳健

一是外贸出口快速恢复。2010年全市实现外贸自营出口总额139.63亿美元，比上年增长38.7%。分月看，2010年全市外贸自营出口总额增幅均高于30%，呈现快速恢复的增长趋势。纵向比较，2010年第1季度全市出口总量已恢复到2008年同期水平，1~11月出口总额超过2008年全年117.64亿美元的水平。横向比较，2010年1~7月全市外贸自营出口总量曾超越温州市，跃居全省十一市第五位。分析2010年外贸出口高增长的原因，一方面，是由于2009年同期基数较低；另一方面，外需市场持续回暖，全市企业采取开拓新兴市场、缩短外贸订单期等措施，应对频繁发生的外贸壁垒等各种风险取得明显成效也是一个重要因素。

二是商品零售持续活跃。2010 年，全市社会消费品零售总额 960.45 亿元，比 2009 年同期增长 18%，扣除价格因素实际增长 12.7%，实际增速比前三季度下降 0.4 个百分点，比上半年提高 0.7 个百分点，比一季度提高 0.3 个百分点。限额以上零售企业统计显示，汽车类、石油及制品类、中西药品类和粮油、食品、饮料、烟酒类及家用电器类的零售总额超过 10 亿元。其中受刺激消费政策效应以及居民生活条件改善的双重影响，汽车类商品实现零售额 136.42 亿元，比上年增长 30%，家电类商品实现零售额 15.84 亿元，增长 36.6%。受汽车旺销和油价上调带动，石油及制品类商品零售额增幅也高达 37.6%。此外，金银珠宝类、家具类、服装鞋帽类商品零售额增幅也在 30% 以上，分别比上年增长 71%、32.5% 和 31.1%。

三是固定资产投资适度增长。2010 年，全市全社会固定资产投资额为 950.24 亿元，比上年增长 13.9%。2010 年前三季度全市全社会固定资产投资增幅呈现高开低走态势，四季度缓步回升，增幅比前三季度提高 3.5 个百分点，三大投资领域呈现“两快一慢”发展态势。一是房地产开发投资快速增长。2010 年全市房地产开发投资 196.08 亿元，比上年增长 28.8%，增幅比上年提高 8.2 个百分点。商品房施工面积为 1801.68 万平方米，比上年增长 23.9%，增速比上年提高 17.3 个百分点。二是基础设施投资增速大幅回升。四季度，在三门核电、74 省道南延、浙江仙居抽水蓄能电站等大项目的带动下，全市基础设施投资增幅大幅回升。2010 年，全市全社会基础设施投资 222.26 亿元，比上年增长 13.9%，增速重回正增长通道，且比前三季度提高 17 个百分点。三是工业性投资小幅增长。2010 年，全市全社会工业性投资 462.84 亿元，比上年增长 5.3%。

（三）各项收入实现稳步增长

一是财政收入增速比上年提高。2010 年，全市实现财政总收入 310.62 亿元，突破 300 亿元大关，比上年增长 18%。其中地方财政收入 164.88 亿元，比上年增长 21.2%。由于经济稳步回升，所得税和营业税保持较快增长，增值税由负转正，增速稳步提高，全年实现 3.5% 的正增长，使得全年财政总收入和地方财政收入增长较快，且增速分别比上年提高 11.9 个百分点和 13.3 个百分点。从全省情况看，2010 年全市财政总收入和地方财政收入两项指标均居全省各市

第六位，与上年持平，与居第五位的嘉兴市相比，两项指标增速分别低于后者 1.7 和 3.6 个百分点，收入差距有所扩大。

二是企业经济效益有所改善。2010 年，全市规模以上工业企业经济效益考核综合得分 245.1 分，比上年提高 30.4 分。全员劳动生产率、万元产值能耗降低率和新产品产值率得分的提高，是经济效益显著改善的主要推动力。企业赢利能力增强。2010 年全市规模以上工业实现利润总额 169.08 亿元，比上年增长 41.6%，增幅比上年提高 17.6 个百分点，亏损企业亏损额比上年下降 13.6%。

三是城乡居民增收状况良好。2010 年，受经济形势好转、居民家庭经营收益增长、工资政策利好以及用工结构性短缺推动工资上涨等有利因素影响，全市城乡居民收入稳定增长。全市城镇居民人均可支配收入 27212 元，比上年增长 11.4%；全年农村居民人均纯收入 11307 元，比上年增长 13%。农村居民收入增速继续快于城镇居民，城乡居民收入差距由上年的 2.44 倍缩小到 2.41 倍。

（四）居民消费价格上涨加快

2010 年，全市居民消费价格比上年上涨 4.6%，超过全年 4% 的调控目标，且增幅高于全国平均水平 1.3 个百分点。2010 年物价快速上涨的主要原因有两方面：一是政策性调价所致。市区有线电视维护费和水价在同一年上调，而且上调幅度分别达 57.1% 和 30%。二是由于恶劣天气影响，导致资源衰退、农产品被炒作等，食品等农副产品价格上涨很快，还有中药材价格也在快速上涨。三是居住类价格调查项目中水价、燃料和建材等价格均有所上涨，以及利率上调等所致。

二　金融运行特点

（一）存款增速企稳，企业存款同比少增，期限结构定期化

2010 年 12 月末，全市金融机构本外币存款余额 3588.4773 亿元（见表 1），比年初增加 653.0948 亿元，同比多增 92.4329 亿元，同比增长 22.24%。全年增速先升后稳，12 月末增速分别比 3 月末和 6 月末提高 4.39 个和 2.44 个百分点，比 9 月末下降 1.16 个百分点。

表1 2010年12月台州市金融机构本外币存款

机构＼栏目	本月余额（万元）	比上月增减数(万元)		比年初增减数(万元)		同比增幅（%）
		2010年	2009年	2010年	2009年	
金融机构合计	35884773	711731	387932	6530948	5606619	22.24
人民银行	721952	-313895	-337633	186323	182871	34.79
农业发展银行	48605	-6798	-3176	6782	12615	16.22
工商银行	5620186	-42104	21884	738697	844626	15.13
农业银行	5130027	452920	129509	1078243	867494	26.61
中国银行	3335697	-95057	146472	411249	888864	14.06
建设银行	3334012	-11723	14461	549191	214554	19.72
交通银行	753301	30609	35593	204886	137599	37.36
中信银行	184094	-9163	—	184094	—	—
光大银行	158471	-7340	15552	17981	-2044	12.80
华夏银行	47851	-17894	—	47851	—	—
广发银行	51921	6166	—	51921	—	—
招商银行	465114	67325	41000	169320	110662	57.24
浦发银行	1145834	-77857	-147184	98556	216330	9.41
兴业银行	524056	-3797	-114141	53152	-92555	11.29
浙商银行	181105	34506	—	181105	—	—
台州银行	3846789	246421	144508	827765	804383	27.42
泰隆商业银行	1979928	167841	119471	266340	318458	15.54
民泰商业银行	1351269	205255	204178	140712	49358	11.62
农村合作机构	5668158	-33196	29012	955802	814897	20.28
邮政储蓄银行	1428646	83676	72131	235946	236273	19.78
村镇银行	121569	21274	2551	66875	22354	122.27

从结构看，存款增长“两强一弱”。一是储蓄存款明显多增。2010年1~12月，全市储蓄存款新增280.95亿元，同比多增42.88亿元，占全部新增存款的43.02%。二是其他存款快速增长。12月末，全市其他存款比年初新增191.18亿元，同比多增125.87亿元，同比增长37.98%，比年初提高26.02个百分点，全年增速上行趋势明显。其他存款增长较快，主要是机关团体存款新增较多，1~12月机关团体存款新增120.83亿元，占新增其他存款的63.2%。三是企事业存款增速放缓。1~12月，全市企事业存款新增180.65亿元，同比少增76.89亿元，剔除科目调整因素，实际少增更多。企事业存款少增主要受贷款少增的派生因素和企业生产经营扩大导致流动资金占用上升因素影响。

从期限看，存款总体呈现定期化态势。2010 年以来，股市的财富效应减弱，楼市受到政策调控因素影响较大，投资渠道不畅使得资金留存于银行系统，形成活期慢、定期快的存款增长格局。1～12 月，全市本外币活期类存款（活期储蓄 + 企事业活期存款）新增 202.27 亿元，同比少增 82.01 亿元，其中企事业活期存款少增明显，同比少增 122.46 亿元；与之相反，同期定期类存款（定期储蓄 + 企事业定期存款）新增 259.33 亿元，同比多增 48.01 亿元。12 月末，活期类存款与定期类存款余额之比为 1.13∶1，较年初的 1.19∶1 有所下降，企事业定期存款多增是定期类存款多增的主要原因，由于开立承兑汇票由原先缴存保证金存款变为企业定期存单质押方式，导致 1～12 月企事业定期存款多增 45.57 亿元。

（二）存款增减幅度加大，季节性波动现象显著

与往年相比，2010 年存款余额的季末和季初增减波动现象尤为明显。全年有两个月份存款负增长，均出现在季度初：7 月份全市本外币存款负增长 17.78 亿元，10 月份存款负增长 54.07 亿元，其中 10 月份的存款减少额度创下历年之最。在存款出现负增长的上个月度，存款均为大幅增加：6 月份存款新增 88.87 亿元，9 月份存款新增 103.91 亿元，为年内存款增加较多的两个月份。存款季节性波动的主要原因有以下两点：一是商业银行的存款按季考核制度。在新设机构不断增加、竞争持续加剧的形势下，不少银行按季对存款指标进行业绩考核，导致出现存款季末冲高、季初回落现象。二是证券账户资金第三方存管因素。证券账户资金普遍实行第三方存管，三季度受国庆长假影响，股市资金节前回存银行账户，节后重新进入证券账户，直接表现为个人储蓄存款的增减。如 9 月份储蓄存款增加 93.83 亿元，占新增存款总额的 90.3%；10 月份储蓄存款减少 101.76 亿元，占存款净减额的 188.2%。

（三）贷款增势平稳，投放节奏均匀，期限结构短期化

2010 年 12 月末，全市金融机构本外币贷款余额 3055.8214 亿元（见表 2），比年初增加 537.7604 亿元，同比少增 51.8655 亿元；剔除票据融资后贷款比年初增加 553.51 亿元，同比少增 42.94 亿元。12 月末，全市金融机构票据融资余额 19.7 亿元，比年初减少 15.75 亿元，同比多减 8.92 亿元，在信贷规模控制的形势下为贷款腾出更多空间。

表 2　2010 年 12 月台州市金融机构本外币贷款

机构＼栏目	本月余额（万元）	比上月增减数（万元）		比年初增减数（万元）		同比增幅（%）
		2010 年	2009 年	2010 年	2009 年	
金融机构合计	30558214	386637	112578	5377604	5896259	21.36
人民银行	—	—	—	—	—	—
农业发展银行	239653	-3604	3001	37367	62979	18.47
工商银行	5142753	26305	970	637985	744704	14.16
农业银行	3922810	9671	12466	691412	715320	21.40
中国银行	4203091	-134	79410	500696	1442136	13.52
建设银行	3059259	8312	22382	454900	378927	17.47
交通银行	656802	4263	21005	125164	187739	23.54
中信银行	233098	25032	—	233098	—	—
光大银行	270054	-12563	-2311	35970	64363	15.37
华夏银行	6000	6000	—	6000	—	—
广发银行	27944	3063	—	27944	—	—
招商银行	602343	8548	-20571	244183	117114	68.18
浦发银行	1906457	11370	14477	355303	429564	22.91
兴业银行	693400	7940	-10330	82057	-17956	13.42
浙商银行	167600	23102	—	167600	—	—
台州银行	2460425	136304	-11509	371205	603684	17.77
泰隆商业银行	1410134	-1772	50225	217522	300705	18.24
民泰商业银行	927233	92853	-27591	203202	125451	28.07
农村合作机构	4125685	14483	-54866	671977	594908	19.46
邮政储蓄银行	363162	4571	31952	226194	115837	165.14
村镇银行	135114	17694	3868	82624	30784	157.41

从增速看，全年贷款增势逐步趋于平稳。贷款增速经历了上半年逐月走低的过程后，三季度开始走势逐渐平稳，12 月末贷款同比增长 21.36%，分别比 3 月末、6 月末增速低 4.61 和 0.99 个百分点，比 9 月末增速高 1.13 个百分点。

从新增额看，各月度、季度间的投放节奏相对均匀。由于 2010 年全年大部分商业银行都实行信贷指标按月下达、按月执行，月度间不得调剂使用或调剂使用比例控制在很低的水平，因此，信贷投放的节奏明显趋于均匀。除 1 月份外，各月度贷款增量均在 20 亿 ~ 50 亿元，各季度的新增贷款比例分别为 37.9%、19.5%、21%、21.6%，波动幅度明显小于上年。

从期限看，短期贷款多增、中长期贷款少增。2010 年 1 ~ 12 月，短期贷款

新增 371.38 亿元，同比多增 42.26 亿元，而同期中长期贷款新增 169.94 亿元，同比少增 68.12 亿元。其中，中长期贷款增势明显下滑，12 月末，中长期贷款同比增长 19.56%，比年初下滑 19.57 个百分点；增量与上年同期相比，一季度同比多增 5.67 亿元，上半年同比少增 27.44 亿元，前三季度同比少增 55.75 亿元，全年同比少增 68.12 亿元。中长期贷款的弱势增长主要与 2010 年下半年政府融资平台贷款严控以及大项目投资较少有关。

（四）信贷结构继续优化，贷款支持重点突出

从行业分类看，2010 年下半年以来，全市工业生产稳步增长，重点行业贷款需求上升。2010 年 1～12 月，全市工业贷款（不含票据）新增 164.01 亿元，同比多增 8.19 亿元，占全部新增贷款（不含票据）的 29.63%，比上年同期提高 3.51 个百分点，其中制造业贷款（不含票据）新增 139.58 亿元，同比多增 21.6 亿元，占比同比提高 5.44 个百分点；批发和零售业贷款（不含票据）新增 26.74 亿元，同比多增 18.01 亿元，占比 4.83%，比上年同期提高 3.37 个百分点；建筑业、房地产业贷款（不含票据）分别新增 17.59 亿元和 12.86 亿元，前者同比多增 4.67 亿元，后者同比少增 9.61 亿元，两者新增额占比分别为 3.18% 和 2.32%。

从企业类别看，对小微企业的支持力度持续加大。2010 年 1～12 月，全市金融机构对小型、中型、大型企业的贷款新增额分别为 114.3 亿元、77.71 亿元、22.03 亿元，占全部企业贷款（不含票据）新增额的比重分别为 53.4%、36.31%、10.29%；其中，小企业贷款新增额同比多增 33.31 亿元，新增贷款比重较上年同期提高 11.24 个百分点，金融支持小企业的力度继续保持最大。

除企业贷款之外，个人贷款投放依然较多。2010 年 1～12 月，全市个人贷款新增 318.14 亿元，占全部新增贷款（不含票据）的 57.48%，较上年同期提高 2.48 个百分点。个人贷款新增额中，新增的个人消费贷款占比 58.38%，主要包括个人购房贷款和汽车消费贷款，此外也有相当一部分贷给企业主实际用于企业生产经营的贷款。

（五）利率水平总体上升，民间借贷持续活跃

金融机构贷款利率逐步攀升。2010 年四季度央行两次上调存贷款基准利率，进一步推高全市金融机构贷款定价水平。第 1～4 季度全市金融机构人民币贷款

加权平均利率分别为 7.2472%、7.3809%、7.3766%、7.3821%，12 月份人民币贷款加权平均利率比上年同期及 6 月份分别提高 4.94 和 1.31 个百分点，利率水平总体呈现上升态势。

民间借贷持续活跃。2010 年受银行信贷紧缩影响，民间借贷市场较为活跃。据我中支监测数据显示，2010 年民间借贷利率稳步上升，前三季度的民间借贷加权平均利率分别为 14.8425%、15.2757%、15.6236%。利率呈现向高利率区间迁移态势，其中三季度［15%，20%］利率区间占比为 35%，同比上升 8 个百分点。

三　值得关注的问题

（一）通货膨胀成因错综复杂，宏观调控难度不断加大

当前，国内通货膨胀的形势严峻。2010 年 11 月，居民消费价格（CPI）同比上涨 5.1%，创 28 个月新高，虽然市场预计 12 月的 CPI 将有所回落，但同时认为这只是暂时现象，并预期 2011 年上半年尤其是一季度 CPI 涨幅将再次超过 5% 甚至 6%。国际上通行的通胀认定标准是 CPI 涨幅连续 6 个月超过 3% 的警戒线。虽然国内对 CPI 的指标构成存在诸多异议，但综合考虑各类主要消费品和资产价格走势，市场对通胀形势还是基本能够达成共识。因此，2010 年 12 月举行的中央经济工作会议提出的 2011 年经济工作主要任务中明确指出，“把稳定价格总水平放在更加突出的位置”，2011 年 1 月召开的 2011 年中国人民银行工作会议也把“稳物价”确定为当前和今后一个时期的主要任务，充分显示控制通胀已经成为重中之重。

当前的通胀形势是由多重因素交织在一起形成的：一是从需求方面看，部分农产品特别是蔬菜需求大于供给，导致其价格持续上涨，对 CPI 涨幅的影响较大；二是从供给方面看，发达国家二次量化宽松步伐不断提速，导致大宗商品的价格不断攀升，输入型的原材料价格的上涨致使工业品出厂价格被动提升；三是从预期方面看，通胀预期也会加强通胀的惯性，如果市场普遍预期到通胀，那么无论在产品交易还是劳动就业订立合同时，都会要求在产品价格和工资上有所增加，从而使通胀延续下去；四是从货币方面看，货币投放过快也是通胀的原因之一，由于外汇占款和信贷规模的不断增大，我国 M2 增速多年来持续超过 GDP 增速，意味着货币供应可能过量，两个增速差异的累积效应对推高通胀率起到一定作用。

由于通胀成因错综复杂，治理通胀的难度也相应较大，主要体现在以下三方面：一是对治理手段认识统一难。由于物价都是以货币来衡量，在货币主义者看来通胀就是一种货币现象，因此主张采用货币政策主导通胀的治理过程，有的则主张对关系到国计民生的重点领域采取行政干预的手段等，对通胀原因分析的不一致是治理通胀的手段难统一的主要因素。二是调控政策协调配合难。从目前已经动用的提高存款准备金率、提高利率等货币政策以及短期的行政干预手段控制物价等方法看，治理通胀的效果还甚不明显。后续的调控政策将进一步出台，仅从货币政策角度来说，要处理好保持经济平稳较快发展、调整经济结构、管理通胀预期多重政策目标的关系，就涉及货币政策工具之间的协调配合问题，此外还有货币政策与财政政策、产业政策之间的协调配合问题，打好“组合拳”的难度非常大。三是政策出台和退出的时机选择难。由于调控政策的目标不一、出台时间不一、政策时滞不一，政策效果很难区分，因此新政策何时出台，老政策何时退出，时机选择就变得较为困难。

（二）金融危机深层影响仍未消除，外贸经济面临诸多困难

2010 年全市外贸总体形势好于年初预期，且基本恢复到金融危机前的水平，但金融危机的深层次影响还没完全消除，世界经济尚未步入良性循环时期，当前全市外贸经济仍面临三大困难：一是企业订单充足但利润空间缩窄。当前全市企业订单较为充足，但是受原材料上涨、用工成本提高、汇率波动等因素共同影响，产品提价速度赶不上生产成本增加速度，企业利润较上年同期大幅下滑。企业反映，即使出口产品价格上调 5% ~15%，企业成本压力仍非常大。据我中支 2010 年四季度工业景气监测数据，企业家对产品成本判断指数为 -52.38，较上季大幅提高 21.43 个百分点，而赢利空间指数为 7.14，下降 4.76 个百分点。出口报价提高面临失去客户的市场风险，出口报价不变又面临利润大幅下滑的现实，不少企业陷入“保订单还是保利润”的两难境地。二是企业用工需求上升但招工压力显现。据台州市统计调查，2010 年四季度企业劳动力需求景气指数以 131.3 运行在“较为景气”区间，意味着企业对于劳动力的需求仍在持续增长，但部分企业反映，由于四季度是一线员工的传统流失季节，加之部分行业进入生产旺季，导致企业用工需求压力的增加。如温岭部分制鞋企业招聘对生产程序熟悉、技术精湛的技工非常困难，甚至部分企业通过增加工资、改善工作环境

招聘工人效果仍不理想，用工缺口明显。“招工难”行情导致劳动力价格上涨5%以上，也使企业的生产成本上升。第108届广交会上对台州外贸企业的调查显示，90%的企业认为缺少工人不能按期交货而影响企业声誉是当前最主要的问题。三是汇率波动频繁但企业承受力有限。2010年人民币兑美元汇率升值了3.6%，但据我中支对全市外贸企业的问卷调查显示，企业普遍可承受的人民币升值最大幅度仅为2%。在实际操作中企业很难把握人民币汇率的变动幅度，导致企业有订单特别是长单不敢接，成交订单以中、短单及小单为主，或者将一年的大单拆成按月出口的小单。即使这样，由于全市出口产品附加值低，议价能力弱，利润空间小，部分企业特别是中小企业仍无法承受汇率的大幅频繁波动。

（三）政策调控合力收紧下楼市或将转向，房地产企业资金链风险值得关注

2011年房地产市场宏观调控不会放松的趋势已基本明确，调控政策将在2010年基础上进一步常态化，财税、金融、土地、市场监管等措施将联动，增加普通商品房和保障性住房供给，合力抑制投机投资性需求。从台州层面看，有三方面因素综合作用可能导致房地产市场转向，从而对房地产企业的资金链造成压力。一是从供给方面看，房源大量增加：①供地高峰导致新盘“井喷”。据台州市国土资源局统计，2010年全市累计供地50743亩，同比增长67%，其中通过拍卖、挂牌方式出让具备规模的商住用地4756亩，同比增长17.7%，为近四年来的峰值；供地增加引发开发加速，据不完全统计，2011年全市已确定开发的新盘项目不下70个，仅椒江区的新盘数量就达到20个以上，房产大战可能上演。②保障性住房建设步伐加快。2011年全国拟建保障性住房规模高达1000万套，保障房建设将进入黄金期。台州市2010年度城市住房供地计划显示，全市保障房用地、旧城改造等拆迁安置用地、90平方米以下的中小套型商品房用地供应量不低于总供地量的70%，《台州市区住房保障建设规划（2010～2012年）》对2010～2012年台州市区的廉租房、经济适用房建设总量作了明确规定，相关措施的落实将进一步增加住房的有效供给。二是从需求方面看，回归刚性需求：①暂停三套房贷（包括商业性和公积金贷款）和提高首付比例的金融调控政策大大增加了投机投资性购房的成本，购房需求渐趋理性。②台州市出台的《关于进一步加强房地产市场调控　加大住房保障工作力度的实施意见》对预

售商品住房合同变更相关条款作了明确规定，已签购房合同者不得擅自更名，进一步打击了投机投资性需求。三是从政策趋势方面看，调控高压态势不变：①土地出让收支管理继续从严，开发商“囤地”成本高昂，加上台州 2011 年的土地供应将不大可能超越 2010 年的峰值，土地价格整体上行，在房地产市场竞争激烈的情况下房地产企业将面临利润缩水。②稳健货币政策背景下金融机构信贷规模整体收缩，月度、季度间更加均匀，而房地产开发贷款额度较大、风险上升，易被归入收紧行列，加剧房地产企业资金周转紧张的局面。③继浙江省内杭州、宁波、温州出台限购令后，台州形成了楼市调控政策的洼地，台州出台行政限购令也并非不可能，若此举出台将对房地产企业的信心形成巨大冲击。

四　下阶段经济走势判断

2010 年四季度，我国房地产投资和地方投资带动投资反弹，汽车消费拉动消费稳定增长，外贸出口趋稳，以及重工业反弹推动工业增加值企稳回升。2010 年全年国民经济运行态势总体良好，实现国内生产总值（GDP）397983 亿元，同比增长 10.3%，规模以上工业增加值同比增长 15.7%，全社会固定资产投资同比增长 23.8%，社会消费品零售总额扣除价格因素实际同比增长 14.8%，居民消费价格（CPI）同比上涨 3.3%，出口增长 38.7%。展望 2011 年，我国经济有望继续恢复增长，但不稳定、不确定因素仍然较多，如世界经济复苏进程的不平衡和前景的不稳定性、结构性的通胀风险、宏观政策逐步退出后的经济增长动力等方面都有待观察。据国际货币基金组织（IMF）发布的 2010 年秋季《世界经济展望》报告预测，2011 年世界经济增速为 4.2%，中国经济增速为 9.6%，较 2010 年均略有降低。

从台州情况看，台州经济发展的基本面仍将稳定健康。一是经济大环境较为稳定。我国经济正逐步摆脱国际金融危机的负面影响，开始进入恢复性增长轨道，2011 年将继续企稳回升，这为全市经济发展提供了较为稳定的环境。二是外贸出口态势良好。2010 年，全市积极调整开拓出口市场，从经济发展疲软的欧美地区流失的外贸出口份额逐渐被新兴市场国家所填补，外贸质量有所提升。随着我国积极推进与新兴国家之间的经贸往来，有意识地减少对发达经济体的依赖，全市出口市场调整开拓的积极变化势头在 2011 年将得到延续，有利于全市外贸出口朝着更加良好的方向发展。三是企业信心逐渐恢复。在经历了长期的积淀和金融危机的冲击之后，全市企业积极调整经营战略，更加注重企业形象和产品档次，更加注重创新能力的培养，更加注重市场竞争综合实力的提高，企业发展的基础逐步得到巩固，企业家心理更趋成熟，发展信心和抗震能力增强。台州市统计局调查显示，2011 年一季度，全市企业家信心指数和企业景气指数分别以 147.4 和 145.4 双双运行于“较为景气”区间。总体来看，2011 年是“十二五”的开局之年，台州将围绕“主攻沿海、创新转型”主线，深入实施“四大战略”，预计主要经济指标为全市 GDP 增长 10%，财政总收入和地方财政收入人均增长 11% 以上，全社会固定资产投资增长 13%。

五　下阶段货币信贷走势判断

2010 年以来，我国货币信贷合理增长，银行体系流动性总体充裕，人民币汇率弹性增强，金融体系运行平稳。在货币政策操作上，人民银行坚持实施适度宽松的货币政策，着力提高政策的针对性、灵活性和有效性，加强银行体系流动性管理，全年两次上调存贷款基准利率，六次上调存款准备金率，引导金融机构合理把握信贷投放总量、节奏和结构，继续稳步推进金融企业改革，进一步推进人民币汇率形成机制改革，改进外汇管理，促进经济金融平稳健康发展。

针对当前宏观形势，2011 年的货币政策将从适度宽松回归稳健，增强金融调控的针对性、灵活性、有效性，把稳定价格总水平放在更加突出的位置。主要包括以下五方面内容：一是加强流动性管理，按照总体稳健、调节有度、结构优化的原则，综合运用多种货币政策工具，引导货币信贷向常态回归，实现合理适度增长；二是调整优化信贷结构，引导信贷资金更多投向实体经济特别是“三农”和中小企业，促进经济结构战略性调整；三是推动金融市场健康发展，健全多层次资本市场体系，提高直接融资比重，保持社会融资总量的合理规模；四是进一步完善人民币汇率形成机制，保持人民币汇率在合理均衡水平上的基本稳定；五是稳步推进利率市场化改革，增强价格杠杆调控作用，促进资源合理配置。具体而言，有三大趋势值得关注。

1. 货币政策将在稳健基调上保持一定灵活性

2011年稳健货币政策的执行，会在保持价格总水平稳定的同时，将政策灵活性和相机抉择置于重要位置。这主要基于两方面原因：一是外部经济环境仍具有较大不确定性，无论是欧洲主权债务危机发展态势，还是欧美等主要经济体复苏速度，都随时可能对国内经济产生重大影响。二是流动性控制难度可能低于预期。由于目前NDF市场人民币对美元未来1年升值预期仅在3%左右，而2008年高达10%左右，预计2011年新增外汇占款规模不会超过2008年水平，因此，由新增外汇占款导致的货币增发等外部因素可能减弱，国内流动性控制的效果可能好于预期。综合以上两方面原因，2011年的货币政策将及时根据经济形势发生的新变化进行相机抉择。

2. 数量型货币政策工具运用将得到强化

货币政策工具主要可分为数量型工具和价格型工具。受国内利率市场化程度不高和国外量化宽松货币环境的双重影响，以存贷款基准利率为主的价格型货币政策工具单独作用的政策效果并不理想。在此形势下，加强以法定存款准备金率为主的数量型货币政策操作显得十分必要。1月份召开的2011年中国人民银行工作会议已明确提出，实施差别准备金动态调整措施，引导货币信贷平稳适度增长，标志着酝酿已久的准备金创新工具于2011年推出。所谓差别准备金动态调整措施，是指将金融机构存款准备金与一系列指标挂钩的办法。即在确定差别存款准备金缴纳标准时，参考金融机构在整个金融体系中的经营规模、关联性和替代性，以及其主要经营指标和监管风险指标。凡是资本充足率较低、经营风险较大、贷款增速过快的金融机构，要求多缴存款准备金，且多缴的存款准备金利息适当降低直至为零。实施差别准备金动态调整措施的好处，一是更精准测算金融机构对宏观调控目标的偏离程度，提高调控政策的针对性、灵活性和有效性；二是更有利于建立起引导金融机构自主管理信贷投放和控制流动性的政策机制。差别准备金动态调整措施作为央行逆周期货币信贷动态调控机制的新内容，是对差别准备金制度的发展和完善，可能在今后一段时期逐步常态化运行。

3. 加息通道仍将延续

2010年10月和12月的两次加息意味着我国已进入加息通道。市场普遍预期2011年加息仍将延续。在当前的经济形势下，加息可以达到以下效果：一是明确政策意图，削弱通胀预期。在通胀率攀上高位、通胀预期不减的形势下，加息能给出明确的政策信号和央行管理通胀预期的决心，有利于防止市场上通胀预期的自我强化。二是降低信贷杠杆，抑制投机行为。除了关注物价总水平走势，央行对资产价格波动也愈加重视。加息对提高杠杆型投机者的资金成本、震慑观望中的投机者和稳定房地产等资产价格具有一定作用。三是提升资金成本，助推经济转型。由于以 GDP 为主要指标的官员考核体系尚未明显改变，地方政府在“十二五”的开局之年可能还会盲目铺摊子、上项目。加息收紧了资金瓶颈，在一定程度上抑制了地方政府的投资冲动，有利于深入挖掘新的经济增长点，切实改变经济的发展方式。

此外，从货币信贷形势看，2011 年在实行稳健的货币政策基础上，广义货币供应量（M2）余额同比增长 16% 左右，信贷投放的总量将转向合理适度增长，预计全年银行新增贷款规模将削减 10%，收窄至 7.2 万亿 ~7.5 万亿元，贷款增速进一步下降。同时，信贷结构将继续优化，信贷投放将加大对重点领域和薄弱环节的信贷支持力度，严格控制对“两高”行业和产能过剩行业的贷款，服务于经济结构调整的大局。从台州层面看，2010 年一季度的信贷规模约束可能有所加强，信贷投向结构上将进一步体现“有扶有控”的政策要求。

六　政策建议

（一）正确理解货币政策转向意义，切实贯彻落实稳健的货币政策

首先，要正确理解货币政策转向的现实意义。货币政策从适度宽松转向稳健是宏观政策导向的一个重要变化，是当前宏观形势下的正确选择。要从国际外部环境、国内宏观形势、货币政策目标等多方面进行深入剖析，正确理解其现实意义。其次，要正确把握稳健货币政策的内涵。需要抓住三个关键：一是要控制好货币供给总量，保持贷款总量合理适度增长，实现中央提出的“把好流动性总闸门”的要求；二是要继续优化信贷结构，把信贷资金更多投向实体经济特别是“三农”和中小企业，更好地服务于经济结构调整的大局；三是要防范系统性金融风险，努力维护金融体系稳定。再次，切实贯彻落实稳健的货币政策。综合运用利率、存款准备金率和公开市场操作等价格和数量工具，保持银行体系流动性合理适度；实施差别准备金动态调整

措施，引导货币信贷平稳适度增长；坚持“区别对待、有扶有控”的原则，加强信贷政策指导，着力引导和促进信贷结构优化；继续优化中小企业金融生态环境，多方面拓宽中小企业融资渠道；大力推进农村金融产品和服务方式创新，全面改进和完善对“三农”的金融服务；落实差别化住房信贷政策，推动房地产金融健康发展。

（二）积极关注经济金融运行新变化，着力提升决策支持能力

2011 年宏观调控将更加灵活务实，央行将统筹协调使用多种货币政策工具，增强宏观调控的灵活性、针对性和有效性，切实贯彻实施好稳健的货币政策。基层央行作为货币政策的传导者，在贯彻落实货币政策的同时，要积极做好调查研究和政策效果反馈，为上级行和地方政府做好参谋，着力提升决策支持能力。一是要密切关注宏观经济金融形势变化和微观主体的最新动向，及时发现经济金融运行中的重点、热点、难点问题。二是要贴近当地实际，牢牢抓住有地方特色的问题进行监测、跟踪、分析。三是要开阔视野，站在国际国内大视角准确把握现象发生的背景，深入理解问题的来龙去脉，大处着眼、小处着手进行调查研究。四是要注重灵活运用多种调查研究手段，积极、有针对性地开展调查研究。

（三）促转变与防风险并举，加强引导金融支持经济发展方式转变

转变经济发展方式是“十二五”的主线，要认真落实“有扶有控”的信贷政策，积极引导金融机构加快调整优化信贷结构，加大金融支持经济转型发展和经济结构调整的力度，同时更加注重防范系统性金融风险，增强金融支持经济发展的可持续性。一是加大对经济社会薄弱环节、就业、节能环保、战略性新兴产业、产业转移等的支持，有效缓解小企业融资难问题，保证在建重点项目贷款需要，严格控制对高耗能、高排放行业和产能过剩行业的贷款；加快推进农村金融产品和服务方式创新，全面改进和提升农村金融服务。二是要实施差别准备金动态调整措施，引导货币信贷适度增长；执行好差别化房贷政策，促进房地产市场健康平稳发展；加强对金融机构的风险提示，加强地方政府融资平台公司贷款风险管理；探索建立和完善宏观审慎管理的制度框架，发挥逆周期的货币信贷动态调控作用，保持金融体系稳健运行。

（四）完善相关配套措施，积极应对利率市场化改革

"十二五"规划建议中提出"逐步推进利率市场化改革"，利率市场化改革有望在"十二五"期间提速，利率在金融资源配置过程中的作用将不断增强。各方要完善相关配套措施，积极应对利率市场化带来的机遇和挑战。一是金融机构要尽快完善硬约束指标，积极面对市场竞争和风险挑战。要加强财务硬约束机制，完善公司治理结构，不断提升市场竞争力；建立和完善产品市场定价机制，不断探索综合反映风险补偿、费用分摊、产品收益、违约和展期等因素的贷款定价模型，实现存贷款定价科学化；积极发展中间业务，实现收入结构多元化；大力推进风险管理体系建设，制定科学的利率研究和决策机制，建立利率风险管理流程和风险处置方案，实现利率风险可控化；培养和引进利率定价和风险管理人才，实现专业核心人才培养本土化和人才支持可持续化。二是监管机构要按照宏观审慎管理要求，稳步推进利率市场化建设。要加强对利率市场化推进过程的动态监测，及时掌握市场的变化情况和政策效果；加强对金融机构的引导，进一步确立市场定价权，为金融机构实现财务硬约束、自主经营、自担风险提供正向激励机制；完善监管协调机制，完善行政和监管部门对利率市场化改革推进过程中市场形成的整体管理和风险处置制度；建立健全自律竞争秩序，增强行业自律组织的管理作用，营造公平、公正的竞争环境。三是银行客户要逐步接受和认可利率市场化带来的变化和影响。银行客户要增强对利率变动的敏感性，逐步适应银行的差别化定价和差别化服务，并增强对金融产品进行多方面比较和自主选择的能力。

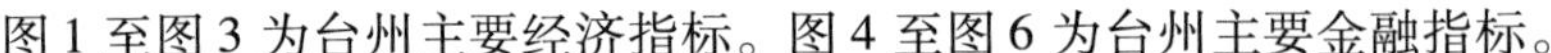
图 1 至图 3 为台州主要经济指标。图 4 至图 6 为台州主要金融指标。

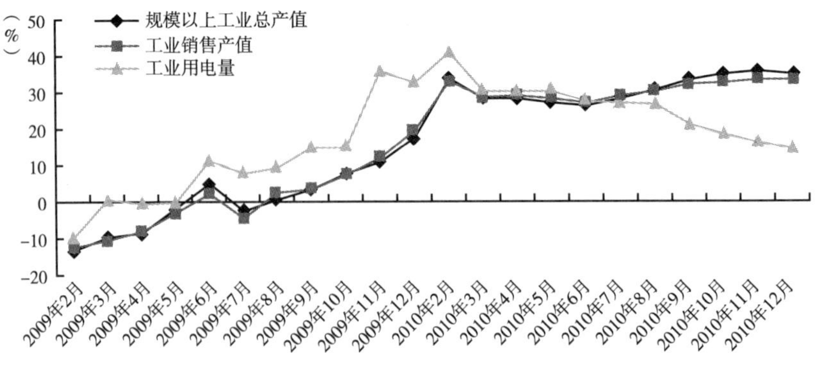

图 1　台州市工业增长情况

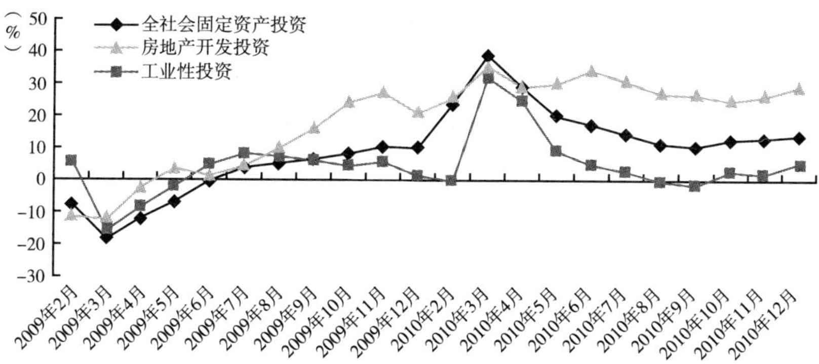

图2　台州市投资增长情况

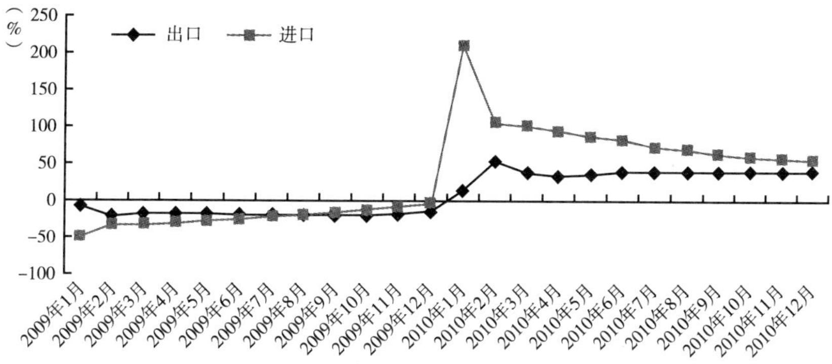

图3　台州市进口增长情况

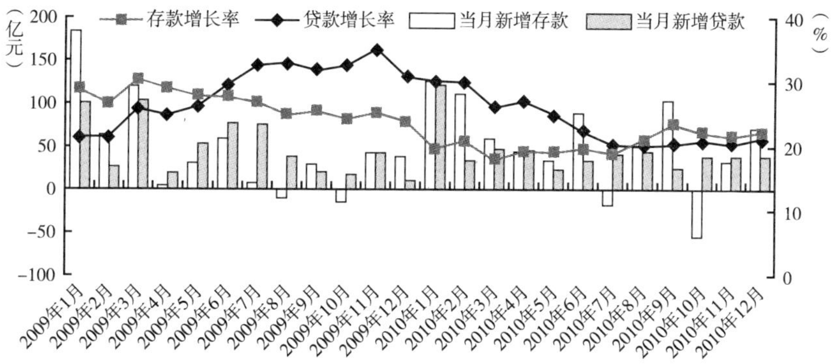

图4　台州市金融机构存贷款增长情况

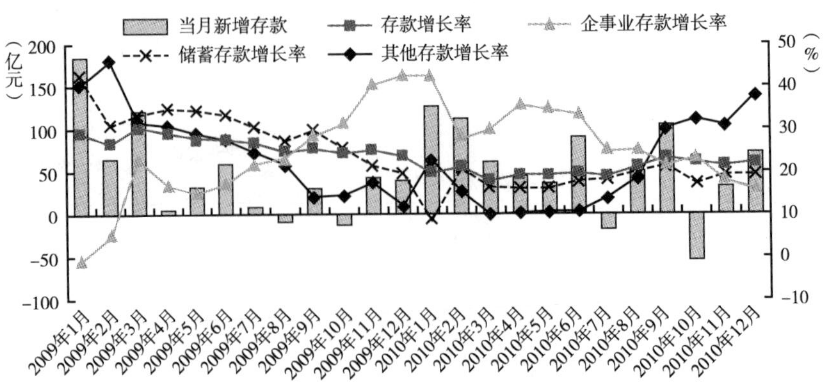

图5　台州市金融机构存款增长情况

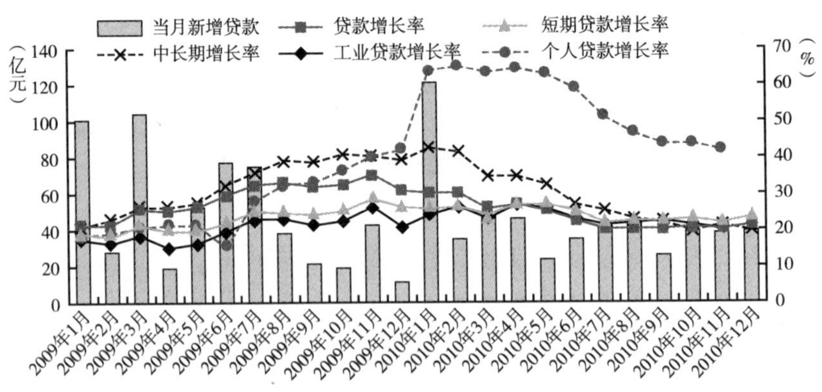

图6　台州市金融机构贷款增长情况

B.15

2010年度丽水市经济金融形势分析报告

2010年，面对复杂多变的国际国内形势，丽水市金融部门克服了诸多困难，为“十一五”规划画上了圆满的句号，为正处于工业化中期和关键转型阶段的丽水市继续快速发展奠定了坚实的基础。全年经济快速增长，三次产业增势良好，投资回升，内外需求强劲，财政收入平稳增长。金融业稳健发展，金融总量大幅递增，信贷投放均衡有序，重点突出，金融创新步伐加快，有力地支持了地方经济快速发展。

一 2010年金融运行基本情况

2010年，全市金融业坚持稳健经营原则，积极贯彻执行适度宽松的货币政策，合理配置金融资源，较好地发挥了金融对经济发展的保障作用。

一是金融总量快速增长。2010年末，全市金融机构本外币存贷款总量达1949.68亿元，是2005年末的2.74倍。证券、保险业也保持快速增长态势。证券累计交易额1770.36亿元，是2005年末的36.56倍；全市累计保费收入20.76亿元，累计赔款与给付5.01亿元，与2005年末相比分别增长248.62%和204.49%。

二是金融组织体系逐渐完善。2010年新引进2家股份制商业银行，新设立村镇银行、小额贷款公司、农村资金互助社各1家。目前全市已形成以政策性银行、国有商业银行、股份制商业银行、城市商业银行和邮政储蓄银行、农村合作银行为主体，村镇银行、小额贷款公司和资金互助社等新型农村金融机构为补充的较为完善的银行业金融机构体系，保险、证券机构得到了快速发展。

三是全市银行业的经营水平和抗风险能力明显增强。截至12月31日，全市银行业实现账面利润24.09亿元，比2005年增长277.85%；不良贷款率为1.06%，比2005年末下降了1.89个百分点。

概括2010年全市银行业的运行情况，主要有以下特点。

（一）各项存款平稳增长，结构变化突出

2010 年 12 月末，全市银行业各项本外币存款余额 1128.23 亿元，比年初增加 191.54 亿元，余额同比增长 20.40%，存款增速呈现前高后低态势（见图 1）。

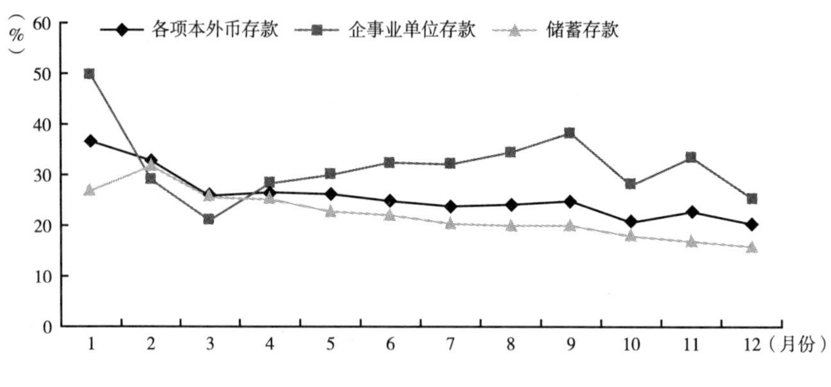

图 1　丽水市 2010 年存款增速走势

从存款增长结构看，有如下特点。

1. 储蓄存款分流明显，增速一路走低

2010 年 12 月末，人民币储蓄存款余额 638.81 亿元，新增 87.36 亿元，同比少增了 56.38 亿元。究其原因，一是个人实际收入相对减少。从个人所得税收入看，2010 年全市工薪阶层的工资、薪金类所得税增幅为 18.34%，占全部所得税比重较上年同期下降 1%，加之 CPI 的持续增长（CPI 由 2008 年的 -1.4% 提高到 2009 年 4.3%），居民实际收入不升反降，储蓄来源自然减少。二是个人投资和消费趋向多元化。在通货膨胀压力上升、存款实际利率为负的情况下，资金寻求增值保值，个人投资意愿更趋增强。据统计，2010 年从银行储蓄净流入证券机构 8.89 亿元。四季度由于上海、杭州等城市房产价格持续走高，个人对市外大、中城市的房产投资偏好进一步加强。

2. 企业存款稳定增长，定期化趋势延续

2010 年 12 月末，企事业本外币存款余额 265.75 亿元，同比增长 25.41%，高于全部存款增速 5.01 个百分点。其中企业定期存款新增 36.28 亿元，同比增长 31.53%，高于各项存款增速 11.13 个百分点，占企事业全部新增存款的 54.94%。2009～2010 年，企业定期存款增长均高于活期，定期化趋势进一步延

续。原因有如下三个：一是部分企业资金面较为宽松。自 2009 年以来，各金融机构信贷投放快速增长，导致部分企业资金面较为宽松，2010 年企业存款新增额占当年各项存款新增额的 34.47%，成为各项存款平稳增长的重要因素。二是企业投资多元化和投资实业意愿减弱。由于宏观环境复杂，投资房市等资本市场的回报率又较实业更高，企业“现金为王”的理念强化，部分社会资金脱离传统产业进行多元化投资。三是定期存单质押大幅增长及票据项下的企业定期存款置换银行承兑汇票保证金业务，也导致企业定期存款相应多增。直到 2009 年四季度，银行压缩承兑汇票后，企业存款增速才开始掉头向下。

3. 欧元汇率下跌，导致各项存款自然缩水

2010 年，欧元汇率下跌 9.79%。由于欧元汇率持续走低，我市以欧元为主的个人外汇普遍缺乏结汇意愿，致使外汇存款多增的同时，以人民币口径统计的各项存款相应减少，这也是我市 2010 年各项存款增速下降的一个重要因素。

（二）信贷总量适度增长，投放节奏均衡有序

2010 年，我市人民银行灵活运用政策工具，加强“窗口指导”以及多种管理手段，引导金融机构合理把握信贷投放节奏和总量，切实提高贷款投放的均衡性，使信贷增速逐步回归常态。与此同时，全市金融机构在负债业务缓增、规模控制的背景下，通过加快金融创新，积极支农支小，信贷总量和增速均维持了较高水平，保证了资金供给。

1. 新增贷款总量居高，支持有力

2010 年，在 6 次提高存款准备金率和 2 次加息的情况下，全市本外币贷款仍增长 22.19%，增速居全省第 5 位，高出全省平均增速 2.65 个百分点，顺利实现了市政府年初提出的全年贷款增速高于全省平均增速的目标，较好地满足了经济发展的需求。本外币存贷比为 77.87%，仅比上年低了 1.09 个百分点，完成了市政府年初确定的新增存贷比不低于 60% 的目标。

2. 信贷投放均衡性加强，重点突出

2010 年 1 ~ 4 季度，贷款增量分别为 52.11 亿元、43.69 亿元、34.05 亿元和 19.3 亿元，分别占全年增量的 35%、29%、23%、13%，信贷投放均衡性较往年有明显改善，“早投放”现象有所缓解，较好地体现了宏观调控政策意图。同时，2010 年与往年相比，信贷投放的重点更为突出。

一是对中小企业的支持力度显著增强。一年来，全市银行业共设立21家中小企业业务中心，并采取简化信贷流程，优化管理等措施，切实加大对中小企业融资支持力度。截至2010年底，全市中小企业贷款余额达到了359.13亿元（见表1），同比增长33.12%，超过各项贷款增速10.93个百分点。中小企业贷款新增额88.46亿元，同比增长了11.23个百分点。其中，小企业贷款余额达201.37亿元，同比增长39.62%，高出各项贷款增速17.43个百分点，充分体现了2010年金融机构支小力度。

表1　2010年度全市企业贷款按规模分布表

项　目	大型企业	中型企业	小型企业	小型企业中的微型企业
余额(亿元)	50.62	157.76	201.37	59.54
新增额(亿元)	1.91	31.97	56.49	16.69
余额同比(%)	3.92	25.66	39.62	41.45

注：微型企业指授信额度小于500万元的企业。

二是对制造业投入力度加大。2010年，全市制造业贷款212.56亿元，同比增长了47.0%，超过各项贷款增速24.81个百分点，达到撤地建市以来的最高点。新增额70.15亿元，占全部新增贷款的44.34%（见图2）。二季度以来，随着工业经济增长逐步走稳向好，对制造业的信贷支持已成为主要方向，为促进我市工业化转型升级提供了重要的金融支撑。

三是信贷支农开创新局面。随着我市林权抵押贷款工作和农村信用体系建设工作相继走向全国，金融支农工程得到了有效落实与深化，涉农金融机构的信贷资金逐步向“三农”倾斜，较好地满足了农村地区不同群体的融资需求。截至2010年底，全市涉农贷款余额378.27亿元，是2005年末的4.07倍。

（三）多方位金融创新，有效改善金融生态环境

2010年，金融机构通过金融市场、金融业务、金融制度等多方位创新，提高了服务和运作效率，进而提高了金融资源的配置效率，丽水市金融生态环境明显改善。

一是金融服务网点渐趋完善。为解决偏远地区农民得不到基本金融服务的问

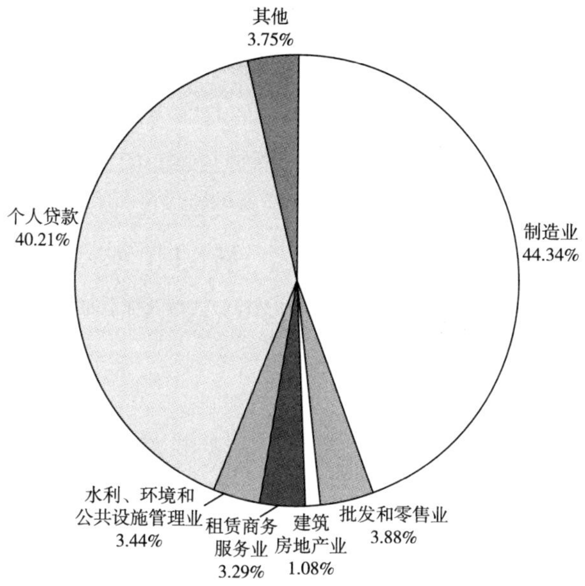

图 2　2010 年度丽水市新增贷款主要行业分布

题，2010 年 7 月份经人民银行总行批准，在全国率先启动“银行卡助农取款服务”试点工作，到年底已在全市铺设刷卡点 993 个，累计交易 2.89 万笔，金额 818 万元。同时，股份制商业银行和城市商业银行网点逐步向县域拓展，浦发、泰隆、稠州等银行已分别在县域设立了 5 家支行，国有银行分支机构也正在进一步完善。

二是金融支农服务全面铺开。“政府支持，人行主导，多方参与，共同受益”的农村信用体系建设“丽水模式”取得成效后，各金融机构纷纷涉足农村金融市场，大力拓展多元化金融支农业务，使金融支农的惠及面进一步扩大。如 2010 年，工行、建行、邮政储蓄银行、泰隆银行等均开办了林权抵押贷款业务，成为全省各银行系统首个开展此项业务的试点机构。与此同时，各金融机构针对农村不同主体需求，积极推进农户信用贷款、联保贷款、农房抵押贷款等业务，强力助推“三农”经济发展。2010 年末，全市农户个人贷款余额 44.98 亿元，比 2005 年末增加 2.76 倍；累计发放林权抵押贷款 25.61 亿元，余额 18.06 亿元（超额完成了年度 15 亿元的目标），同比增长 173.63%，惠及林农 3.34 万户；累计发放农房抵押贷款 10.24 亿元，余额 6.53 亿元，同比增长 42.63%。

三是金融产品推陈出新。2010 年，全市金融机构在大力推广股权、应收账款、商标专用权、专利权等新型质押贷款业务和企业联保贷款、网络联保贷款等担保贷款业务的基础上，结合客户实际需求，加大金融创新力度，推出了一系列金融创新产品。如农发行推出退税收益权质押贷款，向三家农业企业发放了流动资金贷款 9300 万元，采用收费权质押与财政兜底相结合的贷款担保方式为企业提供了 13500 万元担保贷款，在全省农发行属首例；农行开办动产抵押融资业务，发放全市首笔钼精质押贷款 1250 万元；中行专门为缙云县中小企业设计“缙云通宝”授信业务产品等。

二　2011 年宏观经济形势预测

从国际形势看，金融危机的深层次影响还没有完全消除，世界经济尚未进入稳步增长阶段，系统性和结构性风险仍然比较突出。可以说目前全球经济正处于“短、中、长”几种经济周期下行的叠加期。从短周期看，在政策刺激效应递减、库存回补结束的影响下，存货周期带动下的全球经济快速回升已于 2010 年一、二季度见顶。从设备更新周期看，因缺乏新的经济增长点，投资回报率较低，企业大规模设备更新期尚未到来，处在“产业换挡”的调整期。从房地产周期看，目前欧美等国房地产市场依然低迷，仍处于深度调整期。从技术创新长周期看，目前全球正孕育着新能源、低碳技术革命，但尚未出现重大技术突破。因此，当前世界经济仍面临着较大的周期性调整压力，短期内无法进入下一轮经济上升期。2011 年世界经济不稳定、不确定因素仍然较多。主要发达国家的金融系统依然脆弱，经济增长动力不足，公共债务居高不下。预计世界经济增速在底部徘徊的时间将延长，在无就业复苏情况下汇率冲突、贸易保护主义升温仍然存在。新兴市场经济体面临货币升值和通货膨胀的双重挑战，宏观政策与国际资本管控压力增加。

从国内形势看，在“十二五”规划建议指导下，我国将进一步加快发展方式转变，推进经济结构战略性调整，为经济增长注入新的活力。其中收入分配政策调整推进消费持续升级，新型城镇化也将带动房地产相关行业持续增长，产业结构调整催生出新的经济增长点。总体来看，我国经济仍处于战略发展机遇期，但宏观经济平稳运行面临复杂形势，特别是物价上涨与结构调整压力加大，资源

环境约束强化，改善民生任务艰巨。

具体到我市来看，2010 年全市地区生产总值突破 600 亿元，人均 GDP 接近 4000 美元，正处于工业化和城镇化加速发展阶段，城乡建设、基础设施、产业升级等方面的发展潜力和空间很大。在前不久举办的 2010 丽水经济发展恳谈会上，全市签约台湾机电产业园、庆元双苗尖风电场等 71 个项目，涉及投资金额高达 228.05 亿元，这是丽水史上规模最大的一次投资签约。同时，地处长三角经济区和海西经济区交接的有利枢纽位置，随着交通、信息通信等多方面的改善，多年积累的项目投入和发展能量加速释放，全市经济有望迎来新一轮快速发展周期。但是，丽水作为浙江经济发展中地区的地位并未改变。产业集聚度不高，市场竞争能力较弱，企业规模普遍较小、技术含量低下、抗御市场风险能力较弱。随着未来生产要素成本上升及供给趋紧，尤其是货币政策转向稳健，企业生产经营的资金压力加大。另外，制约全市经济社会发展的土地、资金、人才等瓶颈因素还没有得到根本缓解，经济加速发展的要素支撑还有待加强。

因此，2011 年丽水市内外部发展环境总体可谓机遇与挑战并存，经济有望继续在一个较高水平上运行。

三　政策建议

（一）正确理解货币政策内涵，确保信贷总量适度增长

为应对百年一遇的国际金融危机，确保国民经济平稳较快发展，我国在 2008 年 11 月推出实施适度宽松的货币政策后，信贷经历了一轮特殊的高速增长。当前，中国经济已实现稳步复苏，宏观经济步入常态轨道，货币政策也由适度宽松回归稳健。实施稳健的货币政策，一方面可以使货币供给增加逐步与宏观经济增长状况相匹配，避免物价全面上涨；另一方面可以保持适当的货币供给，促进经济平稳较快发展。

稳健的货币政策是一种在多目标背景下保持平衡的货币政策，但并不意味着一定紧缩，而是根据经济形势的变化随时进行适时适度的微调。各金融机构要正确理解稳健货币政策内涵，根据宏观政策要求和全市经济社会发展的需要，积极

向上级行争取资金、授信管理等支持，确保我市全年信贷总体增速保持在17%以上，即2011年新增信贷总量140亿元以上，着力为全市经济金融的可持续发展提供保障。

（二）继续优化信贷结构，加大对重点领域和薄弱环节的支持力度

一是要继续积极支持全市重点项目建设和新兴产业培育。各金融机构要紧紧围绕2011年度全市重点新建项目和重点技改项目，切实保障新建、续建重点项目后续建设资金供给，充分发挥重点项目在转型升级中的引领和导向作用。同时，也要充分认识战略性新兴产业在经济转型升级中的关键作用，积极推进科技金融合作，不断加大对新能源、新医药、信息电子等新型产业的金融支持，不断培育经济金融新的增长点。

二是要继续做好中小企业金融服务工作。各金融机构要把改进中小企业金融服务、扩大中小企业信贷投放作为自身开展信贷经营业务的重要战略，切实加大对小企业特别是微小企业的信贷投放力度，不断提升中小企业贷款比重，确保全市中小企业贷款增速继续高于全部贷款增速。

三是要继续强化“三农”金融服务。各金融机构要充分利用农村信用等级评定成果，继续做好林权、农房、小额农贷等增量扩面工作。同时，要根据农业和农村经济社会发展特点，积极探索贷款新品种，着力扩大信贷支农投放，力争全市涉农贷款增速位于全省前列。

（三）继续深化金融创新，努力拓宽多元化市场融资渠道

通过近年来的金融创新实践，我们都能感受到金融创新在增强金融服务功能、提高金融服务效率、加快资本形成方面的巨大推动作用，面对复杂的宏观环境，加大金融服务创新力度，充分挖掘金融资源的潜力，拓展融资和服务空间，千方百计扩大有效信贷投放，对于丽水加快赶超具有重大的现实意义。各金融机构要在风险可控的基础上，加快推进机制创新、管理创新、产品创新、服务创新，继续推动动产、知识产权、退税收益权、收费权（如旅游景点门票）等质押贷款业务；大力发展贸易融资、保理、票据贴现、供应链融资等金融产品；积极探索订单农业与保险、信贷相结合的金融服务新模式；结合我市木玩、合成革、不锈钢、旅游开发等具有明显比较优势的产业领域，争取设立产业基金、创

投基金，为将资源优势转化成经济优势搭建新的融资平台，同时也为块状经济向现代产业集群转变提供金融支持。

（四）强化风险控制管理，确保稳定协调发展

各金融机构要密切关注国家产业政策的变化，加强行业及其信贷投放的跟踪分析，强化行业信贷授信的总量控制。要高度重视对宏观调控行业已授信客户的授后管理，及时跟踪了解政策、市场和企业经营的变化，有效识别和衡量信用风险，研究制定积极的防范化解方案，尽早采取相关措施，规避宏观调控带来的风险隐患。

B.16

2010 年度舟山市经济金融形势分析报告

2010 年以来，全市经济运行总体呈现平稳发展态势，实现地区生产总值 633.45 亿元，同比增长 11.1%，经济增长的质量和效益逐步提高。全市金融运行健康平稳，存贷款总体保持了平稳增长的态势，本外币贷款余额双双突破 1000 亿元，金融继续保持了对地方经济发展的有力支持。展望 2011 年，世界经济和中国经济将继续企稳向好，我市建设国家级海洋综合开发试验区的进程将进一步加快，包括贷款规模在内的社会融资规模将保持合理水平，有效满足我市海洋经济发展的实际需要。

一　经济运行基本态势

（一）工业生产总值平稳增长，企业效益逐步改善

2010 年，全市实现工业总产值 1197.03 亿元，同比增长 19%，其中规模以上工业实现工业总产值 989.14 亿元，增长 27.1%，规模以上工业总产值占全部工业比重为 82.6%，比上年同期提高 3.5 个百分点。2010 年，临港工业实现总产值 928.01 亿元，同比增长 21.5%，高出全市增幅 2.5 个百分点。同时，在工业品出厂价格逐步提升、出口形势好转等多个因素共同作用下，工业企业效益明显改善。其中，规模以上工业企业 1～11 月共实现利税总额 58.86 亿元，同比增长 61.1%，实现利润总额 45.87 亿元，同比增长 76.8%。

（二）固定资产投资增长较慢，投资增长压力明显增大

2010 年，全市完成全社会固定资产投资 413.84 亿元，同比增长 3.3%。2010 年，投资增速基本呈现逐月回落态势，6 月份虽有所回升但增速下滑趋势并未有效扭转，特别是 7、8、10 三个月投资连续出现负增长，投资增长压力明显

增大。分行业看，除第一产业投资较快增长外，第二、第三产业投资增长乏力，其中，第一产业投资额同比增长 102.2%，第二产业投资额同比仅增长 6.3%，第三产业投资额同比仅增长 1.2%。第一产业投资额较快增长主要是因为从 6 月份开始渔港建设项目投入明显增加。

（三）消费市场持续旺盛，旅游人数较快增长

2010 年，全市实现社会消费品零售总额 212.54 亿元，同比增长 18%，比上年同期提高 2.9 个百分点。其中，住宿业和餐饮业共实现零售额 32.03 亿元，同比分别增长 28.7% 和 20.5%，分别高出社会消费品零售总额增速 10.7 个和 2.5 个百分点。同时，在舟山跨海大桥开通、上海世博会等有利因素带动下，全市旅游人数较快增长，旅游经济的效益持续释放。2010 年，全市共接待境内外游客 2139 万人次，同比增长 22%，全市共实现旅游总收入 142.04 亿元，同比增长 21.9%。

（四）外贸出口明显增长，进口略有增长

2010 年，全市进出口形势总体呈现快速增长态势。2010 年，全市进出口总额 107.33 亿美元，同比增长 52.8%，其中，进口总额 37.95 亿美元，同比增长 15.5%，出口总额 69.37 亿美元，同比增长 85.5%。出口的明显增长主要由船舶产品出口快速增长拉动。据统计，2010 年全市船舶出口 45.51 亿美元，同比大幅增长 1.34 倍。

（五）港口货物吞吐量快速增长，海运业发展形势逐步稳定

2010 年，舟山港域完成港口货物吞吐量 2.2 亿吨，同比增长 14.4%。从主要品种吞吐量看，金属矿石 7541 万吨，增长 16.7%；石油及天然气 4503 万吨，增长 6.8%；煤炭 2115 万吨，增长 47%。集装箱运输较快增长，2010 年完成吞吐量 14.3 万标箱，增长 79.1%。随着宏观经济环境持续向好，我市海运业发展逐步稳定。2010 年，全市海运货运量达 9571 万吨，增长 18.6%，海运货运周转量 1203.85 亿吨公里，增长 30.7%。12 月末我市海上货运净载重量为 402.9 万吨，同比增长 19.7%。

（六）财政收入快速增长，民生领域支出明显增加

2010年，我市实现财政总收入98.53亿元，同比增长28%，其中，地方一般预算收入61.04亿元，增长25.1%。从主要税种看，增值税、营业税、企业所得税分别增长27%、19.2%和48.3%。财政收入的持续快速增长加大了财政在民生领域的支出力度。2010年，地方财政一般预算支出105.03亿元，同比增长26.9%。其中，文化体育与传媒、社会保障和就业、城乡社区事务、环境保护和教育分别增长160.1%、33.2%、28%、42.2%和18.3%。

二　金融运行分析

2010年，全市存贷款总体保持了平稳增长的态势，存款同比多增，规模内贷款增量逐步回归常态，规模外贷款和市外金融机构贷款较快增长，规模内外实际新增贷款合计达214.91亿元，顺利完成年初制定的新增200亿元的目标。2010年12月末，金融机构本外币存款余额1143.25亿元，比年初增加199.92亿元，同比增长21.12%；本外币贷款余额1017.72亿元，比年初增加163.71亿元，同比增长19.17%；规模外融资余额125.64亿元，比年初增加51.2亿元；12月末，市外金融机构对本地企业贷款余额317.51亿元，比年初增加64.39亿元。

（一）存款总体保持平稳增长态势，增长结构变化明显

1. 企业存款同比少增，存款定期化趋势明显

2010年12月末，全市企业人民币存款余额389.23亿元，比年初增加77.21亿元，同比少增15.3亿元。从存款结构变化的情况看，呈现两个主要特点：一是企业人民币活期存款明显少增。2010年1～12月，全市新增企业人民币活期存款19.04亿元，同比少增11.91亿元。企业活期存款大幅少增，主要是存款派生因素明显趋弱所致。据金融机构反映，“三办法、一指引”的实施，对企业存款的派生产生了较大抑制作用。二是企业存款定期化趋势明显。2010年1～12月，全市新增企业人民币定期存款58.17亿元，占全部新增企业人民币存款的比重达75%。年初以来办理银行承兑汇票业务时，企业采取定期存单质押的比例明显上升，这是企业定期存款明显增加的主要原因。据统计，12月末全市定期

存单质押余额46.07亿元，比年初增加了19.76亿元。

2. 储蓄存款同比多增，月度间波动明显

12月末，全市人民币储蓄存款余额405.09亿元，比年初增加54.91亿元，同比多增0.65亿元。2010年1～12月，储蓄存款增长的月度波动比较明显，储蓄增加主要集中在2、6、9、12月这四个月份。上述四个月份新增储蓄存款合计67.02亿元，是2010年全部新增储蓄存款的1.22倍，对全年储蓄存款的增长产生明显拉动作用。这些月份的储蓄存款大量增加主要是受春节假期、房地产市场成交量回落、季度末金融机构加大存款组织力度等因素影响，储蓄存款明显回流银行所致。

3. 机关团体和财政存款快速增长，对全市存款增长起到明显支撑作用

12月末，全市机关团体存款余额178.56亿元，比年初增加41.15亿元，同比多增28.91亿元；财政存款余额54.26亿元，比年初增加18.82亿元，同比少增0.47亿元。全市机关团体存款明显增加，主要是财政性存款和海关关税保证金增加所致。在2010年企业存款和储蓄存款增长相对乏力的情况下，机关团体存款的大幅增加，对全市存款平稳增长起到了明显的支撑作用。

4. 票据保证金存款有所减少，导致其他存款同比少增

12月末全市其他存款余额51.62亿元，比年初增加1.8亿元，同比少增0.79亿元。其他存款同比少增主要由票据保证金存款减少引起的，12月末票据承兑保证金余额15.54亿元，比2009年同期减少了2.1亿元。

（二）规模内贷款增量高位回落，信贷结构有所调整

1. 从规模内贷款投放的总量看，与2009年同期相比出现高位回落

2010年12月末，全市金融机构本外币贷款余额1017.72亿元，比年初增加163.71亿元，同比少增42.92亿元。虽然规模内贷款增量与2009年同期相比出现比较明显的回落，但考虑到2009年同期全国贷款超常规投放的大背景以及我市规模内贷款增量达到历史高位的实际情况，2010年规模内贷款的同比少增属于贷款超常规增长后的高位回落现象，是贷款增量逐步回归常态的表现。

同时，2010年以来规模外融资和市外融资的较快增长有效对冲了规模内贷款增量回落的影响，为全市经济的发展注入了新的动力。据统计，12月末，全市金融机构规模外融资余额125.64亿元，比年初增加51.2亿元，考虑到这一因

素，全年实际新增贷款214.91亿元，超过年初制定的新增200亿元的目标。此外，年初以来市外金融机构对本地企业贷款也出现较快增长，12月末市外金融机构贷款余额为317.51亿元，比年初增加64.39亿元。

2. 从贷款的期限结构看，中长期贷款增长趋缓是导致贷款增速回落的主要原因

一是短期贷款同比少增，但金融机构对企业流动资金的投入基本维持上年水平。12月末，全市短期人民币贷款余额470.34亿元，比年初增加81.66亿元，同比少增1.12亿元。其中，新增企业短期贷款29.19亿元，同比少增26.08亿元；新增个人短期贷款34.7亿元，同比多增6.71亿元。2010年以来企业流动资金贷款少增的缺口主要通过以下几个途径弥补：首先是以个人经营性贷款弥补企业流动资金贷款不足。据金融机构反映，2010年以来由于上级行规模管理中对个人贷款投放的规模控制相对宽松，基层银行在贷款发放中通过个人经营性贷款替代企业流动资金贷款的情况明显增多。据统计，1～12月通过这种形式发放的贷款比年初增加24.09亿元，同比多增8.53亿元。其次通过签发票据方式解决企业流动资金需求。12月末全市银行承兑汇票余额110.45亿元，剔除承兑保证金和存单质押资金后，其风险敞口部分即银行为企业提供的短期融资，达到48.84亿元，比上年同期增加16.62亿元。再次通过规模外融资方式满足部分企业的短期流动资金需求。

二是中长期贷款增长趋缓，投入企业领域贷款的同比少增，投入个人领域的贷款可持续性逐步减弱。12月末，全市中长期人民币贷款余额507.02亿元，比年初增加68.71亿元，同比少增42.72亿元。其中，新增企业中长期贷款34.73亿元，同比少增41.58亿元；而新增个人中长期贷款33.69亿元，同比少增1.43亿元。从中长期贷款的构成看，一方面其投入企业的部分与2009年相比减少了54.5%；另一方面，以个人住房按揭贷款为主的个人中长期贷款，随着国家房地产调控政策的不断发力，其增长的可持续性逐步减弱，进入三季度以后增速逐月回落，加大了全市贷款特别是中长期贷款增长的压力。

三是中长期贷款比重呈下降态势，推动贷款较快增长的动力不足。前12个月，新增中长期本外币贷款占全部新增贷款的比重为42%，与2009年同期相比下降了11.9个百分点。中长期贷款作为我市贷款增长的主要推动力，表现出增长趋缓的情况，加剧了全市贷款增速回落的态势。

3. 从贷款的投向结构看，较好地满足了重点行业和领域的发展需要

一是投入海洋经济产业的贷款总体保持平稳增长态势。2010 年 12 月末，全市港口物流业贷款余额 149.24 亿元，比年初增加 21.64 亿元；海运业贷款余额 80.08 亿元，比年初增加 3.13 亿元；旅游业贷款余额 16.73 亿元，比年初增加 1.86 亿元；商业贸易类贷款余额 135.55 亿元，比年初增加 24.22 亿元；电力生产供应业贷款余额 10.9 亿元，比年初增加 5.17 亿元；水产加工业贷款余额 45.18 亿元，比年初增加 4.82 亿元。12 月末，全市船舶修造业贷款余额 99.43 亿元，比年初减少 5.67 亿元。船舶修造业贷款减少主要是两方面因素造成的：一是由于船舶行业被国家发改委列入产能过剩行业，金融机构对船舶行业贷款投放实行了名单制管理；二是我市船舶行业大规模进行固定资产投资的时期已经结束，船舶修造行业项目贷款的增长速度也随之明显减缓。

二是房地产开发贷款适度增长，个人住房按揭贷款增长的可持续性逐步减弱。12 月末全市房地产开发贷款余额 44.06 亿元，比年初增加 8.44 亿元，同比多增 4.47 亿元。房地产开发贷款同比多增主要是受 2009 年下半年市场火暴行情的带动，2009 年底以来新城区域新开发项目增加所致。12 月末全市个人住房按揭贷款余额 122.14 亿元，比年初增加 24.24 亿元，同比少 7.78 亿元。全年个人住房按揭贷款走势呈现先高后低的态势，从信贷投放的量上看，个人住房按揭贷款的增加主要集中在上半年。全市上半年新增个人住房按揭贷款 15.14 亿元，占 2010 年全部新增按揭贷款的 62.4%。这主要有两方面的原因：一是 2009 年同期我市房地产市场正处于从低谷向持续升温过渡的阶段，因此新增住房按揭贷款基数相对较小，导致上半年个人住房按揭贷款增速上升较快；二是部分购房者在 2009 年四季度购置的商品房，按揭贷款手续在 2010 年初才进行办理，贷款数据在 2010 年上半年才集中反映出来。随着房地产市场相关调控措施的逐步落实，6 月份以来我市个人按揭贷款的增长速度已经回落，住房按揭贷款增长的可持续性逐步减弱。

三是中小企业贷款和涉农贷款较快增长。2010 年以来，我市金融对中小企业和渔农业领域的信贷支持力度进一步加大，中小企业贷款和涉农贷款保持了较快增长态势。12 月末，全市中小企业贷款余额 593.65 亿元，比年初增加 77.53 亿元，增速为 15.15%，占全部贷款增量的比重达 47%；12 月末涉农贷款余额 245.18 亿元，比年初增加 71.45 亿元，同比多增 24.93 亿元，增速为 40.98%。

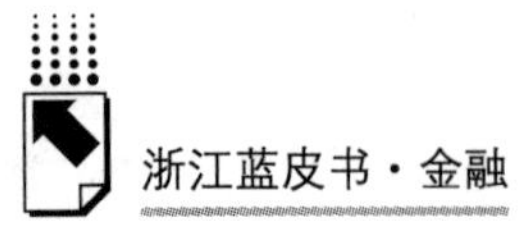

（三）信贷资金供给形式逐步多元化，有效弥补了规模内贷款增量高位回落产生的缺口

2010年以来，在规模内贷款增量高位回落的情况下，我市信贷资金供给形式多元化的特征逐步显现，主要表现为如下三方面：一是市外融资规模较快增长，异地信贷资金加速流入；二是资产转让、委托贷款、信托贷款、银团贷款等规模外融资手段运用更加频繁，融资总量快速增长；三是金融产品创新力度进一步加大，为企业提供了更多的融资选择。

1. 市外融资规模较快增长，已成为满足我市企业资金需求的重要方式

2010年初以来，我市的市外融资规模较快增长。2010年12月末，舟山市异地贷款余额为317.51亿元，比年初增加64.39亿元；保函余额50.95亿元，比年初增加25.8亿元；信用证余额5.39亿元，比年初增加1.46亿元。异地贷款余额已相当于我市12月末本外币贷款余额的31.2%，其增量相当于我市2010年本外币贷款增量的39.3%，保函余额相当于我市12月末保函余额的16.4%，这些信贷资金的流入，有效地满足了实体经济的需求，同时也表明市外融资成为满足我市企业资金需求的重要方式。

2. 金融机构积极利用规模外融资手段，促进资产转让、委托贷款、信托贷款、银团贷款、海外代付等规模外融资的快速增长

2010年12月末，全市金融机构规模外融资业务余额122.72亿元，比年初增加48.28亿元。从行别来看，12月末，工行余额比年初增加3.74亿元，农行余额比年初增加19.03亿元，建行余额比年初增加14.93亿元，中行余额比年初增加5亿元，浙商银行、杭州银行、民泰银行、农村合作金融机构、台州银行12月末余额比年初分别新增3.49亿、0.15亿、2.33亿、1.92亿、0.6亿元。从业务品种看，12月末，资产转让余额为11.08亿元，比年初增加0.26亿元；委托贷款余额为7.28亿元，比年初增加1.19亿元；租赁融资余额为3.95亿元，比年初增加2.88亿元；信托贷款余额为20.54亿元，比年初增加16.24亿元；银团贷款余额为20.19亿元，比年初减少0.2亿元；票据转贴现（转出）余额为5.83亿元，比年初增加5.83亿元；海外代付余额6.2亿元，比年初增加6.2亿元；买方贷款余额1.72亿元，比年初增加1.72亿元。同时，各金融机构为企业提供的票据风险敞口余额48.84亿元，比年初增加16.67亿元。

3. 加大金融产品创新力度，为企业提供更多的融资选择

2010年以来，全市银行业金融机构共推出金融创新产品36种，发生业务7895笔，融通资金达136.14亿元。各金融机构先后推出“网贷通”、“易融通”、“网络速贷通”和“网络联贷联保”等网络融资业务，为小企业发放网络融资贷款。同时，工行为某房地产企业办理并购贷款业务，为某油品仓储公司办理发票融资业务；建行正积极通过中小企业集合票据、企业债、融资租赁等方式为企业解决资金问题，中小企业集合票据已进入操作层面，预计下阶段可融资10亿元，同时该行还积极推出供应链融资和国际贸易融资等符合中小企业特点的金融产品，并利用“资产池”、理财产品等为新项目解决信贷规模，目前已解决5.98亿元的信贷规模；中行为某船舶修造企业的国外船东办理全省首笔买方信贷业务，并利用与中国出口信用保险公司的合作平台推出了多个船舶融资产品；农行积极扩大小企业“简速贷”贷款审批权限，由原来的1500万元扩大到3000万元，并进一步放宽了抵押、担保的条件；杭州银行则通过自主创新和借用总行创新产品的方式，通过远洋渔业贷款、个体工商户贷款两项产品就为渔农户和小企业发放贷款0.86亿元；农村合作金融机构通过“小额丰收贷款卡”为小企业和个体工商户解决流动资金问题，新增相关贷款2.98亿元；浙商银行利用商票保贴业务为企业发放流动资金贷款约3.14亿元；邮政储蓄银行通过发放渔船抵押贷款为渔农户解决贷款1.43亿元。

信贷资金供给形式多元化特征的逐步显现，主要有以下两大方面的原因：一是近年来舟山经济特别是海洋经济持续快速发展，企业的规模和效益不断提升，海洋特色产业体系初步形成并不断完善，使实体经济对资金需求的“量”和“质”都有了很大的变化；仅仅依靠规模内贷款的传统方式已经越来越难以满足企业的资金需求，必须通过引入市外资金、规模外融资、加大金融创新力度来满足企业不断增加的资金需求。二是人民银行牵头推进社会信用体系建设使我市的社会信用环境不断完善，明显增强了我市对市外信贷资金的吸引力，从而为信贷资金供给形式的多元化发展创造了良好的外部条件。在规模内贷款增量高位回落的背景下，市外资金、规模外融资的较快增长有效弥补了规模内贷款增量高位回落产生的缺口，对支撑实体经济回升向好起到了非常重要的作用。

（四）贷款投放逐步回归常态，信贷运行与经济发展态势基本吻合

2010年以来，随着中国经济逐步朝着宏观调控的预期方向发展，贷款投放也逐步回归常态。从我市的实际情况看，年初以来的整体信贷运行与我市的经济发展态势基本吻合，主要表现为：在国家宏观调控政策力度加大、经济发展步入转型期、国际经济环境变化等多种因素的共同作用下，我市的经济增长速度高位回落，与之相应的是全市贷款的增长速度也出现回落，信贷投放逐步回归常态。

1. 国家宏观调控政策的叠加效应显现，引导贷款增速逐步回归常态

一是2010年以来信贷规模调控的行政化、指令性色彩较浓，特别是对贷款投放采取了比较严格的控制手段，以达到控制贷款适度增长，保持相对均衡的投放进度的调控目的。2010年，全省新增本外币贷款7646.52亿元，同比少增1907.67亿元，同比增长19.5%，增速比上年同期回落12.9个百分点，全省十一个地市贷款同比均出现了不同程度的少增。从舟山的情况看，四大国有商业上级行基本都按月下达信贷计划。同时，为了达到监管部门的要求，四大国有商业的上级行都采取了严格的信贷调控方式。比如工行舟山分行在贷款投放过程中必须保证每季度的信贷投放量不超过全年的30%，每个月的信贷投放量不超过季度的40%；农行舟山分行根据省分行按季下达、按月监控的要求进行贷款投放，并严格控制月中贷款突破计划的现象；中行舟山分行按照上级行核定的月度规模和存贷比指标进行贷款投放；建行舟山分行按照上级行核定的月度贷款规模放贷，超出贷款规模的只能延续到下月发放。而其他中小商业银行，如民泰商业银行也实行了与往年不同的信贷调控政策，该行上级行在2010年按季下达规模，月中和月末对存贷比进行控制，并要求均衡放贷。

二是对地方政府融资平台的管理逐步强化，相关信贷投入明显放缓。2010年初以来，国务院连续多次强调要加强地方政府融资平台的管理，重点是抓紧清理核实并妥善处理融资平台公司债务，对融资平台公司进行清理规范，同时加强对融资平台公司的融资管理和银行业金融机构等的信贷管理。为此，各金融机构已普遍将县级政府融资平台授信权限上收至总行，对地级市的政府性融资平台也采取审慎介入的政策，同时进一步加强了对相关贷款项目的清理及贷后管理力度。据统计，2010年1～12月我市新增政府类及公共事业类贷款比年初增加3.2亿元，同比少增10.95亿元，呈现增长趋缓的态势。

2. 舟山处于经济结构转型的特殊时期，原有的优势产业对贷款特别是项目贷款的拉动作用已明显减弱

近几年来，我市新增项目贷款占全部新增贷款的比例一直在50%以上，通过项目贷款带动贷款快速增长是我市信贷增长的主要模式。目前，舟山处于经济结构转型升级的特殊时期，项目推进和产业发展出现一些新的情况和变化，与之相应的信贷运行也发生了一定的变化。

一是从目前的情况看，对经济有较强拉动作用的大型项目不多或部分大项目正处于前期筹备阶段，项目对贷款增长的拉动作用趋弱。据金融机构反映，2010年初以来，我市同其他地市相比，大型项目比较缺乏，特别是能列入国家发改委或者省级层面的项目比较少。而列入国家发改委或者省级层面的项目，往往能够得到省分行甚至是总行的专项信贷规模配置，比如我市原来的大桥贷款就可以不受各行原有规模的限制，而由各金融机构的上级行专门安排规模予以配置。因此，大型项目的数量对贷款的增长起到非常重要的作用。而2010年我市能够纳入各金融机构省分行专项信贷规模配置的项目很少，在很大程度上影响了贷款增长。

二是原有的特色优势产业进入稳定期，对项目贷款的需求有下降的趋势。比如船舶修造业，我市的大多数企业已经基本上进入平稳增长期，部分大的船舶修造企业利用金融危机前国际船舶市场处于高峰的有利时机，基本收回了投资，短期内不会有大的投资项目上马，对项目贷款的需求已经明显下降，更多地表现为对短期流动资金和保函等信贷产品的需求。此外，虽然我市的船舶修造业在全省乃至全国占有较大的份额，但是在船舶行业面临全球性产能过剩问题的大背景下，各金融机构对其贷款发放的门槛大大提高。目前，四大国有商业银行总行都已将船舶修造业列入控制性行业，授信普遍采取名单制管理的方式。比如部分商业银行总行明确规定新建的船舶修造项目必须取得国家发改委的核准文件，并报总行审批。在整个行业过剩产能没有被很好地消化之前，这种政策取向应该不会有大的改变。因此，在当前船舶市场尚未根本性好转，产能过剩问题依然突出的情况下，希望通过船舶修造企业的大投入带动贷款特别是项目贷款快速增长的可能性很小。

再比如水产加工行业，其行业特性决定了其基本进入了稳定期，行业规模和企业规模在短时期内不会再有大的扩张，除了部分进行多元化经营的企业有一定的项目贷款需求外，多数企业基本上没有项目贷款需求，主要的信贷需求是用于季节性收购、出口等方面的短期流动资金贷款和信用证等信贷产品。

三是虽然我市已将港口物流业作为未来十年重点培育的战略性新兴产业，但目前港口物流业的相关项目多数处于审批、立项阶段，信贷资金一时难以介入，项目对贷款的拉动作用尚需要一定的时间才能有效释放。因此，在我市新的经济增长点和特色产业尚未真正形成前，贷款特别是项目贷款持续较快增长的压力很大。

3. 投资增长明显乏力，推动贷款可持续增长的动力不足

2010 年以来，我市投资增长乏力现象较为突出。一是缺乏大项目支撑。一些对我市投资增长起举足轻重作用的投资项目基本完工或暂时告一段落，能推动全市投资适度增长的大项目也不明朗，与此同时原有大项目投资力度有所减弱，投入进度缓慢。尽管 2010 年投资新开工项目仍有不少，但总体来看投资额度都不大。二是工业投入后劲不足。1～12 月，全市完成工业投资额 151.61 亿元，同比仅增长 6.4%。随着这一轮由船舶工业快速发展而带动起来的投资周期高峰已过，舟山与大陆 220kV 电力联网工程和发电厂二期等工程逐步进入收尾阶段，而新的投资热点尚未形成，工业投资扭转负增长的压力会进一步加大。

从信贷运行的实际情况看，投资增长的乏力已对我市贷款的投放产生了较大的影响。2010 年 1～12 月，我市金融机构项目贷款的上报数量、储备数量、投放量等同 2009 年相比均出现不同程度的回落。同时，随着部分项目进入集中还款期，也对项目贷款的持续较快增长造成了较大的压力。

一是项目贷款的上报数量、储备数量均出现回落。根据我中支对全市金融机构项目贷款情况的统计，2010 年以来各金融机构累计上报项目 79 个，上报贷款金额 137.31 亿元，已批准金额为 89.44 亿元，虽然项目数量只比上年同期减少 4 个，但上报贷款金额和已批准金额与上年同期相比分别下降 34.1% 和 51.8%。此外，从各金融机构项目储备的情况看，2010 年准备上报项目共 38 个，拟上报的贷款金额为 86.56 亿元，准备上报的项目数量比上年同期减少 10 个，拟上报的贷款金额与上年同期相比增长 28.7%。

二是项目贷款累计发放和净增金额同比下降。2010 年以来，金融机构累计发放项目贷款 81.97 亿元，同比下降 22.1%；累计收回项目贷款 48.21 亿元，同比下降 22.1%；全年净增项目贷款 33.76 亿元，同比下降 45.8%。从各金融机

构新增项目贷款的情况看，2010 年除农行新增项目贷款同比上升 12.9% 外，其他各家金融机构都有较大幅度的回落。

三是随着我市船舶等行业进入平稳增长期，跨海大桥等大型基础设施项目相继完工，部分项目贷款开始进入集中还款期。据统计，2010 年已累计收回项目贷款 48.21 亿元，这也对我市贷款的持续较快增长带来了压力。

（五）金融市场运行简况

1. 票据市场平稳发展

2010 年，全市金融机构累计签发银行承兑汇票 206.33 亿元，比上年同期增加 19.62 亿元，同比增长 10.5%。12 月末，银行承兑汇票余额 110.45 亿元，比上年同期增加 34.28 亿元，同比增长 45%。2010 年，全市金融机构银行承兑汇票累计贴现 35.89 亿元，同比增加了 2.77 亿元，同比增长 8.3%。

2. 保险市场平稳较快发展

2010 年 1～12 月，全市财产险保费收入 8.08 亿元，同比增长 20.9%；寿险保费收入 10.9 亿元，同比增长 12%。财产险赔款支出 3.95 亿元，同比增长 2%；寿险赔、给付支出 2.26 亿元，同比减少 32%。

3. 股票市场震荡下行

2010 年 1～12 月，全市累计新开户 6411 户，比上年同期减少 493 户；全市累计证券交易额 785.05 亿元，比上年同期增加 142.13 亿元；个人净入市资金 59.3 亿元，比上年同期增长 50.4 亿元。

三　2011 年信贷运行预测

（一）2011 年货币政策取向

央行 2011 年工作会议明确提出，要有效实施稳健的货币政策，着力提高政策的针对性、灵活性和有效性，保持价格总水平基本稳定，支持经济发展方式转变和经济结构战略性调整，推动金融改革，加快金融创新，完善金融法律法规，防范系统性金融风险，维护金融稳定，提升金融服务和管理水平，促进经济社会又好又快发展。

从央行具体的政策取向看，2011 年将会按照总体稳健、调节有度、结构优化的要求，把好流动性“总闸门”，引导货币信贷总量合理增长，保持合理的社会融资规模。会把信贷资金更多地投向实体经济特别是中小企业和“三农”，更好地服务于保持经济平稳较快发展。所谓“总体稳健”，就是要让经济运行的货币环境回归常态，保持经济平稳健康发展，与“适度宽松”的态势相比肯定会有所收紧。所谓“调节有度”，就是要根据经济金融形势和外汇流动的变化情况，综合运用利率、存款准备金率和公开市场操作等价格和数量工具，促进银行体系流动性合理适度，保持合理的社会融资规模。所谓“结构优化”，就是要坚持“区别对待、有扶有控”的原则，加强信贷政策指导，着力引导和促进信贷结构优化。

与以往不同的是 2011 年的央行工作会议，未明确提及全年信贷目标，而是提出了“社会融资规模”的概念，“社会融资规模”就是指金融业向实体经济的融资规模，其综合考虑了社会整体的资金需求，涵盖了直接融资和间接融资，比贷款规模更加能够全面和准确地反映全社会的流动性水平。央行提出保持合理的“社会融资规模”，传递的政策意图还是比较明显的，即未来央行会改变传统调控方式中将流动性管理的重点放在 M2 上的做法，而是将流动性管理与全社会的融资需求结合起来，既考虑以贷款为主的间接融资规模又考虑直接融资规模，使流动性水平与经济增长的实际需要相匹配，从而达到保持合理的“社会融资规模”的目的。

虽然央行工作会议没有明确提出全年信贷目标，但考虑到稳健货币政策的大背景以及信贷运行的一般规律，仍然可以对 2011 年的信贷增长进行一个预判。央行 2011 年 1 月份公布的数据显示：2010 年末，广义货币供应量（M2）余额 72.58 万亿元，同比增长 19.7%，增幅比上年末低 8 个百分点；人民币贷款余额 47.92 万亿元，同比增长 19.9%，增幅比上年末低 11.2 个百分点；2010 年全年人民币贷款增加 7.95 万亿元，同比少增 1.65 万亿元。2011 年实施稳健的货币政策后，预计广义货币供应量（M2）的增速比 2010 年进一步回落，增速很可能在 16% 左右，根据历年来的规律，当年度人民币贷款增速接近或者略高于广义货币供应量（M2）增速，下一年人民币贷款的增速可能保持在 16% ~17%，由此对应的新增贷款规模可能保持在 7.9 万亿元左右，略低于 2010 年的水平。虽然新增贷款的规模可能会略低于 2010 年，但是从社会融资规模的角度看，2011 年的社会融资规模将会保持在合理水平，从而有效满足经济增长的实际需要。

专栏　稳健货币政策透视

1. 货币政策为何要转向稳健

实施稳健的货币政策，是中央在深入分析国际国内经济形势后作出的决策。

一方面，尽管世界经济不稳定、不确定因素较多，但2011年中国经济仍将快速前行。如果考虑到2011年是“十二五”的开局之年，各地加快发展的冲动和政策周期效应会更明显。

另一方面，由于影响2010年物价上涨的因素2011年都将继续存在，并可能进一步放大，2010年价格对2011年有2个百分点以上的翘尾影响，还可能出现其他新涨价因素，因此2011年物价上涨压力更大。

在这样的背景下，货币政策由适度宽松转向稳健，旨在引导货币条件从应对危机状态稳步向常态回归，有利于在支持经济增长的同时，管理通胀预期，抑制资产价格泡沫，把稳定价格总水平放在更加突出的位置。

2. 稳健货币政策的内涵是什么

（1）货币供应总量降低

要控制好货币总量。货币政策从适度宽松转向稳健意味着以M2为主的货币供应总量增长应低于适度宽松时期，降至以往稳健货币政策阶段的一般水平。货币供给总量回归常态是2011年货币政策最主要的任务，只有回归常态，才能实现中央提出的把好流动性“总闸门”的要求。

（2）保持合理的社会融资规模

随着资本市场的发展和直接融资比例的提高，支持实体经济发展的资金供给会体现在社会融资总量上，社会融资总量调控应按满足经济平稳健康发展的正常需要掌握。银行信贷是社会融资总量的一个重要组成部分，银行信贷增长要与实现社会经济发展主要目标相吻合，特别要考虑经济增长目标和通胀控制目标，从反危机特殊时期的非常态应对，转向合理适度的增长。

（3）加大力度支持薄弱环节

要继续优化信贷结构，引导商业银行加大对重点领域和薄弱环节的信贷支持力度，严格控制对“两高”行业和产能过剩行业的贷款，服务于经济结构调整的大局，为经济可持续发展提供动力支持。

（4）要防范系统性风险

要有效防范系统性金融风险。高度重视经济较快发展中存在的流动性宽松、信贷投放较大等可能积累的顺周期系统性风险隐患，加快构建逆周期的金融宏观审慎管理制度框架。

3. 怎样从适度宽松转向稳健

为贯彻执行好稳健的货币政策，央行将按照中央的要求，健全宏观审慎政策框架，综合运用利率、存款准备金率、公开市场操作等价格和数量工具，提高货币政策的有效性。

要继续运用各种常规货币政策工具，同时进一步完善货币政策工具。按照中央关于加快构建逆周期的金融宏观审慎管理制度框架的要求，把货币信贷和流动性管理的总量调节与健全宏观审慎政策框架结合起来，进行差别准备金动态调整，配合利率、存款准备金率、公开市场业务等常规性货币政策工具发挥作用。

差别准备金动态调整是在原差别准备金基础上的进一步完善和规范，其调整基于社会融资总规模、银行信贷投放与社会经济主要发展目标的偏离程度及具体金融机构对整个偏离的影响，考虑金融机构的系统重要性和各机构的稳健状况及执行国家信贷政策情况等，更有针对性地回收过多的流动性，引导金融机构信贷合理、适度、平稳投放，优化信贷结构，体现宏观调控的要求；并为金融机构提供主动按宏观审慎政策要求，从提高资本水平和改善资产质量两个方面增强风险防范能力的弹性机制，达到防范顺周期系统性风险积累的作用。央行将统筹协调使用多种货币政策工具，增强宏观调控的灵活性、针对性和有效性，切实贯彻实施好稳健的货币政策。

（二）2011 年我市信贷运行预测

从总体上看，2011 年全国的宏观经济环境会继续向好，我市经济也将保持平稳运行的态势。而随着稳健货币政策效应的逐步释放，信贷运行将会进一步回归常态，全国的广义货币供应量（M2）和贷款的增速相比 2010 年会继续回落，M2 和贷款的增长率可能分别保持在 16% 和 16% ~17%，相应的新增贷款总量会保持在 7.9 万亿元左右。在上述政策背景下，同时考虑到我市近年来贷款基数快速扩大，2011 年我市贷款要保持较快增长的速度有一定的压力，但总体能保持合理的增量和增速，呈现平稳增长的态势。根据我中支对全市各金融机构 2011 年贷款规模初步安排情况的统计，我们预计 2011 年全市规模内贷款可增加 170 亿元左右，规模外融资可增加 50 亿 ~60 亿元。

1. 资金供给形式逐步多元化，社会融资规模满足经济增长的需要

随着我市海洋经济的持续快速发展，企业对于融资的需求日益多元化，除市内金融机构贷款这一传统融资方式外，市外金融机构贷款、融资租赁、信托、债券、集合票据、上市等融资方式已逐步成为支持我市经济发展的有效形式。虽然2011年贷款增长速度可能进一步回落，但随着海洋综合开发试验区建设带动效应的显现以及我市企业规模、效益的不断提升，各金融机构进行产品创新的力度会进一步加大，会为企业提供更加多元化的融资方式，包括市外金融机构贷款、融资租赁、信托、债券、集合票据等在内，融资规模会有较快增长，从而使我市的社会融资规模能够基本满足经济增长的需要。

2. 贷款总体仍能保持合理增长，但也有一定的不确定因素

随着2011年舟山海洋综合开发试验区建设进程的加快，部分大型项目也将逐步启动，2011年我市贷款仍能保持一个合理的增长水平，能够有效满足我市经济平稳发展的需求。但考虑到2011年全国的贷款增量将继续回落的大背景，以及我市金融机构的实际情况，贷款保持较快增长仍有一定的不确定性。

一是根据我市四大国有商业银行的初步测算，考虑到全国信贷投放量将进一步回落的情况，2011年上级行下达的信贷规模将与2010年持平或者有所减少的可能性比较大，这将给我市贷款的较快增长带来不小的压力。

二是部分中小金融机构的贷款增长存在一定的不确定性。比如，前两年部分中小金融机构作为新设机构在信贷规模方面得到了总行的倾斜政策，而2011年随着这些银行在省外设立机构步伐的加快，我市的这部分中小金融机构继续获得总行信贷规模倾斜的难度将有所增加。

三是农村合作金融机构受存贷比因素的制约，2011年贷款增长规模主要还是要取决于存款增长的情况，如果存款增长乏力，将在很大程度上影响到贷款的持续增长。

3. 几个新因素可能促进我市贷款增长

（1）港口物流业贷款将会加快增长。

2010年5月，市委、市政府提出将现代港口物流业作为我市未来十年着力培育的主要支柱产业，而舟山海洋综合开发试验区的核心功能定位又是“国际物流岛”，这必然会带动港口开发、物流中转、仓储配送等相关项目的快速发展，由此带动贷款的增长。从2010年的情况看，我市金融机构上报已审批未发放贷款中涉及港口开发、

物流中转（除海运业外）达22亿元以上，占2010年上报已审批未发放贷款总额的64%以上，而准备上报的项目中涉及港口开发、物流中转（除海运业外）达25.5亿元，占全部准备上报项目贷款的27%，这充分显示出2011年港口物流业贷款加快增长的潜力。

（2）商贸服务业贷款将会继续快速增长。

随着大桥效应的逐步显现，2010年以来商贸服务业贷款明显增长，在商业贸易领域，2010年新增贷款达24亿元以上，增速超过35%。大桥开通之后，我市的旅游人数呈现爆发式增长，商品流通大大加快，旅游消费型服务业、生产型服务业、文化科技服务业等服务产业加快发展，贷款与服务业发展相配套的趋势日益明显。预计2011年我市商贸服务业贷款将会继续保持快速增长的势头。

（3）中小企业贷款会有一个比较高的增长水平。

目前，国家和地方政府进一步加大了对中小企业的重视程度，2010年6月21日，中国人民银行、银监会、证监会、保监会联合下发了《关于进一步做好中小企业金融服务工作的若干意见》（银发〔2010〕193号），提出了支持和促进中小企业发展的18条意见，要求进一步改进和完善中小企业金融服务，着力缓解中小企业（尤其是小企业）的融资困难。从我市的情况看，我中支已被人民银行总行确定为中小企业信用体系建设试验区，推进中小企业贷款加快增长的政策环境进一步完善，各商业银行针对中小企业开发的金融产品不断增多，都会带动中小企业贷款较快增长。

（4）新设机构对贷款增长起到一定的推动作用。

2011年，我市新增了一家市级金融机构，按照以往的规律，新设机构的上级行在信贷规模、项目审批等方面会对其有一定程度的倾斜。因此，新金融机构的增设会对2011年我市贷款的增长起到一定的促进作用。

4. 信贷投向结构和期限结构会进一步调整

预计2011年，项目贷款上报审批会比2010年有所收紧，对高污染、高能耗、高风险、产能过剩行业在信贷政策上会继续从严控制，房地产项目贷款的审批难度会进一步加大。我市贷款投向的重点仍将是港口物流、船舶工业、商贸服务业、基础设施、消费领域、有发展前景的中小企业等。同时，从信贷投放的期限结构看，部分行业中长期贷款占新增贷款的比重将进一步下降，特别是对于船舶工业等已经处于平稳期的行业的信贷支持将以流动资金贷款和保函为主，相应的中长期贷款投放将会减少。

B.17

2010年浙江省11市经济运行情况比较

2010年，面对复杂的国内外经济环境，浙江省11市深入贯彻落实各项宏观调控政策，加快转变经济发展方式，有效巩固和扩大了在应对国际金融危机冲击中取得的成果，11城市经济运行态势总体良好，区域经济发展协调性进一步增强。

一　浙江11市经济运行特点

（一）经济增速较快，复苏势头进一步巩固

2010年，浙江省11城市共实现生产总值26917.79亿元，占全国比重的6.77%，与上年持平。按经济总量进行划分，11城市可以分为三个梯队（见图1）。杭州和宁波处在第一梯队，总量超过5000亿元，分别实现生产总值5945.82亿元和5125.8亿元；总量在2000亿～3000亿元的城市为第二梯队，分别为温州（2925.57亿元）、绍兴（2783亿元）、台州（2415.12亿元）、嘉兴（2296亿元）、金华（2094.7亿元）；其他城市为第三梯队，总量在2000亿元以

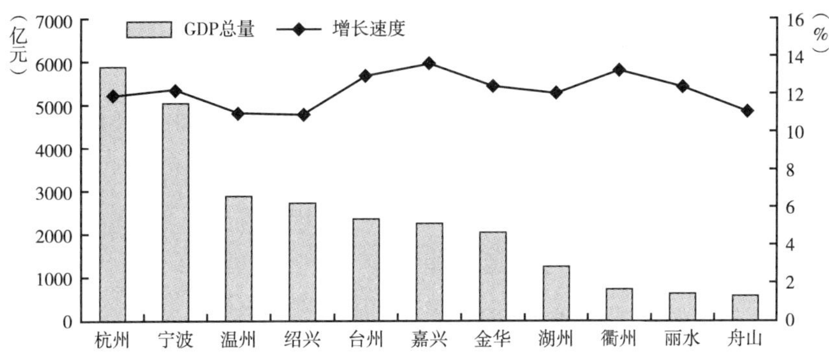

图1　2010年浙江11市GDP总量与增速

下，分别为湖州（1301.51 亿元）、衢州（752.78 亿元）、丽水（644.04 亿元）和舟山（633.45 亿元）。

从经济增速来看，2010 年浙江 11 城市经济增长较快，全省经济整体增速为 11.8%，较上年提高 2.9 个百分点。11 城市 GDP 增速在 11% ~13.7%，其中超过全省增速的有 8 个城市，增长最快的是嘉兴，增速为 13.7%（见图 2），其余分别为衢州（13.3%）、台州（13.1）、丽水（12.5%）、金华（12.5%）、宁波（12.4%）、湖州（12.1%）和杭州（12%）。增速落后于全省的有三个城市，分别为温州（11.1%）、舟山（11.1%）和绍兴（11%），但增速仍然超过全国水平。与上年相比，除舟山的增速仅仅较上年提高 0.1 个百分点外，其余 10 个城市均较上年有明显提高，其中嘉兴提高幅度最大，为 4.4 个百分点，而其余城市上升幅度也都在 1 个百分点以上。

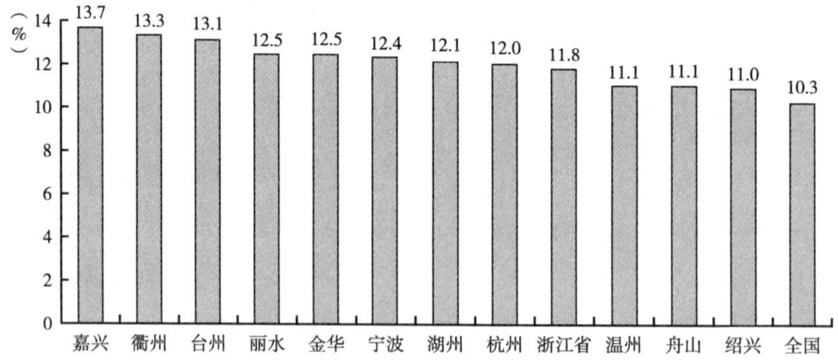

图 2　2010 年浙江 11 市 GDP 增速与全省、全国 GDP 增速对比

（二）工业经济快速增长，工业用电量较快回升

2010 年，在全球金融危机还未远去、欧洲主权债危机爆发的影响下，浙江在国内大力启动内需和 4 万亿元投资拉动下，出台多项措施促进工业经济复苏，11 城市工业经济快速增长。2010 年全省共完成规模以上工业总产值 10397 亿元，比上年增长 16.2%，增速比上年提高 10 个百分点。11 城市中，规模以上工业生产总值超过 1 万亿元的有杭州和宁波（见图 3），分别实现 11114.53 亿元和 10867.5 亿元；规模以上工业生产总值较低的为丽水、衢州和舟山，总量在 2000 亿元以下，分别实现规模以上工业生产总值 1328.08 亿元、1137.46 亿元和

989.14亿元；其余地区实现规模以上工业生产总值在2000亿~8000亿元。从增速来看，11城市规模以上工业生产总值增长均在20%以上，增速最快的为嘉兴（39.8%），增速最慢的为杭州（24.2%）。

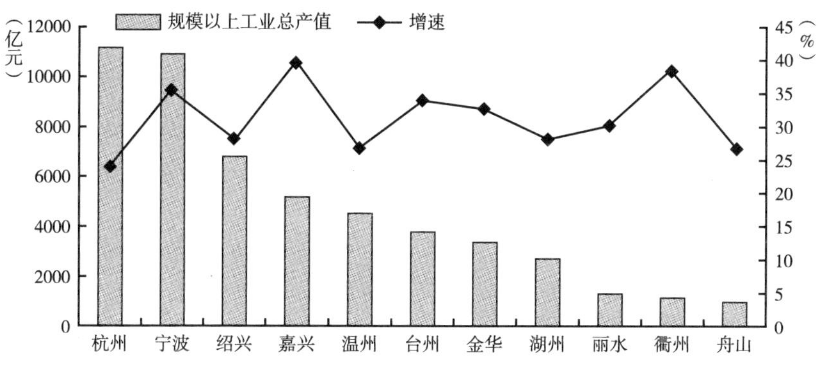

图3　2010年浙江11市规模以上工业总产值与增速

作为工业生产的晴雨表，工业用电量较好地反映了工业经济企稳回升的趋势。2010年浙江11城市工业用电量达到1798.1亿千瓦时，用电量增速均在两位数以上，其中金华以21%的增速位列全省第一（见图4）。从总量看，杭州和宁波在300亿千瓦时以上，分别为329.58亿元和321.69亿元；绍兴和嘉兴在200亿~300亿千瓦时，分别为223.37亿和219.3亿千瓦时；温州、金华和台州在100亿~200亿千瓦时，分别为186.84亿、156.76亿和126.52亿千瓦时；湖州、衢州、丽水和舟山四市在100亿千瓦时以下，分别为97.5亿、76.08亿、37.35亿和23.11亿千瓦时。

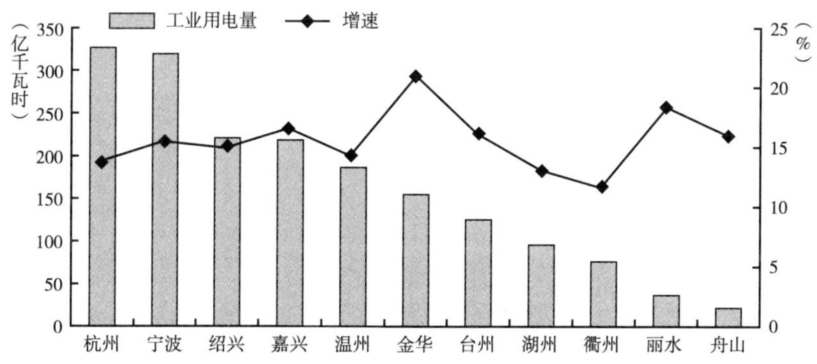

图4　2010年浙江11市工业供电量与增速

（三）服务业发展势头强劲，产业结构进一步优化

2010 年，全省 11 城市加快推进经济发展方式转变和经济结构调整，经济实现平稳较快发展。全省第一产业增加值 1361 亿元，第二产业增加值 14121 亿元，第三产业增加值 11745 亿元，分别增长 3.2%、12.3% 和 12.1%。三次产业增加值结构由 2005 年的 6.7∶53.4∶39.9 调整为 2010 年的 5.0∶51.9∶43.1。

2010 年，浙江 11 城市服务业增速均达到两位数以上，成为拉动经济增长的新引擎。增速最快的是湖州，为 14.5%（见图 5）；增速最慢的是温州，为 10.3%，其中绍兴、金华和舟山的服务业增加值的增长速度快于工业增加值的增速。从总量来看，杭州、宁波服务业增加值超过 2000 亿元，分列第一位和第二位；温州和绍兴超过 1000 亿元，列第二、第三位；台州、金华、嘉兴超过 500 亿元，列第四至第六位。其余四城市低于 500 亿元，分别为湖州、舟山、衢州和丽水。从服务业增加值占 GDP 比重看，杭州服务业比重最高，为 48.66%（见图 6），是省内唯一呈现“三、二、一”产业结构的城市，其他城市均为“二、三、一”产业结构。服务业比重超过 40% 的有 7 个，分别为杭州（48.66%）、舟山（44.59%）、温州（44.36%）、金华（43.06%）、台州（43.06%）、丽水（41.09%）和宁波（40.21%）；服务业比重低于 40% 的四个城市为绍兴（37.75%）、湖州（37.06%）、衢州（36.47%）和嘉兴（36.04%）。

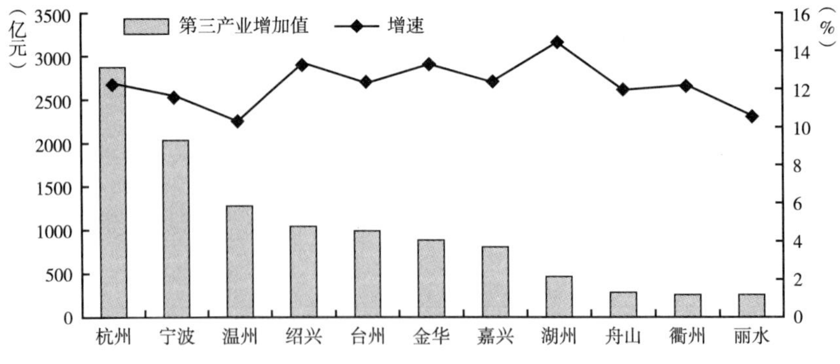

图 5　2010 年浙江 11 市第三产业增加值和增速

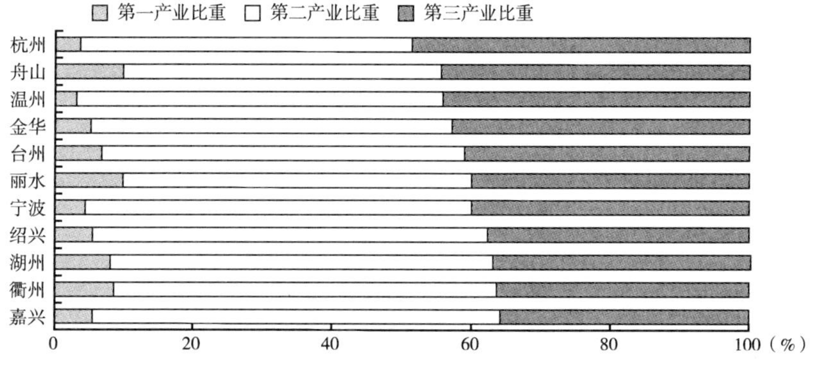

图 6　2010 年浙江 11 市三次产业比重

（四）三大需求协调拉动，结构调整效应明显

投资保持快速增长。为应对国际金融危机的影响，中央积极扩大投资规模，投资拉动经济增长效果显著。2010 年，浙江 11 城市完成社会固定资产投资额 11453.59 亿元，占全国的 4.12%。从增速看，杭州是唯一固定资产投资增速超过 30% 的城市，为 35.7%（见图 7）；有 5 个城市固定资产投资增速在 20% ~ 30%，分别是丽水（26.1%）、金华（23.7%）、嘉兴（21.3%）、湖州（21.1%）和绍兴（20.8%）。有四个城市增速在 10% ~ 20%，分别是衢州（19.4%）、台州（14.8%）、温州（11.1%）和宁波（10.1%）；舟山固定资产投资增速较低，为 3.6%。从总量看，杭州和宁波超过 2000 亿元，嘉兴和绍兴在 1000 亿元以上，台州、温州、金华、湖州、衢州和舟山则在 400 亿 ~ 1000 亿元，

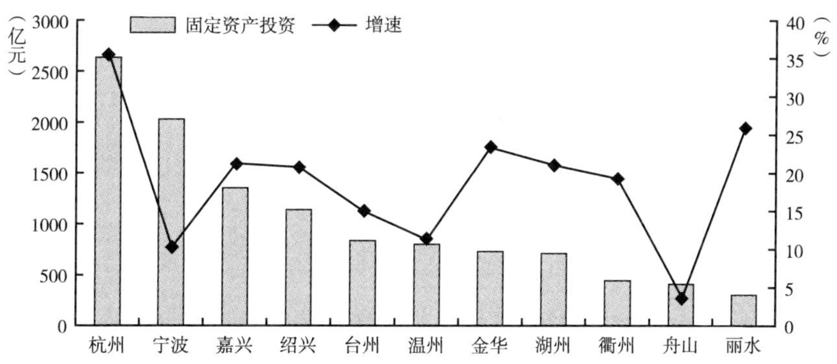

图 7　2010 年浙江 11 市固定资产投资总额与增速

丽水最低，为298.01亿元。

消费市场持续活跃。2010年以来，浙江各地区消费市场在扩大内需、消费升级和“家电下乡”等因素的推动下，呈现较快运行的态势，市场规模进一步扩大，对经济增长的拉动作用明显增强。2010年，浙江11城市社会消费品零售总额增速均超过18%，全年社会消费品零售总额突破1万亿元，达到10163.2亿元，占全国的6.47%。其中，杭州实现社会消费品零售总额2146.08亿元，排名全省第一（见图8）；宁波和温州超过1000亿元，排名第二和第三；台州、金华、绍兴、嘉兴和湖州实现社会消费品零售总额在500亿~1000亿元，分列第四到八位；其余三城市实现社会消费品零售总额在500亿元以下，分别为衢州、丽水和舟山。

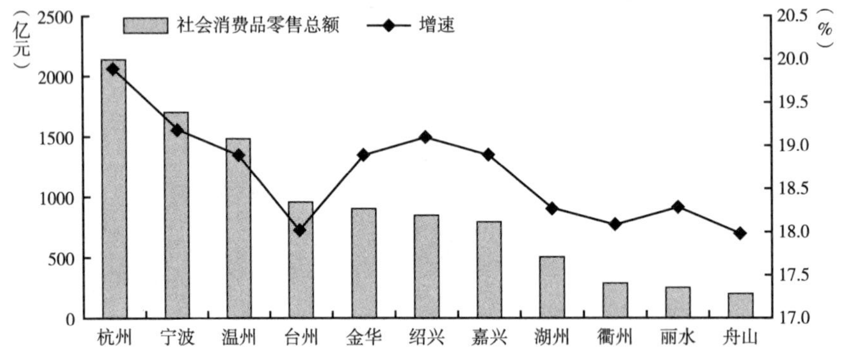

图8　2010年浙江11市社会消费品零售总额与增速

对外贸易呈现恢复性增长。2010年，全省进出口总额2535亿美元，同比增长35%。其中，出口1805亿美元，增长35.7%，比上年加快49.5个百分点；进口730亿美元，增长33.4%，比上年加快37.1个百分点。出口增幅比全国高4.4个百分点，居全国六大主要出口省市中的第二位，仅比江苏低0.1%；出口规模创下历史新高，占全国比重从上年的11.1%提高到11.4%，居全国第四。11城市中，宁波的出口规模最大，出口总额突破500亿元，达到519.7亿元（见图9）；杭州出口总额达353.37亿元，排名第二；嘉兴、温州、台州、金华的出口总额分列第三至第六位，总额在100亿~200亿元；舟山、绍兴、湖州、丽水和衢州的出口总额在100亿元以下，分列第七到第十一位。从出口增速看，11城市出口增速均在25%以上。其中舟山出口增长速度最快，达到85.5%；绍兴出口增速最低，达到25.3%。

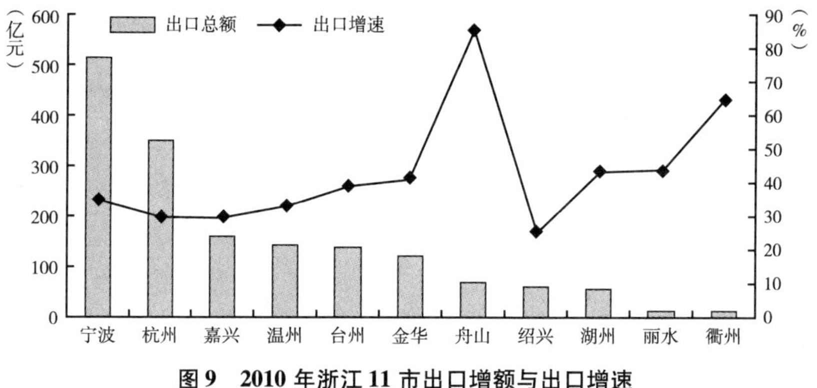

图 9　2010 年浙江 11 市出口增额与出口增速

（五）居民收入稳定增长，物价水平高位运行

面对国际金融危机的深远影响，在一系列保增长、保民生、保稳定政策推动下，浙江 11 城市的居民收入依旧保持了难得的稳定增长。2010 年，浙江 11 城市城镇居民人均可支配收入均超过 21000 元，其中有四个城市城镇居民人均可支配收入超过 30000 元，分别是温州、宁波、绍兴和杭州（见表 1）。城镇居民人均可支配收入增速最快的为绍兴，达到 12.2%；增速最低的为丽水，达到 6.6%；其中有 8 个城市增速超过 10%。11 城市中，农村居民人均纯收入最高的城市为嘉兴，达到 14365 元；最低的为丽水，达到 6537 元；有 9 个城市农村居民人均纯

表 1　2010 年浙江 11 市收入物价比较

城市	城镇居民人均可支配收入(元)	同比增速(%)	农村居民人均纯收入收入(元)	同比增速(%)	CPI 同比增速(%)
温州	31201	11.3	11416	13.0	4.3
宁波	30166	10.2	14261	12.8	3.7
绍兴	30164	12.2	13650	13.5	4.0
杭州	30035	11.8	13186	11.5	3.9
嘉兴	27487	11.3	14365	13.2	4.0
台州	27212	11.4	11307	13.0	4.6
舟山	26242	9.0	14144	12.6	4.1
湖州	25572	10.0	13288	13.1	4.0
金华	25029	9.2	11805	11.4	4.0
衢州	21811	11.6	8270	12.7	4.2
丽水	21093	6.6	6537	10.2	4.0

收入超过10000元。从增速来看，11城市农村居民人均纯收入增速均超过10%，增速最快的为绍兴，达到13.5%；增速最慢的为丽水，达到10.2%。

2010年，浙江11城市居民消费价格都出现不同程度上涨，有9个城市CPI涨幅达到或超过4%，对城乡居民特别是低收入群体造成了较大影响。具体来看，台州涨幅最高，达到4.6%；宁波的涨幅最低，为3.7%。其余城市依次为：温州（4.3%）、衢州（4.2%）、舟山（4.1%）、绍兴（4%）、嘉兴（4%）、湖州（4%）、金华（4%）、丽水（4%）和杭州（3.9%）。

（六）存贷规模适度增长，金融运行保持平稳

2010年，浙江11城市认真贯彻适度宽松的货币政策，继续扩大信贷总量，优化调整资金投向，有力地支持了全省经济复苏和产业转型升级。截至2010年末，全省金融机构本外币各项存款余额54478.1亿元，同比增长20.8%，增速比上年降低6.6个百分点。11城市中，杭州以17084.35亿元的存款规模位列全省第一，并且遥遥领先于第二位的宁波（9755.52亿元），温州位列第三，达到6497.59亿元（见图10）。绍兴、金华、嘉兴和台州的存款规模在3000亿~5000亿元，分列第四至第六位。其余城市存款规模低于2000亿元，依次为湖州、舟山、丽水和衢州。11城市存款规模增速均超过18%，其中增速最快的是湖州（29.19%）；最慢的是宁波，为18.37%。

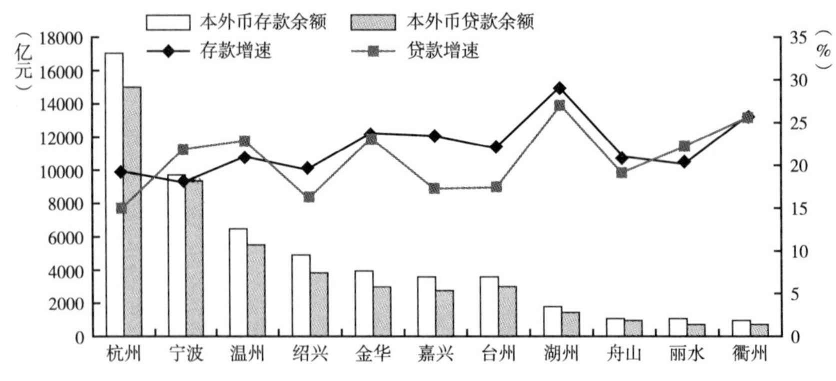

图10　2010年浙江11市本外币存贷款余额及增速

贷款方面，截至2010年末，浙江省本外币各项贷款余额46938.5亿元，比年初新增7714.1亿元，同比增长19.7%，增速比上年降低了12.8个百分

点。11城市中，贷款余额排名前三的依次为杭州（15078.73亿元）、宁波（9414.2亿元）和温州（5516.68亿元）；第二梯队的城市贷款余额在2500亿～4000亿元，分别为绍兴、金华、台州和嘉兴；第三梯队的城市贷款余额在1500亿元以下，分别为湖州、舟山、丽水和衢州。增速来看，11城市中贷款余额增速最快的为湖州，达到26.99%；增速最慢的为杭州，达到15%；有6个城市增速在20%以上。

二　浙江11城市经济发展中需要注意的问题

尽管浙江各地区经济发展最为困难的阶段已经过去，但是全球经济仍然需要经历缓慢而艰难的复苏过程，支撑浙江省主要产业持续向好的内在基础和外部需求尚不稳固，国内外经济环境复杂多变，未来经济走势仍存在诸多不确定性。浙江11城市需要进一步增强忧患意识，认清目前经济发展中存在的问题和风险，积极加以应对。

（一）经济结构调整可能面临反复

国际金融危机期间，中央采取了积极的财政政策和货币政策，宏观经济在政策刺激下，快速企稳回升。但与此同时，刺激政策的负面影响也开始逐步显现。一方面，政府投资过快增长对投资结构带来一定影响，加上2011年是“十二五”规划的开局之年，各地重点项目、重点工程推进力度加大，政府投资将出现快速增长，可能对民间投资产生一定的“挤出效应”。此外，由于政府投资多为基础设施投资，对钢材、水泥等“两高一资”行业会有一定拉动作用，一定程度上会加大节能减排压力。另一方面，尽管中央和地方政府出台了一系列房价调控政策，但是居民通胀预期仍然强烈，房价上涨动能依旧存在，如果调控政策的持续性、针对性不强，房价很可能出现反复。

（二）民营企业经营压力有所加大

一是劳动力成本不断上升。近年来，浙江11城市均呈现不同程度的“用工荒”现象，廉价劳动力出现短缺，导致一部分民营企业开工不足；此外，随着通胀水平的不断上升，工资上涨压力进一步加大，浙江民营企业大多为劳动密集型企业，工资上涨带来不小的成本上升压力。二是原材料购进价格与出厂价格倒挂。2010 年，全省 11 城市均出现了原材料购进价格与出厂价格倒挂，如果倒挂现象延续下去，将进一步压缩民营企业的利润空间，一些民营企业的经营将难以持续。三是人民币不断升值增加了民营企业汇率风险。未来几年，人民币汇率改革将继续稳步推进，人民币升值预期强烈。在此背景下，出口企业可能会出现分化。一些低成本、低附加值、缺乏议价能力的出口企业面临的经营压力将加大，而致力于产品创新、掌握核心技术的企业则有更多的机会抢占更大的市场份额。四是资金供求结构性矛盾可能再现。2011 年，货币政策转向稳健，货币信贷总量预计比上年有所调减。在此背景下，部分前期扩张较快、资产负债率较高、产品竞争力不强的中小企业融资难度可能加大，资金供求的结构性矛盾可能加剧。

（三）居民收入增幅总体低于 GDP 和财政收入增幅

近些年来，伴随经济快速发展，浙江 11 城市的居民收入相应也在稳步提高，但与 GDP 和财政收入的增幅相比，居民收入增长速度明显较低，表明社会公众并未完全享受到经济发展给全社会带来的福利增进。2010 年，浙江 11 城市中，只有温州与绍兴两个城市的城镇居民人均可支配收入增幅分别高于 GDP 增幅 0. 2 个和 1. 2 个百分点（见图 11）；剩下 9 个城市中，丽水市城镇居民人均可支配收入增幅与 GDP 增幅差距最大，达到 5. 9 个百分点，其余城市基本都控制在 3 个百分点以内。与地方财政收入增幅相比，除温州市城镇居民人均可支配收入增幅略微低于地方财政收入增幅 0. 5 个百分点外，其余 10 个城市城镇人均可支配收入增幅均大幅低于地方财政收入增幅。

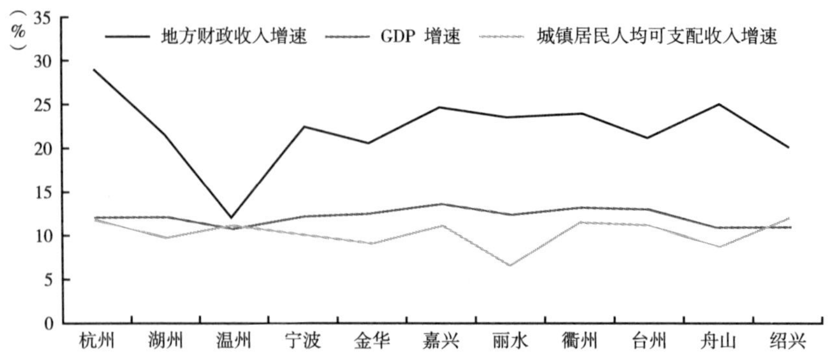

图 11　2010 年浙江 11 市居民收入、地方财政收入与 GDP 增速对比

三　进一步促进浙江经济持续健康发展的政策建议

当前，浙江正处在人均GDP从5000美元到1万美元的发展转型期，也是全面提升工业化、信息化、城市化、市场化、国际化水平的重要时期。浙江各地区应该积极抓住危机中的机遇，积极推进经济结构调整，加快转型升级，实现新的跨越。

（一）发展地方特色产业，提升产业集群发展水平

产业集群是浙江经济的鲜明特色，也是支撑浙江区域经济发展的重要组织形态，它在强化专业化分工协作、优化资源要素配置、吸纳城市和农村劳动力就业、提高产业竞争力等方面发挥了重要作用。然而，伴随着外部发展环境的变化，产业集群在长期发展过程累积的素质性、结构性矛盾逐步显现。因此，浙江各地区应加快产业集群转型升级，打造现代化产业集群。

一是要占据全球价值链两端位置。产业集群必须努力增加嵌入全球价值链的深度和广度，争取占据全球价值链的两端位置，摆脱地方产业集群单向产业结构导致的功能性锁定，提高获取附加值的能力。二是要打造品牌优势。打造现代产业集群，必须做到企业自有品牌与集群品牌的同步发展，提高品牌的国际知名度，实现由OEM（贴标生产或自有设备制造商）向ODM（原始设计制造商）、由ODM向OBM（原始品牌制造商）的转变①。三是要建立一体化的技术创新体系。一体化技术创新体系的形成可以有效确保产业集群创新能力的强化和发展，从而延长产业集群的生命周期，保持产业集群的持续竞争力。四是要完善公共服务平台。建立地方性行业协会等保护和增进全体成员利益的非营利组织，有效发挥自律、发展、协调、互助、服务、交流、调解、制衡等作用；成立专业化服务机构，提供资金融通服务、人才开发服务、市场拓展服务、咨询信息服务和技术支持服务。

① OEM是Original Equipment Manfacturing的缩写，指产品的购买者给产品供应者提供产品的各种设计参数、图纸和技术设备支持，这是一种代工生产方式。ODM是Original Design Manufacturing的缩写，指产品的生产、设计均由供应者提供。OBM是Original Brand Manufacturing的缩写，指供应商提供品牌，以生产品牌优势建立与购买商之间的合作联系。

（二）培育战略性新兴产业，助推经济转型升级

加快培育和发展战略性新兴产业是推进我省产业结构升级、加快经济发展方式转变的重大举措。战略性新兴产业以创新为主要驱动力，辐射带动力强，加快培育和发展战略性新兴产业，有利于加快浙江经济发展方式的转变，有利于提升产业层次，推动我省传统产业升级，高起点建设现代产业体系，体现了调整优化产业结构的根本要求。

一是要认真实施战略性新兴产业发展规划。要按照生物、新能源、物联网、高端装备制造、节能环保、新材料、新能源汽车、海洋新兴产业及核电关联产业九个战略性新兴产业发展规划明确的发展思路和目标、重点领域、重点任务和政策措施，加强培育扶持，推动产业发展。二是要突出 11 城市战略性新兴产业的发展重点。各地区应结合自身经济发展特点，有所侧重地发展战略性新兴产业，现阶段各市应重点抓好 3 个左右的战略性新兴产业培育发展工作，避免盲目发展和无序竞争。三是要加大财税扶持力度。在整合现有政策资源和资金渠道的基础上，设立省战略性新兴产业发展专项资金，重点支持重大关键技术研发、重大应用示范工程和创新能力等方面的建设。落实和完善我省支持战略性新兴产业发展的税费激励政策。设立省战略性新兴产业基金，引导社会资金投向生物、新能源、物联网等战略性新兴产业重点领域。四是要增强金融要素支撑。鼓励金融机构加大信贷支持，积极推进知识产权质押融资、产业链融资等金融产品创新，促进金融机构加大支持战略性新兴产业发展的力度。拓宽直接融资渠道，优先推荐战略性新兴产业领域符合条件的中小企业在中小企业板和创业板上市。优先推荐战略性新兴产业领域符合条件的企业发行企业债券、公司债券、短期融资券和中期票据等，拓宽企业债务融资渠道。

（三）加强海洋经济示范区建设，启动浙江经济发展新引擎

发展海洋经济是转变经济发展方式的一个重要路径选择，更是开拓国际市场和提高对外开放度的一个重大战略举措。海洋经济不仅可以扩张我省经济发展的总量，还可以提升我省经济发展的质量。在国家层面支持浙江海洋经济示范区发展的背景下，浙江各地区应积极抓住机遇，推动区域经济的快速发展。

一是打造“三位一体”港航物流服务体系。构建大宗商品交易平台、海陆联动集疏运网络、金融和信息支撑系统“三位一体”港航物流服务体系，高水平建设我国大宗商品国际物流中心和“集散并重”的枢纽港，加快港航强省建设。二是加快发展现代海洋产业。重点是扶持发展海洋战略性新兴产业，打造国家级海洋先进装备业和海洋工程装备基地、海水淡化技术装备制造基地、海洋能研究与开发基地、海洋休闲旅游目的地、大洋勘查技术与深海科学研究开发基地等，同时也要择优发展新型环保石化、船舶、汽车、造纸、钢铁等临港先进制造业，提升发展现代海洋渔业。三是推进舟山海洋综合开发试验区建设。舟山是我国最大的群岛市，也是我国大陆唯一直接深入太平洋的战略要冲，加快其发展具有重要意义。四是要积极引入民间资本。优化浙江民营经济发展环境，破除市场准入中的“玻璃门”，支持民营企业参与港口物流、战略物资储运、船舶、石化、海洋装备等产业；给予民营企业与国有企业同等的优惠待遇；支持民间资本进入海洋金融领域，积极向国家争取民营海洋银行的试点，为海洋经济发展提供金融支持。

（四）积极开拓国外市场，加快浙江企业“走出去”

在国际国内发展环境发生重大转变的背景下，浙江经济转型升级的紧迫性愈加凸显，而“走出去”是其重要途径。实施“走出去”战略有利于拓展浙江经济的发展空间，提升产业层次，推动浙江外贸的转型升级和提高企业的国际竞争力。浙江应积极实施“走出去”战略，重视利用“两个市场、两种资源”，在更广阔的空间里进行经济结构调整和资源优化配置，促进浙江经济的长远发展。

一是要培育发展一批具有跨国经营能力的企业。重点扶持具有一定规模实力、品牌优势和市场基础的大型企业集团、行业骨干企业、高新技术企业，鼓励它们到境外进行直接投资和跨境资本运作，鼓励现有大企业集团通过兼并、联合等方式，迅速成为具有较强国际竞争力的跨国公司。二是要开发建设一批海外能源、原材料供应基地。鼓励企业在海外投资建设浙江短缺的战略性资源和初级产品，如油气、矿产、木材及纸浆生产基地，加快开发境外农业、林业、渔业、矿产业等资源。三是打造一批具有集群化发展功能的境外工业园区。在适宜承接浙江省产业转移的非洲、东南亚、俄罗斯等地继续鼓励工业园区的开发建设，大力支持浙江传统优势产业，如纺织、服装、丝绸、轻工、食品、机械、化工、建材等行业到境外投资，发展国际营销网络，把国内过剩的生产能力转移到国外市场。四是培养和吸引一批适应国际化发展的经营管理人才。根据企业“走出去”的实际需要，加快所需人才的本地培养和外部引进，尽快培养和吸引一批懂操作、有经验，熟悉国际贸易、金融、法律和财会专业知识的国际化经营管理人才。

附　　录

Appendixes

B.18
附录1　2010年浙江省经济大事记

2月　浙江省未上市公司股份转让试点运行正式启动。娃哈哈、百诚股份等5家公司挂牌进场。这将为浙江省的民营企业在资本市场开辟新的空间。

5月　台州市逸文网络技术有限公司取得《中华人民共和国增值电信业务经营许可证》，成为浙江省首家进入电信领域的民营企业。这表明浙江省积极落实国务院“新36条”，在进一步拓宽民间投资的领域和范围上有了新的突破。

5月　浙江省政府出台《关于坚决遏制部分城市房价过快上涨促进房地产市场平稳健康发展的实施意见》。该《意见》的颁布对落实国务院相关政策、合理引导浙江省个人住房消费有着至关重要的意义。

6月　浙江省跻身于跨境贸易人民币结算试点地区，同时跨境贸易结算的境外地覆盖所有国家和地区。浙江物产国际贸易有限公司、富通集团分别通过中国银行浙江省分行，向其香港客户支付了进口货款245万人民币和100万人民币，成为浙江省首笔跨境贸易人民币结算业务。此次跨境贸易人民币结算试点扩容，有利于省内外企业规避汇率风险，改善贸易条件，从而保持外贸稳定增长。

7月　浙江列入国家海洋经济发展试点省，着手编制和实施海洋经济发展规划和方案，为我国海洋经济发展探索路径和提供经验。

8月 全国工商联发布了“2010 中国民营企业500家榜单”，浙江省有180家民企上榜。自1998年全国工商联首次发布“中国民营企业500家榜单”以来，浙江上榜的民营企业数量始终全国第一。充分说明浙江省民营企业的竞争力在不断增强，经济实力增幅迅猛。

8月 吉利集团收购沃尔沃轿车公司全部股权，是中国汽车企业收购国外豪华汽车企业和品牌的首个成功案例，也是中国民营企业最大规模的海外并购。

8月 浙江省政府颁布《关于加快淘汰落后产能 促进工业转型升级的若干意见》，积极引导推动节能减排，有助于构建浙江省集约发展的新格局。

10月 浙江发布全国首个“企业工商信用指数”。2010年度“企业工商信用指数”为102.83，反映浙江企业信用水平总体向好。该指数的发布能让各监管机构和社会公众积极关注浙江企业信用，有利于浙江企业加强内控，增强自身信用水平。

10月 浙江省政府出台《浙江省产业集聚区发展总体规划》。规划期限为2011～2020年，其中以“十二五”时期（2011～2015年）为重点，旨在以构建现代产业体系推动浙江省经济发展方式的转变。

11月 浙江民营企业外贸进出口额首破千亿美元大关。1～10月，外贸同期增长35.1%，出口规模居全国第三、进口规模居全国第六。“十一五”期间，浙江民营企业进出口额占全省外贸进出口额比重超越外商投资企业，成为浙江外贸进出口的第一大经营主体。

11月 浙江省人民政府办公厅颁布《关于支持和引导上市公司开展并购重组的若干意见》。此《意见》的出台，将积极支持和引导上市公司开展产业整合和并购重组活动，进一步提高上市公司的发展水平，对浙江省转变经济发展方式，促进经济结构调整具有重要意义。

2010年 浙江省政府实施11个重点产业转型升级规划，编制实施9个战略性新兴产业发展规划，推动经济转型发展。

2010年 浙江境外投资大幅增长。境外投资中方投资额33.5亿美元，比2009年增长2倍多，境外投资项目数和投资额均居全国各省市区第一。这为浙江民营企业获取先进技术和销售网络，提升企业竞争力开辟了道路。

2010年 浙江省全面实施“八八战略”和“创业富民、创新强省”总战略，实现生产总值27226.8亿元，增速达11.8%。其中，第三产业各行业保持较快发展，对GDP增长的贡献为5.2%，贡献率为43.7%。

B.19

附录2　2010年浙江省金融大事记

1月　浙江南浔农村商业银行股份有限公司在浙江省湖州市南浔区正式成立，成为浙江省首家农村商业银行。

1月　杭州永榕教育咨询有限公司成功实现在澳大利亚上市，直接融资750万澳元（合人民币4000多万元），浙江省教育产业境外上市实现零的突破。

3月　实施“世博”支付环境建设，全省三甲医院、部分高速公路、杭州火车站、汽车站及知名景区等已可使用银行卡，主要城市繁华地段ATM机均可受理外卡，浙江支付环境进一步改善。

5月　国家外汇管理局批准浙江开展个人本外币兑换业务试点，杭州张江艾西益商务咨询有限公司和义乌中国小商品城本外币兑换有限公司先后开业。这将进一步提升外汇兑换服务，形成多方共赢的良好局面。

5月　浙江省华融金融租赁股份有限公司在银行间债券市场成功发行10亿元人民币金融债券，成为全国首家发行金融债券的金融租赁公司，开了金融租赁公司通过金融市场直接融资的先河。

6月　6.6亿元诸暨市2010年度中小企业集合票据在银行间债券市场发行，开创了浙江中小企业直接融资的新模式。

7月　全国首家民间资本服务中心在温州市正式挂牌成立。这是浙江积极实践国务院关于民间投资“新36条”的一个创新举措。

7月　浙江省跨境贸易人民币结算业务试点正式启动，全年有6709家出口企业列入试点。

7月　浙江省农信联社全面完成24个县（市）的84个金融空白乡镇的金融服务覆盖工作，浙江省实现基础金融服务乡镇全覆盖。

8月　全国农村信用体系建设工作现场交流会在浙江丽水召开，农村信用体系建设的“浙江模式”得到全国认可，浙江农村金融发展取得阶段成效。

9月　银行卡助农取款服务试点工作在丽水市辖区内展开。通过在乡镇、自然村符合条件的商户安装 POS 机，为农村借记卡持卡人提供小额取现服务，实现了农村小额取现“不出村、零成本”，使农村居民真正享受支农惠农政策。

11 月 浙江省委十二届八次全体（扩大）会议召开，审议通过《中共浙江省委关于制定浙江省国民经济和社会发展第十二个五年规划的建议》，确定“十二五”浙江经济社会发展总体目标、要求和任务，并提出建设“中小企业金融服务中心”和“民间财富管理中心”。

11 月 浙商基金管理有限公司正式成立，成为首家总部设在浙江的公募基金管理有限公司。

12 月 网上支付跨行结算系统在我省顺利上线运行，浙商银行、杭州银行等 8 家法人银行机构作为省内首批上线机构正式通过该系统办理业务。该系统的建成运行，将极大提升我省网上支付等新兴电子支付业务跨行清算的处理效率。

2010 年 全省金融机构认真贯彻适度宽松的货币政策，本外币各项贷款新增 7714 亿元。股票和债券市场融资额 1087 亿元，直接融资发展进入新阶段。

B.20

附录3 2010年浙江省重要金融政策文件

关于贯彻落实适度宽松的货币政策促进浙江经济平稳较快发展和转型升级的意见

今年以来，我省经济发展态势总体良好，经济回升向好势头进一步巩固，但当前经济金融发展环境仍较为复杂，不稳定不确定因素较多，经济结构调整优化的任务艰巨。为进一步贯彻落实适度宽松的货币政策，促进浙江经济平稳较快发展和转型升级，现就下阶段全省金融支持经济发展工作提出如下十条意见，请贯彻执行：

一 贯彻落实适度宽松的货币政策，保持信贷总量适度增长

要围绕今年全省7500亿元左右的信贷增长预期目标，继续贯彻落实适度宽松的货币政策，保持信贷总量适度增长，使全年新增贷款居全国各省市前列。各商业银行在浙分支机构要积极向各自总行争取资金、授信管理等支持，并通过承兑汇票、信用担保、信贷业务创新试点等多种方式，满足浙江经济发展和转型升级的合理资金需求。各地方法人金融机构要围绕“支农支小”工作要求，结合自身业务发展需要和风险管控能力，平衡好资金来源和运用关系，合理把握贷款投放总量，更好地支持地方经济社会发展。各金融机构要根据国家的宏观调控要求和我省企业生产经营的规律和特点，相对均衡地安排好信贷投放的进度和节奏，提高金融支持经济发展的可持续性。

二 加强资金保障，支持重点项目建设和重点产业振兴

要突出信贷投放重点，继续加强对省重点项目建设和重点产业转型升级的信

贷资金保障，夯实经济平稳较快增长和转型升级的基础。要切实保障全省大平台、大产业、大项目、大企业建设的资金供应，根据《关于印发2010年省重点建设项目名单的通知》（浙发改基综〔2010〕222号）和《关于印发浙江省扩大内需投资项目名单的通知》（浙政办发〔2010〕22号），积极运用银团贷款、联合贷款、同业合作等方式，确保在建、续建重点项目后续建设资金供应。

要紧紧围绕产业转型升级大局，深入贯彻落实《关于进一步做好金融服务，支持重点产业调整振兴和抑制部分行业产能过剩的指导意见》（银发〔2009〕386号），以企业自主创新、技术改造、兼并重组、“走出去”等为重点，围绕全省146家工业行业龙头骨干企业（见附件1）和21个现代产业集群示范区（见附件2），着力做好“十一大转型升级重点产业”的金融服务工作。要合理配置信贷期限结构，满足企业项目建设、技术改造和流动资金周转等各个层次的融资需求。

三　加快产品创新，全力做好中小企业金融服务工作

要围绕省委省政府建设浙江省中小企业金融服务中心的目标，全力做好中小企业金融服务工作。要认真贯彻落实《国务院关于鼓励和引导民间投资健康发展的若干意见》（国发〔2010〕13号）、《浙江省人民政府关于促进中小企业加快创业创新发展的若干意见》（浙政发〔2010〕4号）和《中国人民银行、银监会、证监会、保监会关于进一步做好中小企业金融服务工作的若干意见》（银发〔2010〕193号），把中小企业金融业务作为战略重点，确保中小企业贷款增速高于全部企业贷款增速。要进一步优化信贷投向，加大对小企业特别是微小企业的信贷投放，着力扶持一批创业型、创新型、外向型、配套型、品牌型小企业加快发展。

要把产品创新放在更加突出的位置，尽快形成我省各类中小企业金融产品创新的集聚效应。进一步推动林权、股权、应收账款、知识产权等质押贷款发展，着力抓好扩面增量工作。加强与担保、信托、物流仓储、第三方支付服务组织等的合作，推动小企业集合信托债权基金、金融仓储、小企业网络融资等特色产品创新。积极开发标准化、流水线式的小企业“信贷工厂”模式，提升中小企业信贷审批和发放效率。今年底，全省人民银行将对金融机构2010年贯彻落实中小企业信贷政策情况进行评估，加强对中小企业金融业务的指导。

四　深化金融支农，大力支持城乡统筹发展

要根据《中共浙江省委、浙江省人民政府关于加大统筹城乡发展力度、加快农业农村发展的若干意见》（浙委〔2010〕34号），把握我省新农村建设导向，以现代农业园区（见附件3）、粮食功能区、中心镇建设和农村住房改造建设等为重点，不断推动金融业务向县域和农村延伸，着力扩大支农信贷投放，继续保持涉农贷款较快增长，力争全省涉农贷款增速高于各项贷款增速。

要切实贯彻落实《中国人民银行、银监会、证监会、保监会关于全面推进农村金融产品和服务方式创新的指导意见》（银发〔2010〕198号），在做实做精小额信用贷款和小额联保贷款的基础上，大力推动林权抵押、农房抵押、海域使用权抵押贷款业务。继续贯彻落实《中国人民银行、财政部、银监会、保监会、林业局关于做好集体林权制度改革与林业发展金融服务工作的指导意见》（银发〔2009〕170号），不断创新适合林农需要的信贷产品和金融服务，着力推进林权抵押贷款扩面增量，力争年末全省林权抵押贷款余额超过20亿元。按照省委、省政府农村住房改造建设的工作部署和《关于金融支持我省农村住房改造建设的指导意见》（杭银发〔2009〕140号），探索推广金融支持农村住房改造的多种创新模式，争取全省农村住房抵押贷款实现较大幅度增长。积极推动海域使用权抵押贷款试点，拓宽涉海产业融资渠道，大力支持我省海洋经济发展。

人民银行对支农比例高的农村合作金融机构继续实行优惠的存款准备金率政策，对涉农投放比例高、资金相对不足的金融机构给予再贷款支持，对涉农票据、县域企业及中小金融机构的票据优先办理再贴现，并继续加强农村信用社专项央行票据兑付后监测考核，推动农村信用社深化改革。

五　优化信贷结构，积极培育经济金融新的增长点

要进一步调整和优化信贷结构，加大对低碳经济、服务业、文化产业和战略性新兴产业等新领域的金融支持，培育后危机时代浙江经济新的增长点。要按照生态省建设战略要求，牢固树立绿色信贷理念，切实贯彻落实《中国人民银行、中国银行业监督管理委员会关于进一步做好支持节能减排和淘汰落后产能金融服

务工作的意见》（银发〔2010〕170 号），以排污权抵押贷款为突破口，大力发展各类低碳金融业务，加快推进节能环保产业、循环经济和低碳经济发展，支持我省“十一五”节能减排目标顺利实现。

要充分认识战略性新兴产业在经济转型升级中的关键作用，积极探索各类融资模式，推进科技金融合作，不断加大对新能源、新材料、新医药、信息网络、节能环保等战略性新兴产业的金融支持。要根据《关于金融支持服务外包产业发展的若干意见》（银发〔2009〕284 号）和《关于金融支持文化产业振兴和发展繁荣的指导意见》（银发〔2010〕94 号），大力开拓供应链金融、贸易融资、无形资产融资等业务，积极提升对生产性服务业、服务外包、文化创意等现代服务业的金融服务水平，支持第三产业发展壮大。

要切实抓好民生金融服务工作。根据城乡居民消费特点，开发满足不同层次需求的多元化消费信贷产品，推进汽车、家电、教育、旅游等与民生密切相关产业的消费信贷。要强化社会责任，进一步做好对大学生创业、农民工、城镇就业和生活困难群众等特殊群体的针对性金融服务工作。

六　推进跨境贸易人民币结算试点，保持对外贸易稳定增长

要充分认识当前欧洲主权债务危机对我省进出口贸易的潜在影响，从跨境贸易人民币结算、贸易融资、汇率避险等方面全面提升涉外金融服务水平，保持全省对外贸易稳定增长。要高度重视跨境贸易人民币结算试点工作，将各项试点政策措施落到实处，积极从贸易便利化、节约财务成本、规避汇率风险等角度，加强跨境贸易人民币结算试点的宣传推介。积极创新人民币结算产品，提升金融配套服务水平，努力为跨境贸易人民币结算构建安全、高效、便捷的结算网络和结算环境，满足企业跨境结算需求。人民银行将按照“尊重市场、区别对待、循序渐进、风险可控”的原则，推进跨境贸易人民币结算试点，支持符合条件的金融机构和企业参加试点，力争我省跨境贸易人民币结算业务走在全国第二批试点省市前列。

要灵活运用外汇贷款、买方信贷、履约保函、信用证、押汇、对外担保等贸易融资手段，满足外贸企业特别是自主品牌、自主创新型外贸企业的贸易资金需

求，促进出口稳定增长和结构优化。要继续推进汇率避险市场和避险产品的培育与创新，加大外汇远期、掉期等避险工具创新和推广力度，设计适合企业经营特点和汇率变化趋势的避险产品，在合同期限、结算币种、汇率避险等方面加强对企业的信息服务和专业指导，帮助企业有效规避汇率风险。

各级外汇管理局要进一步改善外汇管理工作，改进和完善进出口收付汇核销制度，支持中小企业服务贸易外汇业务开展，灵活运用境外投融资外汇管理政策，支持企业进行跨境资本运作，鼓励企业发展海外投融资平台，为企业开展对外贸易和实现"走出去"发展创造良好的政策环境。

七　推动金融市场发展，有效拓展融资渠道

要积极参与债券市场产品创新，充分利用金融市场工具拓展融资渠道。要充分发挥中小企业集合票据优势，完善风险控制、信用增级等相关配套服务，积极开展中小企业集合票据承销工作，扩大我省中小企业集合票据发行规模，进一步拓宽中小企业直接融资渠道。要进一步加大短期融资券、中期票据等非金融企业债务融资工具的承销力度，确保全省短期融资券、中期票据发行额度有较大增长。在控制风险的前提下，符合条件的金融机构可充分利用发行金融债等手段主动加强资产负债管理，增加中长期资金来源。中小法人金融机构可利用发行次级债、混合资本债等渠道，建立补充资本的有效机制。

各级人民银行要按照依法行政要求认真履行市场准入管理职责，积极支持符合条件的农村合作金融机构加入银行间同业拆借市场和银行间债券市场，提高农村合作金融机构在银行间市场的参与度，扩大我省银行间市场成员数量。

八　坚持"有扶有控"，切实防范金融风险

要坚持"区别对待、有扶有控"的信贷原则，加强对信贷资金投放结构的监测和分析，提高风险控制能力和风险管理水平，密切关注各种宏观经济因素和经济结构调整对信贷风险的影响，切实防范金融风险。要加强流动性管理，着力改善资产负债期限结构，保持内部资金平衡，防范流动性风险。

要加强地方政府融资平台的信贷风险控制，根据《国务院关于加强地方政

府融资平台公司管理有关问题的通知》（国发〔2010〕19号）和《财政部、发展改革委、人民银行、银监会关于贯彻国务院关于加强地方政府融资平台公司管理有关问题的通知相关事项的通知》（财预〔2010〕412号），按照国家政策要求和分类管理原则，切实加强对融资平台的信贷管理、资金监测和风险识别，确保地方政府融资平台贷款投向符合经济社会发展需要。各级人民银行要积极配合地方政府做好政府融资平台贷款的梳理和管理工作，妥善处理融资平台债权债务关系。

要切实贯彻落实《国务院关于进一步加强淘汰落后产能工作的通知》（国发〔2010〕7号），围绕十个淘汰落后产能重点行业，根据《浙江省淘汰和禁止发展的落后生产能力目录（2010年本）》（见附件4）、《2010年浙江省工业行业淘汰落后产能企业名单》（见附件5），严格控制对部分产能落后、产能过剩企业的新增贷款投放，对国家明确要求淘汰的落后产能的违规在建项目，不得提供任何形式的新增授信，切实防止低水平重复建设。

九　发挥央行职能，加强政策支撑和金融服务

各级人民银行要进一步发挥好央行职能，为全省经济平稳较快发展和转型升级提供政策支撑和金融服务。要加强货币政策窗口指导，充分运用货币信贷政策通报会、经济金融形势分析会等平台引导货币信贷适度增长。要灵活用好货币政策工具，加强存款准备金管理，继续落实农村合作金融机构有区别的存款准备金率政策，注重发挥好再贷款、再贴现的引导作用，重点支持扩大“三农”和中小企业融资。

要加强信贷政策与财政政策、产业政策的协调配合，联合政府部门完善贷款风险补偿、贷款贴息等政策机制，深入推进信贷政策导向效果评估工作，指导和督促金融机构贯彻落实各项信贷政策，强化政策针对性和导向力。

要切实贯彻落实《关于印发〈浙江省金融机构金融管理与服务指引（试行）〉的通知》（杭银发〔2010〕89号）和《关于印发〈杭州中心支行关于金融机构金融管理与服务的操作规程（试行）〉的通知》（杭银办〔2010〕93号），进一步规范人民银行提供金融服务的行为和标准，明确金融服务项目、条件和操作流程，完善金融监督管理，提高金融服务效率，维护金融稳定。

要进一步推进支付体系建设，继续深入实施浙江省“便农支付工程”，不断推进支付系统向基层延伸，扩大系统覆盖面，大力推动电子商业汇票、三省一市银行汇票等票据的应用，为经济发展和转型升级提供安全、高效的支付结算服务。

要提升征信服务水平，培育针对商业承兑汇票和银行间债券的评级市场，积极推进中小企业信用体系建设，积极开展中小企业信用试验区建设试点，完善“绿色信贷”征信服务，为经济金融发展创造良好的信用环境。

十　畅通沟通协调机制，优化经济金融发展环境

各级人民银行要进一步加强与当地政府、银行、企业的沟通协调，畅通交流渠道，加强对辖内经济转型升级项目和企业信息库的调查了解，通过举办银企洽谈会、融资推进会等多种形式，积极主动促进银行与企业和项目融资对接，搭建政府、银行、企业合作平台。有条件的地方可依托网络信息服务机构，设立中小企业、外贸企业等网络融资服务平台，便利银企融资洽谈合作，提升金融服务效率。各金融机构要加强系统内和机构间的经验交流和业务合作，共同营造金融支持经济发展的良好氛围。

（附件：略）

关于浙江省金融支持科技发展的指导意见

为深入贯彻落实党的十七届五中全会精神及省委“创业富民、创新强省”总战略，加快推进科技强省和创新型省份建设，充分发挥金融在推进科技进步和自主创新方面的重要作用，加强科技与金融资源整合，大力营造科技金融发展的良好环境，开拓一条有浙江特色的科技金融发展道路，现提出如下指导意见。

一　统一思想认识，明确科技金融发展定位

全省各金融机构要深入学习贯彻《浙江省人民政府关于印发国家技术创新工程浙江省试点方案的通知》（浙政发〔2009〕81号）文件精神，充分认识科

技在支撑经济社会发展、推动经济转型升级等方面的重要作用，充分发挥金融在促进科技成果转化、发展科技型中小企业、培育战略性新兴产业中的重要功能，加快推动我省经济发展方式转变。各金融机构要结合我省科技创新和高新技术企业融资需求特点，加大信贷支持力度，积极改进金融服务，加快推进金融创新，探索构建高效衔接、完整配套的科技金融服务体系，促进我省科技产业全面协调可持续发展。

二　明确支持重点，加大科技产业信贷投入

全省各金融机构要进一步调整和优化信贷结构，突出信贷投放重点，切实保障科技创新重点领域的资金供应，有效支持科技成果转化和产业化。

要围绕我省生物、新能源、装备制造、节能环保、海洋、新能源汽车、物联网、新材料及核电九大战略性新兴产业的发展要求，大力支持战略性新兴产业培育，推动创新链上下游的对接和整合。要按照《关于金融支持浙江省“十一大产业”转型升级的指导意见》（杭银发〔2009〕210 号）要求，加强对产业转型升级“三类企业、三大领域、三个市场”的金融支持，努力增强重点产业自主创新能力和发展能力。

要合理配置信贷期限结构，满足企业项目建设、技术改造和流动资金周转等各个层次的融资需求，重点扶持高新技术企业（截至 2010 年 10 月末，全省高新技术企业共计 2997 家，具体名单参见浙江省科学技术厅门户网站）、创新型试点示范企业（见附件 1）、工业行业龙头骨干企业（见附件 2）和农业科技型企业发展，进一步加大对中小企业开展自主创新的信贷支持。

要加强对高新技术产业开发区（见附件 3）、现代产业集群转型升级示范区（见附件 4）、省科研院所创新基地（科技城）、省级现代农业园区（见附件 5）等产业集聚区的融资支持，积极运用银团贷款、联合贷款、同业合作等方式，有效满足园区和基地内重大项目、公共服务平台等的融资需求。

要围绕重大科技专项、科技成果转化工程、产业技术创新战略联盟（以上有关内容详见浙江省科学技术厅门户网站）和科技企业孵化器（见附件 6）等重点科技工作做好融资服务工作，对其中预期经济效益明显、市场前景良好的项目，加大信贷支持力度。

三　创新金融产品，拓展科技型企业融资渠道

全省各金融机构要深入研究科技型企业融资需求特点，综合运用各类金融工具和产品，创新信贷融资模式，加快开发面向不同企业的多元化、多层次的科技金融产品。

要按照《浙江省专利权质押贷款管理办法》（杭银发〔2009〕35号）、《浙江省商标专用权质押贷款暂行规定》（杭银发〔2009〕70号）等办法规定，进一步推动知识产权质押贷款业务发展，着力抓好扩面增量工作，将知识产权质押贷款发展为我省科技型企业融资的重要产品。

要积极探索适合科技型中小企业特点的融资产品。针对科技型中小企业融资特点，积极推动和发展应收账款、订单、仓单、保单质押等基于产业链的融资创新产品。加强与担保、信托、物流仓储、第三方支付服务组织等的合作，推动科技型中小企业集合信托债权基金、金融仓储、小企业网络融资等特色产品创新。开展融资租赁业务创新，加大对科技型中小企业设备更新和技术改造的融资支持力度。

要灵活运用外汇贷款、买方信贷、履约保函、进口信用证、进出口押汇、对外担保等方式，积极提供出口信用保险项下的贸易融资，满足高新技术产品出口以及引进吸收国外成套设备和关键技术的外汇信贷和贸易融资需求。

要加大企业债务融资工具的宣传、推介和承销力度，积极推动符合条件的科技型企业在银行间债券市场发行短期融资券、中期票据等债务融资工具，拓宽企业融资渠道。积极承销中小企业集合票据，进一步完善风险控制、信用增进等相关配套服务，依托高新园区、产业基地、企业孵化器等产业集聚区扩大中小企业集合票据发行规模。

四　改进金融服务，提升科技金融运作效率

全省各金融机构要积极探索创新对科技型企业信贷支持的有效途径和管理模式，培育专业的科技型企业信贷营销及管理人员，有条件的商业银行可探索成立科技支行等信贷专营机构，专业从事对科技型企业的金融支持和培育工作，并积

极开展与科技部门的科技金融合作模式创新试点。

要进一步改进和完善信贷管理制度，探索建立适合科技型企业融资的专业化、标准化管理模式和业务流程，简化信贷审批手续，提高服务效率，适当提高风险容忍度。

要探索开发符合科技产业特点的内部信用评级体系，根据科技型中小企业的特点确定内部评级要素，设计内部评级指标体系和评级模型，建立和完善科学、合理的科技企业信用评级和信用评分制度。设立科技专家评审团队，建立和完善科技专家参与科技型中小企业贷款项目评审工作机制。

要加强与非银行金融机构的合作，形成银行机构、创业投资机构、融资租赁机构、担保公司、产业投资基金等资源集成、优势互补的创新机制，进一步探索债权、股权相结合的科技企业融资模式，着力做好科技型中小企业从初创期到成熟期各发展阶段的融资方式衔接工作。

五　发挥央行职能，加大科技金融政策支撑

省内各级人民银行要进一步发挥好央行职能，为科技型企业融资提供有力的政策支撑和金融服务。要灵活运用有区别的存款准备金率、再贷款、再贴现等货币政策工具，为金融机构开展科技金融业务提供流动性支持。要深入推进信贷政策导向效果评估工作，指导和督促金融机构贯彻落实金融支持科技的各项信贷政策，强化政策针对性和导向力。

要进一步发挥征信系统和支付清算系统的作用，完善科技型企业融资的信用体系和支付结算环境。大力推进中小企业信用信息的征集和更新，完善对中小企业信用担保机构的信用评级制度。大力推动电子商业汇票、三省一市银行汇票等票据的应用，指导并推动第三方支付服务组织在依法合规的前提下，加强与金融机构的合作，为科技型企业融资提供良好的支付服务。

要继续推进跨境贸易人民币结算试点，加强宣传推介，促进外向型科技企业贸易便利化。进一步改善外汇管理工作，完善进出口收付汇核销制度，灵活运用境外投融资外汇管理政策，为科技型企业开展对外贸易和实现“走出去”发展创造良好的政策环境。

六　完善风险分担机制，推动科技信贷健康发展

省内各级人民银行和科技部门要积极推动建立科技型中小企业贷款风险补偿基金（资金），探索建立银行、地方政府、担保机构、创投企业、中介机构等多方参与的信贷风险分担机制，鼓励和引导金融机构扩大科技型中小企业信贷投放。

科技部门要积极推动科技担保体系建设，完善担保机构的资本注入、补充机制，建立担保机构的多层次风险分担机制。各金融机构要加强与担保机构的互利合作，根据双方的风险控制能力合理确定担保放大倍数，促进科技型中小企业信贷融资业务健康发展。

七　加强沟通协作，健全科技金融信息共享机制

省内各级人民银行、科技部门和金融机构要加强沟通协调，充分发挥政府平台优势，畅通银企交流渠道。各级人民银行和科技部门要进一步加深交流，探索建立定期会议制度，及时研究解决金融支持科技发展中的问题。要加强对辖内高新技术企业等科技型企业的调查了解，完善科技企业信息库，加强科技企业、项目的信息共享。要积极主动促进银行与科技企业和项目融资对接，通过联合举办银企洽谈会、融资推进会等多种形式，搭建政府、银行、企业合作平台。有条件的地方可依托网络信息服务机构，设立中小企业、科技企业等网络融资服务平台，便利银企融资洽谈合作，提升金融服务效率。各金融机构要加强系统内和机构间的经验交流和业务合作，共同营造金融支持科技创新的良好氛围。

（附件：略）

浙江省金融机构金融管理与服务指引（试行）

第一章　总则

第一条　为规范浙江省内人民银行、外汇管理局提供金融服务的行为和标

准，明确金融服务项目、条件、操作流程，加强金融监督管理，提高金融服务效率，维护金融稳定，根据《中华人民共和国中国人民银行法》、《中华人民共和国商业银行法》、《中华人民共和国反洗钱法》、《中华人民共和国人民币管理条例》、《中华人民共和国国家金库条例》、《中华人民共和国外汇管理条例》、《金融违法行为处罚办法》以及人民银行、国家外汇管理局有关规定，制定本指引。

第二条 在浙法人银行业、证券期货业、保险业金融机构或省级、区域分行（公司）及其分支机构和新设法人银行业、证券期货业、保险业金融机构或省级、区域分行（公司）及其分支机构，适用本指引。

第三条 本指引所称金融管理与服务是指人民银行在浙分支机构（含国家外汇管理局在浙分机构，下同）依据金融法律法规或规章规定，向金融机构提供相关金融服务，并履行法定金融监管职责的行为。

人民银行在浙分支机构负责实施的行政许可项目不适用本指引。

第四条 金融机构金融管理与服务包括新设金融机构金融管理与服务和在营业金融机构金融管理与服务。

第五条 浙江省内杭州地区金融机构金融管理与服务由人民银行杭州中心支行负责，其中杭州地区县（市）金融机构金融管理与服务由人民银行杭州辖内各县（市）支行依据管理权限负责。杭州以外地区金融机构金融管理与服务由当地人民银行市中心支行依据管理权限负责。

第六条 新设金融机构金融管理与服务采取集中受理、职能部门分项办理、分级审批、集中核验和统一反馈的原则。在营业金融机构金融管理与服务采取日常管理与年度评价相结合、全面评价与分项评价相结合、非现场管理与现场检查相结合的原则。

第七条 人民银行在浙分支机构对金融机构金融管理与服务，遵循依法合规、精简高效、公开透明、有利于金融业稳定、健康发展的原则。

第八条 人民银行杭州中心支行成立金融机构金融管理与服务工作领导小组，领导小组办公室设在人民银行杭州中心支行金融稳定处。

第二章　新设金融机构金融管理与服务

第九条 金融机构获准在浙江省内筹建法人金融机构或省级、区域分行

（公司）及其分支机构后，应及时向所在地人民银行提交有关筹备工作的报告，并接洽有关金融管理与服务事宜。

第十条　人民银行在浙分支机构在会见新设金融机构筹备组负责人时，了解新设金融机构筹备工作进展和相关金融服务需求，明确人民银行金融管理的要求，告知人民银行提供金融服务的范围、标准和要求，指导新设金融机构加入人民银行有关金融管理与服务体系。

第十一条　新设金融机构在筹备阶段应按照《新设银行业机构金融管理与服务项目》（见附1）、《新设证券期货业机构金融管理与服务项目》（见附2）、《新设保险业机构金融管理与服务项目》（见附3）的相关要求，在信贷、统计、会计、支付结算、科技、反假币、国库、征信、反洗钱、清算、外汇等方面积极做好人员、制度、设备等准备工作。

第十二条　新设金融机构金融管理与服务项目准备完毕后，首次集中申报加入人民银行金融管理与服务体系，应正式向人民银行在浙分支机构提供以下书面材料：

（一）新设银行业（或证券期货业、或保险业）机构金融管理与服务总申报书（见附4）；

（二）开业核准文件原件及加盖公章的复印件、金融许可证原件及加盖公章的复印件、营业执照原件及加盖公章的复印件、组织机构代码证原件及加盖公章的复印件；

（三）经核准的高管人员名单及简历；

（四）有关金融管理与服务子项目申报书（见附4）及相关书面材料；

（五）有关内部管理和风险防范制度及安全保卫措施；

（六）其他根据金融管理与服务体系运作需提供的材料。

第十三条　人民银行在浙分支机构接收新设金融机构金融管理与服务申报书后，在5个工作日内向新设金融机构发出申报材料审核告知书。新设金融机构申报事项属于人民银行在浙分支机构金融管理与服务范围、且提供的书面材料齐全，告知其受理；提供的申报材料不齐全的，告知其补充有关书面材料；申报事项不属于人民银行在浙分支机构金融管理与服务范围，告知其不予以受理。

第十四条　人民银行在浙分支机构有关金融管理与服务职能部门依据相关法律法规、人民银行总行及杭州中心支行规范性文件，审核申报事项是否符合相关管理要求和服务标准，并采取现场辅导、非现场审查、业务培训、资格测试等适当方式，指导和督促新设金融机构达到相关管理要求和服务标准。

第十五条 人民银行在浙分支机构在审核、组织开展集中现场核验（或个别申报项目经人民银行总行审批）的基础上，做出是否同意加入人民银行有关金融管理与服务体系的决定。

新设金融机构申报材料齐全、各项内控制度完善、部门设置和人员配备合理、软硬件条件安全适当，符合人民银行有关金融管理与服务标准和要求的，同意其加入人民银行在浙分支机构有关金融管理与服务体系。新设金融机构不符合人民银行有关金融管理要求与服务标准的，暂不同意其加入人民银行在浙分支机构有关金融管理与服务体系，并对其提出进一步改进的要求。

第十六条 为指导新设金融机构正常、安全开业，人民银行在浙分支机构同意新设金融机构加入人民银行有关金融管理与服务体系后，对新设金融机构主要负责人及相关部门负责人进行约请谈话，进一步明确人民银行有关管理规定，加强业务指导，提出管理要求，做好风险提示，指导新设金融机构顺利加入人民银行金融管理与服务体系，促进其规范业务行为、依法合规经营。

第十七条 金融机构开业后根据经营需要再次提出增加加入有关人民银行金融管理与服务项目或系统的，应按照《新设银行业机构金融管理与服务项目》、《新设证券期货业机构金融管理与服务项目》、《新设保险业机构金融管理与服务项目》的要求，直接向所在地人民银行有关职能部门提出申报，有关职能部门可参照新设金融机构管理与服务程序，直接负责该申报的受理、审核与反馈。

第三章 在营业金融机构金融管理与服务

第一节 金融管理与服务的内容和要求

第十八条 金融机构要依法合规经营，认真执行国家有关金融法律法规和人民银行的规定及政策措施。

第十九条 银行业金融机构金融管理与服务的主要内容和要求

（一）货币信贷方面

1. 及时提供货币信贷运行报告（含经营概况、信贷政策变动情况），按要求

准确及时报送贷款数据；及时报送本行年度信贷政策文件及相关调研报告、报表，积极主动配合人民银行开展信贷政策导向效果评估。

2. 认真执行人民银行各项利率政策；按时、准确报备各类利率监测报表。

3. 认真执行人民银行存款准备金政策，按时、足额缴存法定存款准备金。积极开展流动性监测工作，按时、准确向人民银行报送有关流动性监测报表。

4. 依照规定程序和条件申请再贷款和再贴现，合规使用、按期归还再贷款和再贴现资金。

5. 认真执行人民银行关于银行间同业拆借市场、银行间债券市场、银行间票据市场、银行间外汇市场和黄金市场及上述市场的有关衍生产品交易的相关政策。

6. 遵守跨境贸易人民币结算试点相关规定，为试点企业提供有效的跨境贸易人民币结算服务。

（二）金融稳定方面

1. 建立健全内部管理与风险控制有关制度，防范系统性金融风险，制定各类金融突发事件应急预案。

2. 配合人民银行开展日常风险监测工作，及时报告涉及区域金融稳定、可能引发系统性金融风险的各类重大风险、重大突发事件、重大金融案件，及时报送相关监测指标与材料。

3. 配合人民银行做好国家重大金融改革政策的调研工作，及时评估和反馈改革政策落实情况、成效及存在的问题。

4. 积极稳妥做好金融风险处置工作，依照法定程序和条件申请、使用救助紧急再贷款、处置再贷款等各类金融稳定再贷款。

5. 配合人民银行开展各类交叉性金融产品与业务创新的风险监测及研究工作。

（三）金融统计方面

1. 遵守统计法律、法规，认真贯彻执行人民银行金融统计制度和各项统计调查要求，及时、完整、准确报送各类金融统计数据及统计调查内容。

2. 加强统计数据审核和分析，及时、完整、准确上报数据异常变动说明、各类统计分析材料、各类统计调查报告。

3. 建立完善的内部统计管理制度和统计工作流程；建立科学的部门间统计工作协调机制；明确统计归口管理部门；统计职能部门应积极主动开展对内部相

关部门及下属分支机构的统计培训、统计检查及其他统计管理。

4. 对统计基础信息变动、统计管理体制变动、统计部门及人员变动等与金融统计业务开展和金融统计数据变动有关的事项，应按照《关于印发〈在杭金融机构金融统计报备制度〉的通知》（杭银办〔2009〕128 号）进行报备。

（四）会计财务方面

1. 及时申请核定财政存款和法定存款准备金缴存范围。

2. 及时按要求报送会计财务资料，包括会计核算基本制度，会计科目表及使用说明，会计财务报告表式及编制方法，涉及重大会计改革事项的资料，缴存款余额表、会计月报、会计年报等。

3. 及时、足额缴存财政存款。

（五）支付结算方面

1. 认真做好各类支付清算系统建设和业务推广工作，严格执行支付清算纪律，加强支付清算系统安全管理和清算资金流动性管理，确保各类支付清算系统安全、稳定、高效运行。

2. 严格按照《中华人民共和国票据法》、《支付结算办法》等票据法规、制度的要求办理支付结算业务，及时向人民银行举报空头支票等违规行为，严格执行规定或同业约定的支付结算业务收费标准。加强银行结算账户管理，规范银行结算账户的开立和使用，落实账户实名制。按规定做好联网核查工作。

3. 严格银行卡业务管理，切实规范银行卡发卡、收单等业务行为，强化银行卡风险控制，提供安全、高效的银行卡服务。

（六）金融科技方面

1. 按规定及时上报银行计算机安全事件。

2. 符合支付系统、银行卡系统场地环境验收的相关要求。

3. 确保网络安全，包括核心网络设备双机热备；参数配置和安全策略合理有效；接入当地金融城市网技术和管理措施有效等。

4. 结合人民银行安排的信息安全专项检查，确保相关内容符合检查要求。

5. 银行卡相关应用系统符合《银行卡联网联合技术规范》（银发〔2009〕177 号）和《银行卡卡片规范》（银发〔2009〕161 号）要求。

（七）货币金银方面

1. 按照发行库现金存取款相关规定办理现金存取款业务；确保现金投放回

笼分析预测准确率；按照“五好钱捆”标准和《不宜流通人民币挑剔标准》（杭银发〔2003〕224号）清点、整理回笼款，区分完整券与损伤券缴存人民银行。

2. 按照人民银行规定收兑、缴存停止流通的人民币；为公众兑换残缺、污损人民币；根据合理需要原则办理人民币券别调剂业务；加强宣传与服务，促进硬币回笼和市场券别结构合理。

3. 办理现金出纳整点业务的人员要接受货币防伪知识培训并取得《反假货币上岗资格证书》；规范办理临柜假币收缴业务；每月末办理假币解缴业务前要发送假币信息电子比对文件，新型假币单独提交；采取措施防止假币流入、流出银行；根据人民银行的授权，无偿为公众提供货币真伪鉴定服务；积极开展反假货币宣传工作。

（八）代理国库方面

1. 认真落实人民银行对代理国库业务管理要求，及时制定完善相关管理办法和操作规程。

2. 规范设置和使用代理国库业务相关会计科目和账户。

3. 及时报备财政部门和预算单位零余额账户、预算外资金财政专户、特设专户以及代理政府非税收入汇缴账户的开立、变更、撤销情况、代理支库人员变动情况、储蓄国债（电子式）试点商业银行营业网点名单以及制定的管理办法和操作规程，及时报送各类国库收支报表、统计报表、储蓄类国债发行进度报表、凭证式国债月度持有量报表以及储蓄国债首日发行信息等。

4. 准确、及时办理国库业务，包括预算收入的收纳、报解、划缴，预算资金的拨付、更正、退库；代理国库集中支付业务资金的汇划、清算；储蓄类国债发行、兑付、质押贷款以及凭证式国债再次出售等。

5. 严格执行有关横向联网系统的业务信息安全和保密规定；建立联系协调和应急处理机制；遵循接口标准，做好相关软件的开发，保证系统和网络达到规定的处理和传输能力；及时反馈系统运行中的情况和问题。

（九）征信管理方面

1. 明确征信工作归口管理部门，落实各相关部门的工作职责，健全征信内控管理制度和操作规程，建立重大事项报告机制。

2. 认真开展数据核对、定点监测、数据质量量化评分，提高数据质量；加强用户管理，合规查询系统，及时处理异议；做好贷款卡管理。

3. 按要求开展中小企业和农村信用体系建设，征集、更新信用档案信息，加大系统应用，加大对中小企业和农户的融资力度。

4. 积极推动商业承兑汇票、担保机构和借款企业等外部信用评级工作，加强评级结果应用。

5. 积极组织征信宣传和培训，正确解答客户提出的征信相关问题，化解借款人投诉和诉讼风险。

6. 认真配合完成人民银行布置的调研等其他工作。

（十）反洗钱方面

1. 确保组织健全、内控制度完善、岗位职责明确，确保反洗钱组织机构有效开展工作。

2. 做好员工的反洗钱培训工作，认真参加人民银行组织的反洗钱培训。

3. 按照有关规定制定客户风险等级划分标准，并对客户进行风险等级划分，做好客户身份识别和重新识别工作，以及客户身份资料和交易记录保存工作。

4. 及时准确地向反洗钱监测中心报送大额和可疑交易报告，按规定报送重点可疑交易报告、反洗钱非现场监管报表等相关资料。

5. 配合开展反洗钱调查，协助和配合司法、行政机关打击洗钱犯罪。

6. 按照反洗钱工作保密制度要求，采取有效措施履行保密义务。

（十一）清算服务方面

1. 合理设置岗位，满足支付清算系统（含地方特色支付清算系统）运行要求，人员及联系方式要及时报送人民银行。

2. 做好运行管理工作，包括制定支付清算系统运行操作规程，做好系统运行监控，及时发现和处理系统异常情况；遵守系统运行纪律和运行时间要求；做好清算账户资金管理，及时调度资金，确保各类支付业务及时处理和清算；及时报送运行维护自查报告及支付清算系统直接参与者运行维护巡检报告。

3. 做好维护管理工作，包括做好支付清算系统日常维护和日常检查，确保设备完好、网络畅通、系统运行正常、备份设备随时可用；按时完成系统升级换版任务；做好运行文档管理、系统数据备份管理和设备系统变更管理。发生支付系统故障要立即向人民银行报告，并采取有效措施加以排除，故障排除后及时报送《支付系统异常情况报告表》。

4. 做好支付清算系统信息安全工作，妥善保管支付系统密押设备、密钥、

数字证书和系统登录识别信息。

（十二）会计营业方面

1. 规范办理会计核算业务，确保递交人民银行柜面的相关记账凭证要素齐全、准确无误。

2. 及时报送法定存款准备金和财政性存款的缴存凭证和相关报表，准确办理缴存工作。

3. 认真做好准备金及超额备付金账户资金管理，准确匡算账户资金使用情况，确保同城票据交换等资金清算顺利进行。

4. 按规定及时完成中央银行会计核算电子对账系统的账务核对处理；按规定完成月度账务核对工作。

（十三）外汇管理方面

1. 按照外汇管理规定办理银行自身收付汇和结售汇业务、远期结售汇、人民币与外币掉期等外汇衍生产品业务，授权外币代兑机构合规经营个人外币兑换业务，遵守银行挂牌汇价管理和结售汇综合头寸管理的合规性要求。

2. 按外汇管理规定办理货物贸易购付汇及收结汇业务、保险公司项下外汇业务、外汇账户业务和个人外汇业务，有效运用个人结售汇系统。按真实性审核要求办理服务贸易、经常转移、收益项下外汇业务。

3. 按外汇管理规定办理直接投资项下账户开立与变更业务、资金账户收支业务，办理境外投资、境外放款、外债账户开立和变更、外债账户收支、贸易信贷登记管理、境内贷款项下的境外担保管理、境内银行为境外投资企业提供融资性对外担保业务，严格执行短期外债指标管理规定，办理非银行金融机构（不含保险公司）开立外汇资本金账户、账户收支及结售汇业务，居民个人资本项下账户开立、外汇收支及结售汇业务，其他代客收付汇和结售汇业务。

4. 准确、及时、完整报送国际收支统计间接申报数据和汇兑统计申报数据、金融机构对境外资产负债及损益申报数据、金融机构直接投资申报数据、中资金融机构外汇资产负债统计报表、非居民人民币账户余额数据、银行结售汇统计数据，准确、及时、完整申报货物贸易核销信息，准确、及时报送服务贸易统计数据、外汇账户系统信息，准确、及时登记外债数据，准确、及时、完整报送保税监管区域业务相关季报，按外汇管理规定及时、准确、完整地报送其他相关数据、信息和报表。

5. 建立健全银行外汇业务相关内控制度并执行到位，重视开展对外汇管理规定的培训和宣传，认真配合外汇局对外汇业务开展考核、检查、回访、核查和调研工作。

第二十条 证券期货业金融机构金融管理与服务的主要内容和要求

（一）金融稳定方面

1. 建立健全内部管理与风险控制有关制度，防范系统性金融风险，制定各类金融突发事件应急预案。

2. 配合人民银行开展日常风险监测工作，及时报告涉及区域金融稳定、可能引发系统性金融风险的各类重大风险、重大突发事件、重大金融案件，及时报送相关监测指标与材料。

3. 配合人民银行做好国家重大金融改革政策等的调研工作，及时评估和反馈改革政策落实情况、成效及存在的问题。

（二）反洗钱方面

1. 确保组织健全、内控制度完善、岗位职责明确，确保反洗钱组织机构有效开展工作。

2. 做好员工的反洗钱培训工作，认真开展和参加人民银行组织的反洗钱培训。

3. 按照有关规定制定客户风险等级划分标准，并对客户进行风险等级划分，做好客户身份识别和重新识别工作，以及客户身份资料和交易记录保存工作。

4. 及时准确地向反洗钱监测中心报送大额和可疑交易报告，按规定报送重点可疑交易报告、反洗钱非现场监管报表等相关资料。

5. 配合开展反洗钱调查，协助和配合司法、行政机关打击洗钱犯罪。

6. 按照反洗钱工作保密制度要求，采取有效措施履行保密义务。

（三）外汇管理方面

1. 按外汇管理规定办理市场准入及其他相关业务。

2. 公司外汇资本金须达到外汇管理规定要求。如因亏损导致外汇资本金减少至相关规定之下，应按要求申请补足。

3. 《证券业务外汇经营许可证》有效期为3年，公司应在期满前3个月向所在地外汇局申请换证。

4. 公司财务制度完善，对外汇业务实行分账制核算。公司应按外汇管理规

定及时、准确、完整地报送相关数据、信息和外币资产负债表、损益表、外币财务报表。

5. 建立健全外汇业务相关的内控制度，确保执行到位。

6. 公司可持《证券业务外汇经营许可证》到外汇指定银行开立1个自有外汇账户和多个客户交易结算账户，并在3个工作日内向所在地外汇局报备。自有外汇账户用于存放外汇资本金和经营外汇业务所得。

7. 公司自有外汇资金与客户外汇资金、境内客户外汇资金与境外客户外汇资金实行严格分账管理。

第二十一条 保险业金融机构金融管理与服务的主要内容和要求

（一）金融稳定方面

1. 建立健全内部管理与风险控制有关制度，防范系统性金融风险，制定各类金融突发事件应急预案。

2. 配合人民银行开展日常风险监测工作，及时报告涉及区域金融稳定、可能引发系统性金融风险的各类重大风险、重大突发事件、重大金融案件，及时报送相关监测指标与材料。

3. 配合人民银行做好国家重大金融改革政策等的调研工作，及时评估和反馈改革政策落实情况、成效及存在的问题。

（二）反洗钱方面

1. 确保组织健全、内控制度完善、岗位职责明确，确保反洗钱组织机构有效开展工作。

2. 做好员工的反洗钱培训工作，认真开展和参加人民银行组织的反洗钱培训。

3. 按照有关规定制定客户风险等级划分标准，并对客户进行风险等级划分，做好客户身份识别和重新识别工作，以及客户身份资料和交易记录保存工作。

4. 及时准确地向反洗钱监测中心报送大额和可疑交易报告，按规定报送重点可疑交易报告、反洗钱非现场监管报表等相关资料。

5. 配合开展反洗钱调查，协助和配合司法、行政机关打击洗钱犯罪。

6. 按照反洗钱工作保密制度要求，采取有效措施履行保密义务。

（三）外汇管理方面

1. 按外汇管理规定办理保险市场准入及外汇收支业务。

2. 保险公司《经营外汇业务许可证》有效期为3年，公司应在期满前3个月向所在地外汇局申请换证。

3. 保险公司应按外汇管理规定及时、准确、完整地报送有关保险外汇业务统计报表，建立健全与外汇业务相关的内控制度和资金管理制度，确保执行到位。

4. 保险公司到外汇指定银行开立外汇经营账户后10个工作日内，向所在地外汇局报备。

第二节　金融管理与服务的评价及规则

第二十二条　人民银行在浙分支机构按照上述金融管理与服务的内容和要求，对金融机构执行有关金融法律法规、规章和管理规定以及政策措施等情况进行全面评价。

第二十三条　同市区、同系统金融机构以当地最高一级机构为评价对象。

第二十四条　金融机构评价工作按年度进行，评价周期为每年1月1日至12月31日。

第二十五条　人民银行在浙分支机构建立金融机构评价体系，根据金融机构性质，分别对银行业、证券期货业和保险业机构进行评价。评价结果采取等级制，分为A、B、C、D四个等级。

第二十六条　评价基本流程

（一）人民银行在浙分支机构各相关职能部门根据金融机构金融管理与服务的内容和要求，对各金融机构分项目提出评价意见和等级。分项目评价等级共分为四个等次：

一类：指金融机构遵守国家金融法律法规和人民银行的规定，较好完成所在地人民银行的工作部署。

二类：指金融机构基本遵守国家金融法律法规和人民银行的规定，基本完成所在地人民银行的工作部署。

三类：指金融机构存在违反国家金融法律法规和人民银行规定的行为，完成所在地人民银行工作部署的情况较差。

四类：指金融机构存在严重违反国家金融法律法规和人民银行规定的行为，完成所在地人民银行工作部署的情况很差。

（二）人民银行在浙分支机构对各职能部门分项评价情况进行汇总，对金融机构评价结果进行排序。

（三）人民银行在浙分支机构的金融机构金融管理与服务工作领导小组确定各金融机构的评价等级。

第二十七条　在日常工作中，人民银行在浙分支机构各相关职能部门应完善金融机构管理与服务工作台账。同时，结合现场检查或走访调查，加强对金融机构相关项目的指导和评估。

第二十八条　人民银行在浙分支机构于每年一季度对各金融机构上一年度的评价情况进行通报，并视情况向其相关上级管辖机构反馈。反馈主要内容包括：评价等级、总体评价及存在问题和改进建议等。

第二十九条　对于评价为“A”等的金融机构，人民银行在浙分支机构将在系统准入、业务试点、产品创新、信息共享、人员培训等方面予以优先考虑。

对于评价为“C”或“D”等及日常管理中存在问题较多、较严重的金融机构，人民银行在浙分支机构将予以通报，并约见机构主要负责人谈话，责令其整改。情节严重的，依法予以行政处理。同时，将其列为下一年度重点监督对象，加大对其管理与指导力度。

第三节　现场检查

第三十条　人民银行在浙分支机构根据日常管理与服务需要，结合年度评价情况，可以选择金融机构开展综合业务检查或单项业务检查。

第三十一条　银行业金融机构的检查内容：

（一）存款准备金及金融市场方面：存款准备金缴存及时性、存款准备金缴存范围准确性、商业银行记账式国债柜台交易、银行间债券市场债券交易、银行间同业拆借市场拆借业务等。

（二）金融统计方面：统计法律法规和金融统计制度执行情况、统计数据准确性、统计内部管理制度完善性和落实情况、统计软件与人民银行要求的标准接口程序相融性等。

（三）财政存款缴存方面：办理缴存手续及时性、应缴存数额计算正确性、会计财务资料报送、财政存款资金性质界定等。

（四）支付结算管理方面：人民币银行结算账户的开立和使用、支付清算业务管理和清算纪律执行、银行卡安全管理规定执行情况等。

（五）货币反假及人民币管理方面：办理假币收缴人员资格、假币收缴及鉴定业务的规范性、人民币收付业务管理等。

（六）代理国库业务方面：税收收入、社会保障基金收入、非税收入等政府预算资金的收纳、报解、划缴业务以及代理国库集中支付业务的及时性、完整性、准确性，代理支库岗位设置、内部控制、账务处理的规范性等。

（七）征信管理方面：征信制度建立和执行、信用信息查询、征信数据上报等。

（八）反洗钱管理方面：反洗钱制度建立和执行、客户身份识别、客户身份资料和交易记录保存、大额和可疑交易报告等。

（九）清算服务方面：支付清算系统运行操作规程的制定及执行情况，支付清算系统季度巡检及整改落实情况，密押设备、密钥、数字证书、登录识别信息的使用及保管情况，故障处置情况报送等。

（十）国际收支申报方面：境内居民跨境资金流动申报、境内非居民与境外之间收支申报、境内非居民和境内居民之间收支申报、银行涉外收支申报、国际收支统计申报内部控制制度等。

（十一）外汇业务管理方面：外汇账户、办理个人外汇业务审核、收结汇和售付汇审核、外汇业务数据录入和报送等。

（十二）人民银行规定的其他检查内容。

第三十二条　证券期货业金融机构的检查内容：

（一）反洗钱方面：反洗钱制度建立和执行、客户身份识别、客户身份资料和交易记录保存、大额和可疑交易报告等。

（二）外汇管理方面：办理市场准入（开办外汇证券业务资格）及内控情况、办理外汇证券业务合规性、外汇收支和结售汇、外汇账户管理、国际收支申报和上报相关统计报表情况。

（三）人民银行规定的其他检查内容。

第三十三条　保险业金融机构的检查内容：

（一）反洗钱方面：反洗钱制度建立和执行、客户身份识别、客户身份资料和交易记录保存、大额和可疑交易报告等。

（二）外汇管理：市场准入（开办外汇保险业务资格）及内控情况、办理外

汇保险业务合规性、外汇收支和结售汇、外汇账户管理、国际收支申报和上报相关统计报表情况。

（三）人民银行规定的其他检查内容。

第三十四条　综合业务检查由人民银行在浙分支机构有关职能部门联合开展，采取集中入场、分项检查、统一反馈的方式。单项业务检查由人民银行在浙分支机构有关职能部门根据需要组织开展。

第四章　责任与追究

第三十五条　新设金融机构要确保申报材料的真实性，对弄虚作假、虚报瞒报的新设金融机构，人民银行在浙分支机构将约见其相关负责人，责令其整改。

第三十六条　金融机构应根据本指引完善内控制度、强化内部管理、规范业务行为，有效防范金融风险，充分履行法律赋予的责任和义务，切实维护公共利益。

第三十七条　对金融机构业务检查中发现的问题，人民银行在浙分支机构将依据《中华人民共和国中国人民银行法》、《中华人民共和国商业银行法》、《中华人民共和国反洗钱法》、《中华人民共和国人民币管理条例》、《中华人民共和国外汇管理条例》、《金融违法行为处罚办法》、《商业银行柜台记账式国债交易管理办法》、《全国银行间债券市场债券交易管理办法》、《商业银行、信用社代理国库业务管理办法》、《个人信用信息基础数据库管理暂行办法》、《人民币银行结算账户管理办法》、《同业拆借管理办法》、《金融统计管理规定》、《个人存款账户实名制规定》等法律法规依法进行处理。

第五章　附则

第三十八条　人民银行各市中心支行应参照本指引制定相应的金融管理与服务规范，依据相关管理权限及审批流程对金融机构提供金融管理与服务。

第三十九条　本指引自发布之日起试行。若与相关法律、法规等有抵触，以相关法律、法规为准。

第四十条　本指引由人民银行杭州中心支行负责解释和修订。

（附：略）

浙江省跨境贸易人民币结算试点操作指引（试行）

第一章　总则

第一条　为促进贸易和投资便利化，保障浙江省跨境贸易人民币结算试点工作的有序开展，根据《跨境贸易人民币结算试点管理办法》、《跨境贸易人民币结算试点管理办法实施细则》（银发〔2009〕212 号）和《中国人民银行、财政部、商务部、海关总署、国家税务总局、银监会关于扩大跨境贸易人民币结算试点有关问题的通知》（银发〔2010〕186 号）等规定，结合浙江省实际，特制定本指引。

第二条　银行和企业开展跨境货物贸易、服务贸易及其他经常项目人民币结算业务的，适用本指引。

第三条　本指引所称境内结算银行，是指具备国际结算业务能力，为试点企业提供跨境贸易人民币结算服务的商业银行。

本指引所称境内代理银行，是指具备国际结算业务能力，与跨境贸易人民币结算境外参加银行签订人民币代理结算协议，为其开立人民币同业往来账户，代理进行跨境贸易人民币支付的商业银行。

本指引所称试点企业主报告银行，是指按照本指引要求负责提示试点企业履行相关信息报送和备案义务的境内结算银行。

本指引所称试点企业，是指具有进出口资格，按照规定以人民币进行进口货物贸易、跨境服务贸易和其他经常项目结算业务的企业，以及经中国人民银行等相关部委审核确认而开展出口货物贸易人民币结算试点的企业。

第四条　中国人民银行建立人民币跨境收付信息管理系统（以下简称 RCPMIS 系统），逐笔收集并长期保存试点企业与人民币跨境贸易结算有关的各类信息，按日总量匹配核对，对人民币跨境收付情况进行统计、分析、监测。人民银行省内各级分支行负责对 RCPMIS 系统的管理和维护工作，及时向上级行汇报试点工作进展情况，并应督促辖区的境内结算银行和境内代理银行按照有关规定，切实履行反洗钱和反恐融资义务。

第二章　试点企业

第五条　浙江辖内具有进出口资格的企业开展进口货物贸易、跨境服务贸易和其他经常项目人民币结算业务，可直接向相关境内结算银行办理，无需经中国人民银行等国家相关部委审定。

出口货物贸易人民币结算实行试点企业管理制度。在浙江省依法注册成立并获得进出口资格的企业，在自愿基础上，由浙江省政府协调有关部门推荐（宁波市的试点企业由宁波市政府协调推荐），经中国人民银行等国家相关部委审定后，可以参与跨境贸易人民币结算试点。

第六条　试点企业根据实际需要可以选择多家境内结算银行办理跨境贸易人民币结算业务，但需确定一家境内结算银行为信息主报告银行。试点企业因账户调整等原因变更主报告银行的，应当以书面形式分别告知新、旧主报告银行。

第七条　试点企业在首次办理跨境贸易人民币结算时，需向其境内结算银行提供企业名称、企业组织机构代码、海关编码、税务登记号码及企业法定代表人或负责人有效身份证件、主报告银行名称等信息。

第八条　试点企业与境外企业以人民币结算的进出口贸易，可以通过境内商业银行代理境外商业银行进行人民币资金的跨境结算和清算，也可以通过香港、澳门地区人民币业务清算行进行人民币资金的跨境结算和清算。

第九条　试点企业在以人民币结算跨境贸易中，应当遵守中国人民银行关于跨境人民币结算的相关规定，在真实贸易背景基础上，通过境内结算银行办理相关的跨境贸易人民币结算业务。应当建立跨境贸易人民币结算台账，准确记录进出口报关信息和人民币资金收付信息。试点企业可以在其他试点地区的境内结算银行办理人民币结算业务。试点企业在境内的非法人分支机构（如分公司）可以依法开展以人民币结算的跨境贸易业务。

第十条　试点企业使用人民币结算的出口贸易，按照国务院税务主管部门有关规定享受退（免）税政策，试点企业申请办理跨境贸易人民币结算方式出口货物退（免）税时，不需要提供外汇核销单。试点企业跨境贸易人民币结算不纳入外汇核销管理，办理报关不需要提供外汇核销单。

第十一条　试点企业申请跨境贸易人民币收付业务时，应向其境内结算银行提供进出口报关时间或预计报关时间及有关进出口交易信息，如实填写《跨境贸易人民币结算出口收款说明》（附1）或《跨境贸易人民币结算进口付款说明》（附2），配合境内结算银行对交易单证的真实性及其与人民币收支的一致性进行合理审查。

第十二条 来料加工贸易项下出口收取人民币资金超过合同金额30%的，试点企业应当自收到境外人民币货款之日起10个工作日内向其境内结算银行补交下列资料及凭证：

（一）企业超出比例情况说明。

（二）出口报关单（境内结算银行审核原件后留存复印件）。

（三）加工贸易合同或所在地商务部门出具的加工贸易业务批准证（境内结算银行审核原件后留存复印件）。

对于未在规定时间内补交上述资料及凭证的试点企业，境内结算银行不得为其继续办理超过合同金额30%的人民币资金收付；情节严重的，暂停为该试点企业提供跨境贸易人民币结算服务，并及时报告当地人民银行分支行。

第十三条 试点企业预收、预付人民币资金最高比例暂时以合同金额为限，其中预收预付人民币资金超过合同金额25%的，试点企业应当向境内结算银行提供相应的贸易合同原件及复印件。当地人民银行分支行可根据实际情况对试点企业预收预付人民币资金比例进行调整和备案。

预收预付人民币对应货物报关后，或对应货物无法按照预计时间报关的，试点企业应当及时书面通知境内结算银行实际报关时间或调整后的预计报关时间。

第十四条 试点企业在办理跨境贸易人民币结算时出现延期收付超过210天的，应当在5个工作日内通过其指定的信息主报告银行向人民币跨境收付信息管理系统报送该笔货物的未收回货款的金额及对应的出口报关单号，并向其境内结算银行提供相关资料。

第十五条 试点企业将出口项下的人民币资金留存境外的，应当向主报告银行提交书面情况说明，提供存放境外的人民币资金金额、开户银行、账号、用途及对应的出口报关单号等信息。

第十六条 对于跨境贸易人民币结算项下涉及的收支交易，试点企业应当按照《通过金融机构进行国际收支统计申报业务操作规程》及有关规定办理国际收支统计间接申报。收到跨境人民币款项时，试点企业应在银行将该款项解付到

其账户之日后的5个工作日内填写《涉外收入申报单》办理申报；对外支付人民币款项时，试点企业应在提交《境外汇款申请书》或《对外付款/承兑通知书》的同时办理申报。

第三章　境内结算银行

第十七条　在浙江的具备国际结算业务能力的商业银行（含外资银行）及其分支机构，在为试点企业提供跨境贸易人民币结算服务前，应做好业务准备：

（一）行内用于人民币跨境结算的系统调试到位，并能确保有效区分境内外资金来源。

（二）行内业务以及会计核算系统能有效记载人民币跨境收付情况，并能向RCPMIS系统报送规定的信息数据。

（三）加入中国人民银行大额支付系统。

第十八条　境内结算银行完成上述内部准备后，应将业务及内部系统准备情况书面报告当地人民银行分支行，并由其法人按照《人民币跨境收付信息管理系统管理暂行办法》（银发〔2010〕79号）的要求，在注册地一点接入RCPMIS系统。商业银行法人接入RCPMIS系统后，可为其需办理跨境贸易人民币结算业务的分支机构办理网络联接与用户设定，并由接入系统的商业银行分支机构书面报告当地人民银行分支行。

第十九条　境内结算银行为试点企业首次办理跨境贸易人民币结算业务时，应当按照中国人民银行的有关规定，通过联网核查公民身份信息系统或其他有效方式，对试点企业法定代表人或实际受益人等自然人的身份进行核查，并填制《企业信息情况表》（附3），于当日报送当地人民银行分支行。对不能确认真实身份的，境内结算银行不得为其提供跨境贸易人民币结算服务。

试点企业变更主报告银行，相关境内结算银行应当及时向所在地人民银行分支行书面报告新增或取消主报告银行等信息。

第二十条　主报告银行应当按照中国人民银行的要求履行下列职责：

（一）提示试点企业履行信息报送和备案义务，对于经提示仍未履行报送义务的试点企业，主报告银行应当及时书面报告人民银行杭州中心支行。

（二）对于试点企业报送逾期未收货款的，主报告银行应当向RCPMIS系统报送未收货款金额及对应的出口报关单号等信息，并留存书面情况说明及相关证明材料复印件。

（三）对于试点企业将出口项下人民币资金留存境外的，主报告银行应当向RCPMIS系统报送留存境外的金额、开户银行、账号、用途及对应的出口报关单号等信息，并留存试点企业书面情况说明。

（四）中国人民银行规定的其他职责。

第二十一条 境内结算银行应按照中国人民银行要求，对办理人民币跨境收支进行合理的贸易真实性审核。

（一）境内结算银行在企业办理人民币跨境收付业务时，应在RCPMIS系统上查询企业业务办理状态及进出口报关的信息。对于标识为“关注”类的企业，银行应谨慎办理人民币跨境收付业务。

（二）贸易真实性审核分为贸易单据审核和物流背景查核两个部分。境内结算银行在进行人民币跨境收付业务的贸易真实性审核时，应当根据企业提交的《跨境贸易人民币结算出口收款说明》或《跨境贸易人民币结算进口付款说明》中的货物报关状态进行区分处理：

1. 对于收/付业务发生时，企业已办理了出/进口报关的，境内结算银行应在审核企业提供的相关贸易单据［合同、发票、加工贸易手册（如为加工贸易）等］后，根据企业提供的具体出/进口日期和贸易方式，在RCPMIS系统填报相关信息。

2. 对于未报关的（如即期跟单结算业务）或预收预付业务，境内结算银行应在审核企业提供的相关贸易单据（合同、发票、加工贸易手册等）时，应先在RCPMIS系统上查询相关核准比例等后再按规定程序为企业办理收付款业务，并将企业提供的预计出/进口时间和预收/预付比例等信息在向中国人民银行报送的人民币跨境收付信息中进行填报。

境内结算银行可在RCPMIS系统上查询并跟踪管理尚未办理完物流背景查核的预收预付业务；境内结算银行应在获得企业实际的出/进口日期后办理相应的物流背景查核工作。

3. 对于包含预收预付等的并笔收/付业务，银行应要求企业进行区分，并根据企业的区分情况按上述1或2进行操作。

第二十二条 对试点企业的预收预付人民币资金，境内结算银行在向

RCPMIS系统报送信息时应当标明该笔资金的预收预付性质及试点企业提供的预计报关时间。当试点企业提供预收预付对应货物报关或未按预计时间报关信息后，境内结算银行应当向RCPMIS系统报送相关更新信息。对于试点企业预收预付人民币资金超过合同金额25%的，境内结算银行还应当向RCPMIS系统报送相关贸易合同的基本要素，并留存贸易合同复印件。

第二十三条　对于跨境贸易人民币结算项下涉及的国际收支交易，境内结算银行应当按照《通过金融机构进行国际收支统计申报业务操作规程》及有关规定办理国际收支统计间接申报。并应当按照国家外汇管理局关于银行业务系统数据接口规范的规定完善其接口程序。

第二十四条　境内结算银行可以向境外企业提供人民币贸易融资，融资金额以试点企业与境外企业之间的贸易合同金额为限。境内结算银行应当按照《关于下发〈金融机构对境外资产负债及损益申报业务操作规程〉的通知》(〔1996〕汇国发字第13号）及相关规定，申报以人民币形式发生的金融机构对境外资产负债及损益情况。

第二十五条　境内结算银行应于每个工作日日终通过RCPMIS系统向中国人民银行报送以下数据信息：

（一）人民币跨境收付信息以及真实性审核相关信息；无法即时获得报关信息的人民币跨境收付，境内结算银行应在获得报关信息后，以变更信息或新增进出口日期信息的方式向中国人民银行报送。

（二）人民币境外债权债务信息中的结算（信用证及托收等）及贸易融资项下的应收应付信息。

（三）人民币跨境贸易融资信息。

（四）其他需报送的相关信息。

第四章　境内代理银行

第二十六条　在浙江的具备国际结算业务能力的商业银行（含外资银行）及其分支机构做好以下准备后可成为人民币跨境结算的境内代理行：

（一）符合我国法律、法规要求的人民币代理结算协议文本。

（二）相应的人民币资金管理能力。

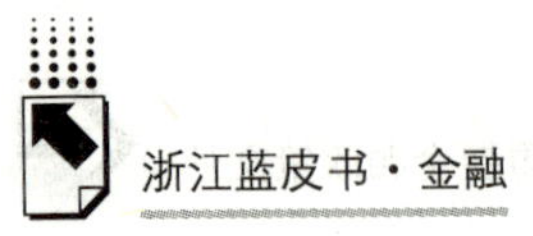

（三）银行总行的有效授权（如为分行）。

（四）能够有效记载人民币资金跨境清算信息的行内业务和会计系统，并完成与 RCPMIS 系统接口制作和联调测试等。

（五）加入中国人民银行大额支付系统。

第二十七条 境内代理银行可以同时作为境内结算银行，为试点企业办理跨境贸易人民币结算业务。

第二十八条 为境外参加银行开立人民币同业往来账户，境内代理银行应当与境外参加银行签订人民币代理结算协议，约定双方的权利义务、账户开立条件、账户变更撤销的处理手续、信息报送授权等内容。

在为境外参加银行开立人民币同业往来账户时，境内代理银行应要求境外参加银行提供其在本国（或地区）的登记注册文件或者本国（或地区）监管部门批准其成立的证明、法定代表人或指定签字人的有效身份证件等作为开户证明文件，并对上述文件的真实性、完整性及合规性进行认真审查，审核无误后方可为境外参加银行开立人民币同业往来账户。

第二十九条 境内代理银行为境外参加银行开立人民币同业往来账户之日起5个工作日内，应填制《开立人民币同业往来账户备案表》（附4），连同人民币代理结算协议复印件（加盖境内代理银行公章，下同）、境外参加银行的开户证明文件复印件及其他开户资料报送中国人民银行当地分支行备案。同时，通过 RCPMIS 系统向中国人民银行报送开户信息。

（一）境外参加银行开户资料信息发生变更的，应当及时以书面方式通知境内代理银行，并按开户时签订的代理结算协议办理变更手续。境内代理银行接到变更通知后，应当及时办理变更手续，并于变更之日起 2 个工作日内通过 RCPMIS 系统向中国人民银行报送变更信息。

（二）境内代理银行相关资料信息发生变更的，应当及时以书面方式通知境外参加银行，按开户时签订的书面协议办理变更手续，并于变更之日起2个工作日内通过 RCPMIS 系统向中国人民银行报送变更信息。

（三）因业务变化、机构撤并等原因，境外参加银行需撤销在境内代理银行开立的人民币同业往来账户的，应向其提出撤销人民币同业往来账户的书面申请。境内代理银行应与境外参加银行终止人民币代理结算协议，并为其办理销户手续。同时，应于撤销账户之日起2个工作日内通过 RCPMIS 系统向中国人民银

行报送销户信息。

第三十条　境外参加银行的同业往来账户只能用于跨境贸易人民币结算，该类账户暂不纳入人民币银行结算账户管理系统。但境内代理银行应在本行管理系统中对该类账户做特殊标记。

第三十一条　境外参加银行开立在浙江的人民币同业往来账户也可用于与其他境内结算银行以及境内其他试点地区的人民币跨境资金结（清）算服务。

第三十二条　境内代理银行可对境外参加银行开立的人民币同业往来账户设定铺底资金要求，并为境外参加银行提供人民币铺底资金兑换服务。铺底资金的兑换纳入中国人民银行核定的人民币购售日终累计净额双向规模管理。

第三十三条　境内代理银行在代理境外参加银行与境内结算银行办理人民币跨境资金结（清）算业务时，应通过中国人民银行的大额支付系统办理，并随附相应的跨境信息。

第三十四条　境内代理银行在代理境外参加银行与其他境内结算银行办理人民币跨境资金结（清）算业务时，应遵循以下原则：

（一）工作日的北京时间（下同）15：00时为人民币跨境清算指令当天起息的截止时间。境内代理银行对在15：00时前收到的跨境支付指令（包括境外参加银行向境内结算银行支付以及境内结算银行向境外参加银行支付）应于当天起息，15：00时后收到的支付指令，可由境内代理银行酌定，但至迟于下一个工作日起息。

（二）对于因对方差错而需要调整起息日的，境内代理银行可依国际惯例在收取相应手续费后按同业赔付方式办理。

第三十五条　境内代理银行可在风险可控的前提下，为在其开立人民币同业往来账户的境外参加银行提供人民币账户融资业务，用于满足账户头寸临时性需求。

境内代理银行对境外参加银行的账户融资总余额不得超过其人民币各项存款上年末余额的1%，融资期限不得超过1个月。境内代理银行与境外参加银行应以国际通行的方式确认账户融资交易。

第三十六条　境内代理银行可按境外参加银行的要求，为其办理人民币跨境购售业务。该业务实行日终累计净额双向规模管理，具体规模由中国人民银行根据具体情况确定，境内代理银行应在规模限额内办理购售人民币业务。境内代理银行应当单独建立跨境贸易人民币结算业务项下的人民币敞口头寸台账，准确记录为境外参加银行办理人民币购售的情况。为境外参加银行办理人民币购售而产生的人民币敞口，可以根据中国人民银行的规定进行平盘。

第三十七条 境内代理银行分支机构超出其总行规定限额外临时性融资业务，1 个月内短期融资及 3 个月短期拆借，需向当地人民银行分支行申请，由当地人民银行分支行在中国人民银行总行授权范围内审批。

第三十八条 境内代理银行应于每个工作日日终通过 RCPMIS 系统向中国人民银行报送以下信息：

（一）开立、变更、撤销人民币同业往来账户信息；

（二）人民币同业往来账户余额信息；

（三）境外参加银行通过人民币同业往来账户发生的资金互转（清算）信息；

（四）人民币同业往来账户的账户融资业务信息；

（五）与境外参加银行发生的跨境人民币购售业务信息；

（六）资金业务项下的人民币境外债权债务信息；

（七）经批准的其他资金交易业务信息。

第五章　监督管理

第三十九条 人民银行省内分支行负责对辖区跨境贸易人民币结算试点工作的具体监管，各级分支行通过 RCPMIS 系统等对试点企业开展跨境贸易人民币结算业务的情况进行监测，发现异常情况，可以向试点企业和境内结算银行、境内代理银行依法进行调查核实。试点企业如违反有关规定，将依法处罚，并取消其试点资格。试点企业有关跨境贸易人民币结算的违法违规信息，将录入有关部门共享的 RCPMIS 系统和中国人民银行企业信用信息基础数据库。

第四十条 人民银行省内分支行对辖内的境内结算银行和境内代理银行的跨境贸易人民币结算业务进行非现场监测；必要时，有权对境内结算银行和境内代理银行进行现场检查。境内结算银行和境内代理银行未按规定向 RCPMIS 系统如实报送人民币贸易结算有关信息的，人民银行杭州中心支行有权禁止其继续办理跨境贸易人民币结算业务，并予以通报批评。

境内结算银行、境内代理银行和试点企业在办理人民币贸易结算业务过程

中，未按照规定办理人民币负债登记和国际收支统计申报的，由国家外汇管理局分支局按照有关规定进行处罚。

第六章 附则

第四十一条 跨境贸易项下涉及的居民对非居民的人民币负债，暂按外债统计监测的有关规定，由境内结算银行、境内代理银行和试点企业登陆现有系统办理登记，但不纳入现行外债管理。

第四十二条 报关币别和资金收付币别分别涉及人民币和外币的，操作办法另行规定。

第四十三条 本指引未及事项，按《跨境贸易人民币结算试点管理办法》及其实施细则等有关规定办理。

第四十四条 本指引由人民银行杭州中心支行负责解释、修订。

第四十五条 本指引自发布之日起执行。

（附：略）

浙江省金融服务创新指引（试行）

第一章 总则

第一条 为深入实施“八八战略”和“创业富民、创新强省”总战略，提升、优化和创新金融服务，全面推进浙江金融市场建设，依据《中华人民共和国中国人民银行法》、《中华人民共和国商业银行法》、《中华人民共和国证券法》、《中华人民共和国保险法》等法律法规，以及《国务院关于鼓励和引导民间投资健康发展的若干意见》（国发〔2010〕13号）、《国务院关于进一步推进长江三角洲地区改革开放和经济社会发展的指导意见》（国发〔2008〕30号）和《国务院关于推进上海加快发展现代服务业和先进制造业建设国际金融中心和国际航运中心的意见》（国发〔2009〕19号）等一系列政策措施，制定本指引。

第二条 在浙法人银行业、证券期货业、保险业金融机构或省级、区域分行（公司）及分支机构适用本指引。典当业、融资担保业、小额贷款公司等在所规定业务范围内开金融服务创新，参照本指引。

第三条 本指引所指金融服务创新是指为适应经济发展新要求，优化组合金融要素，形成新的金融产品、金融工具、融资方式、交易市场、支付结算手段以及新的金融组织形式与管理方式等，全面提升金融服务水平。

第四条 金融服务创新要坚持服务经济转型发展，充分发挥浙江金融组织体系健全、金融发展环境良好优势，围绕中小企业金融服务和“三农”金融服务两大重点，在金融机构、金融市场、金融产品以及产品交易等方面开展改革和创新的先行先试。

第五条 金融服务创新要以客户为中心，以市场为导向，以提升客户满意度和提高金融效益为主要目标，完善金融服务组织架构和管理体系，健全优化金融服务激励约束机制，全面提高金融服务能力，加快向现代化金融服务发展。

第六条 金融服务创新要从浙江实际出发，结合上海国际金融中心建设，差异化发展金融服务、提升金融产业，围绕金融服务浙江中小企业、打造中小企业金融服务中心这一主线展开。

第二章　健全金融组织体系

第七条 支持大型商业银行引进和设立包括中小企业金融专营机构在内的各类专业性金融机构。

第八条 鼓励中小法人商业银行吸收民营资本或境外资本增资扩股或发行金融债、次级债，增强资本实力，实现跨区域经营或兼并重组，形成中小企业专营银行特色。

第九条 以服务“三农”为宗旨，充分发挥农业发展银行在浙机构政策性金融支农作用；促进农业银行在浙机构完善“三农”金融事业部运行机制；支持农村合作金融机构深化产权制度和经营机制改革；鼓励邮政储蓄银行提供农村金融基础服务，建立多层次、广覆盖、可持续的农村金融服务体系。

第十条 鼓励发展以服务小企业和“三农”为主的小额贷款公司和村镇银行。鼓励民营资本投资入股小额贷款公司和村镇银行，在经济较发达的中心镇增

设小额贷款公司和村镇银行。支持内部风险控制较好、治理结构较完善的小额贷款公司增资扩股，支持有条件的小额贷款公司发展成村镇银行。鼓励大中型商业银行在防范风险的前提下为小额贷款公司提供批发资金。

第十一条　鼓励民营资本在浙投资、参股设立证券、期货业法人机构，引导境内外知名投资基金管理机构在浙设立法人机构。鼓励证券公司、期货公司根据自身状况，扬长避短，形成特色，实现差异化经营。

第十二条　不断完善保险公司治理结构，引导各类资本在浙投资设立保险公司和保险中介机构总部，积极引进养老、健康、责任、航运和农业等专业性保险公司。

第十三条　根据金融市场体系建设和实体经济融资多样化需求，积极有序发展信托公司、融资租赁公司、企业集团财务公司、基金管理公司、资产管理公司和货币经纪公司等有利于增强市场功能的机构。

第十四条　鼓励符合条件的地方性法人银行机构、证券期货公司、保险公司等上市融资，做优做强浙江金融产业，增强服务经济的实力。

第十五条　积极推进符合条件的金融企业开展综合经营试点，培育具有综合经营能力和国际竞争力的金融控股集团。

第十六条　支持民间资本发起设立信用担保公司或信用增级公司，参股设立非营利性再担保公司，完善“三农”和小企业融资的风险转移、分担和补偿机制。支持担保公司行业协会组建担保联盟，增强担保实力。

第三章　完善创新金融产品与服务

第十七条　鼓励银行机构在有效防范风险基础上，推动动产、知识产权、股权、保函等质押贷款业务。在国家现行法律允许、财产权益归属清晰、风险有效管理控制前提下，探索多种涉农贷款抵押担保方式，不断扩大涉农贷款抵押担保物范围，因地制宜推广林权、农村住房、海域使用权等抵押贷款业务。

第十八条　支持依托应收账款的创新融资方式。鼓励商业银行对依托应收账款的商业汇票进行承兑、贴现、转贴现；对中小出口企业的应收账款开展信用证、托收项下融资、福费廷、本外币一票通、保付代理等业务；利用应收账款质押登记公示系统，积极开展应收账款质押贷款业务。

第十九条 推动供应链金融。鼓励商业银行向供应链中的企业提供资金支持，满足企业综合金融服务需求；开展大型客户上、下游中小企业的买方或他方付息商业汇票贴现和国内信用证议付、汽车销售商融资、商品提货权融资等资产业务。

第二十条 推进跨境贸易金融创新。灵活运用外汇贷款、买方信贷、履约保函、信用证、押汇、对外担保等贸易融资手段，稳步推进跨境贸易人民币业务发展，满足外贸企业特别是自主创新、拥有自主品牌的中小外向型企业的贸易资金需求；积极发展内保外贷、外保内贷等新型融资产品。

第二十一条 推广中小企业信贷桥隧模式。鼓励在传统的担保公司、银行和中小企业三方提供贷款模式中引入风险投资公司、上下游企业等第四方机构，由第四方保证企业财务危机时的现金流和偿付银行贷款。

第二十二条 推进中小企业联保联贷业务。鼓励在同行业优势企业、同一行业协会或者商会组织的企业、同一区域生产或经营的企业、上下游企业等领域，由多家中小企业联合向银行申请授信，联合对贷款提供担保，共同承担连带担保责任，增强融资整体实力。

第二十三条 支持中小企业兼并重组。积极为符合条件的并购方提供并购贷款。

第二十四条 扩大金融仓储业务。鼓励向企业发放动产货物质押贷款，由仓储公司代理监管动产货物；鼓励金融机构与仓储公司、融资企业签订三方委托协议，仓储公司根据委托协议对动产进行专业化仓储管理，定期向金融机构和融资企业反馈情况，共同推进金融仓储业务。

第二十五条 积极开展高新技术中小企业融资担保换期权试点。鼓励担保公司在为企业提供信用担保的同时，按一定比例签订期权协议，有权选择适当的时机以约定行权价格投资于企业，分享企业高成长收益，提高担保积极性和可持续性。

第二十六条 创新信贷管理模式。鼓励商业银行自主设计信贷技术模式，构建一整套差别化中小企业贷款运行模式、经营机制和内部考核机制；实施信贷工厂模式，对中小企业贷款的设计、申报、审批、发放、风险管控等按照“流水线”作业方式进行批量操作。

第二十七条 应用征信信息，扩大信贷服务覆盖面。推动商业银行充分利用

征信系统信息，发掘成长性较好的小企业，降低信贷准入条件，扩大对小企业的信贷服务覆盖面，改进对小企业的融资服务。同时，加强对中小企业提供金融产品、财务管理等的支持和指导，帮助企业提升经营管理水平。

第二十八条　鼓励引入第三方中介机构，利用电子商务技术，建立中小企业数字金融服务平台。通过平台递交贷款申请，中介机构专业化审核申请材料，选择匹配合适融资产品，促进中小企业融资需求和银行贷款产品信息对接，降低银企交易成本，满足多层次融资需求。

第二十九条　拓展外汇金融服务。积极开发综合运用外汇衍生工具的业务品种、适合中小企业的小额外汇保值业务；提供集团公司外汇资金集中管理相关的委托贷款、外币资金池等业务；拓展贵金属买卖业务。

第三十条　不断丰富支付手段。鼓励网上支付、手机支付等电子支付业务创新和应用；规范并促进电子商业汇票的签发使用，丰富中小企业结算、融资手段；鼓励农村地区银行机构结合浙江省“便农支付工程”，创新支付产品和服务，满足农村支付需求；鼓励银行机构加强与支付机构合作，探索开发集网上支付、交易资金托管等功能为一体的电子商务金融整体解决方案。

第三十一条　大力开展城乡居民个人理财业务。支持金融机构不断更新理财产品设计理念，拓宽挂钩基础资产的广度，推出依托农产品、贵金属、石油、利率、股票、基金的指数产品及其他价格标的理财产品；开展个人理财规划和咨询业务。

第三十二条　扶持省内证券公司加快发展投资银行、保荐和承销业务，打造浙江投资银行品牌。拓宽经纪业务覆盖范围，扩大业务规模，提高市场份额。

第三十三条　积极促进期货业务创新。鼓励期货公司尝试与银行、信托公司等金融机构合作开发期货类理财产品，与券商合作灵活搭配推出投资新品种。规范发展期货公司代理国外期货业务，大力开展期货投资咨询、投资顾问业务以及期货交易顾问和期货基金业务。

第三十四条　充分发挥保险对中小企业发展的风险保障作用。发展中小企业贷款保证保险，探索担保机构信用保险，开展资产监管责任保险，推动科技保险，创新出口信用保险，力推国内贸易信用保险，发展中小企业集合年金，开办针对信托产品、债券、资产支持证券等保险业务，构建覆盖中小企业信贷融资、自主创新、贸易服务、员工福利和资本运作的保险服务体系。

第三十五条 鼓励和支持商业保险参与社会保障体系建设，积极开办城镇职工医疗保险、城镇居民医疗保险和新型农村合作医疗保险等业务。

第三十六条 加强金融业务合作。鼓励金融机构加强合作，有序开发和推出跨机构、跨市场、跨区域、集多种产品于一体的金融业务。

第三十七条 建立与产业集群发展的战略合作关系。鼓励金融机构以“银群”会商、整体授权等方式加大对产业集群示范区建设的金融支持力度。

第三十八条 积极开发绿色金融产品。探索开发与排污权交易、碳交易相结合的金融产品，积极开发购买节能住房和环保汽车、服务于节能服务公司等的绿色信贷产品，积极开发绿色资产抵押支持证券、气候衍生品等绿色证券产品，积极开发环境污染责任保险、节能减排保证保险等绿色保险产品。

第四章 加快推进金融市场与平台建设

第三十九条 推进设立中小企业集合信托债权基金。支持信托公司发起、政府财政资金（或专项引导基金）和专业机构资金共同认购的信托产品开发，积极投向符合特定行业或区域经济发展特色的优质中小企业。

第四十条 探索中小企业受益凭证。鼓励和推动行业前景看好、市场潜力广阔、拥有专利技术的中小企业或新兴企业向具有相当市场风险承担能力的机构投资者发行中小企业受益凭证。

第四十一条 推进中小企业信贷资产证券化。支持符合条件的中小企业在银行间市场发行短期融资券，扩大中小企业集合票据发行规模。

第四十二条 积极推动有市场、有技术、成长性好的中小企业在中小企业板和创业板上市融资，鼓励已上市的中小企业创造条件持续融资。

第四十三条 支持各类股权投资机构、创业投资基金、产业投资基金向中小企业战略投资；推动建立以政府资金为引导、民间资本为主体的创业资本筹集机制和市场化运作机制，完善退出机制，促进风险投资健康发展。

第四十四条 推动建设中小企业金融服务中心，开展金融创新，激发金融机构活力，挖掘和拓展中小企业金融服务的深度和广度，完善金融产品结构，促使金融机构盘活存量资产，分散经营风险，增强竞争力。

第四十五条 有序引导民间资金。依托中小企业金融服务中心，促进中小企

业融资与民间资金有效对接，规范引导、发展企业间融资，减少民间融资纠纷，有效抑制民间资金不稳定因素，减少对经济金融的不利影响。

第四十六条　推动建立为中小企业金融产品以及有关金融产品交易提供综合性服务的平台（中小企业金融服务平台），形成中小企业金融产品信息汇集、发布中心，促进资金流动信息对接，降低中小企业融资成本，优化资金资源配置，切实解决中小企业融资难问题。

第四十七条　依托中小企业金融服务平台，实现金融资产交易，提供中小企业金融产品交易、清算、登记和中小企业融资咨询服务，推动信贷、股权、产权、债权类中小企业金融产品发展。

第四十八条　逐步深化中小企业金融服务平台建设。根据产品交易成熟程度，稳步引入金融机构、企业、个人等市场参与者，将浙江民间资金、长三角金融资源逐步引入中小企业金融服务平台，不断扩大金融产品交易，支持中小企业发展。

第四十九条　积极拓展中介服务组织。培育实力较强、有一定知名度的资信评级机构、金融仓储机构、担保机构以及资产评估、投资咨询、会计审计、法律服务、精算、保险中介服务组织，促进中小企业金融服务中心配套发展。

第五十条　以打造中小企业金融服务中心为主线，积极融入上海国际金融中心建设。强化服务浙江中小企业发展定位，不断加强金融服务与创新，使中小企业金融服务中心作为上海国际金融中心有机组成部分，与其功能互补，发展成为上海国际金融中心辐射长三角南翼提供中小企业金融服务的“传导器”和“放大器”。

第五章　不断强化金融技术与管理创新

第五十一条　促进金融科技创新，广泛应用现代科学技术，加快高新技术在金融业的推广应用，推进网络金融发展。

第五十二条　加快电子化步伐，推进信息化建设，通过资源整合和信息共享，建设功能强大的集中式综合业务计算机信息处理系统。

第五十三条　加快建设信息共享与数据源利用平台，建立以办公自动化、信息查询与业务监测、风险分析、成本核算、预警监测功能为一体的信息管理系统和决策支持系统。

第五十四条 促进科技创新与金融服务创新、产品创新有机结合，提高金融创新综合水平，突破传统银行柜面服务模式，通过金融服务技术电子化和信息化，实现服务形式多样化。

第五十五条 建立适应金融服务创新的现代科学管理体系，引进现代管理科学的方法和手段，提高金融服务创新能力，提升金融业综合竞争力。

第五十六条 建立金融服务创新组织架构，整合力量，明确职责分工，完善由不同部门分别负责调查市场需求并提出建议报告、优化产品研发方案、监测产品运行并向管理层反馈优化服务信息等的职能，不断完善金融服务创新的组织基础。

第五十七条 建立激励和监督机制，重视一线员工的合理化建议，制定具体奖励办法，给予提出能产出显著效益的优化金融服务方案的工作人员相应奖励。

第五十八条 根据优化金融产品的特性以及客户、市场的需要特点，加强对业务流程进行诊断、梳理、评估、整合，再造业务流程，确保前、中、后台各部门职责明确、业务环节流畅、风险控制严密。

第五十九条 处理好上下级机构之间关系，适当扩大基层分支机构金融服务创新自主权，提高创新积极性，上级机构研发部门要同基层建立畅通沟通渠道，防止产品与市场需求脱节。

第六十条 建立完整的金融服务创新风险管理体系和内控机制。充分评估和研判金融服务创新可能产生的风险，制定防范各类金融风险的应对措施和市场退出机制；建立健全科学的跟踪管理体系，最大限度分享金融服务创新效益。

第六十一条 建立金融服务创新的绩效评价机制，通过成本利润率、相关业务支持率、资产风险度、内控管理等指标，评价金融服务创新绩效，扶持有效益或有潜力的创新优化业务。

第六章 金融服务创新的指导和管理

第六十二条 人民银行杭州中心支行及省内各市中心支行依照法律法规有关规定和本指引对金融服务创新进行指导、管理和服务。

第六十三条 人民银行杭州中心支行鼓励浙江省内银行业、证券期货业和保

险业金融机构及与金融相关的机构和市场在依法合规、风险可控前提下开展金融服务创新。

第六十四条　人民银行杭州中心支行积极推动金融服务创新的市场环境建设，实施鼓励金融服务创新的政策；鼓励并组织金融机构承办金融同业创新交流会，交流创新成效、经验，评选金融服务创新优胜单位。

第六十五条　银行业、证券期货业和保险业金融机构及与金融密切相关的机构和市场平台应加强与人民银行的沟通、联系，及时向当地人民银行报告金融服务创新、风险事件和市场环境的重大变化。各金融机构每年初向所在地人民银行报送上一年度金融产品与服务创新情况专题报告。

第六十六条　人民银行杭州中心支行及省内各市中心支行对金融服务创新活动的成效、风险管理、定价机制和信息披露进行跟踪评价，及时进行风险提示，并在充分考虑市场变化的基础上，及时修订指引，提高引导、管理和服务的有效性和针对性。

第七章　附则

第六十七条　本指引由人民银行杭州中心支行负责解释。

第六十八条　本指引自发布之日起施行。

B.21

附表1 “十一五”期间浙江省主要经济统计数据

项　目	2006年	2007年	2008年	2009年	2010年
地区生产总值(亿元)	15718.47	18753.73	21462.69	22990.35	27727.31
第一产业	925	986	1096	1163	1361
第二产业	8512	10154	11567	11908	14298
第三产业	6282	7613	8799	9919	12064
工业增加值(亿元)	6023.18	6943.99	4758.17	203.19	10358.91
一般预算总收入(亿元)	2567.66	3239.89	3730.06	4122.04	4895.41
地方一般预算收入(亿元)	1298320	1649.50	1933.39	2142.51	2608.47
全社会固定资产投资(亿元)	7593.66	8420.43	9323.00	10742.32	12376.04
社会消费品零售总额(亿元)	5357.97	6271.32	7533.30	8622.26	10163.20
进出口总额(亿美元)	1391.47	1768.56	2111.09	1877.35	2535.33
出口(亿美元)	1008.94	1282.73	1542.67	1330.10	1804.65
进口(亿美元)	382.53	485.83	568.42	547.25	730.68
进出口差额(出口-进口)	680.41	796.9	974.25	782.85	1073.97
实际利用外资(亿美元)	1450582	1432049	1244995	1087685	1322584
城镇居民人均可支配收入(元)	18265	20574	22727	24611	27359
农村居民人均现金收入(元)	7335	8265	9258	10007	11303

注：*该数据为规模以上工业增加值。

资料来源：浙江省统计局历年统计公报。由于统计口径不同，与年鉴数据有出入。

B.22

附表2　2010年浙江省主要存贷款指标

类别	项目	1月	2月	3月	4月	5月	6月	7月	8月	9月	10月	11月	12月
本外币	金融机构各项存款余额(亿元)	46637.6	47653.9	48916.9	49987	50656.2	51546.6	51508.6	52435.9	53630.2	53280.1	53804.9	54482.3
	其中:城乡居民储蓄存款	18499.9	20178.8	19978.9	19839.4	19893.4	20418.5	20335.3	20441.3	21384.6	20538.6	20607.3	21093.6
	企业存款	16444.5	16008.1	17086.2	17734.1	18141.8	18500	18390.1	18970.2	19151.8	19300.9	19564.5	20046.6
	各项存款余额比上月增加(亿元)	1529.6	1016.3	1262.9	1070.2	669.1	890.4	-37.9	927.2	1194.4	-350.1	524.7	677.4
	金融机构各项存款同比增长(%)	24.4	23	19.7	21.3	20.9	19.4	19.7	21.7	21.5	21.2	21.2	20.8
	金融机构各项贷款余额(亿元)	40801.7	41366.2	42134.9	42832.1	43490.8	44046.6	44587.9	45168.4	45625.1	46102.6	46638.5	46938.5
	其中:短期	22364.3	22689.7	23097.3	23559.8	23873.3	24226	24536.4	24884.3	25263.9	25485.2	25801.3	26044.5
	中长期	16293.6	16601.8	16994.3	17268.7	17561.9	17765.3	17986	18181.3	18369.4	18618	18742	18800.2
	票据融资	1033.4	942.2	836.6	772	814	793.9	782.3	780.1	645.7	614.8	658.3	607.4
	各项贷款余额比上月增加(亿元)	1577.3	564.5	768.7	697.2	658.7	555.8	541.3	580.5	456.7	477.5	535.9	300.1
	其中:短期	846.4	325.4	846.4	462.5	846.4	352.6	846.4	348	846.4	221.3	846.4	243.2
	中长期	804.4	308.2	804.4	274.4	804.4	203.4	804.4	195.3	804.4	248.7	804.4	58.2
	票据融资	-120	-91.3	-120	-64.6	-120	-20.1	-120	-2.2	-120	-30.9	-120	-50.9
	金融机构各项贷款同比增长(%)	32.5	31.1	25.8	26.6	25.9	22.4	21.5	20.5	19.8	19.7	19.7	19.7
	其中:短期	27.1	26.7	22.6	25.5	24.4	21.1	20.9	20.2	19.4	19.1	19.4	20.7
	中长期	44.4	43.6	38.3	36.9	37.4	32.7	29	26.8	25.2	24.5	24.1	22.7
	票据融资	-18.1	-34.7	-51.3	-56.5	-55.2	-54.3	-50.9	-48.1	-48.7	-46.2	-44.5	-47.3
	建筑业贷款余额(亿元)	1241	1254.4	1282.1	1291.2	1312.1	1337.4	1370.6	1399.3	1417.3	1443.1	1465.3	1480.2
	房地产业贷款余额(亿元)	1926.6	1962.8	2012.4	2035.2	37.2	2062.1	2062.6	2093.3	2107	2105.7	2101.3	2078.8
	建筑业贷款同比增长(%)	58.4	97.5	167.8	171.1	184.7	283.8	259.8	248	271.9	274.2	261.3	251.2
	房地产业贷款同比增长(%)	81	104.5	213.3	174.1	217.9	267.7	295.1	340.9	352.6	401.5	394.1	388.7

续表

类别	项目	1月	2月	3月	4月	5月	6月	7月	8月	9月	10月	11月	12月
人民币	金融机构各项存款余额(亿元)	45847.4	46849.9	48092.4	49139.2	49773.9	50621.1	50577.3	51485.4	52664.3	52327.5	52822.1	53441.5
	其中:城乡居民储蓄存款	18130.5	19804.4	19582.9	19440.3	19471	19968.2	19869.8	19967.1	20921	20082.5	20154.2	20612.2
	企业存款	16056.6	15625	16709.9	17337.8	17726.3	18085	17986.2	18566.2	18721.3	18871.3	19105	19544.4
	各项存款余额比上月增加(亿元)	1514.9	1002.5	1242.5	1046.8	634.7	847.2	-43.8	908.1	1178.9	-336.8	494.5	619.4
	其中:城乡居民储蓄存款	310.7	1673.9	-221.5	-142.6	30.7	497.1	-98.3	97.3	953.9	-838.5	71.6	458
	企业存款	462.5	-431.6	1084.8	628	388.5	358.7	-98.8	580	155	150.1	233.7	439.4
	各项存款同比增长(%)	24.5	23.2	19.9	21.5	21	19.3	19.5	21.5	21.3	20.9	20.9	20.5
	其中:城乡居民储蓄存款	11.5	20.6	15.9	15.5	14.6	16.1	16.5	17.8	17	14.8	16.3	15.6
	企业存款	47.3	37.2	33.5	37.4	37.6	33	30.4	30.1	27	25	22.4	19.2
	金融机构各项贷款余额(亿元)	39504.7	40024.9	40714.8	41376.6	42035.4	42562	43108	43671.2	44125.9	44548.7	45034.8	45288.1
	其中:个人消费贷款	6948.4	7058.8	7203	7449.4	7644.5	7770.2	7860.4	7948	8049.4	8111.8	8199.1	8249.4
	票据融资	1033.1	941.9	836.4	771.7	813.8	793.7	782.1	779.8	645.4	614.5	658	607.3
	各项贷款余额比上月增加(亿元)	1506.2	520.2	689.9	661.8	658.8	526.6	546	563.1	454.8	422.7	486.1	253.3
	其中:个人消费贷款	382.9	110	144.3	264.4	195.1	125.7	90.2	87.6	101.5	62.4	87.3	50.3
	票据融资	-120	-91.2	-105.6	-64.7	42.1	-20	-11.6	-2.4	-134.4	-30.9	43.5	-50.7
	金融机构各项贷款余额同比增长(%)	31.1	29.5	24	24.8	24.4	21.3	20.6	19.8	19.4	19.3	19.4	19.2
	其中:个人消费贷款	58.9	60.5	56.9	60.5	59.5	52.1	45.2	39.9	36.1	33.3	30.1	26.8
	票据融资	-18.1	-34.7	-51.3	-56.5	-55.2	-54.3	-50.9	-48.1	-48.7	-46.2	-44.5	-47.3
外币	金融机构外币存款余额(亿美元)	111.5	117.8	120.8	124.2	129.2	136.3	137.5	139.6	144.1	142.4	147.2	157.2
	金融机构外币存款同比增长(%)	16.3	11.7	10.9	10.5	19	26.4	31.3	33	41.8	42.5	46.1	38.4
	金融机构外币贷款余额(亿美元)	183.7	196.5	208	213.2	213.2	218.6	218.4	219.8	223.7	232.3	240.2	249.2
	金融机构外币贷款同比增长(%)	88.9	106.8	111.5	118	91.5	66.3	54	44.5	35.7	34	35	38.8

资料来源：中国人民银行杭州中心支行。

B.23 附表3 2006～2010年浙江省主要存贷款指标

类别	项目	2006年	2007年	2008年	2009年	2010年
本外币	金融机构各项存款余额(亿元)	25019.3	29030.33	35481.2	45112.01	54478.1
	其中:城乡居民储蓄存款	10802.3	11381.16	14804.54	18169.41	21093.6
	企业存款	8616.4	10456.84	11490.12	16791.7	20046.6
	各项存款余额比上年增加(亿元)	3901.36	4011.03	6450.87	9630.81	9366.09
	金融机构各项存款同比增长(%)	18.4	16.09	22.1	27.4	20.76
	金融机构各项贷款余额(亿元)	20768.4	24939.89	29568.67	39223.91	46938.5
	其中:短期	11961.2	14825.62	17219.69	21684.27	26044.5
	中长期	7534.1	8978.24	10742.81	15324.48	18800.2
	票据融资	797.3	497.13	1047.57	1153.31	607.428
	各项贷款余额比上年增加(亿元)	3646.26	22075.47	4628.78	9655.24	7714.59
	其中:短期	2511.9	2864.42	2394.07	4464.58	4360.23
	中长期	1194.05	1444.14	1764.57	4581.67	3475.72
	票据融资	—	-300.17	550.44	105.74	-545.882
	金融机构各项贷款同比增长(%)	21.2	20.15	18.75	32.43	19.67
	其中:短期	26.5	24.03	16.03	26.09	20.11
	中长期	18.8	19.15	19.54	42.83	22.68
	票据融资	-0.4	-37.61	108.64	10.59	-47.33
	建筑业贷款余额(亿元)	681.1	—	954.99	1209.23	1480.2
	房地产业贷款余额(亿元)	1275.5	—	463.92	1850.16	2078.77
人民币	金融机构各项存款余额(亿元)	24413.9	28504.46	34806.43	44336.49	53437.3
	其中:城乡居民储蓄存款	10473.5	11160.73	14501.49	17833.44	20612.2
	企业存款	8376.9	10184.09	11152.34	16398	19544.4
	各项存款余额比上年增加(亿元)	6790.05	4090.56	6301.97	9530.06	9100.81
	其中:城乡居民储蓄存款	2910.28	687.23	3340.76	3331.95	2778.76
	企业存款	1898.49	1807.19	968.25	5245.66	3146.4
	各项存款同比增长(%)	19.1	16.75	22.05	27.59	20.53
	其中:城乡居民储蓄存款	19.8	6.56	29.91	23.05	15.58
	企业存款	18.2	21.57	9.4	47.56	19.19

续表

类别	项　　目	2006 年	2007 年	2008 年	2009 年	2010 年
人民币	金融机构各项贷款余额(亿元)	20153.9	24144.42	28967.81	37997.98	45288.1
	其中:个人消费贷款	2632	3732.56	4313.22	6507.36	8249.39
	票据融资	794.6	495.97	1046.89	1152.61	607.25
	各项贷款余额比上年增加(亿元)	5394.88	3990.52	4823.39	9030.17	7290.12
	其中:个人消费贷款	552.22	1100.56	580.66	2194.14	1742.03
	票据融资	—	-298.63	550.92	105.72	-545.36
	金融机构各项贷款同比增长(%)	21.7	19.8	19.87	31.36	19.19
	其中:个人消费贷款	16.9	41.81	15.56	51.03	26.78
	票据融资	-0.5	-37.58	108.99	10.6	-47.32
外币	金融机构外币存款余额(亿美元)	77.5	74.2	98.72	113.58	157.16
	金融机构外币存款同比增长(%)	-1.2	-4.28	33.06	17.27	38.38
	金融机构外币贷款余额(亿美元)	78.7	110.88	101.06	179.54	249.21
	金融机构外币贷款同比增长(%)	11	40.92	-8.86	77.63	38.81

资料来源：中国人民银行杭州中心支行。

B.24
参考文献

[1] 浙江省人民政府：《浙江省"十二五"金融业发展规划》，浙政发〔2011〕36号。

[2] 中国银行业监督管理委员会浙江监管局：《浙江"十二五"银行业发展规划》，浙银监发〔2011〕115号。

[3] 浙江省发展和改革委员会、中国保险业监督管理委员会浙江监管局：《浙江省保险业发展"十二五"规划》浙发改规划〔2011〕1172号。

[4] 中国人民银行杭州中心支行、中国银行业监督管理委员会浙江监管局、中国证券业监督管理委员会浙江监管局、中国保险业监督管理委员会浙江监管局：《关于进一步深化浙江金融业创新发展推进"金融强省"建设的指导意见》杭银发〔2011〕141号。

[5] 中国人民银行货币政策分析小组：《2010年中国区域金融运行报告》，中国金融出版社，2011，第1版。

[6] 中国人民银行上海总部金融稳定分析小组：《中国各地区金融稳定报告摘要（2011）》，中国金融出版社，2011，第1版。

[7] 浙江统计统计信息网，http：//www. zj. stats. gov. cn/。

权威报告 热点资讯 海量资料

当代中国与世界发展的高端智库平台

皮书数据库 www.pishu.com.cn

皮书数据库是专业的社会科学综合学术资源总库，以大型连续性图书皮书系列为基础，整合国内外其他相关资讯构建而成。包含七大子库，涵盖两百多个主题，囊括了十几年间中国与世界经济社会发展报告，覆盖经济、社会、政治、文化、教育、国际问题等多个领域。

皮书数据库以篇章为基本单位，方便用户对皮书内容的阅读需求。用户可进行全文检索，也可对文献题目、内容提要、作者名称、作者单位、关键字等基本信息进行检索，还可对检索到的篇章再作二次筛选，进行在线阅读或下载阅读。智能多维度导航，可使用户根据自己熟知的分类标准进行分类导航筛选，使查找和检索更高效、便捷。

权威的研究报告，独特的调研数据，前沿的热点资讯，皮书数据库已发展成为国内最具影响力的关于中国与世界现实问题研究的成果库和资讯库。

皮书俱乐部会员服务指南

1. 谁能成为皮书俱乐部会员？

- 皮书作者自动成为皮书俱乐部会员；
- 购买皮书产品（纸质图书、电子书、皮书数据库充值卡）的个人用户。

2. 会员可享受的增值服务：

- 免费获赠该纸质图书的电子书；
- 免费获赠皮书数据库100元充值卡；
- 免费定期获赠皮书电子期刊；
- 优先参与各类皮书学术活动；
- 优先享受皮书产品的最新优惠。

社会科学文献出版社 SOCIAL SCIENCES ACADEMIC PRESS (CHINA) 皮书系列

卡号：2740997980079409

密码：

（本卡为图书内容的一部分，不购书刮卡，视为盗书）

3. 如何享受皮书俱乐部会员服务？

（1）如何免费获得整本电子书？

购买纸质图书后，将购书信息特别是书后附赠的卡号和密码通过邮件形式发送到pishu@188.com，我们将验证您的信息，通过验证并成功注册后即可获得该本皮书的电子书。

（2）如何获赠皮书数据库100元充值卡？

第1步：刮开附赠卡的密码涂层（左下）；

第2步：登录皮书数据库网站（www.pishu.com.cn），注册成为皮书数据库用户，注册时请提供您的真实信息，以便您获得皮书俱乐部会员服务；

第3步：注册成功后登录，点击进入“会员中心”；

第4步：点击“在线充值”，输入正确的卡号和密码即可使用。

皮书俱乐部会员可享受社会科学文献出版社其他相关免费增值服务

您有任何疑问，均可拨打服务电话：010-59367227 QQ:1924151860

欢迎登录社会科学文献出版社官网(www.ssap.com.cn)和中国皮书网（www.pishu.cn）了解更多信息

社会科学文献出版社

皮书系列

“皮书”起源于十七八世纪的英国，主要指官方或社会组织正式发表的重要文件或报告，并多以白皮书命名。在中国，“皮书”这一概念被社会广泛接受，并被成功运作、发展成为一种全新的出版形态，则源于中国社会科学院社会科学文献出版社。

皮书是对中国与世界发展状况和热点问题进行年度监测，以专家和学术的视角，针对某一领域或区域现状与发展态势展开分析和预测，具备权威性、前沿性、原创性、实证性、时效性等特点的连续性公开出版物，由一系列权威研究报告组成。皮书系列是社会科学文献出版社编辑出版的蓝皮书、绿皮书、黄皮书等的统称。

皮书系列的作者以中国社会科学院、著名高校、地方社会科学院的研究人员为主，多为国内一流研究机构的权威专家学者，他们的看法和观点代表了学界对中国与世界的现实和未来最高水平的解读与分析。

自20世纪90年代末推出以经济蓝皮书为开端的皮书系列以来，至今已出版皮书近800部，内容涵盖经济、社会、政法、文化传媒、行业、地方发展、国际形势等领域。皮书系列已成为社会科学文献出版社的著名图书品牌和中国社会科学院的知名学术品牌。

皮书系列在数字出版和国际出版方面也是成就斐然。皮书数据库被评为“2008~2009年度数字出版知名品牌”；经济蓝皮书、社会蓝皮书等十几种皮书每年还由国外知名学术出版机构出版英文版、俄文版、韩文版和日文版，面向全球发行。

法律声明